束景南◎著

王陽明佚文輯考編年

增補定本

下册

上海古籍出版社

書周子太極圖説通書跋

（正德十三年，一五一八年）

按濂溪自注「主静」云：「無欲，故静。」而於《通書》云：「無欲，則静虚動直。」是主静之説，實兼動静。「定之以中正仁義」，即所謂「太極」；而「主静」者，即所謂「無極」矣。舊注或非濂溪本意，故特表而出之。後學餘姚王守仁書。

文見李詡《戒庵老人漫筆》卷七，云：「（陽明）在贛州，親筆寫周子《太極圖》及《通書》『聖可學乎』一段，末云：……」錢德洪跋云：「右《太極圖説》與夫《中庸修道説》，先師陽明夫子嘗勒石於虔矣。今兹門人聞人公詮，以監察御史督學南畿，嗣承往志，乃謀諸郡守王公鴻漸、縣尹朱君廷臣、賀君府，摹於姑蘇學宫之六經閣，俾多士瞻誦，知聖學之所宗云。嘉靖乙未歲三月朔日，門人餘姚錢德洪識。」（日本《陽明學報》第一百五十三號）按陽明書寫《太極圖説》刻石於虔當在正德十三年在贛州修濂溪書院時，錢德洪《陽明先生年譜》：「正德十三年九月，修濂溪書院。四方學者輻輳，始寓射圃，至不能容，乃修濂溪書院居之。」陽明此書《太極圖》、《通書》石刻應即爲濂溪書院之用。此跋所云，尤值得注意，所謂「舊注或非濂溪本意」，顯指朱熹注説（《太極圖説解》）。

理，蓋朱熹以「無形而有理」注「無極而太極」，以「有理」爲「太極」，以「無形」爲「無極」，宋以來以權威之説向無人懷疑。陽明乃一反朱熹之注，以「定之以中正仁義」爲「太極」，以「主静」爲「無極」，實爲其又一驚世駭俗之心學新説，與當時其在虔同刻《古本大學》、《朱子晚年定論》、《傳習録》相呼應也。按陽明此書《太極圖説》與《古本大學》同刻在贛鬱孤山上，費宏《移置陽明先生石刻記》云：「既以責志爲教，肄其弟子，復取《大學》、《中庸》古本，序其大端，與濂溪《太極圖説》聯書於鬱孤山之上……嘉靖壬寅，憲副江陰薛君應登備兵之暇，訪先生故迹，睹斯石，悲嘅焉。既移置於先生祠中，復求榻本之善者補刻其缺壞。」（《王陽明全集》卷三十九）

書愛蓮説

（約正德十三年，一五一八年）

此濂溪周子《愛蓮説》也。悠然意遠，不著點塵。明窗讀之，宛然霽月光風，照人眉宇。陽明山人守仁并識。

文見楊思壽《眼福編二集》卷八《明王文成愛蓮説真迹卷》（《中國歷代書畫藝術論著叢編》），新編本《王陽明全集》著録。按此文亦陽明約正德十三年在虔所書，參見前考。

與陳以先手札

（正德十三年，一五一八年）

往承書惠，隨造拜，前驅已發矣。嘉定之政佳甚，足爲鄉閭之光，尚未由一面爲快耳。葛上舍歸省，便草率布問，餘惟心亮。守仁頓首，陳明府大人以先文侍。葛蓋家君同年，故及之。餘空。

札見《古今尺牘墨跡大觀》第七册。蓬累軒《姚江雜纂》著録是札，但不全。陳以先向不知爲誰，按手札云「嘉定之政佳甚」，是陳以先爲嘉定縣令；「足爲鄉閭之光」，是陳以先爲餘姚人。今遍考《萬曆嘉定縣志》，唯有一陳姓嘉定縣令爲餘姚人，《萬曆嘉定縣志》卷四引沈陽《陳侯遺愛碑》云：「……公諱克宅，字即卿。舉正德甲戌進士，浙江餘姚人。」卷八：「縣令，陳克宅，字即卿，浙江餘姚縣人。甲戌進士。（正德）九年任，召爲御史。累官都御史。」又卷九：「陳克宅，字即卿。寬平得衆，時賦役解户皆獨充，多不能勝，至於破産。克宅始以數人共一役，民甚便之。邑故有荒田，糧徒額存耳，實不徵也，乃奸民頗以熟田竄入數中。乃親往踏勘，凡數月而宿弊悉清，人尤服其勤敏。」據此，陳以先應即此陳克宅，蓋陳克宅字即卿，一字以先，一名二字，無足怪也。陳克宅正德九年任嘉定縣令，政績頗著，遂在正德十三年陞江西道監察御史，吕本《省齋陳公克宅墓志銘》述其嘉定佳政云：「正德甲戌舉進士，知嘉定縣。嘉定巨邑賦重，習奸詭其甚者，假荒壞之目移税，比里民受困，而逋負益多。公不避寒暑，徧履其地，一一而籍之，宿弊頓革。公又欲輕重歸一則，即神奸無所售，而惡其害己者，挾權要尼之，竟不行。乃更議金花官布輕齎，請一歸重則者，民賴以少濟。有富僧，其徒之父利其有，一日匿其子於外，方曳他屍誣僧殺之。公疑，不亟訊人。或有謂公受賕者，公不爲動，徐詗之，匿者出，衆方驚服。獚寇湯毛九盤據天目，巡撫張公津奉命征之，檄公從，一舉而渠魁授首，餘黨解散，悉如公筭。公治嘉定逾三年，威與愛並施，而意在安民。如追黠里乾没官賦，不使變鬻，闢佛寺以新學宫，鑿低圩以通利，差九則以均徭役，汰民兵以省冗食，慎訟獄以安良民，嚴胥皂以絶苞苴，莫不次第舉之。部使交章上薦，張巡撫尤稱爲南畿卓異之首，諸所建白，輒申布令甲，澤及他郡焉。戊寅，徵拜江西道監察御史……」（《國朝獻徵録》卷六十一）陳克宅在正德十三年陞江西道監察御史，時陽明亦在江西巡撫南、贛、汀、漳，故陳克宅有書報陽明欲來江西，陽明此書云「往承惠書，隨造拜，前驅已發矣」，即是謂得陳克宅自嘉定報書，知其隨即要來江西，已遣前驅兵卒迓迎。時適逢葛上舍回嘉定，故寫此札托葛上舍先行傳達也。可見陽明此書即作在正德十三年。陽明稱葛上舍爲王華同年之子，按《明清進士録》：「葛鏞，成化十七年三甲一百五十名進士。上海嘉定人，字文振。授南京大理寺評事，讞獄多所平反。」可知葛上舍爲葛鏞之子，亦嘉定人，其回嘉定省親，故陽明稱其「歸省」，并託其傳書也。

思歸軒賦原稿

（正德十四年，一五一九年）

陽明子之官於虔也，廨之後喬木蔚然。退食而望，若處深麓而遊於其鄉之園也。構軒其下，而名之曰「思歸」焉。門人相謂曰：「歸乎！夫子之役役於兵革，而没没於徽纆也，而靡寒暑焉，而靡昏朝焉，而髮蕭蕭焉，而色焦焦焉。雖其心之固囂囂也，而不免於呶呶焉，嘵嘵焉，亦奚爲乎？稿中竭外，而徒以勞勞，焉爲乎哉？且長谷之迢迢也，窮林之寥寥也，而耕焉，而樵焉，亦焉往而弗宜矣。夫退身以全節，大知也；斂德以享道，大時也；怡神養性以遊於造物，大熙也，又夫子之夙期也。而今日之歸，又奚以思爲乎哉？」則又相謂曰：「夫子之思歸也，其亦在陳之懷歟？吾黨之小子，其狂且簡，倀倀然若瞽之無與偕也，非吾夫子之歸，亦孰從而裁之乎？」則又相謂曰：「嗟乎！夫子而得其歸也，斯土之人爲失其歸矣乎！且天下之大也，而皆若是焉，其誰與爲理乎？雖然，夫子而得其歸也，而後得於道；惟夫天下之不得於道也，故若是其貿貿。夫道得而志全，志全而化理，化理而人安，則夫斯人之徒，亦未始爲不得其歸也。而今日之歸，又奚疑乎？

而奚以思爲乎？」陽明子聞之，憮然而嘆曰：「吾思乎？吾思乎？吾親老矣，而暇以他爲乎？雖然，之言也，其始也，吾私焉；其次也，吾資焉；又其次也，吾幾焉。乃援琴而歌之。歌曰：

歸兮歸兮，又奚疑兮？吾行日非兮，吾親日衰兮，胡不然兮，日思予還兮？後悔可遷兮，歸兮歸兮，二三子之言兮！

正德己卯三月既望，陽明山人王守仁書。

賦墨本爲日本古山源恒於一八一一年雙鉤之墨跡本，由日本千日縣某人所藏，今歸餘姚。《寧波日報》二〇一二年三月二十日載《王陽明〈思歸軒賦〉書跡歸鄉記》詳記此賦墨本發現與回歸餘姚經過：

二〇一一年，計文淵從朋友處獲悉，日本千日縣有一户人家保存着《思歸軒賦》書跡，他便委托在大阪工作的一個學生與那户人家取得聯係。通過幾番交流，最終對方答應轉讓……二〇一一年八月，計文淵學生的父親去日本探望兒子，回來時將兩冊《思歸軒賦》書跡隨身帶回來，交到了計文淵手中……王陽明《思歸軒賦》書跡，深棕色的封面，裝裱方式是經摺裝，縱三十八釐米，横十四釐米，分「乾」、「坤」上下兩冊，每頁兩字，上冊一一八頁，下冊一一四頁。封面上書

「王陽明書思歸軒賦」，封面題箋下有一枚印章「寧儉居藏書記」……

按：今《王陽明全集》卷十九有《思歸軒賦》，與此墨本相較，字句有異，且無文後題署，知此墨本《思歸軒賦》爲陽明原稿。《王陽明全集》中之《思歸軒賦》題下注作於「庚辰」（正德十五年），今據此墨本《思歸軒賦》題署，可知其誤。按思歸軒在贛州，賦云：「陽明子之官於虔也……構軒其下，而名之曰『思歸』焉。」正德十五年三月陽明乃居南昌，不在贛，如何有構思歸軒之事？可見以賦作於正德十五年顯誤。唯正德十四年三月，陽明正在贛，疏乞致仕請歸，其上王晉溪書云：「近日祖母病危，日夜痛苦，方寸已亂。望改授，使全首領以歸。」與此《思歸軒賦》所述相合，可知此賦題作於正德十四年爲真。

與二位周侍郎手札

（正德十四年，一五一九年）

江省之變，其略已具公文。大抵此逆蓄謀已非一日，其窮凶極惡，神怒人怨，決敗無疑。但其氣焰方熾，此中兵力寡弱，又閫省無一官（不）肯爲用。因户部奏革商稅，南、贛屯聚之兵，無所仰給，已放散，復欲召集，非數月不能，此事極可痛恨。二公平日忠義自許，當兹國難，忠憤激烈，不言可知。切望急促僉事周期雍公文内示坐定名字者，未審周今安在？且欲二公坐名促之來也。區區已先將弱卒牽制其後，使不得安意前進，但遲留半月，南都有備，四方勤王之師漸集，必成擒矣。百冗中，言不能悉。守仁頓首，二位周侍郎（御）先生道契。兩司進見，幸悉以此意布之。杜太監已被虜。閩事有諸公在，當無慮。此事宗社安危所係，不得不先圖之也。

札見蓬累軒編《姚江雜纂》，錢明《王陽明全集未刊散佚詩文彙編及考釋》著録。札中所云「江省之變」，乃指宸濠叛亂，在正德十四年六月，陽明聞變，即傳檄首調福建軍，《王陽明全集》卷三十一有

《行福建布政司調兵勤王》，故可知此札即作在正德十四年六月。「周侍郎」當是周侍御之誤（草字御、郎形近，《姚江雜纂》誤印）。此兩周侍御向來缺考，今按《閩書》卷四十五《文蒞志》正德年間任御史中，有巡撫監察御史周鵷，清理軍政監察御史周震，可知此札所致「二位周御史」即周鵷與周震。周鵷字文儀，號適齋，華亭人。孫承恩《文簡集》卷四十九有《潮州府知府適齋周君墓表》：「周子諱鵷，字文儀，適齋其號……周子初舉進士，授御史……繼按閩省，時省臣有失控御激軍衛作亂者，衆大譁，眙愕相顧，城門晝閉，變且叵測。周子聞，則疾出曉諭，開以禍福，戮其巨魁，衆皆帖服解散。巨璫羅籥以鎮守横甚，周子屢奏劾之，竟謫戍去。振作文教，修武夷書院，置田以贍生徒，歲賓興監，剗除積弊，是科得人爲盛。毅皇帝南巡，懇疏諫止，弗報。寧藩之變，檄有司峙（待？）軍餉爲緩急備，憲度肅如也。洎遷守潮，潮有巨姓蕭甲挾富稔惡，先時每坐，即以賄脱。周子廉得之，卒置於法，潮人歡呼……周子世家華亭……生成化壬辰正月十八日，卒嘉靖丁亥八月二十九日。」周震字世亨，號半塘，崑山人。《道光崑新兩縣志》卷二十二：「周震，字世亨……正德辛未進士，授鄱陽知縣。姚源賊起，震協剿有功。時屬邑近姚源者得蠲租，獨鄱陽不與。震以鄱去姚源雖遠，而以餉援，故民實不勝勞疲，力請得如例。公暇與諸生講經課業，治聲大著。擢監察御史，疏論豫儲、廣孝、懋學、勤治、選將、練士、信賞、必罰八事。清軍福建，會黠卒煽亂，計擒首惡數人，撫定餘黨。奏裁鎮守中官歲侵鹽利數千金。庚辰還朝，會武廟南巡，詔視斬逆濠，有銀牌之賜。辛巳，巡按河南，尋遷浙江僉事，轉廣東參議。以不能逢迎，罷歸。」林俊《見素續集》卷十有《周公明軒墓表》。蓬累軒《姚江雜纂》誤將周世亭印爲周世亭，致不知其爲何人（見下《與世亭侍御手札》考）。札中所言周期雍，字汝和，江西寧州人，時任福建按察司整飭兵備僉事。雷禮《刑部尚書周公期雍傳》：「司寇周公者，諱期雍，字汝和，江西寧州人也。……弘治甲子魁鄉薦……戊辰，取進士，選授雲南道監察御史……癸酉，奉勑總戎兩廣……武廟東巡，首言宗子遠遊，家相難辭其責。以觸忤，仍補南京河南道。未抵臺，以漳寇不解搆，遷福建僉事，飭兵汀、漳……宸濠久蓄異志，陽明王公密與公計，公謂水戰精兵，惟海上諸衛號稱驍勇可用。遂巡沿海，蒐閱得精兵數千，整練候報。比己卯變作，即日董師兼程而進，至豐城，濠已就擒。陽明留公視南昌，篡者三月……辛巳，丁繼母憂……」（《國朝獻徵録》卷四十五）周期雍調福建軍助陽明平宸濠立大功，陽明多言之，至後來舉薦周期雍，陽明《舉能撫治疏》云：「切照廣東右布政使王大用、湖廣按察使周期雍，皆才識過人，可以任重致遠。臣往年巡撫南、贛，二臣皆在屬司，爲兵備僉事，與之周旋兵革之間，知其皆肯實心幹事。江西未叛一年之前，臣嘗與周期雍密論宸濠之惡，不可不爲之備，期雍歸去汀、漳，即爲養兵蓄鋭以待。及臣遇變豐城，傳檄各省，獨期雍與布政席書聞變即發。當是時，四方援兵皆莫敢動，迄宸濠就擒，竟無一人至者，獨席書行至中途，復受臣檄，歸調海滄打手，又行至中途，聞事平而止。其先後引領至江西省城者，惟周期雍、王大用兩人而已。當時以捷奏既上，隨復讒言朋興，各臣之忠勤，遂不及一白，臣爲之每懷歉然。」（《王陽明全集》卷十五）又《書佛郎機遺事》：「正德戊寅之冬，福建按察僉事周期雍以公事抵贛。時逆濠奸謀日稔，遠近洶洶。予思預爲之備，而濠伺覘左右，摇手動足，朝聞暮達，以期雍官異省，當非濠所計及，因屏左右，語之故,遂與定議。期雍歸,即陰募驍勇,具械束裝,部勒以俟。予檄晨到,而期雍夕發。故當濠之變,外援之兵惟期雍先至,適當見素公書至之日,距濠始事亦僅月有十九日耳。」(《王陽明全集》卷二十四)周期雍爲平宸濠亂立功却因讒而未受獎賞者。札中所云「杜太監」,即太監杜甫,《國榷》卷五十一:「正德十四年二月壬辰,中旨:鎮守湖廣太監杜甫改福建。」杜甫當是被宸濠所虜。

與周文儀手札

（正德十四年，一五一九年）

寧賊不軌之謀，積之十年有餘，舉事之日，衆號一十八萬，而旬月之内，竟就俘擒，非天意何以及此！迂疎偶值其會，敢叨以爲功乎？遠承教言，曲中機宜，多謝，多謝！所調兵快，即蒙督發，忠義激烈，乃能若此。四鄰之援，至今尚未有一人應者，人之相去，豈不遠哉！使回，極冗中草此不盡。友生守仁頓首，文儀侍御先生道契執事。泉翁、三林老先生均乞道意，冗中未及另啟。餘。

手迹見葉元封《湖海閣藏帖》卷二《與周侍御書》，《古今尺牘墨蹟大觀》第七册，題作「與華亭周侍御手札」。蓬累軒《姚江雜纂》編録是札。侍御周鵷文儀已見前考。此札稱「旬月之内，竟就俘擒」，宸濠俘擒在七月，故此札即作在正德十四年七月中。蓋是札乃承前《與二位周侍郎（御）手札》而來：六月宸濠亂起，陽明作札致二位侍御調福建兵；至七月，周期雍調福建兵至，宸濠被俘，陽明乃作此札予周鵷致謝。札中所及「泉翁、三林老先生」，無考。疑「泉翁」指湛若水，字元明，號甘泉，其文集曰《泉翁先生大全集》。「三林」疑即福建莆田林俊，字待用，號見素（莆田「三林」之一）。蓋其時林俊以致仕御史居莆田，與二周侍御及周期雍關係甚密，並助陽明平逆濠亂。《王陽明全集》卷二十四《書佛郎機遺事》：「見素林公聞寧濠之變，即夜使人範錫爲佛郎機銃，并抄火藥方，手書勉予竭忠討賊。時六月毒暑，人多道暍死。公遣兩僕裹糧，從間道冒暑晝夜行三千餘里以遺予，至則濠已就擒七日。予發書，爲之感激涕下。……當濠之變，外援之兵惟期雍先至，適當見素公書至之日，距濠始事亦僅月有十九日耳。……見素公在莆陽，周官上杭，冀在常德，去南昌各三千餘里，乃皆同日而至，事若有不偶然者。」又錢德洪《陽明先生年譜》：「正德十四年六月……先是先生思豫備，會汀、漳兵備僉事周期雍以公事抵贛，知可與謀，且官異省，屏左右語之。雍歸，即陰募驍勇，部勒以俟，故晨奉檄而夕就道。福建左布政使席書、嶺東兵備僉事王大用，亦以兵來，道聞賊平，乃還。致仕都御史林俊聞變，夜範錫爲佛郎機銃，并火藥法，遣僕從間道來遺，勉以討賊。」陽明此札，蓋亦順向林俊致謝意。

與世亨侍御書

（正德十四年，一五一九年）

寧賊之變，遠近震懾，閲月餘旬，四方之援，無一人至者，獨閩兵聞難即赴，此豈惟諸君忠義之激然，亦調度方略過人遠矣。區區有所倚賴，幸遂事，未及一致感謝，而反辱箋獎，感怍，感怍，感怍！使還冗極，未能細裁，草草，幸心照。守仁頓首啟，世亨侍御先生道契。餘空。

札見葉元封《湖海閣藏帖》卷二《與世亨侍御書》、嚴信厚《小長蘆館集帖》卷四《王守仁與世亨書》。蓬累軒編《姚江雜纂》誤譯作「與世亭侍御手札」，遂使是札向來不知予誰。實則「世亭」乃「世亨」之誤（亨、亭形近，《姚江雜纂》誤印）。世亨侍御即周震。前考「二位周侍御」，一即周震，字世亨，號半塘，崑山人。此札當與前《與周文儀手札》作在同時，兩札語句亦相似。蓋先是六月陽明致書周鶮、周震請調福建軍，至七月福建軍至，宸濠被俘，乃作二札致謝二位侍御，一札即前《與周文儀手札》，一札即此《與世亨侍御書》也。參見前《與二位周侍御手札》及《與周文儀手札》考。

與朱守忠書

（正德十四年，一五一九年）

屢以乞休事相瀆，諒在知愛之深，必能爲我委曲致力。然久而未效，何耶？昔人謂進難而退易，豈在今日亦有所不易耶？近日復聞祖母病已危甚，方寸益亂。將遂棄印長往，恐得罪名教，姑復再請；再請不獲，亦無如之何矣！棄官與覆敗之罪孰重？潛逃與俘戮之耻孰深？守忠且爲我計之，當如何而可。賫本人去，因便告領俸資。凡百望指示，得早還爲幸。故舊之在京邸者，憂疑中不能作書，相見亦希道意。京中消息，人還悉寫知之。守仁頓首。

書見裴景福《壯陶閣書畫録》卷十《明王陽明手札册》。陽明祖母岑太夫人卒於正德十四年，是年陽明在江西曾三次以祖母病危疏乞致仕，便道省葬，一在正月，一在六月，一在八月。此書云「姑復再請」，則當作在六月中。《王陽明全集》卷十二有《乞便道省葬疏》，上在六月二十一日。時朱守忠在京任御史，故托其轉圜也。朱守忠名節，號白浦，浙江山陰人，陽明弟子。《明清進士録》：「朱節，明正德九年三甲五十七名進士。浙江山陰人，字守中，號白浦。從王守仁遊，守仁器重，稱其明敏。以御史巡按山東，值亂，勤事而卒。」正德二年朱節與徐愛、蔡宗兗同入陽明門下。八年朱節又來滁州受教，遂於九年中進士。其卒於嘉靖三年。《王陽明全集》卷二十五有《祭朱守忠文》，卷七有《別三子序》，卷五有《與朱守忠》，卷二十有《送守中至龍盤山中》、《贈守中北行二首》等，皆可見陽明與朱節師生情誼之篤。

與朱守忠手札（三札）

札一

（正德十四年，一五一九年）

寧賊之起，震動海内，即其氣焰事勢，豈區區知謀才力所能辦此哉？旬月之間而遽就擒滅，此天意也，區區安敢叨天之功？但其拚九族之誅，强扶牀席，捐軀以狥，此情則誠有天憫者，不知廟堂諸公能哀念及此，使得苟存餘息，即賜歸全林下否？此在守忠亦當爲區區致力者，前此已嘗屢瀆，今益不俟言矣。渴望，渴望！老父因聞變驚憂成疾，妻奴坐此病留吉安，至今生死未定。始以國難，不暇顧此；事勢稍靖，念之百憂煎集，恨不能即時逃去，奈何，奈何！餘情冗極未能悉，千萬亮察。守仁頓首。

札二

近因祖母之痛，哀苦狼藉，兼乞休疏久未得報，惟日閉門病卧而已。人自京來，聞車駕已還朝，甚幸，甚幸！但聞不久且將南巡，不知所指何地，亦復果然否？區區所處，剥牀以膚，莫知爲措，尚憶孫氏園中之言乎？京師人情事勢何似？便間望寫示曲折。閩事尚多隱憂，既乞休勑又久不至，進退維谷。希淵守古道，不合於時，始交惡於郡守，繼得怨於巡按，浩然遂有歸輿，復爲所禁阻不得行，且將誣以法。世路險惡如此，可嘆可恨！因喻宗之便，燈下草草。宗之意向方新，惜不能久與之談。然其資性篤實，後必能有所進也。荒迷中不一。守仁稽顙，守忠侍御賢弟道契。

（正德十四年，一五一九年）

札三

欲投劾往去，慮恐禍出不測，益重老父之憂；不去，即心事已亂，不復可强留。神志恍恍，終日如夢寐中。省葬之乞，去秋嘗已得旨，「賊平來説」。及冬底復請，而吏部至今

（正德十五年，一五二〇年）

不爲一覆。豈必欲置人於死地然後已耶？僕之困苦危疑，當道計亦聞之，略不爲一動心，何也？望守忠與諸公相見，爲我備言此情，得早一日歸，即如早出一日火坑，即受諸公更生之賜矣，至禱，至禱！宸濠叛時，嘗以僞檄免江西各種租税，以要人心。僕時亦從權宜蠲免，隨爲奏請，至今不得旨。江西之民重罹兵革誅求之苦，無復生意，急賑救之，尚恐不逮，又加徵科以速之，不得已復爲申請。正如夢中人被錐，不能不知疼痛，聊復一呻吟耳，可如何如何！諸相知不能奉書，均爲致千萬意。奏稿目入。

三札真迹藏上海博物館，計文淵《王陽明法書集》著録，錢明《王陽明全集未刊散佚詩文彙編及考釋》有考。第一札言宸濠「擒滅」，按宸濠被擒在正德十四年七月二十六日（見王陽明《擒獲宸濠捷音疏》及《國榷》卷五十一），故可知是札約作於正德十四年七月底。是札仍在請朱守忠就乞休省葬事在京斡旋，所云「前此已嘗屢瀆」，即指前輯《與朱守忠書》。第二札言「乞休疏久未得報」，「聞車駕已還朝……但聞不久且將南巡，不知所指何地」，按《國榷》卷五十一：「正德十四年八月癸未，上發京師。……戊子，上至保定。……九月戊戌，上至臨清。……丙午，昌平、開平等衛地震。右副都御史王守仁械宸濠自獻捷，至杭州。」是武宗南巡始於八月二十二日，陽明後知武宗南巡，乃於九月十一日獻俘發南昌（見《陽明先生年譜》）。此前，陽明於八月二十五日又上便道省葬疏（見《王陽明全集》卷十二《二乞便道省葬疏》）。故可知此札約作於八月二十二日至二十五日之間。札中所言「希淵」，即蔡宗兗，乃指其教授興化事。季本《季彭山先生文集》卷三《蔡宗兗墓志銘》云：「公諱宗兗，字希淵，世居杭州仁和縣。……即長，稟學於同里朱先生崇文。嘗聞陽明先師言：『越中先輩鮮有言道學者，惟白洋朱克粹嘗論及此爾。』而崇文者，克粹仲子……克粹之孫守忠，又與公爲同門友，皆勵志以聖賢自期，於是人並稱爲『白洋三傑』云。……時聞先師倡道陽明山中，乃偕守忠往受業焉。因與餘姚徐君曰仁爲三友。……正德丁卯，三友同舉於鄉。……庚午丁父憂，丁丑始赴春官，與余同舉進士……得教授興化。戊寅抵任，以禮率人，務更舊習，歲時私饋却絶不行，其自守有足感動人者，故不踰月而士風丕變。值巡按蒞莆視學，公以師道自尊，不肯屈膝，忤其意。乃以母病求去。方伯元山席公雅知公賢，爲具疏白巡按，而公不可留矣。莆中多氣節之士，而見素林公、山齋鄭公，其巨擘也，同聲嘆賞。士大夫翕然以公爲高，門人蓋仰慕之，因裒公文稿爲《寓莆集》。」第三札，據其中云：「宸濠叛時，嘗以僞檄免江西各郡租税，以要人心。僕時亦從權宜蠲免，隨爲奏請，至今不得旨。江西之民重罹兵革誅求之苦，無復生意，急賑救之，尚恐不逮，又加徵科以速之，不得已復爲申請。」所謂「隨爲奏請」，指正德十四年七月三十日陽明上奏乞蠲江西税糧，其《旱災疏》云：「寧王謀反，乘釁鼓亂，傳布僞命，優免租税。……臣因通行告示，許以奏聞優免税粮……如蒙乞敕該部暫將江西正德十四年分税糧通行優免，以救殘傷之民。」所謂「不得已復爲申請」，指正德十五年三月二十五日陽明再上奏乞寬免税糧，其《乞寬免税糧急救民困以弭災變疏》云：「寧王謀反，乘釁鼓亂，傳播僞命，優免租稅。……乞敕該部速將正德十四、十五年該省錢糧悉行寬免；其南昌、南康、九江等府殘破尤甚者，重加寬貸……」可見第三札約作於正德十五年三月底前後。所謂「去秋嘗已得旨，賊平來説」，即指正德十四年八月疏乞便道省葬，時奉旨云：「著督兵討賊，所奏省親事，待賊平之日來説。」（《陽明先生年譜》）所謂「冬底復請」，乃指正德十四年十二月底又上疏乞省葬，然此疏本實至正德十五年三月二十五日方差舍人王鼒送呈，見其《四乞省葬疏》（《王陽明全集》卷十三）。若然，則此第三札應即作在三月二十五日，而由王鼒連同奏疏一併帶往京城，札中所云「奏稿目入」，即指此《乞寬免稅糧急救民困以弭災變疏》與《三乞省葬疏》，蓋此第三札實爲送呈奏疏所附寄信也。又《陽明先生年譜》云：「按是年（正德十五年）與巡按御史唐龍、朱節上疏計處寧藩變産官銀，代民上納，民困稍蘇。」是上疏年譜未得其月日，按此疏即《王陽明全集》卷十三之《開豁軍前用過錢糧疏》，上在正德十五年九月四日，知此疏實爲陽明與朱節、唐龍所共上，疑亦在此「奏稿目入」中。又《王陽明全集》卷十三《剿平安義叛黨疏》有云：「據江西按察司按察使伍文定關稱：……巡按御史唐龍、朱節等計委追剿逆賊楊本榮等。……又蒙巡按江西監察御史朱節批：……巡按御史唐龍、朱節運謀監督……論各勞績，皆宜旌録。」可見陽明在寫此第三札後不久，朱節亦在正德十五年下半年以監察御史來巡按江西，故得與陽明、唐龍共上此《開豁軍前用過錢糧疏》。今白鹿洞書院藏有朱節二詩石碑：《謁白鹿書院次陽明先生韵》：「萬古匡廬峰，崔嵬夢中見。兹晨天風凉，吹我上層巘。輕雲散晴崗，露出芙蓉面。茫茫大塊間，陵谷幾遷變。慨兹蜉蝣生，百年如旅傳。卓矣諸名賢，仰止何眷眷。酌此洗心泉，青山共酬勸。妙境有真悟，可以忘餘辨。」《過三峽橋玉淵》：「飛虹横亘兩山通，幾道轟雷起蟄龍。一洗塵心天地闊，倚雲閑坐對危峰。　　正德辛巳秋七月白浦朱節識。」（見《白鹿洞書院碑刻摩崖選集》）可見朱節正德十六年秋猶在江西未回京。

謁文山祠

（正德十四年，一五一九年）

汗青思仰晉春秋，及拜遺像此靈游。浩氣乾坤還有隘，孤忠今古與誰侔？南朝未必當危運，北虜烏能卧小樓？萬世綱常須要立，千山高峙贛江流。

正德十四年秋七月，謁宋文山祠，有賦一則。王守仁。

陽明手迹在晉寶齋二〇〇八年書畫古董交流會（山西晉寶齋藝術總公司）上出現，並在網上公布。按文山即文天祥，蓋文山爲其故里。《光緒吉安府志》卷二：「文山，在八十二都，丞相文天祥故里。」文山祠在吉安府螺川螺山，《光緒吉安府志》卷二：「螺川水，即贛水也。贛水繞城東北，流經螺子山麓，故稱螺川。」卷三：「螺山，在城北十里，南臨贛江，與神岡拱對，旁有林泉寺。山形委宛如螺山，中砂石皆成螺形……山之陰爲文山祠，祠前有螺紋、川紋二石。」又卷八：「文丞相忠義祠，在府城東北五里螺山下。明弘治十五年，御史廬陵周孟中請祠文天祥……正德三年，知府任儀闢馳道。十三年，知府伍文定修增，建二坊於馳道左右，一曰『仁至』，一曰『義盡』，南贛巡撫、都御史餘姚王守仁記。」陽明嘗任廬陵縣令，故對文山祠十分熟悉，尤敬仰文山。正德九年，陽明即爲文森刻版《文山別集》作序，云：「某之爲廬陵也，公之族弟某嘗以序謀，兹故不可得而辭。」（《王陽明全集》卷二十二）正德十三年，吉安知府伍文定重修文山祠，陽明特爲作《重修文山祠記》，云：「宋丞相文山文公之祠，舊在廬陵之富田。今螺川之有祠，實肇於我孝皇之朝……某嘗令兹邑，睹公祠之圮陋而未能恢，既有愧於諸有司；慨其風聲習氣之或弊，而未能講去其偏，復有愧於諸人士。樂兹舉之有成也，推其愧心之言而爲之記。」（《王陽明全集》卷七）修文山祠至正德十四年方竣工，故陽明在正德十四年來謁文山祠，亦是其發兵北上攻拔南昌經螺川順道過訪也。按宸濠在正德十四年六月叛亂，陽明在豐城聞宸濠反，即返吉安，起義兵。錢德洪《陽明先生年譜》：「正德十四年（七月）甲辰，義兵發吉安。丙午，大會於樟樹。己酉，誓師。庚戌，次市汊。辛亥，拔南昌。」陽明在七月十三日兵發吉安北上，十五日大會於樟樹鎮，二十一日次市汊，二十二日拔南昌。文山祠在吉安城北十里，陽明在十三日發兵當天即可至螺川，其謁文山祠而作此詩可確知即在十三日。詩云「南朝未必當危運」，吐露陽明平宸濠亂之信心與決心。「孤忠今古與誰侔」，贊文天祥之忠貞不屈，亦是自況。蓋陽明之舉兵平宸濠，與當年文天祥之起兵勤王，何其相似乃爾，陽明舉兵之初已爲己之「孤忠」慄慄危懼，後來事實不幸被其言中。然大敵當前之際，人心危亂，平亂前途未卜，陽明猶如斯鎮定自若，賦詩從容，真可謂儒雅將帥矣。

答友人詩

（約正德十四年，一五一九年）

儘把毁譽供一笑，由來饑飽更誰知。

詩見《鄒守益集》卷十一《簡程松谿司成》，其云：「吾輩學問，如穿衣吃飯，自求温飽，當時初見先師《答友人詩》……於今豈可忘之？」此似是指鄒守益始來見陽明執弟子禮時，宋儀望《鄒東廓先生行狀》：「己卯，謁陽明王公於虔臺，因論及格致之學。王公乃盡語以致良知之説，反覆辨論，先生皤然悟曰：『道在是矣！』遂執弟子禮。」鄒守益或即在來虔臺後見到陽明此詩，蓋陽明其時在平宸濠亂中多遭讒誣，故詩中有「儘把毁譽供一笑」之句也。

哭孫燧許逵二公詩

（正德十四年，一五一九年）

其一

丢下烏紗做一場，男兒誰敢墮綱常。肯將言語堦前屈，硬著肩頭劍下亡。萬古朝端名姓重，千年地裏骨頭香。史官漫把春秋筆，好好生生斷幾行。

其二

天翻地覆片時間，取義成仁死不難。蘇武堅持西漢節，天祥不受大元官。忠心貫日三臺見，心血凝冰六月寒。賣國欺君李士實，九泉相見有何顔。

詩見墨憨齋編《皇明大儒王陽明出身靖亂録》。按此書乃是用文學形式寫成之陽明傳記，用筆嚴謹，所叙皆合事實，並無虚構，不能以一般之野史小説視之，其中所引陽明詩當有所自，非出於僞造。詩所哭祭孫燧，字德成，號一川，晚翠，餘姚人，弘治六年進士，行事詳見王維楨《都御史孫忠烈公燧傳》、林大春《孫忠烈紀遺》（《國朝獻徵録》卷六十一）。許逵字汝登，號亹庵，固始人，正德三年進士，行事詳見吕柟《江西按察司副使許公逵墓志銘》（《國朝獻徵録》卷八十六）。正德十四年宸濠叛亂，都御史孫燧、按察司副使許逵因不附宸濠被害，陽明平宸濠亂後，追奏其功，於南昌建旌忠祠祀之。按陽明與孫燧早識，既親且友，關係甚密，錢德洪《陽明先生年譜》：「弘治五年，舉浙江鄉試。是年場中夜半見二巨人，各衣緋緑，東西立，自言曰：『三人作好事。』忽不見。已而先生與孫忠烈燧、胡尚書世寧同舉。其後宸濠之變，胡發其奸，孫死其難，先生平之，咸以爲奇驗。」故陽明《祭孫中丞文》云：「守仁於公，既親且友，同舉於鄉，同官於部，今又同遭是難，豈偶然哉！」此祭文作於正德十四年八月，《王陽明全集》卷二十一有《批江西按察司優恤孫許死事》，作於正德十四年八月二十五日；又有《行南昌府禮送孫公歸櫬牌》，作於正德十四年八月二十九日，連同此祭文爲送孫燧、許逵靈柩歸鄉而作，此二首哭祭詩應即作在其時，亦爲哭送孫許二公靈柩歸鄉而作也。

又答汪進之書

（正德十四年，一五一九年）

遠承教札，兼示《閑辟辯》，見執事信道之篤，趨道之正，喜幸何可言！自周、程後學庬道晦且四百餘年，逃空寂者，聞人足音跫然喜矣，況其親戚平生之歡乎？朱、陸異同之辯，固守仁平日之所召尤速謗者，亦嘗欲爲一書，以明陸學之非禪，見朱學亦有未定者；又恐世之學者先懷黨同伐異之心，將觀其言而不入，反激怒焉，乃取朱子晚年悔悟之説，集爲小册，名曰《朱子晚年定論》，使具眼者自擇焉。將二家之學，不待辯説而自明矣。近門人輩刻之雩都，士夫見之，往往亦有啟發者。今復得執事之博學雄辭，闡揚剖析，烏獲既爲之先登，懦夫益可魚貫而前矣，喜幸何可言！辱以精舍記見委，久未奉命，此誠守仁之罪也，悚仄，悚仄！然在向時，雖已習聞執事之高名，知所景仰，而於學術趨向之間，尚有未能盡者。今既學同道合，同心之言，其容已乎？兵革紛擾中，筆札殊未暇，乞休疏已四上，期在必得。不久歸投山林，當徐爲之也。盛价立俟回書，拙筆草草，未盡扣請，伏惟爲道珍愛。寓虔病生王守仁頓首啟。

書見《汪仁峰先生外集》卷三。按陽明在正德十一年有書覆汪循，次年即赴贛（見前《答汪進之》考），汪循又有答書，并贈其作《閑辟辯》。據《汪仁峰先生文集》卷五《復王都憲》書一云：

伏聞擢總憲節鎮，轄三藩之交，寇盜嘯聚日深，連株結蔓，憑恃山谷，窮兵累歲，負固不下者，一旦殲除撲滅，巢穴爲之一空，可見儒者之功，仁人之勇，而爲吾道增光多矣，其於相知鄉往者，喜慰可云喻邪？廣昌令妻弟余嵤傳此山中，爲製一律，俾録上求教，而因致所懇焉。向以仁峰精舍求記一言者，非爲炫文辭，希媚取寵而要聞譽也，誠以此學自宋儒程、朱諸子發明訓釋之後，學者類能言之，但使之舍舊説而自爲言，則未免爲捉風捕影，而所謂卓爾者，莫知所在也。若夫攻文辭，取青紫，習訓詁，資口耳以爲學者，舉世皆是，不可救矣。有能因程、朱諸子之言以求孔子，即孔子之言以求堯、舜、禹、湯、文、武、周公，則舍誦法經訓、辨釋之外，何所致其力乎？六經，孔子所作也，不知三代以前，無經可誦，無義可釋，君臣父子之間穆穆夔夔，薰漸援引，以躋仁聖之域者，又何所學乎？昔程子講學伊洛之間，亦未聞以讀書爲事也。謝顯道舉史不遺，以爲玩物喪志；及送楊龜山，乃有「道南」之歎，其學端有所在。豫章、延平蓋得於龜山者，以授吾子朱子，信不誣也；然羅、李二公無著書之富，無辭藻之工，其所學者何學，而所事者何事乎？而吾朱子所謂潛思力行、任重詣極者，亦將何所指而言乎？説者謂讀書雖有考索之富，而擴充變化之無術，雖有辨析之精，而持守堅定之未能，則夫隱微之際，私欲之萌潛滋暗長而不自知者，卒至於波流風靡，而吾之所得於天者，由之而褻矣。然則何貴乎讀書也？某愚之所未達，而精舍卜築所以願盡心畢力以求之也。時流之學，不足以語此，求記吾精舍者，亦難乎其人矣。曩者竊於文辭之間，有以窺見執事造詣之深，辨論之正，識見之卓，非知道者不能也。故志有所趨，遂冒未見顔色而言之，戒修辭，令族弟節夫不遠千里致敬盡禮，求記於執事，蓋亦知所重而慎所擇矣。執事答書褒予太過，寵惠有加，則拜賜矣；而記則以深懼無益之談，不足以求正，而姑徐徐爲之辭。某得此，不勝悚仄。夫學貴實行，而不事空談，真知道者之言也。但不知執事之意，真責某以力行乎？抑以爲不屑教而姑託辭以却之？責某以力行，固不敢不勉；以爲不屑教，乃所以深教之，尤不敢不勉也。然則執事以爲無益之談而姑徐徐云者，正某所以上求有益之誨而甚所汲汲者也，惟執事其卒教之。庸是再布區區，併近與學者辨論朱陸異同一編，上求印正，政令雷厲風行之暇，不惜統賜誨言，以慰渴想。不具。

按汪循此書言「一旦殲除撲滅，巢穴爲之一空」，而未言平宸濠之亂，則當作在正德十四年。陽明此書云「乞休疏已四上，期在必得」，此四上乞休疏乃指其正德十二年正月二十六日上疏（《謝恩疏》）、正德十三年三月初四日上疏（《乞休致疏》）、六月十八日上疏（《辭免陞廕乞以原職致仕疏》）、正德十四年正月初二日上疏（《陞廕謝恩疏》）、正月十四日上疏（《乞放歸田里疏》），故由此可以確知陽明此書作在正德十四年正月中。汪循書中所言「近與學者辨論朱陸異同一編」，即陽明書中所言「兼示《閑辟辯》」。《閑辟辯》今不存，其大旨約如其《致程曈書》所云「朱子著書立言，皆欲使人明其理，反求於心，未嘗教人弄故紙糟粕，以資一己功利。後之習其學者，徒知排比章句，而擴充變化之無功；辨析詞理，而持守涵養之不力。專訓詁者，附會穿鑿，疊牀架屋，汩心思，亂耳目；工文辭者，飾筌蹄，取青紫，龍斷罔利，中立爲姦」。其説與陽明不合，故陽明寄此書時附上已作《朱子晚年定論》以求討論。汪循有再答書，《汪仁峰先生文集》卷五有《復王都憲》書二云：

向不揣僭以朱陸之説上質高明，伏蒙許可，自慶一得之愚，有以上同於大賢君子，豈勝欣慰！且喻「亦嘗欲爲一書，以明陸學之非禪，見朱説亦有未定者，又恐世之學者先懷黨同伐異之心，將觀其言而不入，反激怒焉，乃取朱子晚年悔悟之説，集爲一小册，名曰《朱子晚年定論》。其中略不及陸學之説，使學者不以先入之見横於胸中而自擇焉」。又以見大賢君子用意微婉，宅心忠厚，而孜孜焉善誘人也。但其序中自言其所造詣，述其先難之故，後得之由，而其微詞奥義，有非老昧淺陋之所及知者，不能無疑焉；況蒙教札，而有同道同心之喻，又豈敢含胡隱忍，以負執事援引之意哉？庸是謹以其所疑者，復叩質於高明，必得其同而後已。蓋道一不容有二也，惟高明其裁之。序言：「洙泗之傳，至孟氏而息，千五百餘年，濂溪、明道始復尋其緒。」按程叔子作《明道先生墓表》，云「先生千四百年之後」，蓋舉成數也。今執事云「千五百餘年」，雖或考據之精，然非義理所關鍵，不若因之之不見自異於先儒，如何？此其不能無疑一也。序云：「自後辨析日詳，然亦日就支離決裂，旋復湮晦。吾嘗深求其故，大抵皆世儒之多言有以亂之。」札云：「自周、程後學厖道晦且百餘年。」某愚以爲辨析支離決裂之弊，則羅仲素、李延平以前，竊恐無之，多言亂道，此正學朱學者之弊也。竊探執事之意，概掩朱子著述之功，此其不能無疑二也。

序曰「乃知從事正學，而苦於衆説之紛撓疲薾，茫無可入，因求諸老釋，欣然有會於心，以爲聖人之學在此矣」云云，至「恍若有悟，證諸五經四子，沛然若決江河，而放諸四海也」。某愚以爲古之儒先從事性命根本之學者，多出入佛老，而後有得於心，蓋非實用其力體道於幾微之妙者，不能爲此言也。然彌近理而大亂真者，毫釐之間耳，不可不慎也。執事既以陸氏之學爲時流所忌而避去之，而復不晦於此，不又駭人耳目乎？此其不能無疑者三也。序曰「雖每痛反深抑，務自搜剔斑瑕，而愈益精明的確，洞然無復可疑，獨於朱子之説有相牴牾」云云，至「世所傳《集註》、《或問》之類，乃其中年未定之論，自咎以爲定本之誤，思改正而未及」。某愚以爲朱子之説有相牴牾者，正在於與陸子攻詆辨論之時，與夫學者群居議論訓釋之習耳，初不在於傳註之間也。觀其自言曰：「初説只如此講，漸涵自能入德，不謂後來只成説話。至於人倫日用最切近處，全不得毫毛氣力。」又曰：「某緣日前無深探力行之志，凡所論説，皆出入口耳之餘，以故全不得力。」此皆切指其弊者也。若謂朱子平日之所教人，與夫其所註釋，而其言有所牴牾者，竊恐無之。某嘗僭謂吾朱子之訓釋經子，與孔子删述六經同功，然孔子雖不删述六經，而所以上承堯、舜、禹、湯、文、武之傳者，固在也。朱子集周、程而下諸儒之説，而成一家之言，其於經書毫分縷析，昭如日星，啓蒙後人，明道之功，豈可少哉！然其所以接周、程諸子之傳，則亦不在於是也。若夫《集註》、《或問》之類，反覆考訂，至精至密，若《誠意章》，乃其絶筆，雖曰猶有不滿其意者，亦微矣。執事乃以此爲中途未定之説，此其不能無疑者四也。某早有此志此學，無從師授，徒以程、朱之書潛心立脚。比游江湖，得接海内文學之士，亦未見有所啟發志意而砭訂頑愚者。退休林下，一味讀書，尋理省過，反求吾心，若有所得。近幸得以印正於執事，喜幸何可言也！今觀執事之言如此，則欲不能無疑者，豈勝望洋之歎？謹疏於左，惟執事其終教之。仁峰精舍尚求有所教迪發揮，蓋以執事位日轉遷，犬馬之齒已長，早得爲慰。若夫乞休之説，竊之天命人心，未可遽請。人事如此，天意可知，正欲大賢君子成此濟變反正之功，使天下蒼生被儒者之澤，孟軻之所自任者，執事不可得而辭也。

按王瓚《仁峰汪君墓碣銘》云：「己卯二月二十日，以疾終於正寢。」汪循此書約作於正月底，二月即卒，蓋爲其絶筆也。汪循主程、朱學，其説卒與陽明不合，而仁峰精舍之記陽明亦卒未寫也。

兩廣都御史火牌

（正德十四年，一五一九年）

提督兩廣軍務都御史楊爲機密軍務事：准兵部咨及都察院右副都御史顏咨俱爲前事，本院帶領狼達官兵四十八萬，齊往江西公幹。的於五月初三日在廣州府起馬前進，仰沿途軍衛有司等衙門，即便照數預備糧草，伺候官兵到日支應。若臨期缺乏誤事，定行照依軍法斬首。朝廷先差顏等勘事，已密於兩廣各處提調兵馬潛來，襲取宸濠。

文見錢德洪《征宸濠反間遺事》與《平濠記》。是火牌蓋爲反間之謀而設，事在正德十四年六月。錢德洪《陽明先生年譜》稱宸濠變亂驟起，陽明「念兩京倉卒無備，欲沮撓之，使遲留旬月。於是故爲兩廣機密大牌，備兵部咨及都御史顏咨云：『率狼達官兵四十八萬江西公幹。』令雷濟等飛報搖之。濠見檄，果疑懼，遲延未發。」《征宸濠反間遺事》云：「舟中計議，恐宸濠徑襲南京，遂犯北京，兩京倉卒無備，圖欲沮撓，使遲留半月，遠近聞知，自然有備無患。乃假寫兩廣都御史火牌云……使之恐懼，遲疑觀望，不敢輕進。使濟等密遣乖覺人役，持火牌設法打入省城。宸濠見火牌，果生疑懼。」「光謂德洪云：『昔夫子寫楊公火牌，將發時，雷濟問曰：「寧王見此恐未必信。」曰：「不信，可疑否？」對曰：「疑則不免。」夫子笑曰：「得渠一疑，彼之大事去矣。」既而嘆曰：「宸濠素行無道，殘害百姓。今雖一時從逆者衆，必非本心，徒以威劫利誘，苟一時之合耳。縱使奮兵前去，我以問罪之師徐躡其後，順逆之勢既判，勝負預可知也。但賊兵早越一方，遂破殘一方民命。虎兕出柙，收之遂難。爲今之計，只是遲留宸濠一日不出，則天下實受一日之福。」』」《平濠記》同。黄綰《陽明先生行狀》亦云：「行至中途，恐其速出，乃爲間諜，假奉朝廷密旨先知寧府將反，行令兩廣、湖、襄都御史楊旦、秦金及兩京兵部各命將出師，暗伏要害地方，以俟寧府兵至襲殺。復取優人數輩，各與數百金以全其家，令至伏兵處所飛報竊發日期，將公文各縫置袷衣絮中。將發間，又捕捉僞太師李士實家屬置舟尾，令其覘知。公即佯怒，牽至上岸處斬，已爾故縱之，令其奔報。宸濠邏獲優人，果於袷衣絮中搜得公文，遂疑不發。」蓋陽明施反間計以疑宸濠，寫假文書報帖甚多，見下。

迎接京軍文書

（正德十四年，一五一九年）

提督軍務都御史王爲機密軍務事：准兵部咨該本部題奉聖旨：「許泰、郤永分領邊軍四萬，從鳳陽等處陸路徑撲南昌；劉暉、桂勇分領京邊官軍四萬，從徐州、淮安等處水陸並進，分襲南昌；王守仁領兵二萬，楊旦等領兵八萬，秦金等領兵六萬，各從信地分道並進，刻期夾攻南昌。務要遵照方略，并心協謀，依期速進，毋得彼先此後，致誤事機。欽此。」等因咨到，職除欽遵外，照得本職先因奉敕前往福建公幹，行至豐城地方，卒遇寧王之變，見已退住吉安府起兵。今准前因，遵奉敕旨，候兩廣兵齊，依期前進外，看得兵部咨到緣由，係奉朝廷機密敕旨，皆是掩其不備，先發制人之謀。其時必以寧王之兵尚未舉動。今寧王之兵已出，約亦有二三十萬，若北來官兵不知的實消息，未免有誤事機。以本職計之，若寧王堅守南昌，擁兵不出，京邊官軍遠來，天時、地利，兩皆不便，一時恐亦難圖。須是按兵徐行，或分兵先守南都，候寧王已離江西，然後或遮其前，或擊其後，使之首尾不救，破之必矣。今寧王主謀李士實、劉養正等各有書密寄本職，其賊凌十一、閔廿四亦各密差心腹前來本職遞狀，皆要反戈立功報効。可見寧王已是衆叛親離之人，其敗必不久矣。今聞兩廣共起兵四十八萬，其先鋒八萬，係遵敕旨之數，今已到贛州地方。湖廣起兵二十萬，其先鋒六萬，係遵敕旨之數，今聞已到黄州府地方。本職起兵十萬，遵照敕旨，先領兵二萬，屯吉安府地方。各府知府等官各起兵快，約亦不下一萬之數，共計亦有十一二萬人馬，儘已彀用。但得寧王早離江西，其中必有内變，因而乘機夾攻，爲力甚易。爲此今用手本備開緣由前去，煩請查照裁處。并將一應進止機宜，計議停當，選差乖覺曉事人員，與同差去人役，星夜回報施行，須至手本者。

文見錢德洪《征宸濠反間遺事》與《平濠記》，亦一反間之文。《征宸濠反間遺事》云：「又與濟等謀假寫迎接京軍文書云……既已寫成手本，令濟等選差慣能走遞家人，重與盤費，以前事機陽作實情，備細密切説與，令渠潛蹤隱跡，星夜前去南京及淮、揚等處迎接官兵。又令濟等尋訪素與宸濠交通之人，厚加結納，令渠去報知寧府。宸濠聞知，大加賞賜，差人四路跟捉。既見手本，愈加疑懼，將差人備細拷問詳悉，當時殺死。因此宸濠又疑李士實、劉養正，不信其謀。」《平濠記》同。錢德洪《年譜》亦録此文書，並云：「又爲李士實、劉養正内應僞書，賊將凌十一、閔念四投降密狀，令濟、光等親人計入於濠。濠乃留兵會城以觀變。至七月三日，諜知非實。」蓋寫在六月下旬中。

報李士實書

（正德十四年，一五一九年）

承手教密示，足見老先生精忠報國之本心，始見今日之事迫於勢不得已而然，身雖陷於羅網，乃心罔不在王室也。所喻密謀，非老先生斷不能及此。今又得子吉同心協力，當萬萬無一失矣。然幾事不密則害成，務須乘時待機而發乃可。不然，恐無益於國，而徒爲老先生與子吉之累，又區區心所不忍也。況今兵勢四路已合，只待此公一出，便可下手，但恐未肯輕出耳。昨淩、閔諸將遣人密傳消息，亦皆出於老先生與子吉開導激發而然。但恐此三四人者皆是粗漢，易有漏泄，須戒令慎密，又曲爲之防可也。目畢即付丙丁。知名不具。

書見錢德洪《征宸濠反間遺事》與《平濠記》。《征宸濠反間遺事》云：「又與龍光計議假寫回報李士實書，内云……與劉養正亦同。兩書既就，遣雷濟設法差遞李士實，龍光設法差遞劉養正。各差遞人皆被宸濠殺死。宸濠由是愈疑劉、李，劉、李亦各自相疑懼，不肯出身任事。以故上下人心互生疑懼，兵勢日衰。」《平濠記》同。《明史·王守仁傳》云：「又爲蠟書遺僞相李士實、劉養正，叙其歸國之誠，令從臾早發兵東下，而縱諜泄之。宸濠果疑。與士實、養正謀，則皆勸之疾趨南京即大位，宸濠益大疑。十餘日，詗知中外兵不至，乃悟守仁紿之。」邵廷采《明儒王子陽明先生傳》亦云：「又密書與賊心腹李士實、劉養正，若有約内應者。宸濠搜得書，内相猜。士實勸去安慶，趨南京；否，徑出蘄、黄，趨京師，皆不從。」《報李士實書》與《報劉養正書》二書寫在同時，錢德洪《征宸濠反間遺事》稱「兩書既就，遣雷濟設法差遞李士實，龍光設法差遞劉養正。各差遞人皆被宸濠殺死」。錢德洪《陽明先生年譜》記云：「（王）嘗問光曰：『曾會劉養正否？』光對曰：『熟識。』即使光行間，移養正家屬城内，善飲食之。縛齎檄人欲斬，濟躡足，遂不問。……出兵誓師，斬失律者殉營中，軍士股慄，不敢仰視，不知即前齎檄人也。」《報劉養正書》今佚，其内容當與《報李士實書》同。

府縣報帖

（正德十四年，一五一九年）

都督許泰、郤永將邊兵，都督劉暉、桂勇將京兵，各四萬，水陸并進。南贛王守仁、湖廣秦金、兩廣楊旦各率所部，合十六萬，直擣南昌。所至有司缺供者，以軍法論。……

帖見《明史·王守仁傳》。傳云：「因集衆議曰：『賊若出長江順流東下，則南都不可保。吾欲以計撓之，少遲旬日無患矣。』乃多遣間諜，檄府縣言……宸濠果疑。」此即《征宸濠反間遺事》所云：「十八日回至吉安。又令濟等假寫南雄、南安、贛州等府報帖，日逐飛報府城，打入省下，一以動摇省城人心，一以鼓勵吉安效義之士。」（《平濠記》同）蓋陽明是次施反間計，僞造文書報帖甚多，《征宸濠反間遺事》又云：「又遣素與劉養正交厚指揮高睿致書劉養正，及遣雷濟、蕭禹引誘内官萬鋭等私寫書信與内官陳賢、劉吉、喻木等，俱皆反間之謀。又多寫告示及招降旗號，開諭逆順禍福，及寫木牌等項，動以千計，分遣雷濟、蕭禹、龍光、王佐等，分役經行賊壘，潛地將告示黏貼，及旗號木牌四路標插。又先張疑兵於豐城，示以欲攻之勢。又遣雷濟、龍光將劉養正家屬在吉安厚加看養，陰遣其家人密至劉養正處傳遞消息，亦皆反間之謀。」龍光云：「夫子捷疏慮繁文太多，一切反間之計俱不言及；亦以設謀用詭，非君子得已之事，不欲明言示人。……所以遲留寧王，全是謀行反間一事。今人讀奏册所報，皆是可書之功，而不知書不能盡者十倍於奏册。」故如斯多報帖木牌告示文書皆佚。如墨憨齋新編《皇明大儒王陽明先生出身靖亂録》云：「又令參隨雷濟假作南贛打來報單，内開報：『兵部准令許泰、郤永分領邊軍四萬從鳳陽，劉暉、桂勇分領京邊官軍四萬從淮，水陸並進；王守仁領兵二萬，楊旦等領兵八萬，陳金等領兵六萬，分道夾攻南昌。原奉機密，勑旨各軍緩緩而行，只等宸濠出城，前後遮擊，務在必獲。』又僞作兩廣機密火牌，内云：『都御史顔咨奉兵部咨，率領狼達官兵四十八萬，前往江西公幹。』先生又自作文書，各處投遞，説：『各路軍馬俱於南昌取齊，本省各府縣速調集軍馬，刻期接應。』」所引火牌、文書又與《征宸濠反間遺事》有所不同，或别有所據耶？

祭袁德彰文

（正德十四年，一五一九年）

嗚呼德彰！士而不知其學，其生也如醉夢，死則蜉蝣蠛蠓矣。德彰始鑽研於辭章訓詁，而疲勞於考索著述，矻矻然將終老矣。已而幡然有覺，盡棄舊習，如脱敝屣，鋭志於聖賢之學。雖其精力既衰，而心志迥然不群矣。中道而殁，蓋斯文之不吊，古所謂「朝聞道，夕死可矣」者，德彰其庶幾哉！嗚呼！此心此理，萬古一日，無分於人我，無間於幽明，無變於生死。故生而順焉，没而寧焉，昭昭於其生，乃所以昭昭於其死也。嗚呼，德彰亦何憾乎！

文見《康熙雩都縣志》卷十四、《天啟贛州府志》卷十六、《同治贛州府志》卷六十六。按《康熙雩都縣志》卷九《袁慶麟傳》云：「袁慶麟，字德彰，晚號雩峰。初爲諸生，矻矻攻舉子業，幾忘寢食。已而忽自悔悟，盡棄舊習，鋭志聖賢之學，久之，涣然有省，曰：『吾性自足，何事外求耶？』既膺鄉貢，以親老，遂不仕。督學邵竇聘主白鹿洞，郡守吴珏聘設教郡學，爲各邑諸生師，俱辭不就。正德戊寅，攜所著《蕘餘論》謁陽明子，陽明見而稱服曰：『是從靜悟中得來者也。』檄有司聘督本府社學。年六十五，卒。陽明爲文誄之。」袁慶麟舉鄉貢之時間，《康熙雩都縣志》卷八云：「袁慶麟，弘治十五年貢。」可知袁慶麟舉鄉貢時當已年歲甚大，故不仕而歸養老親。其正德十三年來贛見陽明時當已甚老，故陽明祭文中稱其「雖其精力既衰，而其心志迥然不群」。按錢德洪《陽明先生年譜》：「正德十三年四月，班師，立社學。……發南、贛所屬各縣父老子弟，互相戒勉，興立社學，延師教子。」袁慶麟應即四月來贛州見陽明。今《朱子晚年定論》後有袁慶麟跋云：「麟無似，從事於朱子之訓餘三十年……戊寅夏，持所著論若干卷來見先生。聞其言，如日中天，覩之即見……故能三月而若將有聞也……正德戊寅六月望，門人雩都袁慶麟謹識。」是袁慶麟確在四月來見陽明。然其在被陽明聘督贛州社學後不久即卒，故陽明祭文中稱「中道而歿，蓋斯文之不吊」。所謂「古所謂『朝聞道，夕死可矣』者，德彰其庶幾哉」，均在暗示袁慶麟來見陽明聞道後不久即歿之事實。今考錢德洪《陽明先生年譜》於正德十三年下云：「先生出入賊壘，未暇寧居，門人薛侃、歐陽德、梁焯、何廷仁、黄弘綱、薛俊、楊驥、郭治、周仲、周衡、周魁、郭持平、劉道、袁慶麟（按：今《王陽明全集》中誤作「袁夢麟」）、王舜鵬、王學益、余光、黄槐密、黄鎣、吴倫、陳稷劉、魯扶黻、吴鶴、薛僑、薛宗銓、歐陽昱，皆講學不散，至是回軍休士，始得專意於朋友，日與發明《大學》本旨，指示入道之方。」然於正德十五年下却只云：「是時陳九川、夏良勝、萬潮、歐陽德、魏良弼、李遂、舒芬及裘衍日侍講席。……當唐、邵之疑，人多畏避……獨王臣、魏良政、良器、鍾文奎、吴子金等挺然不變。」不及袁慶麟。袁慶麟爲雩都縣人，若其時袁仍健在，並在贛州督社學，《年譜》豈能不提及其人？此顯是袁慶麟在正德十四年已卒，而陽明時猶在贛，故可爲其作文以祭也。《鄒守益集》卷二有《袁雲峰徵士輓卷》云：「雲峰袁德彰，贛之隱君子也。異時負其才氣，謂科第可俯取，獵經擷史，以應世之求，崛然有聞矣，而竟未有所合。乃隱居教授，蘄以著述表於後……比耆矣，始聞大道之要，悵然自失，取其巨帙累牘而焚之，瞿瞿從事，不知年之不足也。予之學於贛也，見童子數百，詠歌周旋，洋洋先王威儀風雅之盛，而德彰巋然師之。因探其緒論，惓惓以平日之病爲告，曰：『始吾之悔也，以爲舍己田而芸人之田也，而辛苦所拾，不過殘穗遺秉，積之困廛，自爲富厚，曾未知所以植吾苗也。今而知植吾苗矣，吾其不以餒死乎？』予惕然伏君之勇……君之卒也，陽明先生誄之曰：『古所謂「朝聞道，夕死可矣」者，德彰其庶幾焉！』中道而没，蓋斯文之不幸也。同門之士，咸有輓歌……」是陽明作袁慶麟祭文，爲當時鄒守益諸同門之士所親見，而錢德洪竟未將此文收入陽明集中，何耶？

祭寧都知縣王天與文

（正德十四年，一五一九年）

嗚呼痛哉！公何逝之速耶？公令寧都，宸濠之役，公與我謀，謂賊必擒，事必成。到如今，果如公籌。我之視公如手足，我之實大聲宏，皆公之貺。胡天不憖，疾罹沉疴，旅棧漂漂，我心如剜，嗚呼痛哉！雖然，我今鳴汝大功於朝，汝將爲不朽矣，復何憾哉，復何憾哉！明江西巡撫餘姚王守仁撰。

文見《高布王氏族譜》。王天與字性之，興寧人。正德十一年任寧都知縣，從陽明征橫水、浰頭、桶岡，討宸濠，屢立戰功，事迹皆從陽明奏疏中可見。王天與自作《平寇録》三卷詳記陽明征剿事，湛甘泉爲作序。《明清進士録》：「王天與，正德九年三甲二百零六名進士。廣東興寧人，字性之。知寧都縣，爲政廉平，民甚愛之。從王守仁征橫水諸寨，屢有功。後征宸濠，歿於南昌。」《天啓贛州府志》卷十一《王天與傳》：「王天與，字性之，興寧人。正德甲戌進士，知寧都，廉介有政績。丁丑，從督府王公征橫水、浰頭、桶岡、龍川諸寨，有功，陞俸二級。己卯，從討逆濠，冒暑，疾作，卒於軍中。督府(王守仁)哭之哀,解衣爲殮。明年,録平逆功,優恤其家,邑人肖像祠祀焉。」明寧都人李國紀《寧都知縣王公傳略》:「公從都御史王陽明征剿横水、桶岡、浰頭諸賊,屢有俘獲功,擢陞浙江道御史。十四年,明王室宸濠在江西反,陽明奉旨討伐,命天與爲前驅。天與身先士卒,與宸濠逆戰於湖,出奇兵而大破之,元惡就擒。後亂軍於南昌城放火燒民廬,天與冒暑入火救民,竟得疾,歿於南昌。陽明哭之哀慟,如失左右手,解衣爲殮,爲文以祭之。」(載《高布王氏族譜》)按《王陽明全集》卷十七有《批寧都縣祠祀知縣王天與申》:「據寧都縣申,看得知縣王天與舊隨本院征剿横水、桶岡諸賊,屢立戰功;後隨本院討平寧藩,竟死勤事;況其平日居官,政務修舉,威愛兼行。仰該縣即從士民之請,建祠報祀,用伸士夫之公論,以慰小民之遺思。」此文作於正德十五年。

獻俘南都回還登石鐘山次深字韵

（正德十四年，一五一九年）

我來扣石鐘，洞野鈞天深。荷簣山前過，譏予尚有心。

詩見李成謀《石鐘山志》卷十三、《同治湖口縣志》卷九。此爲陽明次邵寶韵詩，《同治湖口縣志》卷一：「王守仁……還登石鐘山，次邵文莊深字賦，詩鐫於白雲洞。」「石鐘山，上鐘即湖山西盡處，在治前南；下鐘即縣基山盡處，在治前北。兩巖相對，壁立數百仞，邑八景之一。」兩志於陽明詩下均録有邵寶《上鐘石几》：「有石平堪隱，南溟一望深。萬峰青不了，一一點湖心。」又録有林潤《石鐘山次深字韵》：「扣石松林静，淵然江漢深。閑情聊自適，千載有知心。」按邵寶在弘治十三年除江西按察司副使（見前《時雨賦》考），十四年六月其視學往南康白鹿書院，之九江謁周濂溪墓，其《上鐘石几》即作在此時。陽明獻俘在正德十四年，錢德洪《陽明先生年譜》：「正德十四年九月壬寅，獻俘錢塘，以病留……十一月，返江西。先生稱病，欲堅卧不出。聞武宗南巡，已至維揚，群姦在側，人情洶洶。不得已，從京口將徑趨行在。大學士楊一清固止之。會奉旨兼巡撫江西，遂從湖口還。」陽明此詩，即是其從湖口還經石鐘山作，鎸刻於白雲洞。《石鐘山志》卷五：「邵寶……弘治七年（按：當作十三年）提學江西，釋菜周元公祠，修白鹿書院學舍。宸濠索詩文，峻却之。過湖口，登上鐘山，愛其石五種，各以其形名之石几、石屏，有詩。」「王守仁……正德十四年擒宸濠，獻俘南都，還登石鐘山，次邵文莊、澤之賦詩，鎸於白雲洞。」

題唐子畏山静日長圖玉露文（十二幅）（正德十四年，一五一九年）

唐子西云：「山静似太古，日長如小年。」余家深山之中，每春夏之交，蒼蘚盈階，落花滿徑，門無剥啄。

松影参差，禽聲上下。午睡初足，旋汲山泉，拾松枝，煑苦茗啜之。

隨意讀《周易》、《國風》、《左氏傳》、《離騷》、太史公及陶、杜詩、韓、蘇文數篇。

從容步山徑，撫松竹，與麋犢共偃息於長林平草間，坐弄流泉，漱齒濯足。

既歸，竹窗下，則山妻稚子作筍蕨，續供麥飯，欣然一飽。

弄筆窗間，隨大小作數十字，展所藏法帖墨迹畫卷，縱觀之。

興到，則吟小詩，或草《玉露》一兩段，再烹苦茗一杯。

出步溪上，邂逅園翁溪友，問桑麻，説秔稻，量晴較雨，探節數時，相與劇談一晌。

歸而倚杖柴門之下，則夕陽在山，紫緑萬狀，變幻頃刻，恍可入目。

牛背笛聲，兩兩來歸，而月印前溪矣。

味子西此句，可謂妙絶。人能真知此妙，則東坡所謂「無事此静坐，一日如兩日。若活七十年，便是百四十」，所得不已多乎？

正德己卯冬日，陽明山人王守仁書。

唐寅《山静日長圖》並陽明題《玉露》文，見美國芝加哥大學出版《唐寅畫册》。按唐寅此《山静日長圖》真迹（十二幅）在二〇〇六年秋季藝術品拍賣會（佳士得香港有限公司）上出現，並在網上公布。今貴陽陽明祠存有陽明此題《玉露》文碑刻拓片（見《貴陽陽明祠》及《王陽明謫黔遺迹》），但文有顛倒。按唐寅《山静日長圖》并陽明題《玉露》文，前人多有著録，《墨緣彙觀録》卷三云：

山静日長圖，絹本，圖《玉露》中「山静日長」一則，爲十二幅。王伯安按圖書文，分爲十二段。圖中所作，凡溪山樹木，水閣幽居，茅屋書舍，松竹蕉桐，人物器具，無不臻妙。更且布景精微，筆墨工致，雖法南宋人筆，而清潤之氣，又超越遠矣，爲六如生平傑作。圖首幅有「南京解元」朱文小長印，每幅或押白文「唐寅」私印、「唐子畏圖書」朱文印，或「唐子畏」朱文印、「唐伯虎」朱文印。末幅蠅頭小楷一行，書「吴郡唐寅圖於劍光閣」。筆法間架，深得李北海遺意。下押「唐子畏」朱文印，白文「唐寅」私印。凡對頁，王伯安行書，大寸許，筆法蒼勁，每段押「伯安」

朱文印，「陽明山人」白文印。末幅款書「正德己卯冬日，陽明山人王守仁書」，後押「伯安」、「陽明山人」二印。後絹華補庵跋云：「中秋涼霽，偶邀唐子畏先生過劍光閣玩月，詩酒盤桓將浹旬。案上適有《玉露》『山静日長』一則，因請子畏約略其景，爲十二幅，寄興點染，三閲月始畢。而王伯安先生來訪山莊，一見嘆賞，乃復慫恿伯安爲書其文，竟蒙慨許，即歸舟中書寄，作竟日喜。急裝潢成帙，時出把玩。夫子畏得輞川之奥妙，而伯安行書磊砢有奇氣，況二公人品才地，皆天下士也，一旦得成合璧，豈非子孫世世什襲之寶耶？是歲嘉平月十日，補庵居士識。」此跋小楷甚佳，法鍾太傅《季直表》。下押「補庵居士」白文印，册中有「劍光閣」朱文小長印，「補庵居士」白印，朱文「錫山華氏補庵家藏」印，朱文「顯之」圓印，以及「北平孫氏」朱文印。册經孫退谷少宰所藏。

按：文中所引唐子西詩句，乃出自宋唐子西《唐先生文集》卷三《醉眠》：「山静似太古，日長如小年。餘花猶可醉，好鳥不妨眠。世味門常掩，時光簟已便。夢中頻得句，拈筆又忘筌。」陽明所書文，乃出自宋羅大經《鶴林玉露》丙卷卷四，非陽明自作。補庵居士爲華雲，字從龍，無錫人。少事二泉邵寶，又出陽明門。嘉靖二十年舉進士，授户部主事。累官刑部郎中。嚴嵩用事，遂乞休歸。築真休園，藏法書名畫頗豐。《國朝獻徵録》卷四十九有王慎中《南京刑部郎中補庵華君雲壙誌》，稱華雲「既長，師事二泉公，又及陽明先生之門，與海内賢士大夫遊，如台一所金公貢亨、容庵應公大猷、吾閩鍾陽馬公森特爲至交」。陽明此題文後，附有清户部右侍郎覺羅桂考釋云：

正德十四年己卯，新建年四十有八。是年六月，奉敕勘處福建叛軍，聞宸濠反，遂返吉安，上疏告變。七月，率吉安知府伍文定等，傳檄四方，起兵吉安，遂拔南昌。與賊戰於鄱陽湖之黄家渡，獲濠於樵舍，江西平。八月，疏諫親征，乞便道省葬，不允。九月，發南昌，將獻俘京師，而張忠、許泰議縱濠湖中。新建乃夜過玉山，付濠於張永，稱病居杭之西湖。十一月，奉敕巡撫江西，乃自杭返南昌。《年譜》所載如此。又以新建《全集》考之，則九月以後、十一月以前，皆居湖上淨慈寺，故是年有鄱陽戰捷詩、西湖詩、宿淨慈詩、泊金山寺、登小孤書壁詩、登蟂蟣詩，則是自杭乘舟過無錫而潤州而放江溯流而上無疑矣。且自杭返南昌，道中有游楊邃庵待隱園詩。待隱園可游，劍光閣亦可過也。新建過訪劍光，當在十一月望前後，去中秋三閱月，而華補庵跋在十二月十日，則新建書寄，定在十一月，無不吻合者。無錫翰林孫君爾準言：補庵名察，字子潛，號宏山，官翰林學士。劍光閣在無錫南門，至今猶存。又史載唐子畏受宸濠之聘，知其有異志，陽狂遁去。則補庵並稱二公天下士，有以也夫。嘉慶庚午八月中秋日，成親王録。

其考皆誤，如補庵居士爲華雲，其誤以爲華察。陽明九月獻俘錢塘，其誤以爲獻俘京師（北京）。陽明至杭州付宸濠於張永，其誤以爲陽明夜過玉山付濠於張永。陽明十一月乃自京口（鎮江）、湖口返南昌，其誤以陽明十一月自杭返南昌。唐寅來劍光閣三閲月而畢畫，其誤以陽明來劍光閣時去中秋三閲月。陽明十一月自京口、湖口歸南昌不經無錫，其誤以陽明十一月自京口、杭州歸南昌而經無錫等等。今按：陽明九月十一日獻俘發南昌，九月二十六日至廣信（見《王陽明全集》卷三十一《獻俘揭帖》），十月初九日至杭以宸濠交付張永（見《王陽明全集》卷十七《案行浙江按察司交割逆犯暫留養病》）。其從杭州再北上赴鎮江（京口）時間，《王陽明全集》卷二十有《泊金山寺二首》，下注云：「十月將趨行在。」「行在」指維揚（揚州），蓋其時聞武宗將駐驛揚州，陽明將從京口徑趨維揚，面見皇上。陽明十月已在京口，可見其由杭州北上赴京口應在十月中旬，其途經無錫往劍光閣見華雲應在十月下旬，蓋其時行色匆匆，陽明未能在劍光閣即時題唐寅畫文，而是到京口後寫好題文寄華雲，時約在十月底，其題「冬日」，乃冬十月也。古人所謂「三閱月」，是指連頭帶尾三月，不是指過三個月。唐寅八月中秋來劍光閣作畫，經九月至十月成，是所謂「三閱月」。唐寅在十月中旬已歸蘇州，故陽明亦未能見唐寅。陽明由鎮江歸南昌之時間，錢德洪《陽明先生年譜》云：「正德十一月，返江西。先生稱病，欲堅卧不出。聞武宗南巡，已至維揚，群姦在側，人情洶洶。不得已，從京口將徑趨行在。大學士楊一清固止之。會奉旨兼巡撫江西，遂從湖口還。」陽明乃是十一月從鎮江乘舟沿長江經南京、彭澤、湖口、南康、九江歸南昌，《王陽明全集》卷二十有《登小孤書壁》（彭澤）、《過靴山戲題》（南康）、《望廬山》（九江）等爲證，其斷不可能轉道自鎮江、無錫、杭州歸南昌。覺羅桂云陽明十一月「自杭返南昌……劍光閣亦可過也」，顯非。陽明回到南昌之時間，錢德洪《陽明先生年譜》云：「正德十四年十一月，返江西……忠等方挾宸濠搜羅百出，軍馬屯聚，糜費不堪……先生既還南昌，北軍肆坐慢罵，或故衝導起釁。先生一一不爲動，務待以禮……久之，北軍咸服。會冬至節近，預令城市舉奠……」按冬至爲十一月二十二日，既云「久之」，則陽明至少在十一月中旬已回到南昌，其離鎮江歸南昌則當在十一月初無疑。覺羅桂乃云「新建過訪劍光，當在十一月望前後」，尤非，十一月望前後陽明已在南昌，不在無錫劍光閣也。

題唐子畏畫

(正德十四年,一五一九年)

唐子畏爲畫中神品,其雲林、木石、峽谷、人物,無一筆非古人,而純以胸中一派天趣寫之,故寸幅片楮,皆爲當代什襲。斯卷爲子畏得意之筆,具眼者自然鑒諸。陽明山人。

此題畫在「二〇一三年嘉德四季第三十六期拍賣會」(中國嘉德拍賣有限公司)上出現,並在「雅昌藝術拍賣網」上公布。紙本,草書,長二十五釐米,寬四十二釐米。有「長白燕山氏」、「得此爲過」、「三槐堂圖書記」、「楊氏倩若珍藏」、「錫山華氏補庵家藏」諸藏印,可見爲歷代藏家所寶。今以「錫山華氏補庵家藏」考之:按華氏補庵即華雲,陽明弟子。《明清進士録》:「華雲,嘉靖二十年三甲一百八十名進士。江蘇無錫人,字從龍,號補庵。少師事邵寶,又出王守仁之門。性豪爽,喜接引人才。官至刑部郎中。嚴嵩用事,遂乞休。工文辭,築真休園,藏法書名畫甚富。有《錫山先哲録》。」王慎中《南京刑部郎中補庵華君雲壙志》:「自其弱冠時,即考錫産及流寓之賢事迹,彙爲一編,名《錫山先賢録》,益已烝烝然有尚友之志。既長,師事二泉公,又及陽明先生之門,與海内賢士大夫遊,如台一所金公賁亨、容庵應公大猷、吾閩鍾陽馬公森特爲至交……」(《國朝獻徵録》卷四十九)可見陽明此題畫當從華雲真休園流出。華雲來從陽明問學,大約在正德九年至十一年陽明在南京任職時。前考陽明正德十四年過無錫,爲唐寅《山静日長圖》題《玉露》文,圖亦押「錫山華氏補庵家藏」印,疑陽明此題唐子畏畫與之作在同時。

題倪雲林春江煙霧圖

（疑正德十四年，一五一九年）

煙渚晚日候，高林清嘯餘。輕舟來何處？幽人遺素書。筍脯煮菰米，松醪薦菊俎。子有林壑趣，天地一迂疏。

陽明王守仁識

詩見《自怡悦齋書畫録》卷一。《録》稱：倪雲林《春江煙霧圖》，紙本，長三尺一寸六分，闊一尺三寸二分。陽明此題，前有九龍山人王紱題詩，後有文徵明題詩，署「戊申九日，題於停雲館中，徵明」。陽明題詩作年莫考，按王紱字孟端，無錫人，隱居九龍山，自號九龍山人、友石生。文徵明名璧，號衡山，長洲人。倪瓚字元鎮，號雲林，無錫人。據此，可見倪雲林此春江煙霧圖當時流落於無錫、長洲一帶，陽明應是仕宦途經無錫、長洲見到此圖而題詩。兹姑繫此詩於正德十四年之下，參見前《題唐子畏山静日長圖玉露文》考。

錢碩人壽序

（約正德十四年，一五一九年）

……懿恭之行，柔嘉之德，母儀婦軌，無所不具。雖紀傳所載，亦無以加。……

文見豐坊《真賞齋賦》卷上。豐坊云：「錢碩人備德以相其夫，則王特、吴文端、文衡山之筆有徵。特進光禄大夫、新建伯陽明王公序曰：……少保尚書、白樓吴公碣銘曰：『錢出吴越忠獻王之後，累傳至章靖府君，卓犖多奇節，鄉人稱爲希翁先生。』碩人歸南坡翁，時有題畫小詩貽之，後二泉邵公題云：『吾契友希翁先生，文辭追古人，而行誼過今人遠甚。此其季女，歸華君汝平而貽之者也。於是錢年七十有一矣，而翁所寄詩片紙猶在匳几間，内德之存於是乎在。』文待詔志云：『碩人仁明娟好，慧而不煩。值華中衰，汝平方刻意振植，日出應門户内之事，咸碩人持之，卒起其家。孝事姑舅尤嚴，賓祭不喜佞佛，而樂恤匱窮，老而勤儉不怠，陽明之稱信矣。』」按希翁先生即錢文，字章靖，號希翁、希齋、鶴叟，無錫人。見《錫山歷朝名賢著述書目考略》。錢碩人乃其季女，歸南坡華汝平。豐坊於「東沙之子先妣吕，亦有衡翁之華志矣」下又云：「東沙子夏，字曰中甫。中甫乃南坡之孫，而小山翁欽之長子,幼鞠於祖母錢碩人。錢卒,終身慕之。李文正爲篆題。東沙遊王陽明、喬白巖之門,而海内名公若邵二泉、吕涇野、都南濠、王南原、陳石亭、蔡林屋、文衡山、鄒東廓、高公次、林志道、黄勉之尤相善。」東沙子即華夏,字中甫,號真賞齋、東沙居士,華汝平之孫。見《無錫金匱縣志》。豐坊《真賞齋賦》即爲其作。華夏爲陽明弟子,按正德十四年十月陽明獻俘錢塘,嘗經無錫,受華雲之請,爲唐伯虎《山静日長圖》題《玉露》文(見前考),疑即此時華夏來見陽明,請爲其祖母錢碩人作壽序。

罷兵濟幽榜文

（正德十四年，一五一九年）

伏以乾坤世界，滄海桑田，一日十二百刻時，自古有生有死；百年三萬六千日，幾多胡作胡爲。論眼前誰不利己損人，於世上孰肯立綱陳紀？臣弑君，子弑父，轉眼無情者多；富欺貧，强欺弱，經官動府者衆。以身亡桎梏，而以命墮黄泉，故知君子小人，歷年有幾；蓋爲亂臣賊子，何代無之？往者難追，近者當鑱。若寧王做場説話，幸示我輩磊個根源。只圖帝王高榮，不顧王基敗壞。陷若干良善紅樓富家女，何曾得見畫眉（郎）白面少年兒？未必肯爲短命鬼，往往叫冤叫屈，榮榮（煢煢？）無依無倚。三歲孩童哭斷肝腸，難尋父母；千金財主創成家業，化爲灰塵。侯門宰相也悽惶，柳巷花街渾冷落。浮生若大夢，看來何用苦奔忙；世事如浮雲，得過何須儘計較。難免無鑒察，何用罪孽可逃？木有根，水有源，誰念門中之宗主；陽爲神，陰爲鬼，孰憐境上之孤魂？三年兩不收，傾溝壑豈無餓殍；十去九不回，溺江湖亦有英雄。並山川草木之精靈，及貧窮鰥寡之孤獨，愴惶悽慘，寂寞蕭條。幾個黄昏幾個夜，吊祭有誰;一番風雨一番沙,超生無路。幸齋官建壇而修水陸,爲汝等施惠而修齋,因重上君子堂,即請朝於我佛,便是神仙境,何須更問妙嚴宫。一段因緣,無邊光景。

文見《王守仁罷兵濟幽榜文等抄稿本》(一册)。該抄稿本由「孔夫子舊書網」上網公布,並在綫拍賣。按宸濠之亂,軍民死亡成千上萬,繼之旱災、水災,餓殍遍野,生靈塗炭,村落蕭條,故齋官有修齋之舉。陽明此文所云「罷兵」,乃指王師罷兵,《王陽明全集》卷二十《書草萍驛二首》云:「小臣何爾驅馳急?欲請回鑾罷六師。」此所謂「回鑾罷六師」,即指王師罷兵,時在正德十四年十一月,錢德洪《陽明先生年譜》:「正德十四年十一月,返江西……先生既還南昌,北軍(「王師」)肆坐慢駡……乃傳示內外,諭北軍離家苦楚,居民當敦主客禮。每出,遇北軍喪,必停車問故,厚與之櫬,嗟歎乃去……會冬至節近,預令城市舉奠。時新經濠亂,哭亡酹酒者聲聞不絶。北軍無不思家,泣下求歸……忠、泰自居所長,與先生較射於教場中……忠、泰大懼曰:『我軍皆附王都耶!』遂班師。」此所謂「班師」,即指王師罷兵;而所謂「預令城市舉奠」、「哭亡酹酒者聲聞不絶」,即指齋官建壇修水陸道場,所謂「濟幽」也。徐開任《明臣言行録》卷五十《王守仁》述之更詳:「適冬至,城中民乍罹干戈,骸骨有葬者,有存者。公令部陰諭居民曰:『此節氣各宜致齋祀亡者,興盡哀,否者以不孝論。』

於是一日夜城中招魂，哭慟酸楚。北軍聞之，皆泣下，盡起故鄉之思。忠等見軍士不肯辱公，又思歸，遂班師。」可見齋官修齋、城市舉奠即在冬至節，而陽明作罷兵濟幽榜文布告軍民即在其時。蓋陽明作此榜文，其意非唯在「濟幽」，更在促成「罷兵」也。

與劉仲賢書

（正德十四年，一五一九年）

東征之役，執事贊襄之力居多，而絶不肯言功，豈常人所能？……

書見《乾隆廬陵縣志》卷二十九《劉昭傳》，云：「劉昭，字仲賢，號東崖，安平鄉澧田人。弘治癸丑進士，官南刑部主事。任事勤敏，多决疑獄。以應詔言事稱旨，擢嘉興知府，有能名。以終養致仕。會宸濠叛，王守仁起兵進討，與郡守伍文定延昭入幕，與參謀議。宸濠伏誅，録昭功入告，力辭不受。守仁貽書曰：……。有《東崖傳》、《東征忠義録》。」按劉昭原任嘉興府知府，宸濠叛時，劉昭居家廬陵，乃起義兵，贊襄謀議，多立功勞。所謂「録昭功入告」，即指陽明特將劉昭功勞寫入所上《江西捷音疏》中，乞與賞功：「先任嘉興府知府閑住劉昭等，相與激發忠義，譬諭禍根，移檄遠近，布朝廷之深仁，暴寧王之罪惡。於是豪傑響應，人始思奮。區畫旬日，官兵稍稍四集。」《擒獲宸濠捷音疏》云：「知府劉昭等，相與激發忠義，移檄遠近，布朝廷之深仁，暴寧王之罪惡。於是豪傑響應，人始思奮……知府劉昭等，仗義興兵，協張威武，運籌贊畫，夾輔折衝。以上各官功勞，雖在尋常征剿，亦已甚爲難得，况當震恐揺惑，四方知勇莫敢一膺其鋒，而各官激烈忠憤，捐身殉國，乃能若此。」又《重上江西捷音疏》亦云：「知府劉昭等，仗義興兵，協張威武。以上各官，功勞雖在尋常征剿，亦已難得。伏望皇上論功朝賜之餘，普加爵賞旌擢，以勸天下之忠義，以勵將來之懦怯。」劉昭後來卒未得賞功，《明世宗實録》卷八記正德十六年十一月追論平宸濠功，有云：「致仕閑住及知府陳槐等……各賞銀幣有差。」其中或包括劉昭。

檄祀康齋鄉祠

（正德十五年，一五二〇年）

……吴公方其貴近之薦，固可見好德之同；及夫官爵之辭，尤足驗先幾之哲。蓋宣和之疏，於龜山無嫌；而明堂之留，在漢儒爲媿。出處不至於失己，學術何待夫立言？……

文見沈佳《明儒言行録》卷三《吴與弼》。按吴與弼字子傅，號康齋，江西崇仁人。《國朝獻徵録》卷一百十四有婁諒作《吴康齋先生與弼行狀》。康齋祠在崇仁縣，《同治崇仁縣志》卷一之七：「康齋書院，在縣西北二十五里小陂，正統中康齋講學處。時陳獻章、胡居仁、胡九韶俱從游。後闢以爲祠。」崇仁縣屬撫州，陽明於正德十二年巡撫南、贛、汀、漳等處至贛，用兵之餘，對撫州地方理學先賢十分關注。《王陽明全集》卷十七有《牌行撫州府知府陳槐等收復南康九江》，作在正德十四年七月，是陽明嘗專行牌調撥撫州兵馬平宸濠亂。以後陽明遂通過撫州知府陳槐褒祀撫州理學先儒，同卷有《褒崇陸氏子孫》云：「據撫州府金溪縣三十六都儒籍陸時慶告，看得宋儒陸象山先生兄弟，得孔孟之正傳，爲吾道之宗派……廟堂尚缺配享之典，子孫未沾褒崇之澤。仰該縣官吏將陸氏嫡派子孫差役，查照各處聖賢子孫事例，俱與優免……務加褒崇之義，以扶正學之衰。」是呈作於正德十五年正月，此《檄祀康齋鄉祠》約作在同時，蓋出於同一「以扶正學之衰」之意也。

題仁峰精舍（二首）

（正德十五年，一五二〇年）

仁峰山下有仁人，恠得山中物物春。莫道山居渾獨善，問花移竹亦經綸。

山居亦自有經綸，才戀山居却世塵。肯信道人無意必，人間隨地著閑身。

詩見《汪仁峰先生外集》卷三。按《王陽明全集》卷二十有《書汪進之太極巖二首》，作在正德十五年正月遊九華山時，與此《題仁峰精舍》二詩同時所作。錢德洪《陽明先生年譜》：「正德十五年正月，赴召次蕪湖……忠等恐語相違，復拒之蕪湖半月。不得已，入九華山，每日宴坐草庵中……」值得注意者，此四詩均作「題」而不作「寄題」，則必是陽明在九華時又親往休寧憑吊題詩。汪循卒於正德十四年，陽明來仁峰精舍與太極巖憑吊，此《題仁峰精舍》二首，蓋可謂是汪循請其作仁峰精舍記遺願之完成也。太極巖在休寧大丘山麓，汪戩《仁峰先生行實》：「晚復築石巖小隱於大丘山麓，浚流得二石，類瓶鞍，舁置於門，曰『平安石』。伐崖，見紋理圓甚，剞其裏，空洞可容十餘人，命曰『太極巖』。」汪循《太極巖説》：「仁峰子方築小隱於大丘也，浚流得二石，肖瓶鞍。伐石得巖，類太極。室成，舁石於門，而巖適屋之東隅，乃聯句於庭曰：『門前地擁平安石，屋後天開太極巖。因號『石巖小隱』。』觀陽明此四詩，非親往其地不能作。參見前《又答汪進之書》考。

練潭館(二首)

(正德十五年,一五二〇年)

風塵暗惜劍光沉,拂拭星文坐擁衾。静夜空林聞鬼泣,小堂春雨作龍吟。不須盤錯三年試,自信鑪錘百煉深。夢斷五雲懷朔雁,月明高枕聽山禽。

春山出孤月,寒潭淨於練。夜静倚闌干,窗明毫髮見。魚龍亘出没,風雨忽騰變。陰陽失調停,季冬乃雷電。依依林棲禽,驚飛復遲戀。遠客正懷歸,感之涕欲濺。風塵暗北陬,財力傾南甸。倏忽無停機,茫然誰能辨?吾生固逆旅,天地亦郵傳。行止復何心,寂寞時看劍。

詩見胡纘宗《正德安慶府志》卷十六,《道光桐城續修縣志》卷四,《康熙安慶府志》卷三十。按練潭爲湖,在桐城之南,安慶之北,練潭館爲驛館,乃由九江往安慶、蕪湖、南京之必經通道,《道光桐城續修縣志》卷一:「練潭,有驛。北通縣城,南通安慶府,西通青草塥,東通樅陽,四達之衢。」卷四:「練潭館,明成化丙戌知縣陳勉建。」按此詩作在春間,則必是正德十五年春正月陽明由江西赴召至南都經安慶練潭作，錢德洪《陽明先生年譜》：「正德十五年正月，赴召次蕪湖……先生即行。忠等恐語相違，復拒之蕪湖半月……先生赴召至上新河（按：在南京），爲諸幸讒阻不得見……以晦日重過開先寺……」陽明在正月初即赴召啟行，至練潭約在五日左右，至南都在二十日左右。其在練潭館，冬十二月方過，故此詩云「陰陽失調停，季冬乃雷雹」。其時南方宸濠亂剛平息，而北方邊患日益嚴重，故此詩云「風塵暗北陬，財力傾南甸」。陽明是次赴召南都，奸佞在帝側，忠心難訴，凶險難卜，故此詩發出「遠客正懷歸，感之涕欲濺」之歎，唯感「倏忽無停機，茫然誰能辨」而已。按《正德安慶府志》作於正德中，胡纘宗與陽明相識，陽明在江西，胡纘宗其時任安慶知府，正在撰《安慶府志》，親來皖口向陽明問學。故其所引録《練潭館》及下《遊龍山》、《梵天寺》均可信爲陽明作。

遊龍山

（正德十五年，一五二〇年）

探奇淩碧嶠，訪隱入丹丘。樹老能人語，麋馴伴客遊。雲崖遺鳥篆，石洞秘靈湫。吾欲鞭龍起，爲霖遍九州。

詩見《正德安慶府志》卷十六、《道光桐城續修縣志》卷一、《康熙桐城縣志》卷八、《康熙安慶府志》卷三十、《民國懷寧縣志》卷二等。按此詩所云龍山爲懷寧之大龍山，《道光桐城續修縣志》卷一：「大幹，由烏龍嶺南過分水嶺，起大龍山。」參見前《綀潭館》考。《康熙桐城縣志》卷八：「大龍山，縣南百四十里，山石嶙峋，而勢蜿蜒若龍，故名。其東連出者，曰小龍山，山陽隸懷，陰隸桐。近之如盤，遠之如仡，有峰有壑，可屋可田。有地維峰倚山之半，其中庵觀三十有六，最著者，有真一上觀、下觀，有龍湫祠，有禪龕寺，有三石庵，有白華庵，有應化庵、中庵。小龍有盧塘上庵、中庵、下庵。其周五十里，高十有八里。自郡視之如負，自江視之如俯，大如顧，小如隨，二邑之勝云。」陽明此詩當亦作在正德十五年春赴召南都經安慶時，與《綀潭館》同時。

梵天寺

（正德十五年，一五二〇年）

晴日下孤寺，春波上淺沙。頽垣從草合，虚閣入松斜。僧供餘紋石，經旛落繡花。客懷煩渴甚，寒嗽佛前茶。

詩見《正德安慶府志》卷十六、《康熙安慶府志》卷三十等。梵天寺在桐城，《康熙安慶府志》卷四：「梵天寺，在（桐城）雙港鋪西南十里，明萬曆間建。」按梵天寺正德間已有，萬曆間當是重修。陽明此詩亦爲正德十五年春赴召南都經安慶時作，參見前《練潭館》、《遊龍山》考。

靈山寺

（正德十五年，一五二〇年）

深山路僻問歸樵，爲指崔嵬石徑遥。僧與白雲歸暝壑，月隨滄海上寒潮。世情老去全無賴，野興年來獨未銷。回首孤舟又陳迹，隔江鐘磬夜迢迢。

詩見《道光繁昌縣志》卷十七。靈山寺在繁昌縣，《道光繁昌縣志》卷四：「靈山寺，在縣北四十里靈山。按張芸叟《南征録》云：『繁昌東界有寺，踞山頂，殿閣重復。』即此，創建未詳。宋嘉祐八年改戒香院，明改今額。洪武二十四年併爲叢林，永樂十五年僧宗挺重建。」按正德十五年春陽明赴召往南都，嘗經繁昌、蕪湖往遊靈山寺，錢德洪《陽明先生年譜》：「正德十五年正月，赴召次蕪湖……先生即行。忠等恐語相違，復拒之蕪湖半月。不得已，入九華山……先生赴至上新河（南都）……以晦日重過開先寺。……」陽明正月初赴召，十五日入九華，二十日在南都，三十日至廬山。陽明此詩應是自南都回江西經蕪湖、繁昌時作，則在正月下旬中可知。今《王陽明全集》卷二十有《繁昌道中阻風二首》、《江邊阻風散步至靈山寺》，其中云「歸船不遇打頭風」，可見是陽明由南都歸江西經繁昌時作，與此《靈山寺》同時。

敬齋白公墓志銘

（正德十五年，一五二〇年）

正德丁丑十月二十二日，右副都御史白公卒。戊寅秋，其子説、誼卜葬於邑烏龍岡之原，得庚辰二月之甲申，奉其母何淑人之命，具疏狀走數千里來虔，請銘於守仁。昔公先公康敏君，京師與家君爲比鄰，及余官留都，又與公居密邇，説、誼皆嘗及門，通家之好三世矣，銘而可辭？乃爲之銘。按監察御史張鰲山狀，公諱圻，字輔之，别號敬齋。係出秦大夫乙丙，宋末繼昇者，始自洛陽來，居晉陵之三渦里，再徙城東采菱港。高祖均禮，曾祖思恭，祖大冶教諭珂，皆贈光禄大夫、柱國、太子太保、刑部尚書。父昂，刑部尚書，贈特進太保，謚康敏。妣四世皆贈封一品夫人。公生十八年，領成化癸卯應天鄉薦，甲辰舉進士。丙午授南京户部主事，司牧馬草場，留守諸倉，奏起尅税，歲五千餘緡。癸丑陞刑部員外郎，丙辰轉郎中，以疾告。癸亥改户部，奉敕督漕運。時康敏致政家居矣，比疾卒，適便道省侍，得嘗藥視殮焉。丙寅服闋，補都水郎中。丁卯陞浙江參議，分守浙東諸郡，值旱，請免常税十之四。時逆瑾用事，議開温、處礦，公極言其患無已，請以贖金充輸，得報罷。所部豪民僞牒補吏，持官府弄法，公罷革三百餘人，還政以人。日本使掠鄞少年，歸後甥其國主。隨使入貢，鄞人嫉其賄，奏留之，日本大噪。公以待夷宜恕以情，今棄一惡少，無損於編户，留之足以召衅，請薄責其使，弗治，朝議以爲得體。金、衢、温、杭歲連歉疫，公前後極力賑恤，民獲全活，又奏折其税。長興有湖，没田萬畝，重税殃民，悉爲請免。庚午陞福建左參政，汀、漳寇起，遠近震摇，公檄兵進剿，賊散去。辛未陞右布政使，癸酉轉左山東。時流賊甫興，歲蝗，公定税爲九則，寬恤被盗，州縣檢奏，婦女不受賊污者，表厥宅里，民用不病。冬遷應天府尹。康敏舊嘗爲府丞，公至，興學校，舉廢墜，招流移，奏釐時政七事，復修康敏之績，紹述有光焉。乙亥擢右副都御史，總督南京糧儲。公以根本重地，而蓄積日耗，即有水旱兵亂，何以備？乃奏裁冗食，薄浮費，停不急之役。又疏條其非便者數事，剔蠹祛奸，翼善推暴，與權横大拂然，自是輿論益歸。丁丑正月，太夫人將没，哀毁成疾，其冬病甚，遂卒，年五十二。有司以聞朝廷，賜祭營葬。公性孝友夷曠，雖生長貴游間，而能温恭謙抑，禮交天下之賢，終始無失色於人。家饒聲樂園池之好，而能究心痛隱，屑於猥瑣煩劇之務。以躬勞任職，可謂出乎其習，同而不淆者矣。銘曰：

維白之先，自秦乙丙。弈祀纘聞，至於康敏。太保司寇，爲邦之干。公寔承體，聿敦彌闡。外省則惠，内臺則蹇。厥聲世維，視禰有顯。所逸無逸，居元而俛。德則不淄，年則匪引。年則匪引，厥嗣其衍。後有述者，吾銘是亶。

文見朱大韶《皇明名臣墓銘》，屈萬里《明代史籍彙刊》、周駿富《明代傳記丛刊》皆收録，錢明《王陽明全集未刊散佚詩文彙編及考釋》著録。按陽明與白圻實早識，墓銘云「昔公先公康敏君，京師與家君爲比鄰」，弘治六年王華在京任右春坊右諭德，七年任日講官，白圻亦在京任刑部員外郎、刑部郎中，時陽明亦隨父王華在京，入北雍，當已識白圻。至弘治十六年白圻任户部郎中，正德元年任都水郎中，陽明亦在京任刑部雲南清吏司主事、兵部武選清吏司主事，兩人當亦有往來。所謂「及余官留都，又與公居密邇，説、誼皆嘗及門」，指正德九年陽明陞南京鴻臚寺卿，時白圻遷應天府尹，兩人在南都相居密邇，白圻子白説即在其時受學陽明。錢德洪《陽明先生年譜》：「正德九年五月，至南京。自徐愛來南都，同志日親，黄宗明、薛侃……白説……同聚師門，日夕漬礪不懈。」次年，陽明爲白説作《白説字貞夫説》，其中云：「敬齋曰：『是兒也，嘗辱子之門，又辱臨其冠，敢請字而教諸。』」「嘗辱子之門」即指白説正德九年已受學陽明。白圻卒時，白説年方二十，按白説《白洛原遺稿》卷八有《復陽明中丞》云：「先君不幸，重辱遣官遠錫奠儀，遣士爲圖葬所。荒迷中，乃且不揣輕率，以文上瀆，又辱慨爾俯從，擲東教誨，鄉邦聞之，士大夫則曰：『白公何以得此於王中丞哉！白公雖亡，王中丞吊之葬之，説之銘之，遺其二孤而又子之，白公其幸哉！』宗黨之欲加侮於孤者，則又曰：『二孤昔師於王中丞，今中丞且子之矣！』莫不退讓一步，愚母子入骨之感，死且不忘。」是白圻之葬乃由陽明一手辦之，且以子待白説、白誼二孤。所謂「説之銘之」，即作此墓志銘；所謂「吊之葬之」，指作祭文吊之，此祭文已佚。由此可見陽明與白圻、白説父子關係尤密，陽明於墓志銘中所述，實多出於陽明自己所見所聞，可補史載之闕。如墓銘中所叙日本使掠鄞少年事，向來不明，按《明武宗實録》卷六十二：「正德五年四月庚子，日本國使臣宋素卿，本名朱縞，浙江鄞縣人，弘治間潛隨日本使臣湯四五郎逃去，國王寵愛之，納爲壻，官至綱司，易今名。至是，充正使來貢，族人尚識其狀貌，每伺隙以私語通，素卿輒以金銀餽之。鄉人發其事，守臣以聞，下禮部議：素卿以中國之民，潛從外夷，法當究治；但既爲使臣，若拘留禁制，恐失外夷來貢之心，致生他隙。宜宣諭德威，遣之還國；若素卿在彼，反覆生事，當族誅之。仍行鎮巡守等官，以後進貢夷使宜詳加譯審，毋致前弊。從之。」又《明史》卷三百二十二《日本》云：「正德五年春，其王源義澄遣使臣宋素卿來貢，時劉瑾竊柄，納其黄金千兩，賜飛魚服，前所未有也。素卿，鄞縣朱氏子，名縞，幼習歌唱。倭使見，悦之，而縞叔澄負其直，因以縞償。至是，充正使，至蘇州，澄與相見。後事覺，法當死，劉瑾庇之，謂澄已自首，并獲免。」據此，可知所云「鄞少年」即朱縞，後爲日本國王壻，改名宋素卿。所云「守臣以聞」，實即指白圻，而朝議處置實采白圻之説也。銘稱「得庚辰二月之甲申，奉其母何淑人之命，具疏狀走數千里來虔，請銘於守仁」，按正德十五年陽明六月方至贛，九月又還南昌，可見此銘當作在六月至九月間。

青玉峽龍潭題名

（正德十五年，一五二〇年）

大明正德庚辰，陽明王守仁，同行御史伍希儒、謝源，參政徐璉，知府陳霖。

文見吴宗慈《廬山志·藝文·金石目》。御史伍希儒、謝源見後《與謝士潔書》考，徐璉爲袁州知府，陳霖爲南康知府，四人皆爲平宸濠亂立功者。《王陽明全集》卷十三《重上江西捷音疏》：「御史謝源、伍希儒監軍督哨，謀畫居多……其伍文定、邢珣、徐璉、戴德孺等，冒險衝鋒，功烈尤懋。」又卷十二《收復九江南康參失事官員疏》：「知府陳霖等潛往各鄉集兵，陸續擒斬賊犯共二百三十餘名顆。至二十七日，餘賊五百餘人奔來河下。知府陳霖同州縣各官督兵擒斬賊犯一百餘名顆。」按錢德洪《陽明先生年譜》：「正德十五年正月，以晦日重過開先寺……明日遊白鹿洞……二月，如九江……是月出觀兵九江，因遊東林、天池、講經臺諸處。」青玉峽在星子縣，《光緒江西通志》卷五十四：「青玉峽，在星子縣西秀峰寺後，下有龍潭。」可知陽明遊青龍峽並作題名在正德十五年二月中。參見下《游東林次邵二泉韵》考。

銅陵觀鐵船

（正德十五年，一五二〇年）

銅陵觀鐵船，録寄士潔侍御道契，見行路之難也。

青山滚滚如奔濤，鐵船何處來停橈？人間刳木寧有此？疑是仙人之所操。仙人一去已千載，山頭日日長風號。船頭出土尚仿佛，後岡有石云船梢。我行過此費忖度，昔人用心無已忉！由來風波平地惡，縱有鐵船還未牢。秦鞭驅之不能動，奡力何所施其篙。我欲乘之訪蓬島，雷師鼓舵虹爲纜。弱流萬里不勝芥，復恐駕此成徒勞。世路難行每如此，獨立斜陽首重搔。

陽明山人書於銅陵舟次，時正德庚辰春分，獻俘還自南都。

詩見《中國書法全集》第五十二册（榮寶齋出版社），真迹藏故宫博物院。《銅陵縣志》卷十三云：「鐵船，在五松山前湖田之下。舊傳晉潯陽太守張寬殁，爲神，一夕乘鐵船至，爲人所見，船遂溺，而首尾露焉。後土人立神廟，取鐵入冶鎔，乃信以爲鐵船云。王陽明有詩，屬和甚多，裝帙今貯潘宅。」陽明此詩初題石上，入於此唱和詩帙中。今《王陽明全集》卷二十有《舟過銅陵野云縣東小山有鐵船因往觀之果見其仿佛因題石上》，即此詩，乃後來重寫，已無前題後跋，故不得其寫作年月，有以爲作在正德十四年在銅陵獻俘回南都作，乃誤。今按：春分在二月下旬，據《陽明先生年譜》：「正德十五年正月，赴召次蕪湖。尋得旨，返江西。二月，如九江。是月還南昌。三月，請寬租。」陽明是次乃是赴召，並非獻俘。其先是赴召至南都上新河，阻不得見，尋返江西，正月晦日已至廬山開先寺，二月底抵九江，則其過銅陵必在一月，其作此詩並題石上當在一月中；後至二月春分，再抄寫此詩寄士潔侍御，已在南昌。其稱「獻俘還自南都」則未當。陽明獻俘在正德十四年九月，至十一月已還江西；且是次獻俘錢塘，未至南都，不得謂「還自南都」。陽明如此題，或是不欲自露其形迹，故作如斯語耶？士潔即謝源，《明清進士録》：「正德六年三甲一百六十五名進士。閩縣人，一作懷安人。字潔甫。累官浙江道監察御史，按治廣東，發奸摘伏，群吏畏服。事竣，經江西，從都御史王守仁討平寧王藩亂。後以直言得罪，謫判秦州。」謝源字潔甫，一字士潔。《王陽明全集》卷十二《留用官員疏》云：「臣在吉安地方調兵討賊，四路阻絶，並無堪用官員。適遇欽差兩廣清軍御史謝源，刷卷御史伍希儒各赴京復命，道經該府，不能前進……遂留軍前，同心戮力，經濟大難。」是疏上在正德十四年七月初五日。《陽明先生年譜》亦云：「正德十四年六月十九日，疏上變。先生四晝夜至吉安，明日庚辰，上疏告變。乃與知府伍文定等計，傳檄四方,暴發逆濠罪狀,檄列郡起兵以勤王。疏留。復命巡按御史謝源、伍希儒紀功張疑兵於豐城。」據此,陽明與謝源在正德十四年六月相識。以後謝源在平宸濠中以御史監軍督哨,謀畫居多,與陽明關係甚密。陽明寫寄此詩時,謝源尚在南都帝側,所謂「見行路之難」,實有深意寄焉。詳參下考。

書近作贈顧惟賢（正德十五年，一五二〇年）

元日霧（庚辰）

元日昏昏霧塞空，出門只尺誤西東。人多失足投坑塹，我亦停車泣路窮。欲斬蚩尤開白日，還排閶闔拜重瞳。小臣漫有澄清志，安得扶摇萬里風？

二日雨

昨朝陰霧埋元日，向曉寒雲迸雨聲。莫道人爲無感召，從來天意亦分明。安危他日須周勃，痛哭當年笑賈生。坐對殘燈愁徹夜，静聽晨鼓報新晴。

再遊九華

昔年十日九華住，雲霧終日竟不開。有如昏夜入寶藏，兩目無覩成空回。每逢好事談奇勝，即思策蹇還一來。頻年驅逐事兵革，出入賊壘衝風埃。恐恐晝夜不遑息，豈復山水能徘徊？鄱湖一戰偶天幸，遠隨歸凱停江隈。是時軍務頗多暇，况復我馬方虺隤。舊遊諸生亦群集，遂將童冠登崔嵬。先晨霏靄尚暝晦，却疑山意猶嫌猜。肩輿一入青陽境，忽然白日開西嶺。長風擁篲掃浮陰，九十九峰如夢醒。群巒踴躍爭獻奇，兒孫俯伏摩其頂。今來始識九華面，恨無詩筆爲傳影。層樓疊閣寫未工，千朵芙蓉抽玉井。怪哉造化亦安排，天下奇山此兼并。攬衣登高望八荒，雙闕下見日月光。長江如帶繞山麓，五湖七澤皆陂塘。蓬瀛海上浮拳石，舉足可到虹可梁。仙人爲我啓閶闔，鸞輧鶴駕紛翱翔。從兹脱屣謝塵世，飄然拂袂凌蒼蒼。

惟賢憲副以此卷書近作，漫録數首，一笑。正德庚辰八月望，陽明山人書於虔臺之思歸軒中。

文見楊儒賓、馬淵昌也《中日陽明學者墨迹》，真迹由何創時書法藝術文教基金會收藏。「惟賢」即顧應祥，字惟賢，時任廣東僉事，故稱「憲副」。陽明時往贛州處理軍務，此書卷乃在贛州書寫寄贈顧應祥，故題「書於虔臺思歸軒」。《王陽明全集》卷二十七有《與顧惟賢》書六、書七，作在同時，可參看。

與謝士潔書（五首）

（正德十五年，一五二〇年）

書一

承以功次見詢，此正區區所欲一論者。近見兵部王公文移，其意重在分别奇功、頭功、次功。今按察司所繳册内，既不依此開造，却又創立總理調度及倡義起兵事前事後等項名色，甚有未安。近日朝廷將各處總督官銜悉改爲提督，則此總理之名正與總督字樣相犯，不可不避。且我輩一時同事，孰非忠義勤王之人，今乃獨以倡義起兵歸之士潔與伍廉吏，二君正係造報功次之人，而乃自相標揭如此，掩衆美而獨有之，非惟二君心有不忍，兼且衆議不平，亦恐適（遺？）來識者之誚，此亦不可不深自省艾也。凡言事前事後者，皆謂一事之外，前後别有兩事。今宸濠叛逆正是一事，作亂之始是事之始，平亂之後是事之終，不可以事前事後言。今若以諸公來文之故不得已，止於功次項下開寫，庶尚可通，況獲功日月前後自見，何俟别開；今乃特於册前復創此項名目，却是畫蛇添足。

其於一萬一千有奇之數，減去前後，即自相矛盾，而捷奏之言爲虚妄矣。此在高明，必有的見，既承問及，不敢不盡。又諸鄉宦協謀討賊，其義甚高，今乃一概削而不録，何以勸善？我輩心亦何安？且與捷奏亦有不合，尤不可不處。封去册式，乃在省城時與諸公面議如此，今亦未敢便以爲是，更望斟酌去取之。叨叨不罪。守仁拜手言。

書二

（正德十五年，一五二〇年）

近見士潔與時泰書，似疑區區有芥蒂之意，不覺失笑，何士潔視予之淺也。士潔試看區區平日，與人雖深仇極恨者，亦未嘗藏怒蓄憾，每每務存忠厚，況與士潔平日道誼骨肉之愛？加以日來艱苦同分，憂患同心，縱令士潔一旦真有大怨大恚於我，我所以處之亦當與彼泛泛者有間。士潔曾有何憾於我，而我芥蒂於中耶？若士潔心直口快，言語之争，時或有之。此則雖在父子兄弟，旦夕久處，亦有不免。凡今朋友群居日久者，亦孰不然？若遂以此芥蒂，則盡父子兄弟，盡天下朋友，皆可怨可仇者矣！此人面獸心者之事，而士潔忍以待我耶？區區之心，士潔日後自見，本不俟言，因見士潔與時泰書，却恐士潔或有芥蒂，故輒云云。士潔見之，想亦付之大笑也。呵呵！守仁頓首。外繳呈稿奉覽。

書三

別久，益想念。京師凡百，得士潔在，今汝真又往，區區心事當能一白矣。老父衰病日深，賞功後得遂歸省，即所謂騎鶴揚州矣！諸老處，望爲一一致懇。冀生事，聞極蒙留意，甚感甚感！今汝在，復遭此，不識諸君何以解之？此間凡百，王金略能道。適牙痛，臨楮不能一一。守仁拜手，士潔侍御道契文侍。餘空。

（正德十六年，一五二一年）

書四

冀惟乾事，承爲之表暴扶持，乃不意其命之薄，一至於此！又承爲之衣衾棺殮，皆仁者用心忠厚之道也。感刻感刻！其未審冤抑尚欲爲之一洗。以區區出處未定之故，猶在遲疑間，必不得已而進京。俟到京日，更與諸君商議而行之。若遂歸休之愿，終須一舉，庶能少洩此心之痛耳。奈何，奈何！其喪事托王邦相與之區處，望始終爲之周還。有不便者，須僕到京日圖之亦可也。行李匆匆間，所欲言者不能一一，千萬心照。守仁

（正德十六年，一五二一年）

頓首，士潔侍御大人道契文侍。餘素。

書五

（正德十六年，一五二一年）

吾子守道，屈志未伸，表揚宣白，此自公論所不容已。僕於凡今之人皆然，況在吾子之素愛且厚乎！若致書當道，則恐不能有益於吾子，而適足以自點矣。如何如何？凡居官行己，若皆順意從志，則亦何難？惟當困心衡慮，而能獨立不變，然後見君子之所守。孟子謂：「動心忍性，增益其所不能。」吾子素有志於學，當此之時，顧非吾子用力之地耶？幸勉圖之，以卒永業。世俗之榮辱，決非君子之所爲欣戚也。伍太守書一紙至，望一送縣，巡撫便間當道及，今亦未敢特致。亮之亮之！守仁再拜，士潔謝明府大人道契。

五札手書真迹，今藏温州博物館。徐定水《王守仁行書函札卷》（《文物》一九九四年十期）、錢明《王陽明全集未刊散佚詩文彙編及考釋》均著録。按謝源字士潔，一字潔甫，閩縣人，已見前考。第一札論上捷音報功事，批評按察司以倡義起兵之功歸之謝源（字士潔）與伍希儒（字汝真），云「今乃特於册前復創此項名目，却是畫蛇添足。其於一萬一千有奇之數，減去前後，即自相矛盾，而捷奏之言爲虚妄矣」，按《王陽明全集》卷十三《重上江西捷音疏》述之甚詳：「……將擒斬俘獲功次一萬一千有奇發御史謝源、伍希儒暫令審驗紀録，另行造册繳報……及照御史謝源、伍希儒監軍督哨，謀畫居多；知府伍文定、邢珣、徐璉、戴德孺、陳槐、曾璵、林瑊、周朝佐，署都指揮僉事佘恩，通判胡堯元、童琦、談儲，推官王暐、徐文英，知縣李楫、李美、王冕、王軾、劉源清、劉守緒、傅南喬，通判楊昉、陳旦，指揮麻璽、高睿、孟俊，知縣張淮、應恩、王庭、顧佖、萬士賢、馬津等，雖效績輸能亦有等列，然皆首從義師，共收全功。其伍文定、邢珣、徐璉、戴德孺等，冒險衝鋒，功烈尤懋。鄉官都御史王懋中，編修鄒守益，御史張鼇山，郎中曾直，評事羅僑，僉事劉藍，進士郭持平，驛丞王思、李中，按察使劉遜，參政黄繡，知府劉昭等，仗義興兵，協張威武。」正與按察司所上不同。此疏上在「正德十五年七月十七日，遵奉大將軍鈞帖」，「大將軍鈞帖」即指武宗鈞詔，王公即兵部尚書王瓊。故可知此札亦作在正德十五年七月間。札中云「封去册式，乃在省城時與諸公面議如此」，册式，即此疏中所云「另行造册繳報」，「備行江西按察司造册奏繳」。所謂「在省城與諸公面議」，省城指南昌，據錢德洪《王陽明先生年譜》：「正德十五年二月，如九江。是月，返南昌。……六月如贛。七月，重上江西捷音。」知此繳册乃王陽明五月在南昌與謝源、伍希儒面議商定，六月回贛州後乃附此繳册上江西捷音疏。此繳册具體見《王陽明全集》卷三十一《開報征藩功次贓仗咨》。

第二札云「近見士潔與時泰書」，時泰即伍文定。所謂「疑區區有芥蒂之意」者，顯是因前札中批評按察司以倡議起兵之功歸之謝源、伍希儒，而已在《重上江西捷音疏》中則未將倡議起兵之功歸之謝、伍，致使謝源見之生疑不滿，故此札當作在第一札其後不久，約八、九月間。所云「外繳呈稿奉覽」，即指按察司所上繳册。

第三札云「別久，益想念。京師凡百，得士潔在。今汝真又往，區區心事當能一白矣」，指監察御史謝源、伍希儒已回京治宸濠獄與奏功事。按《明通鑑》卷四十九：「正德十五年十二月己丑，宸濠伏誅。先是有旨，召皇親、公侯駙馬伯、内閣府部大臣、科道官俱至通州，治宸濠獄，至是列其罪狀上之……」武宗十月至通州，故可知謝源先在十一月回京，在治宸濠獄後，伍希儒又入京奏功，故此札云「老父衰病日深，賞功後得遂歸省，即所謂騎鶴揚州矣」。可見此札作於正德十五年十二月至正德十六年一月間（二月後武宗已以疾卒）。按《倪小野先生全集》卷四有詩云：「伍上虞汝珍奏功北上，上虞諸縉紳會新祠，贈以詩……」此所云「奏功北上」，即陽明此書所云「今汝真又往」。倪小野此詩云「瓊梅日下輝九英，春風喜挹仙郎清」，可見伍希儒奏功北上在正德十六年春正月，陽明此書即作在其時。札云「冀生事」，指冀元亨繫獄事，時冀元亨猶在獄未死，王陽明託謝源在京雪其冤。

第四札云「冀惟乾事，承爲之表暴扶持……又承爲之衣衾棺殮」，指冀元亨已卒，按《蔣道林先生文粹》卷五《明進士冀闇齋先生墓表》：「戊寅，再侍陽明於贛……開釋之命方下，而先生疾弗起矣，是爲辛巳五月四日。同志梁日孚、陸元静、張文邦輩爲會金治棺。」札又云：「必不得已而進京。俟到京日，更與諸君商議而行之。……有不便者，須僕到京日圖之，亦可也。行李匆匆間，所欲言者不能一一。」按《明世宗實録》卷二：「正德十六年五月壬子朔……先是提督南、贛、汀、漳兼巡撫江西右副都御史王守仁以父老祖喪上疏乞暫歸省葬，未報。至是得旨：「王守仁擒斬亂賊，平定地方，朕蒞政之初，方將論功行賞，所請不允，其勑守仁亟來京。」王守仁受旨已在六月十六日，錢德洪《王陽明先生年譜》：「正德十六年六月十六日，奉世宗敕旨：『以爾昔能剿平亂賊，安靜地方，朝廷新政之初，特茲召用。敕至，爾可馳驛來京，毋或稽遲。』先生即於是月二十日起程，道由錢塘。」所謂「行李匆匆間」，言其匆匆置備進京行李，可見此札作在六月十七日至十九日間。《王陽明全集》卷二十一有《與陸清伯》云：「惟乾之事將申而遂没，痛哉，冤乎！……自度事勢未能遽脱，或必須進京，候到京日再與諸君商議而行之……其歸喪一事，託王邦相爲之經理。倘有不便，須僕到京，圖之未晚也。行李倥偬中，未暇悉欲所言。」與此札所言全同，而注爲「甲申」作則誤。

第五札稱「士潔謝明府大人」，《萬姓統譜》與《明清進士録》均言謝源從都御史王守仁討平寧王藩亂，正德十六年以直言得罪，「謫判秦州」。按「秦州」當是泰州之誤，《道光泰州志》卷二十：「謝源，字士潔，閩縣人。進士。任御史，以直聞。正德十六年，謫爲泰州判官。毁淫祠，立賢祠，復學田，修志乘，建貞節坊，諸事皆與知州金廷瑞行之。未幾，轉官去。」故此「明府」顯指其通判泰州。此事黄綰《明軍功以勵忠勤疏》中叙及：「彼時領兵知府，惟伍文定得陞副都御史，得廕一子千户。邢珣、徐璉但陞布政，即令閑住……副使陳槐因勸宰臣進賢，致怒讎人，希意誣之，獨黜爲民。御史伍希儒、謝源輒以考察去官。……伏惟陛下……將陳槐、邢珣、徐璉等起用，伍希儒、謝源等查酌軍功事例議録，戴德孺量與廕襲。」霍韜《地方疏》亦云：「先是正德十四年，宸濠謀反江西，兩司俯首從賊，惟王守仁同御史伍希儒、謝源誓心效忠。不幸姦臣張忠、許泰等欲掩王守仁之功以爲己有，乃揚諸人曰：『王守仁初同賊謀。』及公論難掩，乃又曰：『宸濠金帛俱王守仁、伍希儒、謝源滿載以去。』當時大學士楊廷和、尚書喬宇，亦忌王守仁之功，遂不與辨白，而黜伍希儒、謝源，俾落仕籍。王守仁不辨之謗，至今未雪。」今按《明世宗實録》卷八有云：「正德十六年十一月丁巳，詔追論江西平宸濠功。兵部集廷臣會議，備列諸臣功次及死事先後，請甄別等第、封拜、陞賞、贈廕、卹録及以功贖罪有差。上是其議，命封王守仁新建伯，奉天翊衛推誠宣力守正文臣，特進光禄大夫、柱國兼南京兵部尚書，參贊機務，歲支禄米一千石，給三代誥券，子孫世襲，遣行人齎敕慰諭，仍賞銀一百兩、紵絲四表裏，賜宴。南京光禄寺太監黄偉廕弟姪一人，世襲錦衣衛百户。進尚書喬宇少保，李充嗣太子少保。陞僉都御史劉玉右副都御史，參將楊鋭都督僉事，江西按察使、原吉安知府伍文定左副都御史，太僕少卿、原安慶府知府張文錦本寺卿，鋭、文定各廕子一人，世襲正千户。安慶衛指揮使崔文陞三級，仍廕一子，世襲百户。大理寺丞張縉本寺右少卿，御史劉源清大理寺丞，蕭淮、胡潔光禄寺少卿，知府戴德孺陞二級，邢珣、徐璉通判，胡堯元都指揮，僉事余恩各二級，御史伍希儒同知，林有禄通判，董琦、談儲、何景陽推官，王偉、徐文英知縣，李楫、王誥各一級。都御史叢蘭、秦金、何天衢，御史葉忠、成英、毛伯温、楊材、李美，主事劉守緒各俸二級。兵部司官及鄉官王懋中等見任者，各俸一級，致仕。閑住及知府陳槐等指揮，麻璽等制敕房官，劉棨等與南京内外守備。各府部院寺堂上官、分布防守内外官各賞銀幣有差。御史張鼇山復原職，致仕。謝源及祝續等考察調外者，吏部量加擢用。」據上可知，伍希儒、謝源在正德十六年六月以後先被黜落仕籍，至十一月追論平宸濠功，伍希儒除同知，謝源由吏部量加擢用，遂除泰州通判。謝源當是對是除任心猶不滿，託王陽明致書當道斡旋，王陽明乃作此札覆告，以爲「若致書當道，則恐不能有益於吾子，而適足以自點矣」。此札實勉謝源赴任，應即作在正德十六年十一月中。

贈周經和尚偈

（正德十五年，一五二〇年）

不向少林面壁，却來九華看山。錫杖打翻龍虎，隻履踢破巉巖。這個潑皮和尚，如何容在世間？呵呵，會得時，與你一棒；會不得，且放在黑漆桶裏偷閑。

正德庚辰三月八日，陽明山人王守仁到此。

偈見《民國九華山志》卷四。周經，一作周金，《民國九華山志》卷四：「明周金，正德間太平山僧也。游少林寺，還居九華東巖。值王陽明復游九華，金訪之，相與談心，甚契……至嘉靖戊子，金乃還太平山。一日，召寺僧説偈曰：『千聖本不善，彌陀是釋迦。問我還鄉路，日午坐牛車。』語訖，跏趺而逝。」又卷二：「東巖禪寺……故王文成公定其名曰『東巖』，俗又名宴坐巖，亦名舍身巖。……明正德時，周金亦嘗居此，文成與之談心，復贈詩偈。」《王陽明全集》卷二十有《有僧坐巖中已三年詩以勵吾黨》詩，此僧即周經和尚（見下考）。《民國九華山志》卷四云：「陽明書偈……偈刻於宴坐巖懸石倒覆處。」并引《齊山摩巖辨》云：「馬公《郡志》，以陽明先生《年譜》庚辰正月入九華，二月已有觀兵九江之作，疑其三月不應尚留九華。茲據寄隱巖摩崖：『清明在齊山。』是歲清明乃三月九日，則三月八日在東巖，有足徵也。《年譜》云云，殆二月有觀兵之命，至三月初旬方自九華過齊山而去耳。」今按：陽明在正月被謗入九華山，數日後即赴南都（上新河），二月歸九江。三月又再往遊開先、九華、齊山，《年譜》失載。今《王陽明全集》卷二十中有《重遊開先寺戲題壁》，作在三月；《春日遊齊山寺》，作在三月；《又次邵二泉韵》，作在三月二十三日等，均同此寄隱巖摩崖「清明在齊山」相合。又卷二十有《江上望九華不見》云：「五旬三過九華山，一度陰寒一度雨。此來天色稍清明……」五十日中三過九華山，即指正月入九華一次、自南都回經九華一次及三月再往九華一次。故此偈題「三月八日」，當可信也。

送周經和尚

（正德十五年，一五二〇年）

巖頭有石人，爲我下嶙峋。足曳破履五千兩，身披舊衲三十斤。任重致遠香象力，餐霜坐雪金剛身。夜寒猛虎常温足，雨後毒龍來伴宿。手握頑磚鏡未成，舌底流泉梅漸熟。夜來拾得過寒山，翠竹黄花好共看。同來問我安心法，還解將心與汝安。

巖僧周經，自少林來，坐石竇中且三年。聞予至，與醫官陶埜來謁。金（經）蓋有道行者，埜素精醫，有方外之緣，故詩及之。

詩見明顧元鏡《九華山志》卷五，《民國九華山志》卷七。按《王陽明全集》卷二十有《無題》詩，即此《送周經和尚詩》，然却無題，亦無後題，致向不知此詩爲誰作。此必是錢德洪有意隱去詩題，删去後題也。陽明集同卷有《江施二生與醫官陶野冒雨登山人多笑之戲作歌》，云：「江生施生頗好奇，偶逢陶野奇更痴。共言山外有佳寺，勸予往遊争願隨……野本求仙志方外，兩生學士亦爾爲……」可見陶野亦一好佛求仙之士，故此詩中以拾得、寒山喻陶野、周經，錢德洪皆隱去其意。又同卷中有遊九華山詩《有僧坐巖中已三年以詩勵吾黨》：「莫怪巖僧木石居，吾儕真切幾人如？經營日夜身心外，剽竊糠粃齒頰餘。俗學未堪欺老衲，昔賢取善及陶漁。年來奔走成何事？此日斯人亦起予。」此坐巖三年之老僧向不知是誰，今據此詩後題「巖僧周經，自少林來，坐石竇中且三年」，可知此「巖僧」、「老衲」亦周經和尚也。疑此詩題隱去周經名，亦錢德洪所改。

地藏洞再訪異僧不遇

（正德十五年，一五二〇年）

路入巖頭别有天，松毛一片自安眠。高談已散人何處？古洞荒凉散冷煙。

詩見墨憨齋新編《皇明大儒王陽明出身靖亂録》（日本弘毅館本）。按地藏洞即伏虎洞，《民國九華山志》卷三：「伏虎洞，一名地藏洞，又名睡虎洞，在摩空亭、棋盤石之東北。明弘治間，有異僧卧洞中，王文成公曾履險往訪，即名爲地藏洞異僧。又有名其爲睡虎者。」此詩向以爲作於弘治十四年，乃誤；稱「老道」，亦非。今按錢德洪《陽明先生年譜》：「弘治十四年，奉命審録江北……事竣，遂遊九華，作《遊九華賦》，宿無相、化城諸寺。是時道者蔡蓬頭善談仙，待以客禮。請問，蔡曰：『尚未。』有頃，屏左右，引至後亭，再拜請問。蔡曰：『尚未。』問至再三，蔡曰：『汝後堂後亭禮雖隆，終不忘官相。』一笑而别。聞地藏洞有異人，坐卧松毛，不火食，歷巖險訪之。正熟睡，先生坐傍撫其足。有頃，醒，驚曰：『路險何得至此？』因論最上乘曰：『周濂溪、程明道是儒家兩個好秀才。』後再至，其人已他移，故後有『會心人遠』之歎。」所謂「坐卧松毛」，與此詩「松毛一片自安眠」相合，知陽明所訪乃地藏洞異僧，而非「老道」。所謂「故後有『會心人遠』之歎」，乃指陽明正德十五年再來九華山訪地藏洞，異僧已他去，作詩感歎「會心人遠」。《王陽明全集》卷二十有《重遊化城寺二首》：「愛山日日望山晴，忽到山中眼自明。鳥道漸非前度險，龍潭更比舊時清。會心人遠空遺洞，識面僧來不記名。莫謂中丞喜忘世，前途風浪苦難行。」「山寺重來十九秋，舊僧零落老比丘。簷松盡長青冥幹，瀑水猶懸翠壁流。人住層崖嫌洞淺，鳥鳴春澗覺山幽。年來別有閑尋意，不似當時孟浪遊。」詩作在正德十五年正月再遊九華山時，「會心人遠空遺洞」與此詩「高談已散人何處？古洞荒凉散人煙」相合，可見此詩爲陽明正德十五年再遊九華山時所作。《民國九華山志》卷四：「明地藏洞異僧。弘治十四年，王陽明初遊九華，聞地藏洞有異僧，坐卧松毛，不火食，歷巖險訪之。正熟睡，先生坐撫其足，有頃醒，驚曰：『路險何得至此？』因論最上乘曰：『周濂溪、程明道是儒家兩個好秀才。』後正德中，陽明再至，僧已他適，故先生遊化城詩有『會心人遠』之歎。」其說乃得之。

游東林次邵二泉韵

（正德十五年，一五二〇年）

昨游開先殊草草，今日東林游始好。手持青竹撥層雲，直上青天招五老。萬壑笙竽松籟哀，千峰掩映芙蕖開。坐俯西崖窺落日，風吹孤月江東來。莫向人間空白首，富貴何如一杯酒。種蓮採菊兩荒涼，慧遠陶潛骨同朽。乘風我欲還金庭，三洲弱水連沙汀。他年海上望廬嶽，煙際浮萍一點青。

游東林，次邵二泉韵。正德庚辰三月廿三日，陽（明）山人識。

詩見吴宗慈《廬山志·藝文志·金石目》，稱「游東林寺詩碑」，云：「明王守仁作七古一章，并書。其真迹初在三笑堂壁間，後移於影堂。」今有此詩碑刻石存江西廬山東林寺。按《王陽明全集》卷二十有《又次邵二泉韵》，即此詩，但無後識，致無從知作此詩具體時間。錢德洪《陽明先生年譜》：「正德十五年二月，如九江……是月出觀兵九江，因遊東林、天池、講經臺諸處。是月還南昌。」年譜以爲三月陽明在南昌，遂將陽明集中遊廬山、東林、開先諸詩均歸在正月、二月中。實際陽明在三月又往遊東林、開先，《王陽明全集》卷二十《重遊開先寺戲題壁》有云：「三月開花兩度來，寺僧倦客門未開。」陽明此詩題作「三月廿三日」，更可證陽明在三月又往遊東林、開先二寺。邵二泉即邵寶，字國賢，無錫人。其在弘治十三年除江西按察司副使提調學校，陽明嘗作《時雨賦》送之。陽明此詩即次其在江西按察副使任上所作之詩。

天池寺題刻

（正德十五年，一五二〇年）

正德庚辰三月……（都察院副都御）史陽明（王守仁），同行參（政）徐璉，副使高雷令……知府（陳霖）相從。

題刻見吴宗慈《廬山志·藝文志·金石目》。按《王陽明全集》卷二十有《夜宿天池月下聞雷次早知山下大雨三首》、《文殊臺夜觀佛燈》，可見三月陽明確嘗往游天池寺。參見前《游東林次邵二泉韵》考。

書《桃源行》於廬山五老峰

(正德十五年,一五二〇年)

漁舟逐水愛山春,兩岸桃花夾去津。坐愛紅樹不知遠,行盡青溪不見人。山口潛行始隈隩,山開曠望旋平陸。遥看一樹攢雲樹,近入千家散花竹。樵客初傳漢姓名,居人未改秦衣服。居人共住武陵源,還從物外起田園。月明松下房櫳静,日出雲中鷄犬喧。驚聞俗客爭來集,競引還家問都邑。平明閭巷掃花開,薄暮漁樵乘水入。初因避地去人間,更聞成仙遂不還。峽裏誰知有人事,世中遥望空雲山。不疑靈境難聞見,塵心未盡思鄉縣。出洞無論隔山水,辭家終擬長遊衍。自謂經過舊不迷,安知峰壑今來變。當時只記入山深,清溪幾度到雲林。春來偏是桃花水,不辭仙源何處尋。

陽明山人王守仁書於廬山五老峰下。

書真迹見《中國法書全集》(明二)(十三册)(文物出版社)。陽明所書爲唐王維《桃源行》,其書刻當書在正德十五年三月過廬山時,蓋用以示自己歸居之意也。見前《游東林次邵二泉韵》考。

端陽日次陳時雨寫懷寄程克光金吾（正德十五年，一五二〇年）

艾老蒲衰春事闌，天涯佳節得承歡。穿楊有技饒燕客，賜扇無緣愧漢官。自笑獨醒還强飲，貪看競渡遂忘餐。蒼生日夜思霏雨，一枕江湖夢未安。

詩見《光緒淳安縣志》卷十五。按陳時雨即陳霖，《同治長興縣志》卷二十三上：「陳霖，字時雨，號四山。弘治六年進士，初任行人。陞監察御史，獻替不忌諱，勳戚避之。及巡按東粤，貪墨望風解組。連州十三村洞蠻，積亂爲祟，霖奏請舉兵，盡平之。詔賜緋綺二、銀卮二。因劾逆瑾，左遷南康知府，治無城郭，與江省接壤。時寧藩謀逆，屢招之，堅拒不從，間道赴巡撫王守仁軍中告警，因留帳前贊畫。隨征剿賊，斬首千餘。賊平，守仁言其功，復任南康，創議築城，民尸祝之。老病乞休，林下二十餘年。賦詩弈棋，不及公事，家無餘貲。壽九十四。」陳霖與陽明乃在正德十四年平宸濠亂時始識。陳霖時爲南康知府，戴罪立功，爲陽明所賞識（見前《青玉峽龍潭題名》考）。《王陽明全集》卷十二《收復九江南康參失事官員疏》云：「知府陳霖、同知張禄、通判蔡讓，因見城池新築未完，民兵寡少，同附郭星子縣掌印佐貳并府縣儒學倉場局務等官，各帶印信潛避廬山，賊遂入城……知府陳霖等潛往各鄉集兵，陸續擒斬賊犯共二百三十餘名顆……」故陽明《開報征藩功次贓仗咨》云：「戴罪殺賊官一十七員：……南康府知府陳霖……」（《王陽明全集》卷三十一）今以此詩考之：「天涯佳節」，陽明時在江西，故稱「天涯」。「穿楊」，指陽明教場射箭事；「燕客」指燕來之北軍，張忠、許泰所率之京邊官軍。錢德洪《陽明先生年譜》：「正德十四年十一月，返江西……忠等方挾宸濠搜羅百出，軍馬屯聚，糜費不堪……先生既還南昌，北軍肆坐慢罵，或故衝導起釁。先生一不爲動，務待以禮。豫令巡捕官諭市人移家於鄉，而以老羸應門。始欲犒賞北軍，泰等預禁之，令勿受。乃傳示内外，諭北軍離家苦楚，居民當敦主客禮。每出，遇北軍喪，必停車問故，厚與之櫬，嗟嘆乃去。久之，北軍咸服。會冬至節近，預令城市舉奠。時新經濠亂，哭亡酹酒者聲聞不絕。北軍無不思家，泣下求歸。先生與忠等語，不稍徇，漸已知畏。忠、泰自居所長，與先生較射於教場中，意先生必大屈。先生勉應之，三發三中，每一中，北軍在傍哄然，舉手嘖嘖。忠、泰大懼曰：『我軍皆附王都耶！』遂班師。」「賜扇」，應是「賜羽」之誤，「羽」即羽葆，古王公大臣立功者，帝加賜羽葆以示寵信。此句言己平宸濠亂有功，却不得獻俘見帝，賞功無望，愧爲朝廷命官。「一枕江湖夢未安」，是言己欲歸居江湖而不可得，蓋陽明正德十四年在江西屢上疏乞致仕、省葬，俱不允，其寫此詩時，又方三疏省葬不允，一身蒙謗，群姦誣其欲反，去留兩難，故有江湖歸夢難安之嘆。由此可見此詩必作於正德十五年五月端陽日。程克光，無考。按陽明此詩所以收在《淳安縣志》中，當是程克光爲淳安人之故。考陽明

《程守夫墓碑》(《王陽明全集》卷二十五)中言其友程文楷守夫爲淳安人,其父程愈節之(號味道)與王華爲同年進士,程文楷與陽明同舉於鄉,同卒業於北雍,關係至密。《光緒淳安縣志》卷三有林瀚作《程愈墓表》,程愈有三孫程煒、程煸、程炷,應即程文楷三子。其中程煒字克明,以麟經名專門。程炷,任崇明、慈利等縣知縣,其嘉靖三年方爲國子生(見陽明《程守夫墓碑》),與正德十五年已任金吾之程克光顯非一人。程煸,任南京北城兵馬指揮,則此程煸應即程克光金吾。蓋程煒字克明,則程煸字克光也。陽明寫此詩而所以寄程克光金吾,顯是程克光金吾隨張忠、許泰所率之京軍亦來南昌(陽明此時斷不可能寫詩寄遠在京師之金吾),陽明此詩亦有訴情感動程克光金吾以安撫北軍之意也。

贈陳惟浚詩

（正德十五年，一五二〇年）

況已妙齡先卓立，直從心底究宗元。

詩見《聶豹集》卷六《禮部郎中陳明水先生墓碑》。陳九川字惟浚，號明水，臨川人。墓碑云：「己卯，閹宦謀惑武宗南巡，衆皆洶洶不知計，先生獨與修撰舒梓溪、員外夏東洲、主事萬五溪諸人謀曰：『此君父之難，宗社憂也，豈宜自愛？』力上章辟之。武皇震怒，命梏項拳，跪午門外，凡五晝夜……直聲竦振，朝野有『四君子』之咏。歸里甲，聚友講學爲務，青袍布襪，不履公庭。復與東廓鄒君事陽明先師於虔臺，學益精邃。先師嘗贈以詩云……先生歸撫，倡學益力，撫士始知有聖學。」陳九川來虔見陽明在正德十五年，《傳習録》下：「正德乙亥，九川初見先生於龍江（南都）……己卯歸自京師，再見先生於洪都……庚辰往虔州，再見先生……虔州將歸，有詩別先生云：『良知何事繫多聞？妙合當時已種根。好惡從之爲聖學，將迎無處是乾元。』」原來陽明此詩乃是次陳九川此詩韻以送別，《明水陳先生文集》卷十四有《虔州奉別陽明先生》二首，自注云：「先生有次韻。」另一首爲：

「獨傳絶學鬼神聞，一點良知萬聖根。河水祇應充口腹，烏頭今復壯真元。春風久坐歡親炙，清廟志言肅駿奔。但使靈心無障隔，此身終日立師門。」是陽明於陳九川二詩皆有次韵，今皆佚。錢德洪《陽明先生年譜》云：「正德十六年五月，集門人於白鹿洞……集夏良勝、舒芬、萬潮、陳九川同事焉（按：即「四君子」）。」五月以後陽明已赴召往錢塘，故可知陳九川别陽明當在五月，陽明此詩即作在其時。

宗忠簡公像贊（正德十五年，一五二〇年）

此宗忠簡公遺像也。守仁讀史至公傳，未嘗不爲之扼腕而流涕。廣右廉訪使朝用先生，公之苗裔，余同年友也，屬爲之贊。余悲公見抑於權奸，而積憤以死也，遂爲之贊：

天之義氣，偉人受形。乃大雷電，以赫厥靈。宋帝蒙塵，惟公純臣。百萬義旅，一呼響臻。回鑾之疏，二十四上。積憤而逝，風雨震蕩。忠肝義膽，泰山莫撼。堂堂遺象，涙襟在覽。丹青載見，目光如電。英姿颯爽，怒髮思戰。三呼渡河，一語無他。千載憤激，轉谷盤渦。

姚江王守仁謹贊。

贊見宗嘉謨《宗忠簡公年譜》卷首、康熙丙戌刻本《宋宗忠簡公全集》卷十一。年譜前又有宗澤遺像（另有乙龕沈曾植序）。宗嘉謨爲宗澤後裔，其年譜所載宗澤遺像及陽明像贊當得自家傳。贊中所云「朝用先生」即宗璽，字朝用，號竹谿，與陽明、伍文定、劉菃等爲同年，《明清進士録》：「宗璽，弘治十二年三甲一百九十五名進士。南直隸建平人，字朝用。授大理寺正，時劉瑾肆毒，多害良善，璽平反不撓。出爲江西副使，遷福建兵巡，平大帽山亂。終雲南布政。」陽明與宗璽爲同年，故兩人當早識。弘治中宗璽任大理寺正，陽明亦在朝中刑部任職，兩人當有往來。宗璽任廣西按察使在正德十一年至十五年中，《嘉靖建平縣志》卷六有《宗璽傳》詳叙其事云：

宗璽，字朝用，號竹谿。幼有至性，穎異過人。年十六，游鄉邑庠，工舉子業，操筆立就，恒試異等，督學者咸奇之。及舉於鄉，益勵志，博洽經史。登弘治己未進士，選南大理評事，歷左右寺正。時逆瑾擅權，司法比者莫能爲天下平，璽獨正色平反，一無所撓。正德己巳，擢遷僉山西按察，臺官疏其才優治劇。尋改閩縣臬，黜姦貪，抑悍獷，風裁整然。閩凡四道，道惟福寧難按，閩者廉其不可奪，終三年不易他道。嘗攝學政，士類服其公。兼巡海道市舶，中官心憚之。莆有寇起，月餘悉殲之，民爲立石涵頭。平大帽山劇寇，增秩一級，遷江西副使，例當統協臬事，總制御史大夫陳金以南昌道部内郡縣首受寧藩之虐，疏璽領勅治之。初，宸濠甚驕恣，凡校尉之屬，乘其熾焰毒民，不可勝數。璽曰：「此身乃天朝之白骨也，斯民乃天王之赤子也。吾何敢阿私？」藩王當罪者，一無末減。副使胡世寧疏濠不軌十事聞於上，濠輒以受金縱寇誣劾之，下其章，令藩臬議。内倖與濠通者，示欲羅織其事，必致之大辟，其畏名義者亦避之，不敢持案。璽獨奮筆力白世寧之誣。乙亥，勅擒大盜徐九齡。時九齡方聚徒數千攻城掠縣，璽設策追斬之，奉新立祠生祀焉。丙子,遷拜廣右按察使,拔冤抑,肅紀綱,僚憲咸切畏愛。戊寅,僚反,璽督兵征討,蠻寇殄平,驅召岑猛等如呼小兒,累與總戎武侯抗,遂致交惡。疏聞,上命撫臣解之,以平夷功,復增秩二級。己卯,監試事,獨以得士稱,試録皆其手筆也。庚辰,考課爲藩最,拜滇南左布政使,痛滌賄穴,始終清操如一,諸宣慰斂手帖服。清公帑無稽錢巨萬,以贍軍旅,西南夷徼咸思其德。嘉靖改元,卒於官。平生好遷、固之書,未嘗釋手。晚節尤好《易》,即案牘倥傯,不廢吟誦。所著有《竹谿詩集》六卷,文集八卷,外集四卷。初號毅齋,又有《毅齋文選》十二卷,《史漢節要》二十卷。

按宗璽正德十五年廣右按察使任滿,其當是考滿進京,北上途經江西見陽明,請陽明作象贊。宗澤爲南宋抗金名臣,忠肝義膽,憂憤而卒。陽明其時在江西平宸濠亂,反遭忌功讒誣,其爲宗澤作像贊,悲其「積憤而逝」,蓋有以宗澤自況之深意焉。

康熙丙戌刻本《宋宗忠簡公全集》卷十一載陽明此象贊,其序與《宗忠簡公年譜》所載有異,茲著録於下:

此宗忠簡公遺像也。公在宋謚曰「忠」,可以爲忠矣。守仁讀史至公傳,未嘗不爲之扼腕而流涕也。嗚呼!自古國家之喪亡,未有不由於奸臣之嫉能而忌功也。使古無嫉能而忌功者,則國家豈有亂與亡哉!廣右廉訪使朝用先生,乃忠簡公苗裔,余同年友也,屬余贊其像。余悲其見抑於權奸,而積憤以死也,爲之贊……

按:序中有「自古國家之喪亡,未有不由於奸臣之嫉能而忌功」云云,或是後來有所顧忌而删去耶?

石屋山詩

（正德十五年，一五二〇年）

雲散天寬石徑通，清飈吹上最高峰。游仙船古蒼苔合，伏虎巖深緑草封。丈室尋幽無釋子，半崖呼酒唤奚童。憑虚極目千山外，萬井江樓一望中。

詩見《同治臨江府志》卷二。石屋山在新淦縣，《同治臨江府志》卷二：「石屋山，（新淦）縣東北七十餘里，有石巖如屋，廣三丈許，中有石山。」石屋山有游仙船，有伏虎巖，亦一道家勝地，陽明此詩應亦是正德十五年六月由南昌返吉安途經新淦時作，參見後《石溪寺》考。

廬山讀書臺摩崖題識

（正德十五年，一五二〇年）

正德己卯六月乙亥，寧藩宸濠以南昌叛，稱兵向闕，破南康、九江，攻安慶，遠近震動。七月辛亥，臣守仁以列郡之兵復南昌。宸濠還救，大戰鄱陽湖。丁巳，宸濠擒，餘黨悉定。當是時，天子聞變赫怒，親統六師臨討，遂俘宸濠以歸。於赫皇威，神武不殺。如霆之震，靡擊而折。神器有歸，孰敢窺竊。天鑒於宸濠，式昭皇靈，嘉靖我邦國。正德庚辰正月晦，提督軍務都御史王守仁書。從征官屬列於左方。

摩崖題識即在廬山開先寺讀書臺，桑喬《廬山紀事》卷四著録。錢德洪《陽明先生年譜》亦著録是刻云：「正德十五年正月，以晦日重過開先寺，留石刻讀書臺後，詞曰……明日，遊白鹿洞。」今有此摩崖題識手迹石刻，存江西廬山秀峰寺。此刻後人多稱爲「紀功碑」，不當。如查慎行稱「王文成紀念碑」，王士禛《皇華紀聞》卷四：「王文成公正德庚辰《紀功碑》，在廬山開先寺讀書臺上，摩崖大書，極奇偉。」陽明此文原衹是摩崖題刻，並非紀功碑。

復羅整庵太宰書

（正德十五年，一五二〇年）

侍生王守仁頓首啟復太宰整庵羅老先生大人執事：昨承教及《大學》，發舟匆匆，未能奉答。曉來江行稍暇，復取手教而讀之。恐至贛後人事復紛沓，先具其略以請：

來教云：「見道固難，而體道尤難。道誠未易明，而學誠不可不講，恐未可安於所見而遂以爲極則也。」幸甚幸甚！何以得聞斯言乎？其敢自以爲極則而安之乎？正思就天下之有道以講明之耳。而數年以來，聞其説而非笑之者有矣，詈之不足較量辨議之者有矣，其肯遂以教我乎？其肯遂以教我而反覆曉諭、惻然惟恐不及救正之乎？然則天下之愛我者，固莫有如執事之心深且至矣，感激當何如哉！夫德之不修，學之不講，孔子以爲憂。而世之學者稍能傳習訓詁，即將自以爲知學，不復有所謂講學之求，可悲矣！夫道必體而後見，非已見道而後加體道之功也；道必學而後明，非外講學而復有所謂明道之事也。然世之講學者有二：有講之以身心者，有講之以口耳者。講之以口耳，揣摸測度，求之影響者也；講之以身心，行著習察，實有諸己者也。知此，則知孔門之學矣。

來教謂某「《大學》古本之復，以人之爲學但當求之以内，而程、朱格物之説不免求之於外，遂去朱子之分章，而削其所補之傳」。非敢然也。學豈有内外乎？《大學》古本乃孔門相傳舊本耳，朱子疑其有所脱誤，而改正補緝之。在某則謂其本無脱誤，悉從其舊而已矣。失在於過信孔子則有之，非故去朱子之分章而削其傳也。夫學貴得之心，求之於心而非也，雖其言之出於孔子，不敢以爲是也，而其未及孔子者乎？求之於心而是也，雖其言之出於庸常，不敢以爲非也，而況其出於孔子者乎？且舊本之傳數千載矣，今讀其文詞，既明白而可通；論其工夫，又易簡而可入，亦何所按據而斷其此段必在於彼，彼段之必在於此，與此之如何而缺，彼之如何而補，而遂改正補緝之？無乃重於背朱而輕於叛孔矣乎！

來教謂：「如必以學不資於外求，但當反觀内省以爲務，則正心誠意四字亦何不盡之有？何必於入門之際，便困以格物一段工夫也？」誠然誠然。若語其要，則修身二字亦足矣，何必又言正心？正心二字亦足矣，何必又言誠意？誠意二字亦足矣，何必又言致知、又言格物？惟其工夫之詳密，而要之只是一事，此所以爲精一之學，此正不可不思者也。夫理無内外，性無内外，故學無内外。講習討論，未嘗非内也；反觀内省，未嘗遺外也。夫謂學必資於外求，是以已性爲有外也，是義外也，用智者也；謂反觀内省爲求之於内，是以已性爲有内也，是有我也，自私者也。是皆不知性之無内外也。故曰：精義入神，以致用也；利用安身，以崇德也。性之德也，合内外之道也，此可以知格物之學矣。格物者，《大學》之實下手處，徹首徹尾，自始學至聖人，只此工夫而已，非但入門之際有此一段也。夫正心誠意，致知格物，皆所以修身而格物者，其所用力，日可見之地。故格物者，格其心之物也，格其意之物也，格其知之物也；正心者，正其物之心也；誠意者，誠其物之意也；致知者，致其物之知也。此豈有内外之分哉？理一而已。以其理之凝聚而言，則謂之性；以其凝聚之主宰而言，則謂之心；以其主宰之發動而言，則謂之意；以其發動之明覺而言，則謂之知；以其明覺之感應而言，則謂之物。故就物而言謂之格；就知而言謂之致；就意而言謂之誠；就心而言謂之正。正者，正此也；誠者，誠此也；致者，致此也；格者，格此也。皆所以窮理以盡性也。天下無性外之理，無性外之物。學之不明，皆由世之儒者認理爲外，認物爲外，而不知義外之説，孟子蓋嘗闢之，乃至襲陷其内而不覺，豈非亦有似是而難明者歟？不可以不察也。凡執事所以致疑於格物之説者，必謂其是内而非外也；必謂其專事於反觀内省之爲，而遺棄其講習討論之功也；必謂其一意於綱領本原之約，而脱略於支條節目之詳也；必謂其沈溺於枯槁虚寂之偏，而不盡於物理人事之變也。審如是，豈但獲罪於聖門，獲罪於朱子，是邪説誣民，叛道亂正，人得而誅之也，而況於執事之正直哉？審如是，世之稍明訓詁，聞先哲之緒論者，皆知其非也，而況執事之高明哉？凡某之所謂格物，其於朱子「九條」之説，皆包羅統括於其中，但爲之有要，作用不同，正所謂毫釐之差耳。然毫釐之差而千里之謬實起於此，不可不辨。孟子闢楊、墨至於「無父」、「無君」。二子亦當時之賢者，使與孟子並世而生，未必不以之爲賢。墨子「兼愛」，行仁而過耳；楊子「爲我」，行義而過耳。此其爲説，亦豈滅理亂常之甚，而足以眩天下哉？而其流之弊，孟子至比於禽獸夷狄，所謂「以學術殺天下後世」也。今世學術之弊，其謂之學仁而過者乎？謂之學義而過者乎？抑謂之學不仁不義而過者乎？吾不知其於洪水猛獸何如也！孟子云：「予豈好辨哉？予不得已也！」楊、墨之道塞天下，孟子之時，天下之尊信楊、墨，當不下於今日之崇尚朱説，而孟子獨以一人呶呶於其間，噫，可哀矣！韓氏云：「佛、老之害甚於楊、墨。」韓愈之賢不及孟子，孟子不能救之於未壞之先，而韓愈乃欲全之於已壞之後，其亦不量其力，且見其身之危，莫之救以死也矣！嗚呼！若某者其尤不量其力，果見其身之危，莫知救以死也矣。夫衆方嘻嘻之中，而獨出涕嗟，若舉世恬然以趨，而獨疾首蹙額以爲憂，此其非病狂喪心，殆必誠有大苦者隱於其中，而非天下之至仁，其孰能察之？其爲《朱子晚年定論》，蓋亦不得已而然。中間年歲早晚誠有所未考，雖不必盡出於晚年，固多出於晚年者矣。然大意在委曲調停以明此爲重，平生於朱子之説如神明蓍龜，一旦與之背馳，心誠有所未忍，故不得已而爲此。「知我者，謂我心憂；不知我者，謂我何求」，蓋不忍牴牾朱子者，其本心也；不得已而與之牴牾者，道固如是，不直則道不見也。執事所謂決與朱子異者，僕敢自欺其心哉？夫道，天下之公道也；學，天下之公學也，非朱子可得而私也，非孔子可得而私也。天下之公也，公言而已矣。故言之而是，雖於己，乃益己也；言之而非，雖同於己，適損於己也。益於己者，己必喜之；損於己者，己必惡之。然則某今日之論，雖或與朱子異，未必非其所喜也。君子之過，如日月之食，其更也，人皆仰之，而小人之過也必文。某雖不肖，固不敢以小人之心事朱子也。

執事所以教反覆數百言，皆以未悉鄙人格物之説。若鄙説一明，則此數百言皆可以不待辨説而釋然無滯。故今不敢縷縷以滋瑣屑之瀆。然鄙説非面陳口析，斷亦未能了了於紙筆間也。嗟呼！執事所以開導啟迪於我者，可謂懇到詳切矣，人之愛我，寧有如執事者乎？僕雖甚愚下，寧不知所感刻佩服？然而不敢遽舍其中心之誠然而姑以聽之云者，正不敢有負於深愛，亦思有以報之耳。秋盡冬還，必求一面，以卒所請，千萬終教！泰和舟次，王守仁頓首。六月廿日。餘。

書真迹見《一九九五—二〇〇二書畫拍賣集成·明清書法》《中國古代書法價值匯考》。按《王陽明全集》卷二《傳習録》中有《答羅整庵少宰書》，即此書，但缺開首與結尾多句，致不知此書具體所作時間，題作「少宰」亦未當。今貴州省博物館藏有陽明此書石刻拓本，字迹與此真迹同，爲今人多所引用，但此拓本署作「三月四日六和舟次，侍生王守仁頓首，太宰整庵羅老先生大人執事」，今人遂皆以爲此書作於三月四日，實誤甚。按錢德洪《陽明先生年譜》：「正德十五年六月，如贛。十四日，從章口入玉笥大秀宫。十五日，宿雲儲。十八日，至吉安，遊青原山，和黄山谷詩，遂書碑。行至泰和，少宰羅欽順以書問學。先生答曰……」是陽明六月由南昌往贛，十八日至吉安，則二十日前後至泰和，與此書真迹所題「六月廿日」相合。《王陽明全集》卷二十有《青原山次黄山谷韵》，中云「夏木深層陰」，顯也作在夏間，斷非春三月作。羅欽順《與王陽明書》亦明注作「庚辰夏」。三月陽明尚在南昌請寬租，決無往贛州經泰和之事。六和在杭州，其時何來陽明三月杭州舟次之事？其署之謬自不待言。計文淵論及此書石刻拓本云：「此書原蹟舊爲桂林陳氏收藏，後歸賀縣林氏。道光間，雲貴總督賀長齡請人刻石，原蹟交山僧珍藏。繼刻石毁，原蹟亦不可復見。光緒五年十二月，由貴州書畫家袁恩韠按原拓請文忠彦重鎸，立於貴州陽明祠。重鎸碑刻後又毁，今僅存拓本而已。」可見陽明此書乃多經刻石，必是原刻石（或原拓本）後漫漶毁損，結尾署句殘泐不復可識，後人遂臆將「六月」之「六」與「泰和」之「和」拼凑爲「六和」；又將開首「侍生王守仁頓首復太宰整庵羅老先生大人執事」截取放到書末，凑成此不倫不類之署句。今幸陽明此書真迹復出，得以澄清此誤案也。

雲騰颷馭祠詩

（正德十五年，一五二〇年）

玉笥之山仙所居，下有元窟名雲儲。人言此中感異夢，我亦因之夢華胥。碧山明月夜如晝，清溪涓涓流階除。地靈自與精神冥，忽入清虚覩真境。貝闕珠宫炫凡目，鸞輿鶴輅分馳騁。金童兩兩吹紫霄，玉笥真人坐相並。笑我塵寰久污濁，胡不來遊淩倒景？覺來枕席尚煙霞，乾坤何處真吾家？醒眼相看世能幾，夢中説夢空咨嗟。

詩見《同治峽江縣志》卷二、《同治臨江府志》卷六。雲騰颷馭祠在玉笥山，《同治峽江縣志》卷二：「雲騰颷馭祠，在玉笥山元陽峰下，俗稱南祠。唐吴世雲爲吉州刺史，棄官修道於此。道成，舉家飛昇。後鄉民旱且病，禱無弗應，事聞於朝。玄宗遣閹使崔朗敕建廟，祀於峰之南。既復修，改於其下。宋真宗增名『雲騰颷馭祠』，今址額如故。後有夢樓，祀陳希夷，祈夢者多靈應。祠前有百花亭，相傳羅文恭祈夢此山，士民輻輳，無下榻處，乃遊於百花亭上，達旦不寐，諸祈夢者皆夢得『百花亭上狀元遊』之句，後果驗。羅文恭嘗題七言絶句於壁。」玉笥山爲道教勝地，《同治峽江縣志》卷一：「玉笥山，縣東三十里。山之峰巒連絡不絶，舊名群玉峰，根蟠百里，道書第十七洞天，第八福地。世傳漢武帝時，降玉笥於山，故名。漢梅福，晉郭桂倫、彭真一、袁景立、梁杜、曇永、蕭子雲皆嘗學道於此，而九仙尤著。世傳避秦士十人孔丘明、駱法通、吴天印、張法樞、謝志空、周仙用、鄒武君、謝幽巖、楊元中、何紫霄，修煉於此，惟紫霄終隱何君洞，九人者皆仙去，故名九仙。」按正德十五年正月陽明赴召至南都，後返南昌，又於六月由南昌回贛，途經清江、新淦、峽江，曾往遊玉笥山，多有題咏，錢德洪《陽明先生年譜》：「正德十五年六月，如贛。十四日，從章口入玉笥大秀宫。十五日，宿雲儲。十八日，至吉安，遊青原山，和黄山谷詩，遂書碑。行至泰和，少宰羅欽順以書問學。」今《王陽明全集》卷二十有《大秀宫次羅一峰韵三首》，即是次遊玉笥山所作。其中第三首云：「落日下清江，悵望閣道晚。人言玉笥更奇絶，漳口停舟路非遠。肩輿取徑沿村落，心目先馳嫌足緩。山昏欲就雲儲眠，疏林月色與風泉。夢魂忽忽到真境，侵曉遁迹來洞天。」大秀宫即在玉笥山麓，所謂「山昏欲就雲儲眠」，即此詩所云「下有元窟名雲儲」（宿雲儲）；所謂「夢魂忽忽到真境」，即此詩所云「人言此中感異夢，我亦因之夢華胥」。陽明宿雲儲在十五日，由此可以確知陽明此詩作在十六日。

石溪寺

（正德十五年，一五二〇年）

杖錫飛身到赤霞，石橋閑坐演三車。一聲野鶴波濤起，仙風吹送寶靈花。

詩見《同治新淦縣志》卷二，云：「石溪寺，在五都，王守仁有詩。」按此詩充滿道家神仙修煉氣息，所謂「三車」，乃指丹家三種運藥方式，李涵虛《三車秘旨》：「三車者，三件河車也。第一件運氣，即小周天子午運火也；第二件運精，即玉液河車，運水温養也；第三件精氣兼運，即大周天運先天金汞，七返還丹，九還大丹也。此三車者，皆以真神、真意，斡乎其中，人能知三車秘諦，則精、氣、神三品圓全，天、地、人三仙成就。」《天皇至道太清玉册》卷八：「三河車：采藥進火，添汞抽鉛，曰小河車；大藥漸成，上補下煉，曰大河車；還丹煉形，合道入仙，曰紫河車。」三車之説，乃起於釋家用語，《妙法蓮華經》卷三《譬喻品》：「長者告諸子言：羊車、鹿車、牛車，今在門外，可以遊戲。汝等於此火宅，宜速出來。」以三車比喻菩薩、緣覺、聲聞等大、中、小三乘。故陽明登石溪寺而演三車也。按新淦爲陽明在江西往返吉安、南昌所必經之地。正德十五年六月陽明由南昌返吉安，從章口入玉笥大秀宫,宿儲雲,遊青原,一路尋訪道觀佛寺,所作詩多具神仙氣息,如《大秀宫次一峰韻》三首(《王陽明全集》卷二十)、《雲騰飈馭祠詩》等,其道家神仙修煉氣息幾可謂達於極致,此《石溪寺》風格完全與之相類,可信此詩即作於正德十五年六月陽明由南昌返吉安途經新淦時。參見前《雲騰飈馭祠詩》考。

祭劉養正母文

（正德十五年，一五二〇年）

嗟嗟！劉生子吉，母死不葬，爰及干戈；一念之差，遂至于此，嗚呼哀哉！今吾葬子之母，聊以慰子之魂。蓋君臣之義，雖不得私於子之身；而朋友之情，猶得以盡於子之母也。嗚呼哀哉！

文見錢德洪《陽明先生年譜》。按《年譜》引羅洪先《贈女兄夫周汝方序》云：「憶龍岡嘗自贛病歸，附廬陵劉子吉舟。劉與陽明先生素厚善，會母死，往請墓志。實濠事暗相邀結，不合而返。至舟，顧龍岡呻吟昏瞀，意其熟寢也。呼門人王儲，嘆曰：『初意專倚陽明，兩日數調以言，若不喻意，更不得一肯綮，不上此船明矣。此事將遂已乎，且吾安得以一身當重擔也？』儲拱手曰：『先生氣弱，今天下屬先生，先生安可退託？陽明何足爲有無哉？』劉曰：『是固在我，多得數人更好。陽明曾經用兵爾。』儲曰：『先生以陽明爲才乎？吾見其怯也。』劉曰：『誠然。贛州峒賊，髦頭耳，乃終日練兵，若對大敵，何其張皇哉！』相與大笑而罷。龍岡反舍，語予若此，己卯二月也。其年六月，濠反，子吉與儲附之。七月,陽明先生以兵討賊。八月俘濠。是時議者紛然,予與龍岡竊嘆莫能辨。比見詆先生者,問之曰:『吾惡其言是而行非,蓋其僞也。龍岡舌尚在,至京師,見四方人士,猶有爲前言者否乎?盍以語予者語之?』其後養正既死,先生過吉安,令有司葬其母,復爲文以奠,辭曰……其事在是年六月。」安成舉人劉養正素有文名,與王陽明厚善,後爲宸濠國師。劉母之死及劉來請陽明作墓銘并暗相邀結,在正德十四年二月,黄綰《陽明先生行狀》述其事云:「時濠陰謀不軌,亦已有年。一日,命安福舉人劉養正往説公云:『寧王尊師重道,有湯、武之資。欲從公講明正學。』公笑曰:『殿下能舍去王爵否?』既而令門人冀元亨先往,與濠講學,以探其誠否。元亨與語矛盾,濠怒,遣還,密使人殺於途,不果。」湛甘泉《陽明先生墓志銘》亦云:「夫陽明逆知宸濠有異志,劉養正來説:『必得公乃發。』公應之曰:『時非桀、紂,世無湯、武,臣有仗節死義耳。』其猶使冀生元亨往與之語者,實欲誘其善,不動干戈,潛消莫大之禍也。」談遷《國榷》卷五十一:「正德十四年七月辛酉,李士實、劉養正死繫所。士實豐城人,成化丙戌進士。授刑部主事,歷郎中,遷浙江提學副使,歷右都御史。年七十二,致仕。予一子官。談道理,詩文書法名一世。宸濠欲交士實,先縱其下侵之,士實往訴,語合,遂爲畫策從逆。時八十餘,龍鍾昏眊。執見伍文定,立不跪,杖二十死,傳首至京,家遂滅。養正,正德初貢士,棄繻講學,不苟交接,士夫至願見不可得。嶺南張羽,以伊吕薦於宸濠。母死,求守仁志墓,微説之不應。就擒自盡,傳首至京,妻子没爲奴。」陽明過吉安,令有司葬劉母,在正德十五年六月十八日,見錢德洪《陽明先生年譜》,故此祭文即作於正德十五年六月中。張萱《西園聞見録》卷六

《師弟》云：「南昌舉人劉養正，舊從王陽明游。黨宸濠，僞授太師，事敗，被擒伏誅。其母死，未葬，公爲之葬，又爲文祭之曰：『吾不敢宥汝之生，以葬汝之母。』可謂故舊不遺，情法兩盡矣。」是劉養正原爲陽明弟子，其來請母墓銘，陽明葬其母，蓋以此也。劉養正爲廬陵人，其來從學陽明，當在正德五年陽明任廬陵知縣時。龍岡，即周龍岡，實陽明弟子，《羅洪先集》卷十五有《別周龍岡語》云：「先宜人所生幸存者，予與女兄二人。女兄許聘龍岡周君，已而以目眚，遂婚於我，踰年而夭，故予視龍岡，猶女兄存也。予年十有四，未屬文，龍岡時時爲語東泉師舉業法。其後師事陽明王先生於贛，又時時爲語學問正傳，及冀闇齋篤志處，予於是慨然有志聖賢之業。」故錢德洪《答論年譜書》亦云：「兄（羅洪先）嘗別周龍岡，其序曰：『予年十四時，聞陽明先生講學於贛，慨然有志就業。父母憐恤，不令出户庭。然每見龍岡從贛回，未嘗不憤憤也。』」（《陽明先生年譜附録二》）

奠楊士德文

（正德十五年，一五二〇年）

嗚呼！士德之資，精一之志，篤信往勇，真足以任重致遠，亦既有聞矣。忽中道而奪之，天也，吾誰歸咎乎？士德素多病，得去冬懷玉書，云「扶病還潮」，謂亦常耳。秋初，士鳴過贛，凶變適傳，且疑且愕，謂爲不信。既而尚謙報至，而果然矣。嗚呼痛哉！其之不幸，往歲曰仁之慟，吾已不忍其烈；今復慟吾士德，其何以堪之！昔尚謙爲吾言：潮有二鳳，蓋指士德昆季也。後皆相繼爲吾得，自以爲斯文之瑞，而今失其一矣，嗚呼傷哉！士鳴歸，聊附一奠。痛哉士德，今日已矣，復何言！復何言！

文見《饒平縣志》卷二十。按楊士德即楊驥，字士德，號穀齋，海陽人。弟楊鸞，字士鳴（一字少默），號復齋，人稱「潮陽二鳳」。詳見薛侃《中離全書》中《楊穀齋傳》、《楊復齋傳》及《三賢墓志銘》。正德十一年楊驥、楊鸞兄弟領鄉薦，次年楊驥入京師會試，聞陽明之教於薛侃，遂赴贛受學於陽明。至正德十四年冬扶病歸潮，十五年秋七月卒，故陽明此祭文即作在正德十五年七月中。《王陽明全集》卷二十五有《祭楊士鳴文》(楊鸞卒於嘉靖五年),中云:「往年士德之歿,吾已謂天道之無知矣;今而士鳴又相繼以逝,吾安所歸咎乎?」即指此祭楊士德文所云「忽中道而奪之,天也,吾誰歸咎乎?」故可信此祭文確爲陽明所作。《祭楊士鳴文》又云:「潮郡在南海之涯,一郡耳。一郡之中,有薛氏之兄弟子姪,既足盛矣;而又有士鳴之昆季……其山川靈秀之氣,殆不能若是其淑且厚,則亦宜有盈虛消息於其間矣乎?士鳴兄弟雖皆中道而逝,然今海内善類,孰不知南海之濱有楊士德、楊士鳴者爲成德之士,如祥麟瑞鳳,争一睹之爲快,因而向風興起者比比,則士鳴昆季之生,其潛啟默相以有績放斯道,豈其微哉?……」與此祭楊驥文説全同,可見陽明對楊驥、楊鸞兄弟尤爲器重,而陽明學之向廣東潮州之傳播深入,亦由此概可見矣。

(正德十五年,一五二〇年)

忘歸巖題壁

青山隨地佳,豈必故園好。但得此身閑,塵寰亦蓬島。西林日初暮,明月來何早。醉卧石牀凉,洞雲秋未掃。

正德庚辰八月八日,訪鄒、陳諸子於玉巖,題壁。陽明山人王守仁書。

詩見邵啟賢《贛石録》卷二《王陽明先生遺墨》。計文淵《王陽明法書集》著録。此詩有陽明手迹刻石,今存江西贛州通天巖。《王陽明全集》卷二十有《通天巖》,即此詩,但無後題,至不明此詩作年及有關行事(《王陽明全集》將此詩誤置在正德十三年中)。按忘歸巖又名忘言巖,在通天巖中,通天巖又名玉巖。《天啟贛州府志》卷二:「通天巖,在城西二十里,空洞如屋,有穴透其巔,怪石環列如屏障。宋秘書陽行先隱於此,太守林顔號爲『玉巖翁』。留元剛建玉巖亭,行先祠在焉。……忘歸巖,在通天巖半壁。王陽明偕講學門人,窮巖谷之勝,始得此幽雅峻絶,坐而忘歸,較之通天更奇,因名。」詩中所云「鄒、陳諸子」,爲鄒守益、陳九川。陽明在贛,兩人皆來問學。《傳習録》下:「(九川)

庚辰往虔州，再見先生。……在虔，與于中、謙之同侍。……虔州將歸，有詩別先生云：『良知何事繫多聞，妙合當時已種根。好惡從之爲聖學，將迎無處是乾元。』」宋儀望《鄒守益行狀》云：「己卯，謁陽明王公於虔臺，因論及格致之學。王公乃盡語以致良知之説，反覆辨論，先生翻然悟曰：『道在是矣！』遂執弟子禮。未幾，宸濠反江西，王公起兵吉安。先生聞變，星馳軍門，王公喜曰：『君臣師生之誼，在此一舉！』企江西功成，王公力薦先生，先生乃疏讓同列。」按陳九川《壽大司成東廓鄒公七十序》云：「正德庚辰，余與東廓鄒子再見陽明先生於虔，進授良知之訓，遁居通天巖中，久之，咸若有得。」（《明水陳先生文集》卷七）是宸濠亂平後，陽明在正德十五年六月歸贛（見《年譜》），而鄒、陳二人則遁居通天巖，故陽明來訪而作是詩。邵啟賢《贛石録》於陽明此詩下又録鄒守益石刻記云：

安成鄒守益、臨汝陳九川受學陽明先生，間坐通天巖，陰晴變態，林霏異觀，相與歷覽往古之踪，盡窮巖谷之勝，發秘扁名，升高望遠，逸興不窮。客至，坐石詠觴，刻之洞口，陶然自適，不知天地之爲大，而巖谷之非家也。凡浹旬而歸。先是遊訪者憲副王度、郡守丞盛茂、夏克義、邑令宋瑢，同遊者盱江夏良勝，遊而信宿者劉寅、周仲、劉魁、黄宏綱、王可旦、王學益、歐陽德、劉瓊治、王一峰也。正德庚辰八月八日。

邵啟賢云：「右正德庚辰鄒守益等題記，在贛縣東巖，凡十五行，字徑寸餘，正書。」是記與陽明此詩作在同一天，尤可見陽明訪遊忘歸巖之況，記中所提及之人多爲陽明弟子，即所謂「陽明偕講學門人，窮巖谷之勝，始得此幽雅峻絶，坐而忘歸」，是記中所提之人，可補陽明弟子之闕矣。

紀夢題郭景純詩於壁

（正德十五年，一五二〇年）

昔我明易道，故知未形事。時人不我識，遂傳耽小技。一思王導徒，神器良久覬。諸謝豈不力？伯仁見其底。所以敦者傭，罔顧天經與地義。不然百口未負托，何忍置之死。我於是時知有分，日中斬柴市。我死何足悲，我生良有以。九天一人拊膺嘯，晉室諸公亦可耻。舉目山河徒嘆非，携手登亭空灑淚。王導真奸雄，千載人未議。偶感君子談中及，重與寫真記。固知倉率不成文，自今堂與頻謔戲。倘其爲我一表揚，萬世萬世萬萬世。

右晉忠臣郭景純之作，予夢遇郭景純出以見示，且極論王導之罪，謂世之人徒知王敦之逆，而不知導之奸陰有以主之。其言甚長，不能備録，姑寫其所示詩於壁。嗚呼！君子之澤五世而斬，則小人之罪亦數世可泯矣，非有實惡深冤，抑結而未暴，寧有千載之下，尚懷憤懣不平若是者耶？予因是而深有感焉，復爲一詩以紀其略。

時正德庚辰八月廿八日，陽明山人王守仁伯安書。

詩今有木刻拓本藏餘姚市梨洲文獻館，計文淵《王陽明法書集》著録。計氏云：「王陽明紀夢詩書蹟刻本，爲餘姚周巷何氏收藏，經尚乘曾得拓本，後贈堵福詵。因原版已毁，拓本已成孤本，爲廣流傳，於民國廿年影印。」按《王陽明全集》卷二十有《紀夢》，即此詩，但有差異，尤其後序多不同，顯可見此拓本詩當爲原題壁上詩，《全集》中所收《紀夢》則已作了潤色修改。正德十五年八月陽明在贛，忽作此紀夢詩，蓋有深意焉。此所謂郭景純詩，實非郭景純作，而爲陽明自作詩，其詭托爲夢中郭景純作，乃是其一貫之「狡獪」手法，一如其當年赴謫龍場驛，僞造遊海詩、僞造絶命詞也。陽明作此紀夢詩，正當其重上江西捷音，爲冀元亨雪冤之時。錢德洪《陽明先生年譜》：「正德十五年八月，咨部院雪冀元亨冤狀。先是宸濠攬結名士助己，凡仕江右者，多隆禮際。武陵冀元亨爲公子正憲師，忠信可託，故遣往謝，佯與濠論學。濠大笑曰：『人癡乃至此耶！』立與絶。比返贛述故，先生曰：『禍在兹矣！』乃衛之間道歸。及是張、許等索釁不得，遂逮元亨，備受拷掠，無片語阿順。於是科道交疏論辯，先生備咨部院白其冤。世宗登極，詔將釋。前已得疾，後五日卒於獄。」宸濠反，張忠、許泰爲奸，冀元亨忠而被冤死，與當年王敦反，王導爲奸，郭景純忠而被戮，何其相似乃爾。陽明於此詩中隱以王敦比宸濠，以郭景純比冀元亨，以王導比張忠、許泰乃至王瓊、楊廷和之流，灼然可見。陽明在與寫此詩同時所上之《咨六部伸理冀元亨》中云：「本生篤事師之義，懷報國之忠，蹈不測之虎口，將以轉化兇惡，潛消奸宄，論心原迹，尤當顯蒙賞録；乃今身陷俘囚，妻子奴虜，家業蕩盡，宗族遭殃。信奸人之口，爲叛賊泄憤報仇，此本職之所爲痛心刻骨，日夜冤憤不能自已者也。」其用語用意與此紀夢詩全同，其借歷史上之郭景純爲現實中之冀元亨鳴冤叫屈亦昭然若揭矣。

送王巴山學憲歸六合（正德十五年，一五二〇年）

衡文豈不重，竹帛總成塵。且脱奔馳苦，歸尋故里春。人生亦何極，所重全其貞。去去勿復道，青山不誤人。

詩見《光緒六合縣志》卷七。按王巴山即王弘，字叔毅，家於六合巴山，故號巴山。《光緒六合縣志》卷一：「巴山，在縣西北四十五里，高四十丈，周一里，有寺。明副使王弘家於此，因號『巴山先生』。」志卷五之一上有王弘傳，云：

王弘，字叔毅，廣洋衛人。弱冠舉《禮記》第一，弘治癸丑進士，授行人。以名自砥礪，莊文節昶愛而妻之。正德改元，擢南京福建道監察御史，論列逆閹劉瑾罪狀，忤旨，被杖爲民。瑾乃榜奸黨於朝堂，弘與焉。庚午瑾誅，起廣東僉事，進副使，督學政。時霍宗伯韜、倫司成以訓在諸生中，弘首加奬進，衆服其明。在廣數年，適侗傜作亂，倚竹箐自固，竹堅，用刀截之，利如刃，官軍不能進，傜喜且躍曰：「非巴山王，豈能克我耶？」弘居止、姓號皆合，比至其地，用火攻，大破之。計功當獲延賞，以執法論時相之子，賞不行，謝歸。嘉靖初，有欲援弘出議大禮者，堅却之。隱居巴山，卒。論者以爲無愧定山云。嘉靖十七年，崇祀忠賢祠。有《巴山集》，侍郎李敬爲作傳。子學，亦工詩詞。

按《國榷》卷四十六：「正德二年閏正月庚戌，南京兵部尚書林瀚降浙江布政司右參政……御史黃昭道、王弘、蕭乾元逮未至，命即南京闕下杖之……三月辛未，敕文武群臣曰：『……主事王守仁……御史王弘……遞相交通，曲意阿附……』」王弘與陽明同貶，故兩人當早識。陽明此詩送王弘歸六合，乃是王弘在廣東副使任上因劾時相之子罷歸六合，途經贛見陽明，陽明作此詩送之。王弘任廣東副使在正德十一年，《德慶州志》卷十四《金石》録有二題刻：「大明正德丙子春三月，清溪居士虞大韶，浙江義烏人，時從巴山王老先生遊，因題此以識歲月云。戊寅四月四日，予因往八桂，過肇慶，同行者，巴山王憲副，虛齋鄭少參，約登三洲巖，二詩紀興……安成伍希儒書。」《鄒守益集》卷十有《簡歐陽南野崇一》云：「往歲侍先師於虔臺，王巴山自廣歸見，忍咳與談，談劇復咳，咳止復談。客退，請其故，曰：『是定山壻，有文學，後輩所歸。若轉得巴山，則六合之士皆可轉矣。』乃知仁人以萬物爲一體，惟恐一人不獲盡其性，便是自家盡性工夫。」按鄒守益在正德十五年六月來虔臺，故王弘經贛見陽明當在正德十五年六月以後，《國榷》卷五十一：「正德十五年八月丙辰朔，廣東蘇峒、十八山、青龍岡等盗平，斬萬一千二百五十級，俘四千一百四十八人。」此即王弘鎮壓侗傜亂者，由此可知王弘當在八月來見陽明，時陽明正在虔臺，此詩即作在其時。王弘《巴山集》已佚，今《民國棠志拾遺》

卷下尚著録王弘詩一首，兹録於下，以見陽明所云「有文學，後輩所歸」者：

冬至元真觀司儀

夢裏鷄聲唤醒難，羊裘不作五更寒。殘星半落天將曙，宿雨初收露未乾。道院偶來仙客拜，綈袍猶戀故人懽。懸知明日逢冬至，萬里春風馬上看。

吊疊山先生

（正德十五年，一五二〇年）

國破家亡志不移，文山心事兩相期。當時不落豺狼手，成敗於今未可知。

詩見《同治弋陽縣志》卷十三、《同治廣信府志》卷十一。錢明《王陽明全集未刊散佚詩文彙編及考釋》著録。疊山先生即宋謝枋得，字君宜，號疊山，弋陽人。元兵東下，疊山乃隱姓遁入建寧唐石山，宋亡，元强起北行，入都，不食而死。疊山以文章氣節爲宋忠臣，爲陽明所仰。正德三年陽明謫居龍場驛時，即爲重刊疊山《文章規範》作序。此詩乃是陽明吊弋陽疊山祠而作，《同治弋陽縣志》卷三：「謝文節公祠，在縣治東二里。先是文節殉難，門人虞舜臣寺築室祠公於弋陽……後元省臣高先生之義，爲請於朝，春秋祠祀。明正統間，邑人御史李奎疏請褒贈建祠，允行。」詹世用《疊山先生祠堂記》云：「先生既死義於幽京，子定之奉喪還葬信州弋陽城南。元省臣爲請於朝，勑建祠以奉春秋，高先生義也。」陽明生平嘗屢經弋陽，此詩以疊山自況、有所感而發，則應是正德十五年獻俘錢塘經弋陽時所作。錢德洪《陽明先生年譜》：「正德十五年九月壬寅，獻俘錢塘。九月十一日，先生獻俘發南昌。忠、泰等欲追還之，議將縱之鄱湖，俟武宗親與遇戰，而後奏凱論功，連遣人追至廣信。先生不聽，乘夜過玉山、草萍驛。」陽明是次乃由南昌經貴溪、弋陽、玉山、草萍驛、常山赴錢塘，其在九月二十六日至廣信，見《王陽明全集》卷三十一《獻俘揭帖》。故可知陽明經弋陽吊疊山祠在九月下旬。陽明平宸濠功成，却爲群奸所制，處境可危，其於困境中憑吊疊山，蓋有深意焉。詩乃以疊山自比反諷，所謂「當時不落豺狼手，成敗於今未可知」，明言疊山，實慨自己，謂己如若落入張忠、許泰之手，成敗功罪如今將不可知矣。後張忠、許泰果讒陽明必反，陽明被迫遁入九華山，蓋非虛言也。

與鄒謙之

（正德十五年，一五二〇年）

自到省城，政務紛錯，不復有相講習如虔中者。雖自己舵柄不敢放手，而灘流悍急，須仗有力如吾謙之者持篙而來，庶能相助更上一灘耳。

書見錢德洪《陽明先生年譜》正德十五年下。陽明是年九月還南昌，此書作在九月間。

與霍渭先書

（正德十五年，一五二〇年）

若傳習書史，考正古今，以廣吾見聞則可；若欲以是求得入聖門路，譬之採摘枝葉，以綴本根，而欲通其血脉，蓋亦難矣。

書見錢德洪《陽明先生年譜》正德十六年下。按《年譜》云：「庚辰春，甘泉湛先生避地髮履塚下，與霍兀厓韜、方叔賢同時家居爲會，先生聞之曰：『英賢之生，何幸同時共地，又可虛度光陰，失此機會耶？』是秋，兀厓過洪都，論《大學》，輒持舊見。先生曰……」霍韜過南昌，與王陽明辨論《大學》、《石頭録》有詳述：「時王陽明先生守仁巡撫江西，公舟經江西，與辨論良知之學二日，竟不合。公後歸山，遂作《象山學辨》、《程朱訓釋》。然公素重陽明，嘗贈之詩曰：『憲章濂洛，步趨伊吕，守宫詹時。』亟稱其功於朝，與張羅峰璁議薦入閣。」《石頭録》由霍韜所手編，霍與瑕補編，沈應乾、霍尚守注，故其説均可信。按《年譜》云陽明正德十五年六月如贛，九月還南昌，可知霍韜來南昌與陽明論學當在是年九月中，陽明此信即作在兩人面論以後不久。《王陽明全集》卷四有《答甘泉》書一云：

「近承避地髮履塚下，進德修業，善類幸甚。……某告病未遂，今且蹙告歸省，去住亦未可必，悠悠塵世，畢竟作何稅駕？……叔賢志節遠出流俗。渭先雖未久處，一見知爲忠信之士。乃聞不時一相見，何耶？……二君曾各寄一書，託宋以道轉致，相見幸問之。」此書與《年譜》所述全同。陽明在是年閏八月四疏省葬，不允，即此書所云「某告病未遂，今且蹙告歸省」，故可確知此書作在九月中，所謂「一見」，即指霍韜來南昌與陽明一見；而所謂「二君曾各寄一書」，其中寄霍韜一書，應即此《與霍渭先書》無疑矣。霍韜字渭先，號兀厓、渭厓，廣東南海人。

論心學文

（正德十五年，一五二〇年）

聖人之學，心學也。宋儒以知識爲知，故須博聞强記以爲之；既知矣，乃行亦遂終身不行，亦遂終身不知。聖賢教人，即本心之明，即知；不欺本心之明，即行也。……

文見費緯祹《聖宗集要》卷六《王守仁》，題目今加。《聖宗集要》云：「（陽明）誅宸濠後，居南昌，始揭『致良知』之學，曰：……於是舉《孟子》所謂『良知』者，合之《大學》『致知』，曰『致良知』，以真知即是行，以心悟爲格物，以天理爲良知。」費緯祹所引陽明語出處不明，疑出於陽明正德十五年所作之文或書札。所謂「誅宸濠後，居南昌」，乃指正德十五年初在南昌時。按陽明首揭「良知」之教在正德十四年，《傳習録》卷下記陳九川正德十四年來洪都見陽明，陽明即與之論致良知之説，足證錢德洪謂陽明正德十六年始揭「良知」之教之説爲非。至正德十五年，陽明在洪都已與弟子大倡「良知」之學，《傳習録》卷下詳記陳九川正德十五年來虔州受「良知」之學云：「庚辰往虔州，再見先生，問：『近來功夫雖若稍知頭腦，然難尋個穩當快樂處。』先生曰：『爾却去心上尋個天理，此正所謂理障。此間有個訣竅。」曰：『請問如何？』曰：『只是致知。』曰：『如何致？』曰：『爾那一點良知，是爾自家底準則。爾意念着處，他是便知是，非便知非，更瞞他一些不得。爾只不要欺他，實實落落依着他做去，善便存，惡便去。他這裏何等穩當快樂。此便是格物的真訣，致知的實功。若不靠着這些真機，如何去格物？我亦近年體貼出來如此分明，初猶疑只依他恐有不足，精細看無些小欠缺。』在虔，與于中、謙之同侍……又論：『良知在人，隨你如何，不能泯滅，雖盜賊亦自知不當爲盜。』……先生曰：『人若知這良知訣竅，隨他多少邪思妄念，這裏一覺，都自消融。真個是靈丹一粒，點鐵成金。』崇一云：『先生致知之旨，發盡精藴，看來這裏再去不得。』……先生問九川：『於「致知」之説體驗如何？』九川曰：『自覺不同往時……』先生曰：『可知是體來與聽講不同。我初與講時，知爾只是忽易，未有滋味。只這個要妙，再體到深處，日見不同，是無窮盡的。』又曰：『此「致知」二字，真是個千古聖傳之秘，見到這裏，百世以俟聖人而不惑！』」陽明此文作在與陳九川來虔受「良知」之學同時。尤值得注意者，陽明將自己體貼出來之「致良知」之學概括稱爲「心學」，意義重大，理學史上用「心學」來指稱王學即始於此。以後陽明遂稱自己「良知之學」爲「心學」矣。如正德十六年作《象山文集序》，開首即云：「聖人之學，心學也。堯、舜、禹之相授受曰：『人心惟危，道心惟微，惟精惟一，允執厥中。』此心學之源也。」

復唐虞佐

(正德十五年,一五二〇年)

吾真見得良知人人所同,特學者未得啟悟,故甘隨俗習非。今苟以是心至,吾又爲一身疑謗,拒不與言,於心忍乎?求真才者,譬之淘沙而得金,非不知沙之汰者十去八九,然未能舍沙以求金爲也。

書見錢德洪《陽明先生年譜》正德十五年下,云:「是時陳九川、夏良勝、萬潮、歐陽德、魏良弼、李遂、舒芬及裘衍日侍講席,而巡按御史唐龍、督學僉事邵鋭,皆守舊學相疑,唐復以撤講擇交相勸。先生答曰……當唐、邵之疑,人多畏避,見同門方巾中衣而來者,俱指爲異物。獨王臣、魏良政、良器、鍾文奎、吴子金等挺然不變,相依而起者日衆。」按《王陽明全集》卷四有《復唐虞佐》亦云:「承示詩二韻五章,語益工……『撤講慎擇』之喻,愛我良多……正如淘沙於金,非不知沙之汰而去者且十九,然亦未能即舍沙而别以淘金爲也……行且會面,悉所未盡。」知此二復唐書實爲一書,不知何以删去此最重要論「良知」一段。是書作於正德十五年,錢德洪或爲欲證成其「正德十六年先生始揭『致良知』之教」，「辛巳以後，經寧藩之變，則獨信『良知』，單頭直入」，而有意删去此段耶？唐龍字虞佐，號漁石，正德三年進士。正德十五年巡按江西，疏趣張忠、許泰班師，故多與陽明相見，有詩唱酬。《唐漁石集》卷四有《再至白鹿洞次陽明公望五老峰韻》、《次陽明先生遊青原山韻山在吉州》，即此書所云「詩二韻五章」。又此書云「行且會面」，《唐漁石集》卷四有詩云：「正德辛巳正月十二日偕白浦南雋飲於陽明公處，即暮張燈，因作十二夜燈詩。」則此書約作於正德十五年十二月中。

游寄隱巖題刻

（正德十五年，一五二〇年）

正德庚辰清明日，陽明山人王守仁獻俘自南都還，登此。時參政徐璉、知府何紹正同行，主事林豫、周昺、評事孫甫適至，因共題名，陶埜刻。

題刻見陳蔚《齊山巖洞志》卷十五。按此刻在齊山寄隱巖，《齊山洞巖志》卷十五：「寄隱巖，在小九華之東北百步許，窈而深，可以寄隱，故名。轉而出，有寄隱巖亭，壁上有『齊山』二字，八分書。」志引《齊山摩崖辨》云：「九華東巖有『正德庚辰三月八日，陽明山人王守仁到』十六字。馬公《郡志》謂：『先生《年譜》，庚辰正月入九華，二月已有觀兵九江之作，則三月不應尚留九華也。』茲據寄隱巖磨崖：清明在齊山，是歲清明乃三月九日，則三月八日在東巖有足徵也。《年譜》所云二月觀兵九江，殆二月有觀兵之命，至三月初旬方自九華過齊山而去耳。」今按：此寄隱巖摩崖題刻與《贈周經和尚偈》所題「三月八日」相合，亦與《江上望九華不見》所言「五月三過九華山」「此來天色稍清明」相合，可信爲摩崖真迹。題刻所言何紹正，時正任池州知府，《明清進士録》：「何紹正，弘治十五年三甲一百一十名進士。浙江淳安人，字繼宗。授行人。正德間，擢吏科給事中。忤劉瑾，謫海州判官。遷池州知府，築銅陵五十餘圩以備旱潦。宸濠叛，攻安慶，池人震恐，紹正登陴固守。遷江西參政致仕。」《齊山洞巖志》卷三著録有何紹正《齊山次杜韻》：「閑雲縹緲撲眉飛，到此令人俗慮微。煙樹亂猿啼且嘯，松巢雙鶴去還歸。詩脾心徹寒泉溜，醉眼摩挲返照輝。野趣宜人牽吏隱，頻頻抖擻看山衣。」是次何紹正陪陽明游齊山所作。參政徐璉，按吴宗慈《廬山志·藝文·金石目》著録陽明《題青玉峽龍潭題名》：「大明正德庚辰，陽明王守仁，同行御史伍希儒、謝源，參政徐璉，知府陳霖。」可證陽明偕徐璉同行往游九華、齊山，蓋徐璉原爲袁州知府，平宸濠立功，陞爲江西參政。陶埜，即陽明詩中所言醫官陶野，乃自九華陪侍陽明來游齊山。又《齊山洞巖志》卷十五著録陽明《游寄隱巖題》詩：「每逢山水地，便有卜居心。終歲風塵裏，何年滄海潯？洞幽泉滴細，花暝石房深。青壁留名姓，他時好共尋。」此詩刻在上清巖（壽字巖）上，乃與《齊山寄隱巖石刻》在同時，詩云「青壁留名姓」，即指寄隱巖石刻也。「花暝石房深」，亦在暮春三月。《齊山洞巖志》卷六著録吴道南《望齊山次陽明先生韵》：「江山標勝概，俱可淨塵心。不分齊山景，偏連洋子潯。蒹葭凝露白，巖洞鎖雲深。何日登覲暇，能無姓字尋？」（引自吴道南《巴山館草》）吴道南乃是來游齊山，見陽明此摩崖詩刻，遂作和韵，此尤可見陽明此詩原刻在齊山上清巖。今《王陽明全集》卷二十著録有陽明此詩，却題作《寄隱巖》（向不知何意），竟定爲陽明正德五年在南京作，乃大誤。

何石山招遊燕子洞

（正德十五年，一五二〇年）

石山招我到山中，洞外煙浮濕翠濃。我向岸崖尋古句，六朝遺事寄松風。

詩見《乾隆銅陵縣志》卷十六《藝文》。志稱此詩爲遊銅陵縣燕子洞，疑點多多，「何石山」不知其人。按《乾隆銅陵縣志》卷一：「燕子洞，在板橋。」卷六：「板橋，在板橋冲，後易石橋。」可見銅陵縣燕子洞乃一不起眼之無名小洞，遊人不到，更無六朝遺事崖刻，何來「我向崖岸尋古句，六朝遺事寄松風」？燕子洞，天下各地多有，而以九華山燕子洞爲最有名。陽明此詩咏當是遊九華山燕子洞，而志附會爲銅陵燕子洞也。按陽明正德十五年遊九華山，齊山在三月，正與此詩所云「洞外煙浮濕翠濃」相合。是此遊乃由池州知府何紹正陪遊（見前《游寄隱巖題刻》考），疑此「何石山」即池州知府何紹正。何紹正字繼宗，號裕齋，淳安文昌人。或是淳安有石山，故其又號石山。《明史》卷一百八十八有《何紹正傳》：「何紹正，淳安人。弘治十五年進士，授行人。正德三年擢吏科給事中。中官廖堂鎮河南，奏保方面數人，且擅擬遷調。吏部尚書許進等不能難，紹正劾之。瑾不得已，責堂自陳，而心甚銜紹正。及冬，坐頒曆導駕失儀，杖之闕下，謫海州判官。屢遷池州知府，築銅陵五十餘圩，以備旱潦。宸濠反，攻安慶，池人震恐，紹正登陴固守。事平，增俸一級，遷江西參政，致仕。」蓋銅陵屬池州府，何紹正在銅陵亦有政績，志遂將何紹正遊九華山燕子洞附會爲遊銅陵燕子洞，而將陽明遊九華山燕子洞詩誤認作遊銅陵燕子洞也。

批興國縣移易風俗申文

（正德十五年，一五二〇年）

欽差提督軍務都察院右副都御史王批：據申，足見知縣黄泗修舉職業，留心教化，所申事理，悉照準擬施行。但政在宜俗，事貴近民，故良吏爲治，如醫用藥，必有斟酌調停之方，庶得潛移善變之道。申繳。

文見《乾隆興國縣志》卷十六《明文移》，《同治興國縣志》卷三十六《藝文》。此批文前載有興國縣令黄泗《移易風俗申文》，知黄泗上《移易風俗申文》乃欲請爲毁淫祠，復書院，立社學。按陽明大興社學在正德十五年（錢德洪《陽明先生年譜》以爲在正德十三年，乃誤），可知黄泗上此《移易風俗申文》即在正德十五年。《同治興國縣志》卷三十六有黄泗《興國舉廢事記》述之甚詳。黄泗其人，《乾隆福州府志》卷五十七《列傳》有《黄泗傳》：「黄泗，字尚孔，福清人。弘治乙卯進士。知興國縣，始至，值焚蕩之餘，民日夜相驚，恐寇且至。乃募壯丁守城，沿城置警鋪二十四以處之。建樓城上，重構文廟齋廡，而按追田塘之侵蝕者以贍學。毁諸淫祠，改建三程祠，移安湖書院於學宫。時王守仁方撫虔，唐龍視學江西，俱嘉奬之。」兹將黄泗《移易風俗申文》著録於下，亦可見陽明在贛大興社學之况。

移易風俗申文

贛州府興國縣爲毁淫祠，復書院，立社學，以正風教事：奉欽差提督南、贛、汀、漳等處軍務都察院右副都御史王鈞牌，爲移易風俗事，蒙照「有司之政，風化爲首，習俗侈靡，亂是用生」，及奉告諭内開「違棄禮法，豈獨爾民之罪；有司者教導之不明，與有責焉」等因，奉此，除依奉於四隅六鄉内各選鄉長一名，將告諭家給一張，粘貼在門，朝夕巡諭，互相戒勉外，切緣頑民習俗既久，從違靡定，實由有司政拙德薄，無能倡率。但因兵歉連年，徵科不輟，爲之民者，亦惟救死不贍，禮義未治，無怪其然。今幸蒙軍門掃平蠻寇，爰妥窮民。年來幸值有秋，兼無疾疫，教民興行，機實在兹。緣本縣正德五年流賊殘毁之後，縣治陵夷，學宫頹壞。近該卑職申嗚上司准令修造，凡所弛廢，漸行整飭外，奈何窮山僻地，人少務學，富家大室，競爲淫侈，所謂教子之方，爲學之法，全無足取。間有子弟稍具敏質者，亦皆因循章句，而於理學漫不究心，科第久之，人文不興。職此故也，即今作養生儒不滿額數，無名僧道每至，群然加之，庸人俗子信從在彼，輕忽在此，欲望禮義之興，人才之盛，風俗之淳，不可得矣。卑職目擊斯弊，除將本縣淫祠齊天聖母、七姑娘、天符等廟拆毁，起造原廢社學二所。及考舊志，備載宋慶曆甲申大中大夫程公珦來知興邑事，二子明道、伊川少侍父學，遣師濂溪周元公，實自興國始。惟時政教大洽，人文特盛。咸淳八年，宣教郎臨川何時來試邑，稽閱往牒，知爲大賢過化之地，且因本縣衣錦一鄉，遠僻山林，比之他鄉，其地與民尤爲險梗。乃據彼地安湖山水之勝，議建安湖書院，爲堂者一，爲齋者六，又爲祠於講堂東，中祀大中，配以元公，而二程侍焉。用以風彼士民，使知向學，以敦頑習。宋文天祥、方逢辰親製碑文二通，洪武三十三年知縣唐子儀重爲修葺，迨今彼地人民盡湮，書院基址盡廢，二碑尚屹荒丘，頑民罔知瞻向。又前任知縣章廷圭因見祠祀久廢，乃於本縣學東修建二程小祠一所，歲時奉祭，卑隘弗稱。及查唐宋暨國朝相繼名臣，如鍾紹京、謝肇、蕭行可、李朴、王質、吕復輩，實興國偉。今其子姓式微，祠祀無立，與三程祠、書院久隳，並爲缺典。卑職見得縣治後有大乘寺遺址，向被流賊殘毁，今興及本寺僧衆猶欲動勸緣，重建寺宇。卑職恐滋非倡邪，已經過阻。欲得此地，截據其半，改建安湖書院。中爲講堂，後爲退省堂，爲尊經閣，以據書院之勝；東爲先賢祠，祀三程，如前例，配以元公，侍之二子；西爲鄉賢祠，祀鍾紹京等六人；東西祠之兩旁，各建齋舍若干間，並移文天祥、方逢辰殘碑於此爲證。及於城隅中拆去淫祠基址，各立社學一所，考選能通經學、素行端謹社師各一名，并報選民間俊秀子弟，凡可進取者，悉充社學童生，冀以成學，進補邑庠；弟子員缺，仍於生儒中擇其有志向上者，令入書院，拔其望者爲之長，日事講磨，求古聖賢成法，以淑其身。卑職且將以所聞當道傳習之録，條教之方，日相勸於其間，使凡若俊秀者，舉知瞻向周程四先生之學行，鍾紹京、李朴等之德業，有所感發而興起焉。緣卑職力少才庸，深懼弗克，第思移風易俗之典，幸賴當道作則於上，而有司奉行於下。卑職近又訪得下鄉妙門寺僧房一所，巧製螺絲覆海粧，畫五采花紋，事屬違禁，况本房僧人謝弭禮近爲違法事，該本縣提問，各僧懼罪在逃。欲將此屋行令地方及查，各鄉但有淫祠，量行拆毁，木料磚瓦各運回縣，添造書屋，庶使建創有資，民財不費，成功可必。緣係毁淫祠，復書院，立社學，以正風教事理，卑職未敢擅便，合行具申。伏乞鈞照示下，以憑遵奉施行，須至申者。

辭爵賞救張鰲山疏

（正德十五年，一五二〇年）

……勤勞同功，而賞罰殊科。……

文見《同治安福縣志》卷十《張鰲山傳》（題今擬），云：「張鰲山，字汝立，號石磐，西鄉梅溪人。正德辛未進士……選庶吉士，擢御史，請建儲，諫迎佛，屢疏論權要，巡山海關，章數十上，皆經國遠猷。督學南畿，作人稱盛。丁内艱，家居，值宸濠之變，從王守仁勤王。凡檄奏文移，多所草創。偶奏語觸權貴，遂逮獄訊治，無左驗，猶以文致罷歸。王守仁疏論，謂：『勤勞同功，而賞罰殊科。』鄒守益、王思俱辭賞以薦，不報。鰲山初從李宗栻，問求放心説。復師王守仁。平生篤孝友，尚氣節，維持風教。尤性喜屬文，鄒文莊謂得左氏遺法。卒，年七十四。」按張鰲山被誣下獄事在正德十五年十一月，《國榷》卷五十一：「正德十五年十一月庚申……太監商忠、杜裕，少監盧明、秦用、趙秀，錦衣衛都指揮薛璽，指揮陳善，御史張鰲山，河南右布政林正茂，俱下錦衣獄，以通宸濠受賄也。裕守宣武門，縱濠使出入。鰲山微時，濠悦之，因拜餽。」羅洪先《石磐張君墓志銘》詳叙其事云：己卯，服除，將如京師，遇宸濠反，都御史王公守仁共謀起義，凡軍中計畫檄移，秘語隱機，靡不盡力，濠平而後行。庚辰，補河南道，刷卷南畿，法簡而覈，下以不擾。旋坐譖，下詔獄。始公所諫八黨者，瑾爲首，張永、張忠次之。二人既皆啣公，欲報之君。君在邊，又嘗發其私人謫戍，益畏且怨。會同官有不檢者被論，疑出於君，則譖之二人。二人駕誣君與濠善，中以奇禍。方濠之未反也，嘗謀遣子入侍，而江西諸盜四起，將陰援結爲變。君初爲御史，前後凡再上疏，請擇親序近而賢者納之宫中，以消奸雄覬覦。又請選將專責平賊，冀以制濠。至是誣莫指口，比廷訊，又不識君誰何，爲有司所察。而二人中撓不置，竟奪官。後叙平濠功，僅於致仕。於是中丞（按：王陽明）及同事鄒君守益、王君思咸辭爵賞論救，不報。中外莫不寃之。（《羅洪先集》卷二十二）鄒守益《題會稽師訓卷》亦云：「方張子遇誣時，某上書先師申救。及侍側，懇懇言之，公莞然曰：『寄語汝立，不做好官，且做好人。』某瞿然自矢於升沉毁譽之表。」（《鄒守益集》卷十八）可見陽明確嘗上疏論救張鰲山。

定本大學古本傍釋

（正德十六年，一五二一年）

大學古本傍釋序

《大學》之要，誠意而已矣。誠意之功，格物而已矣；誠意之極，止至善而已矣；止至善之則，致知而已矣。正心，復其體也；修身，著其用也。以言乎己，謂之明德；以言乎人，謂之親民；以言乎天地之間，則備矣。是故至善也者，心之本體也，動而後有不善，而本體之知，未嘗不知也。意者，其動也；物者，其事也。至其本體之知，而動無不善，然非即其事而格之，則亦無以致其知。故致知者，誠意之本也；格物者，致知之實也。物格則知致意誠，而有以復其本體，是之謂止至善。聖人懼人之求之於外也，而反覆其辭，舊本析而聖人之意亡矣。是故不務於誠意而徒以格物者，謂之支；不事於格物而徒以誠意者，謂之虛；不本於致知而徒以格物誠意者，謂之妄。支與虛與妄，其於至善也遠矣。合之以敬而益綴，補之以傳而益離。吾懼學之日遠於至善也，去分章而復舊本，傍爲之什，以引其義，庶幾復見聖人之心，而求之者有其要。噫！乃若致知，則存乎心，悟致知焉，盡矣。

大學之道，在明明德，在親民，在止於至善。知止而後有定，定而後能静，静而後能安，安而後能慮，慮而後能得。物有本末，事有終始，知所先後，則近道矣。

明明德、親民，猶修己安民。明德、親民無他，惟在止於至善，盡其心之本體，謂之止至善。至善者，心之本體；知至善，惟在於吾心，則求之有定向。

古之欲明明德於天下者，先治其國；欲治其國者，先齊其家；欲齊其家者，先修其身；欲修其身者，先正其心；欲正其心者，先誠其意；欲誠其意者，先致其知；致知在格物。

明明德天下，猶《堯典》「克明峻德，以親九族」，至「協和萬邦」。心者身之主，意者心之發，知者意之體，物者意之用。如意用於事親，即事親之事格之，必盡夫天理，則吾事親之良知無私欲之間而得以致其極。知致，則意無所欺而可誠矣；意誠，則心無所放而可正矣。格物，如格君之格，是正其不正以歸於正。

物格而後知至，知至而後意誠，意誠而後心正，心正而後身修，身修而後家齊，家齊而後國治，國治而後天下平。自天子以至於庶人，壹是皆以修身爲本。

其本則在修身。知修身爲本，斯謂知本，斯謂知之至。然非實能修其身者，未可謂之修身也。修身惟在誠意，故特揭誠意，示人以修身之要。

其本亂而末治者，否矣。其所厚者薄，而其所薄者厚，未之有也。此謂知本，此謂知之至也。所謂誠其意者，毋自欺也。如惡惡臭，如好好色，此之謂自謙。故君子必慎其獨也。

誠意只是慎獨工夫，在格物上用，猶《中庸》之「戒懼」也。君子小人之分，只是能誠意與不能誠意。

小人閑居爲不善，無所不至。見君子而後厭然，揜其不善而著其善。人之視己，如見其肺肝然，則何益矣。此謂誠於中，形於外，故君子必慎其獨也。

此猶《中庸》「莫見莫顯」。

曾子曰：「十目所視，十手所指，其嚴乎！」

言此未足爲嚴，以見獨之嚴也。

富潤屋，德潤身，心廣體胖，故君子必誠其意。

誠意工夫實下手處，惟格物，引《詩》言格物之事。此下言格致。

《詩》云：「瞻彼淇澳，菉竹猗猗。有斐君子，如切如磋，如琢如磨。瑟兮僩兮，赫兮喧兮，有斐君子，終不可諠兮。」

惟以誠意爲主，而用格物之工，故不須添一「敬」字。

「如切如磋」者，道學也。

猶《中庸》之「道問學」、「尊德性」。

「如琢如磨」者，自修也。「瑟兮僩兮」者，恂慄也。「赫兮喧兮」者，威儀也。

猶《中庸》之「齊明盛服」。

「有斐君子，終不可諠兮」者，道盛德至善，民之不能忘也。

格致以誠其意，則明德止於至善，而親民之功亦在其中矣。

《詩》云：「於戲！前王不忘。」君子賢其賢而親其親，小人樂其樂而利其利，此以没世不忘也。

明德、親民只是一事。親民之功至於如此，亦不過自用其明德而已。

《康誥》曰：「克明德。」《太甲》曰：「顧諟天之明命。」《帝典》曰：「克明峻德。」皆自明也。

又説歸身上。自明不已，即所以爲親民。

湯之《盤銘》曰：「苟日新，日日新，又日新。」《康誥》曰：「作新民。」《詩》曰：「周雖舊邦,其命維新。」是故君子無所不用其極。

孟子告滕文公養民之政,引此詩云:「子力行之,亦以新子之國。」君子之明德親民豈有他哉?一皆求止於至善而已。

《詩》云:「邦畿千里,惟民所止。」《詩》云:「緡蠻黄鳥,止於丘隅。」子曰:「於止,知其所止,可以人而不如鳥乎?」

止於至善豈外求哉?惟求之吾身而已。

《詩》云:「穆穆文王,於緝熙敬止。」爲人君,止於仁;爲人臣,止於敬;爲人子,止於孝;爲人父,止於慈;與國人交,止於信。

又説歸身上。

子曰:「聽訟,吾猶人也,必也使無訟乎!」

又即親民中聽訟一事,要其極,亦皆本於明德,則信乎以修身爲本矣。又説歸身上。

無情者不得盡其辭,大畏民志,此謂知本。所謂修身在正其心者,身有所忿懥,則不得其正;有所恐懼,則不得其正;有所好樂,則不得其正;有所憂患,則不得其正。心不在焉,視而不見,聽而不聞,食而不知其味。此謂修身在正其心。

修身工夫只是誠意。就誠意中體當自己心體，常令廓然大公，便是正心。此猶《中庸》「未發之中」。正心之功，既不可滯於有，又不可墮於無。

所謂齊其家在修其身者，人之其所親愛而辟焉，之其所賤惡而辟焉，之其所畏敬而辟焉，之其所哀矜而辟焉，之其所敖惰而辟焉。故好而知其惡，惡而知其美者，天下鮮矣！故諺有之曰：「人莫知其子之惡，莫知其苗之碩。」此謂身不修，不可以齊其家。

人之心體惟不能廓然大公，是以墮其情之所發而碎焉。此猶「中節之和」。能廓然大公而隨物順應者，鮮矣。

所謂治國必先齊其家者，其家不可教而能教人者，無之。故君子不出家而成教於國。孝者，所以事君也；弟者所以事長也；慈者，所以使衆也。《康誥》曰：「如保赤子。」心誠求之，雖不中，不遠矣。未有學養子而後嫁者也。一家仁，一國興仁；一家讓，一國興讓；一人貪戾，一國作亂；其機如此。此謂一言僨事，一人定國。堯、舜帥天下以仁而民從之，桀、紂帥天下以暴而民從之，其所令反其所好，而民不從。是故君子有諸己而後求諸人，無諸己而後非諸人，所藏乎身不恕，而能喻諸人者，未之有也。故治國在齊其家。《詩》云：「桃之夭夭，其葉蓁蓁。之子于歸，宜其家人。」宜其家人，而後可以教國人。《詩》云：「宜兄宜弟。」宜兄宜弟，而後可以教國人。《詩》云：「其儀不忒，正是四國。」其爲父子兄弟足法，而後民法之也。此謂治國在齊其家。

又說歸身上。親民只是誠意，宜家人兄弟與其儀不忒，只是修身。

所謂平天下在治其國者，上老老而民興孝，上長長而民興弟，上恤孤而民不倍，是以君子有絜矩之道也。

又說歸身上。工夫只是誠意。

所惡於上，毋以使下；所惡於下，毋以事上；所惡於前，毋以先後；所惡於後，毋以從前；所惡於右，毋以交於左；所惡於左，毋以交於右。此之謂絜矩之道。《詩》云：「樂只君子，民之父母。」民之所好好之，民之所惡惡之，此之謂民之父母。《詩》云：「節彼南山，維石巖巖。赫赫師尹，民具爾瞻。」有國者不可以不慎，辟則爲天下僇矣。

惟係一人之身。

《詩》云：「殷之未喪師，克配上帝。儀監於殷，峻命不易。」道得衆則得國，失衆則失國，是故君子先慎乎德。

身修則能得衆。又說歸身上，修身爲本。

有德此有人，有人此有土，有土此有財，有財此有用。德者，本也；財者，末也。外本内末，争民施奪。是故財聚則民散，財散則民聚。是故言悖而出者，亦悖而入；貨悖而入者，而悖而出。《康誥》曰：「惟命不于常。」道善則得之，不善則失之矣。

惟在此心之善否。善人只是全其心之本體者。

《楚書》曰：「楚國無以爲寶，惟善以爲寶。」《皇犯》曰：「亡人無以爲寶，仁親以爲寶。」《泰誓》曰：「若有一個臣，斷斷兮無他技。其心休休焉，其如有容焉。」人之有技，若己有之，人之彦聖，其心好之，不啻若自其口出，寔能容之，以能保我子孫黎民，尚亦曰利哉！人之有技，媢疾以惡之，人之彦聖而違之俾不通，寔不能容，以不能保我子孫黎民，亦曰殆哉！

是不能誠意者。

唯仁人放流之，迸諸四夷，不與同中國。此謂「唯仁人爲能愛人，能惡人」。見賢而不能舉，舉而不能先，命也；見不善而不能退，退而不能遠，過也。好人之所惡，惡人之所好，是謂拂人之性，菑必逮夫身。是故君子有大道，必忠信以得之，驕泰以失之。生財有大道，生之者衆，食之者寡，爲之者疾，用之者舒，則財恒足矣。仁者以財發身，不仁者以身發財。未有上好仁，而不好義者也；未有好義，其事不終者也；未有府庫財非其財者也。孟獻子曰：「畜馬乘，不察於鷄豚。伐冰之家，不畜牛羊。百乘之家，不畜聚斂之臣。與其有聚斂之臣，寧有盗臣。」此謂國不以利爲利，以義爲利也。長國家而務財用者，必自小人矣。彼爲善之，小人之使爲國家，菑害並至，雖有善者，亦無如之何矣。此謂國不以利爲利，以義爲利也。

仁是全其心之本體者。

按：陽明《大學古本傍釋》今有明隆慶刻本、清愛古香齋藏刻本，《王陽明全集·補録》據上海涵芬樓影印隆慶刻本著録，此爲定本《大學古本傍釋》也。考陽明初作《大學古本傍釋》在正德十三年，錢德洪《陽明先生年譜》云：「正德十三年七月，刻《古本大學》……至是回軍休士，始得專意於朋友，日與發明《大學》本旨，指示入道之方。先生在龍場時，疑朱子《大學章句》非聖門本旨，手録古本……至是刻録成書，傍爲之釋，而引以敘。」正德十三年所刻本乃爲初本《大學古本傍釋》，其時陽明尚未揭致良知之教，故初本《大學古本傍釋》中尚無致良知之説，羅欽順當時得到正德十三年刻本《大學古本傍釋》，即謂：「王伯安以《大學古本》見惠，其序乃戊寅七月所作……首尾數百言，並無一言及於致知。近見《陽明文録》，有《大學古本序》，始改用致知立説，於格物更不提起。其結語云：『乃若致知，則存乎心悟；致知焉，盡矣。』陽明學術，以良知爲大頭腦，其初序《大學古本》，明斥朱子傳註爲支離，何故却將大頭腦遺下？豈其擬議之未定歟？」（《困知記三續》）陽明後來立致良知之説，遂改定《大學古本傍釋》重刻，其改定時間，據其《與陸清伯書》云：「《大學古本》一册寄去，時一覽。近因同志之士多於此處不甚理會，故序中特改數語。有得，便中寫知之。」（《王陽明全集》卷二十七）按此書中有云「冀惟乾事善類所共冤，望爲委曲周旋之」，乃指處理冀元亨死後事（冀元亨卒於正德十五年五月，處理善後事在正德十六年五月，見《國榷》卷五十二及錢德洪《陽明先生年譜》），可見此書作在正德十六年，陽明改定《大學古本傍釋》並予刊刻當在正德十六年，此即定本《大學古本傍釋》也。今有改定《大學古本序》手迹刻石存廬山白鹿洞書院，此應即陽明《與黄勉之》所云「短序亦嘗三易稿，石刻其最後者」（《王陽明全集》卷五），顯即刻在正德十六年在江西時。定本《大學古本傍釋》之於初本《初本大學古本傍釋》，修改在三方面：一是序中加進致良知之説，二是將原作《大學古本傍釋後跋》删去，三是傍釋中加進論致良知一段文字：「如意用於事親，即事親之事格之，必盡夫天理，則吾事親之良知無私欲之間而得以致其極。知致，則意無所欺而可誠矣；意誠，則心無所放而可正矣。」（按：此據羅欽順所云初本「並無一言及於致知」，定本「始改用致知立説」，可以肯定此一段文字必是後來所加）。兹將定本《大學古本傍釋》繫於正德十六年之下，而將初本《大學古本傍釋》附於其後，以見陽明《大學》學思想之發展演變，詳考參見前《大學古本傍釋原序》與《大學古本傍釋後跋》考。

附

初本大學古本傍釋

（正德十三年，一五一八年）

大學古本傍釋序

《大學》之要，誠意而已矣；誠意之功，格物而已矣；誠意之極，止至善而已矣。正心，復其體也；修身，著其用也。以言乎己，謂之明德；以言乎人，謂之親民；以言乎天地之間，則備矣。是故至善也者，心之本體也；動而後有不善。意者，其動也；物者，其事也。格物以誠意，復其不之動而已矣；不善復而體正，體正而無不善之動矣，是之謂止至善。聖人懼人之求之於外也，而反覆其辭，舊本析而聖人之意亡矣。是故不本於誠意，而徒以格物者，謂之支；不事於格物，而徒以誠意者，謂之虛；支與虛，其於至善也遠矣。合之以敬而益綴，補之以傳而益離。吾懼學之日遠於至善也，去分章而復舊本，傍爲之什，以引其義，庶幾復見聖人之心，而求之者有其要。噫！罪我者其亦以是矣夫！正德戊寅七月丙午，餘姚王守仁書。

大學之道，在明明德，在親民，在止於至善。知止而後有定，定而後能静，静而後能安，安而後能慮，慮而後能得。物有本末，事有終始，知所先後，則近道矣。

明明德、親民，猶修己安民。明德、親民無他，惟在止於至善，盡其心之本體，謂之止至善。至善者，心之本體；知至善，惟在於吾心，則求之有定向。

古之欲明明德於天下者，先治其國；欲治其國者，先齊其家；欲齊其家者，先修其身；欲修其身者，先正其心；欲正其心者，先誠其意；欲誠其意者，先致其知；致知在格物。

明明德天下，猶《堯典》「克明峻德，以親九族」，至「協和萬邦」。心者身之主，意者心之發，知者意之體，物者意之用。格物，如格君之格，是正其不正以歸於正。

物格而後知至，知至而後意誠，意誠而後心正，心正而後身修，身修而後家齊，家齊而後國治，國治而後天下平。自天子以至於庶人，壹是皆以修身爲本。

其本則在修身。知修身爲本，斯謂知本，斯謂知之至。然非實能修其身者，未可謂之修身也。修身惟在誠意，故特揭誠意，示人以修身之要。

其本亂，而末治者否矣。其所厚者薄，而其所薄者厚，未之有也。此謂知本，此謂知之至也。所謂誠其意者，毋自欺也。如惡惡臭，如好好色，此之謂自謙。故君子必慎其獨也。

誠意只是慎獨工夫，在格物上用，猶《中庸》之「戒懼」也。君子小人之分，只是能誠意與不能誠意。

小人閑居爲不善，無所不至。見君子而後厭然，揜其不善而著其善。人之視己，如見其肺肝然，則何益矣。此謂誠於中，形於外，故君子必慎其獨也。

此猶《中庸》「莫見莫顯」。

曾子曰：「十目所視，十手所指，其嚴乎！」

言此未足爲嚴，以見獨之嚴也。

富潤屋，德潤身，心廣體胖，故君子必誠其意。

誠意工夫實下手處，惟格物，引《詩》言格物之事。此下言格致。

《詩》云：「瞻彼淇澳，菉竹猗猗。有斐君子，如切如磋，如琢如磨。瑟兮僩兮，赫兮喧兮，有斐君子，終不可諠兮。」

惟以誠意爲主，而用格物之工，故不須添一「敬」字。

「如切如磋」者，道學也。

猶《中庸》之「道問學」、「尊德性」。

「如琢如磨」者，自修也。「瑟兮僩兮」者，恂慄也。「赫兮喧兮」者，威儀也。

猶《中庸》之「齊明盛服」。

「有斐君子，終不可諠兮」者，道盛德至善，民之不能忘也。

格致以誠其意，則明德止於至善，而親民之功亦在其中矣。

《詩》云：「於戲！前王不忘。」君子賢其賢而親其親，小人樂其樂而利其利，此以没世不忘也。

明德、親民只是一事。親民之功至於如此，亦不過自用其明德而已。

《康誥》曰：「克明德。」《太甲》曰：「顧諟天之明命。」《帝典》曰：「克明峻德。」皆自明也。

又説歸身上。自明不已，即所以爲親民。

湯之《盤銘》曰：「苟日新，日日新，又日新。」《康誥》曰：「作新民。」《詩》曰：「周雖舊邦，其命維新。」是故君子無所不用其極。

孟子告滕文公養民之政，引此詩云：「子力行之，亦以新子之國。」君子之明德親民豈有他哉？一皆求止於至善而已。

《詩》云：「邦畿千里，惟民所止。」《詩》云：「緡蠻黄鳥，止於丘隅。」子曰：「於止，知其所止，可以人而不如鳥乎？」

止於至善豈外求哉？惟求之吾身而已。

《詩》云：「穆穆文王，於緝熙敬止。」爲人君，止於仁；爲人臣，止於敬；爲人子，止於孝；爲人父，止於慈；與國人交，止於信。

又説歸身上。

子曰：「聽訟，吾猶人也，必也使無訟乎！」

又即親民中聽訟一事，要其極，亦皆本於明德，則信乎以修身爲本矣。又説歸身上。

無情者不得盡其辭，大畏民志，此謂知本。所謂修身在正其心者，身有所忿懥，則不得其正；有所恐懼，則不得其正；有所好樂，則不得其正；有所憂患，則不得其正。心不在焉，視而不見，聽而不聞，食而不知其味。此謂修身在正其心。

修身工夫只是誠意。就誠意中體當自己心體，常令廓然大公，便是正心。此猶《中庸》「未發之中」。正心之功，既不可滯於有，又不可墮於無。

所謂齊其家在修其身者，人之其所親愛而辟焉，之其所賤惡而辟焉，之其所畏敬而辟焉，之其所哀矜而辟焉，之其所敖惰而辟焉。故好而知其惡，惡而知其美者，天下鮮矣！故諺有之曰：「人莫知其子之惡，莫知其苗之碩。」此謂身不修，不可以齊其家。

人之心體惟不能廓然大公，是以墮其情之所發而碎焉。此猶「中節之和」。能廓然大公而隨物順應者，鮮矣。

所謂治國必先齊其家者，其家不可教而能教人者，無之。故君子不出家而成教於國。孝者，所以事君也；弟者所以事長也；慈者，所以使衆也。《康誥》曰：「如保赤子。」心誠求之，雖不中，不遠矣。未有學養子而後嫁者也。一家仁，一國興仁；一家讓，一國興讓；一人貪戾，一國作亂：其機如此。此謂一言僨事，一人定國。堯、舜帥天下以仁而民從之，桀、紂帥天下以暴而民從之，其所令反其所好，而民不從。是故君子有諸己而後求諸人，無諸己而後非諸人，所藏乎身不恕，而能喻諸人者，未之有也。故治國在齊其家。《詩》云：「桃之夭夭，其葉蓁蓁。之子于歸，宜其家人。」宜其家人，而後可以教國人。《詩》云：「宜兄宜弟。」宜兄宜弟，而後可以教國人。《詩》云：「其儀不忒，正是四國。」其爲父子兄弟足法，而後民法之也。此謂治國在齊其家。

又説歸身上。親民只是誠意，宜家人兄弟與其儀不忒，只是修身。

所謂平天下在治其國者，上老老而民興孝，上長長而民興弟，上恤孤而民不倍，是以君子有絜矩之道也。

又説歸身上。工夫只是誠意。

所惡於上，毋以使下；所惡於下，毋以事上；所惡於前，毋以先後；所惡於後，毋以從前；所惡於右，毋以交於左；所惡於左，毋以交於右。此之謂絜矩之道。《詩》云：「樂只君子，民之父母。」民之所好好之，民之所惡惡之，此之謂民之父母。《詩》云：「節彼南山，維石巖巖。赫赫師尹，民具爾瞻。」有國者不可以不慎，辟則爲天下僇矣。

惟係一人之身。

《詩》云：「殷之未喪師，克配上帝。儀監於殷，峻命不易。」道得衆則得國，失衆則失國，是故君子先慎乎德。

身修則能得衆。又説歸身上，修身爲本。

有德此有人，有人此有土，有土此有財，有財此有用。德者，本也；財者，末也。外本内末，争民施奪。是故財聚則民散，財散則民聚。是故言悖而出者，亦悖而入；貨悖而入者，亦悖而出。《康誥》曰：「惟命不于常。」道善則得之，不善則失之矣。

惟在此心之善否。善人只是全其心之本體者。

亦曰殆哉！

《楚書》曰：「楚國無以爲寶，惟善以爲寶。」《皇犯》曰：「亡人無以爲寶，仁親以爲寶。」《泰誓》曰：「若有一個臣，斷斷兮無他技。其心休休焉，其如有容焉。」人之有技，若己有之，人之彥聖其心好之，不啻若自其口出，寔能容之，以能保我子孫黎民，尚亦曰利哉！人之有技，媢疾以惡之，人之彥聖而違之俾不通，寔不能容，以不能保我子孫黎民，亦曰殆哉！

是不能誠意者。

唯仁人放流之，迸諸四夷，不與同中國。此謂「唯仁人爲能愛人，能惡人」。見賢而不能舉，舉而不能先，命也；見不善而不能退，退而不能遠，過也。好人之所惡，惡人之所好，是謂拂人之性，菑必逮夫身。是故君子有大道，必忠信以得之，驕泰以失之。生財有大道，生之者衆，食之者寡，爲之者疾，用之者舒，則財恒足矣。仁者以財發身，不仁者以身發財。未有上好仁，而不好義者也；未有好義，其事不終者也；未有府庫財非其財者也。孟獻子曰：「畜馬乘，不察於鷄豚。伐冰之家，不畜牛羊。百乘之家，不畜聚斂之臣。與其有聚斂之臣，寧有盜臣。」此謂國不以利爲利，以義爲利也。長國家而務財用者，必自小人矣。彼爲善之，小人之使爲國家，菑害並至，雖有善者，亦無如之何矣。此謂國不以利爲利，以義爲利也。

仁是全其心之本體者。

大學古本傍釋後跋

萬象森然時亦冲漠無朕，冲漠無朕即萬象森然。冲漠無朕者，一之父；萬象森然者，精之母。一中有精，精中有一。正德戊寅秋七月丙午，後學餘姚王守仁書。

答時振書

（正德十六年，一五二一年）

闊别久，近想所造日益深純，無因一面扣爲快耳。教下士亦有能興起者乎？道之不明，世之教與學者，但知有科舉利禄，至於窮理盡心，自己本領，乃反視爲身外長物，有道者必嘗慨歎於斯矣，何以救之？何以救之？區區病疏既五上，近嘗得報，歸遯有期，庶幾盡力於此也。海内同志漸多，而著實能負荷得者尚少，如吾時政美質清才，篤志而不怠，亦何所不到哉！偶張解元去便，略致企念之懷。冗次草草，不盡，不盡。寓洪都守仁頓首啟，時振大提學道契兄文侍。《古本》、《定論》各一册。餘空。

書見陳焯《湘管齋寓賞編》卷二，云：「右白鹿紙行書札，二十四行，名右用紅文『伯安』二字長方印。余蒞姚江，首謁先生龍山祠堂，逢人即求觀先生遺墨，不可遽得。張太學羅山，嗜古士也，家多收藏久之，乃出是卷。引首有先生捉麈尾小像，方巾褒衣，形貌清古，羅山自識云：『《畫史》載王文成公鎮虔日,以寫貌進者閲數十人,咸不稱意。公骨法稜峭,畫者皆正面寫之,顴鼻之間最難肖似。蔡世新少壑隨其師進,從傍作一側相,立得其真。公大喜,延之幕府。頃得見公謫龍場時詩卷,前附像一幅,有蔡世新小印,雖未得其所以合併之由,當即其所作也。此卷既不可得,而絹損亦多不全,遂倩工摹之,裝於與胡時政先生小札之首,亦足傳其仿佛已。』」按時政即胡鐸,字時政,號支湖,餘姚人,弘治十八年進士。《明清進士録》:「胡鐸,弘治十八年三甲十三名進士。浙江餘姚人,字時政,號支湖。授刑科給事中,忤劉瑾,出爲河東運副。瑾誅,復官。擢福建僉事,遷督學副使,人稱『胡道學』。進南京太僕卿,終順天府。」陽明此書稱其爲「大提學」,乃指其任福建提學副使,龔用卿《南京太僕寺卿胡公鐸神道碑》云:「擢福建僉事……三載考績,擢本省提學副使。定科條,正風俗,不輕於校士,亦不濫於選士,於諸士子均有恩義。或有蒙無妄之難者,必爲直其冤,亦不顯言之,士心翕然丕變,人皆稱之爲『胡道學』云。嘉靖壬午,陞湖廣左參政……」(《國朝獻徵録》卷七十二)據此,知胡鐸在正德十四至十六年間任福建提學副使。陽明此書云「病疏既五上,近嘗得報」,則在正德十六年六月,錢德洪《陽明先生年譜》:「正德十五年閏八月,四疏省葬,不允……正德十六年六月,赴内召,尋止之,陞南京兵部尚書,參贊機務。遂疏乞便道省葬……八月,至越。」可見陽明此書應作在正德十六年六月中。蓋胡鐸爲餘姚人,故與陽明當早識,《胡鐸神道碑》云:「弘治戊午,以《易》發解。乙丑,舉進士,改翰林院庶吉士,日與汝南、甘泉、小野三公相切磋,讀中秘書,日益宏肆。大學士西涯李公、木齋謝公深器重之。」弘治十八年陽明在京師任兵部武選清吏司主事，亦與翰林庶吉士湛甘泉定交，互相切磋，自亦必與庶吉士胡鐸切磋唱酬，胡鐸蓋亦陽明在「上國」以才名相馳騁之一文士也。至正德元年胡鐸忤劉瑾去，陽明亦謫龍場驛，故陽明此書所云「闊别久」，必指正德元年兩人相别。陽明在正德十三年刻《古本大學》與《朱子晚年定論》，故以此二書相贈也。《胡鐸神道碑》稱胡鐸「有《支湖集》二十卷，及《典學説約》、《異學辨》，天文、地理、律吕、醫卜諸書各有辯正」，其中《典學説約》應即是胡鐸任福建提學副使時所編，可見陽明此書對胡鐸之影響。然其《異學辨》則針對陽明而發，黄宗羲《姚江詩選》卷八云：「胡鐸，字時政，號支湖，弘治乙丑進士……支湖與文成同邑，而議論不相合，其《異學辨》爲文成而發。」胡鐸《異學辨》或即針對陽明所寄《古本大學》與《朱子晚年定論》而發。尤值得注意者，《光緒餘姚縣志》卷二十三有《胡鐸傳》云：

> 胡鐸，字時振，弘治末舉進士。正德二年授刑科給事中，出勘寧夏失事狀，持正無私。時王守仁以良知教學者，鐸與書曰：「足下薄宋儒，以聞見之知汩德性之知。知一而已，德性之知不離聞見，聞見之知還歸德性。怵惕惻隱之心，良心也，必乍見孺子而後動，誰謂德性之離聞見乎？人非形，性無所泊，舍耳目聞見之知，德性亦無所自發也。《大學》論修身，而及於致知，則固合德性、聞見而言之矣。」守仁不答。嘉靖初，遷湖廣參議……

志將胡鐸與陽明書定在正德二年乃誤。錢德洪云正德十六年陽明在江西始揭良知之説，且陽明與胡鐸於正德元年分别後，直至正德十六年兩人無通信往來，胡鐸豈能在正德二年致書陽明討論良知之説？據陽明此《答時振書》，知正德十六年後兩人纔恢復通信往來，故可知胡鐸此與陽明書應即其收到陽明此《答時振書》及《古本大學》、《朱子晚年定論》後之答書，疑後來收入其《異學辨》中，故黄宗羲云「其《異學辨》爲文成而發」也。

又答時政書

（正德十六年，一五二一年）

珍菓遠及，勞人多矣。登受殊愧，羊酒儀則不敢當，附來人還納。荷諸公深情，未能一一書謝。冗次草草，統希心照。寓洪都守仁拜手，大提學時政鄉兄大人有道執事。貴僚諸公，同此致意。小書奉覽。正月二日。餘。

書見陸心源《穰梨館過眼録續録》卷五《元明名人尺牘册》。書所謂「大提學」，指胡鐸任福建提學副使，按前考胡鐸任福建提學副使在正德十四年至十六年間，正德十五年正月陽明赴召往蕪湖，正德十六年正月陽明在南昌，故可確知此書作於正德十六年正月二日。

與邦相書

(正德十六年,一五二一年)

此等事如浮雲糞土,豈至今日反動其心?凡百付之公論,聽命於天而已,不必更有所希望也。至於人有德於我,而我報之者,此自是忠厚之道,但在今日便涉干求,斷不可行耳。季生事却望極力與之扶持,非獨區區師友之義有不容已,亦天理人心所在,行路之人皆知爲之不平,況在邦相亦嘗與之相識者乎!一應衣食盤纏之費,區區當一一補償,勿令缺失,承囑,承囑!餘情宗海想亦自有書。冗次不一一。陽明山人拜手邦相宗弟契家。

省親本若有旨,須遣人作急回報,恐前賞奏人或在路延遲耳。餘。

書見馬錦《明人尺牘》上册《王守仁與邦相書》、《中國古代書畫圖目》(十六)。陽明此書真迹今藏山東省青島市博物館。按邦相即王邦相,陽明弟子。陽明嘗託其在京辦理冀元亨(惟乾)喪葬事,此書中所云「季生事」,即指冀元亨喪葬事。《王陽明全集》卷二十一《與陸清伯》云:「惟乾之事將申而遂没，痛哉，寃乎！……不有諸君在，則其身没之後，將莫知所在矣，況有爲之衣衾棺殮者乎？……苟遂歸休，終須一舉，庶可少泄此痛耳。其歸喪一事，託王邦相爲之經理。倘有不便，須僕到京，圖之未晚也。」冀元亨卒在正德十六年五月四日，蔣信《明鄉進士冀闇齋先生墓表》：「開釋之命方下，而先生疾弗起矣，是爲辛巳五月四日。同志梁日孚、陸元静、張文邦輩争爲會金治棺。」（《蔣道林先生文粹》卷五）錢德洪《陽明先生年譜》云：「張、許等索釁不得，遂逮元亨，備受考掠，無片語阿順……世宗登極，詔將釋，前已得疾，後五日卒於獄，同門陸澄、應典輩備棺殮。訃聞，先生爲位慟哭之……元亨既卒，先文移文恤其家。」《王陽明全集》卷十七有《咨六部伸理冀元亨》、《仰湖廣布按二司優恤冀元亨家屬》等，可見陽明經理冀元亨喪事與撫恤冀元亨家屬之況。此書所謂「省親本若有旨，須遣人作急回報」，乃指其時陽明上疏乞歸省葬，錢德洪《陽明先生年譜》：「正德十六年六月，赴内召，尋止之……遂疏乞便道省葬……先生即於是月二十日起程，道由錢塘。輔臣阻之……先生至錢塘，上疏懇乞便道歸省。」《王陽明全集》卷十三有《乞便道歸省疏》，即此書所云「省親本」，上在六月下旬（二十日以後）。由此可見陽明此與王邦相書當作在正德十六年七月上旬間，或即在錢塘所發。

簡施聘之

（正德十六年，一五二一年）

陽明病夫守仁頓首：　别久，雖音問闊疏，然每思海内任道者之難得，千百之中而未能一二見，則如聘之者，能無時時往來於懷？忽辱書問，惠然有枉顧之興，喜幸如何可言！稽山之下，鑑水之濱，敬當掃榻以俟也。承論情欲之際，未能脱然無累，向往之志，甚爲所牽制。人苦不自知；亦或知之，而甘於自欺自棄耳，是以懵然終其身。吾兄吐露心事，明白洞達若此，真可謂任道之器，千百之中而未能一二見者也。敬呈。

吴門山水窟，是處足清遊。深醉寧辭晚，微凉欲近秋。千年憐謝屐，百尺仰陳樓。斜日懸高樹，因君更少留。

書真迹見茅一相《寶翰齋國朝書法》卷八《王守仁與聘之憲長書三通》。《湖州施氏宗譜》附録此書，多有誤字。按聘之即施儒，字聘之，號西亭，湖州歸安人。《明清進士録》：「施儒，正德六年二甲七十三名進士。浙江歸安人，字聘之，號西亭。初官御史，出按南畿。以直諫爲中官所誣，逮繫獄，落職。嘉靖初，起廣東兵備副使，疏立惠來、大浦二縣，屢平亂。有《學庸臆説》。」按施儒出仕在正德六年中進士以後，張元《廣東按察司副使施公儒墓志銘》云：「以《尚書》舉浙江丁卯鄉試。明年舉會試，時逆瑾方竊權柄，播弄人事，號正直者多遭斥逐編戍之禍，乃托疾歸，教授吳門……瑾誅之明年，爲正德辛未，入奉廷對，得賜進士出身，七月，授山西道監察御史。」（《國朝獻徵録》卷九十九）陽明適爲正德六年會試同考試官，錢德洪《陽明先生年譜》：「正德六年二月，爲會試同考試官。」故陽明與施儒當在正德六年相識。觀陽明此札，知其時施儒被劾歸居吳門，陽明其時亦歸居紹興，按施儒被劾歸居吳門在正德十年，《施儒墓志銘》云：「甲戌（正德九年）改巡應天……會有都城門卒故出入權貴，法當遣戍，權貴請之，不聽，反論奏公，有旨逮治，下詔獄，羅織備至，竟無他左驗，以微罪奪職，還侍太夫人……天子入嗣大統，詔先朝諸臣以無罪廢棄者，復起官，遂起公廣東按察司僉事。」據《國榷》卷四十九：「正德十年十月己卯，巡按南直隸監察御史施儒，治門卒戍外衛過當，下獄，削籍。」施儒巡按應天來南都，時陽明亦在南都任鴻臚寺卿，兩人關係當甚密切。施儒在十月别陽明離南都歸吳門，即陽明此札所云「别久」「音問疏闊」。此後陽明亦陞都察院左僉都御史赴江西平寇亂，直至正德十六年八月方得歸越，由此可確知陽明此札當作在正德十六年秋八月中，蓋其時施儒猶罷居歸安家中（至次年則赴廣東按察司僉事任），聞陽明歸越，即致書欲來訪；而陽明亦由江西得歸越居，故云「稽山之下，鑑水之濱，敬當掃榻以俟也」。詩中「百尺仰陳樓」，乃用陳元龍卧百尺樓故事，尤可見兩人關係之密，無怪後來陽明在嘉靖六年赴兩廣平思、田，時施儒任廣東按察司副使，深得陽明信任重用，至舉施儒自代。參見後《答聘之書》考。

再與鄒謙之

（正德十六年，一五二一年）

近來信得「致良知」三字，真聖門正法眼藏。往年尚疑未盡，今自多事以來，只此良知無不具足。譬之操舟得舵，平瀾淺瀨，無不如意，雖遇顛風逆浪，舵柄在手，可免没溺之患矣。

書見錢德洪《陽明先生年譜》正德十六年下，云：「正月，居南昌。是年，先生始揭致良知之教。先生聞前月十日武宗駕入宫，始舒憂念。自經宸濠、忠、泰之變，益信良知真足以忘患難，出生死，所謂考三王，建天地，質鬼神，俟後聖，無弗同者。乃遺書守益曰：……一日，先生喟然發嘆。九川問曰：『先生何嘆也？』曰：『此理簡易明白若此，乃一經沉埋數百年。』九川曰：『亦爲宋儒從知解上入，認識神爲性體，故聞見日益，障道日深耳。今先生拈出良知二字，此古今人人真面目，更復奚疑？』先生曰：『……我此良知二字，實千古聖聖相傳一點滴骨血也。』又曰：『某於此良知之説，從百死千難中得來，不得已一口説盡。……』今經變後，始有良知之説。」此書作於正月中，以之作爲陽明是年始揭「致良知」之教之證，可見此書之重要。按《王陽明全集》卷六有《寄鄒謙之》書三云：「某近來却見得『良知』兩字日益真切簡易。朝夕與朋輩講習，只是發揮此兩字不出。」書四云：「賴天之靈，偶有悟於良知之學。……所幸良知在我，操得其要，譬猶舟之得舵，雖驚風巨浪顛沛，不無尚猶得免於傾覆者也。」二書作於嘉靖五年，與此書譬喻意全同。

吊孫忠烈文

（正德十六年，一五二一年）

……公爲忠臣，公之令子爲孝子。……

文見《元明事類鈔》卷十三。按《王陽明全集》卷二十五有《祭孫中丞文》，據卷三十一《行南昌府禮送孫公歸櫬牌》，乃是正德十四年八月送孫燧靈柩歸葬餘姚作。

按孫燧謚忠烈在正德十六年六月，《國榷》卷五十二：「正德十六年六月甲辰，故巡撫江西右副都御史孫燧贈禮部尚書，謚忠烈……祠於南昌，各世廕錦衣百户，尋加正千户。」陽明在六月底、七月初回南昌（見下《與唐虞佐侍御》考），正逢孫燧謚忠烈下到並建祠於南昌之時，陽明必當往祭，此吊文即往孫燧祠吊祭所作。

與唐虞佐侍御

（正德十六年，一五二一年）

相與兩年，情日益厚，意日益真，此皆彼此所心喻，不以言謝者。別後又承雄文追送，稱許過情，末又重以傅說之事，所擬益非其倫，感怍何既！雖然，故人之賜也，敢不拜受！果如是，非獨進以有爲，將退而隱於巖穴之下，要亦不失其爲賢也已，敢不拜賜！昔人有言：「投我以木桃，報之以瓊瑶。」今投我以瓊瑶矣，我又何以報之？報之以其所賜，可乎？說之言曰：「學於古訓乃有獲。」夫謂學於古訓者，非謂其通於文辭，講說於口耳之間，義襲而取諸其外也。獲也者，得之於心之謂，非外鑠也。必如古訓，而學其所學焉，誠諸其身，所謂「默而成之」，「不言而信」，乃爲有得也。夫謂遜志務時敏者，非謂其飾情卑禮於其外，汲汲於事功聲譽之間也。其遜志也，如地之下而無所不承也，如海之虛而無所不納也；其時敏也，一於天德，戒懼於不睹不聞，如太和之運而不息也。夫然，百世以俟聖人而不惑，溥博淵泉而時出之，言而民莫不信，行而民莫不悦，施及蠻貊，而道德流於無窮，斯固說之所以爲說也。以是爲報，虞佐其能以却我乎？孟氏云：「責難之謂恭。」吾其敢以後世文章之士期虞佐乎？顔氏云：「舜，何人也？予，何人也？」虞佐其能不以説自期乎？人還，燈下草草爲謝。相去益遠，臨楮怏悒！守仁再拜侍御虞佐鄉兄大人道契執事。七月五日寓廣信具。餘。

書見《上海圖書館藏明清名家手稿》（上海古籍出版社）。按《王陽明全集》卷五有《與唐虞佐侍御》，即是書，但却删去最末一段，至不知此書所作年月時地及有關情實。唐龍於正德十五年以御史來巡按江西，與陽明相處，即此書所云「相與兩年」。所謂「别後又承雄文追送」者，《陽明先生年譜》云：「正德十六年六月，赴内召，尋止之，陞南京兵部尚書，參贊機務。遂疏乞便道省葬。六月十六日，奉世宗敕旨，以『爾昔能剿平亂賊，安静地方，朝廷新政之初，特兹召用。敕至，爾可馳驛來京，毋或稽遲』，先生即於是月二十日起程，道由錢塘。輔臣阻之，潛諷科道建言，以爲『朝廷新政，武宗國喪，資費浩繁，不宜行宴賞之事』。先生至錢塘，上疏懇乞便道歸省。」陽明於六月底回南昌，七月初别唐龍起程，七月五日至廣信。朝廷改除陽明南京兵部尚書在七月二十八日，陽明寫此書時猶在歸越途中，不知朝廷止召。書中云「别後又承雄文追送」，按唐龍《唐漁石集》卷二有《送陽明先生還朝序》云：「正德丙子，中丞陽明先生領節鉞，鎮虔州路。虔居江之上流，兵尤善鬥。先生乃蒐乘閲卒，部勒俟焉。己卯之六月十四日，濠戕殺守臣，浮江濟師，攻諸郡邑，以襲留都。會先生舟趣閩，濠遣巨筏遊之，距百里。先生聞變，亟馳吉州，告於衆曰：『人臣出境有以安社稷者，專之可也。予兹往討賊。』遂檄布濠之罪於四境，下令督諸郡縣，征兵以從。既吉州、虔州、袁州、臨江諸路兵咸集，先生誓之曰：『濠所荼毒非爾父兄，即爾子弟，亟執爾讎，而後朝食。』衆曰：『惟命。』七月十九日，克豫章城，搗濠巢穴，民稽首再拜曰：『非公，濠逞不已，民胥亂矣。』越六日，執濠於江，悉俘其黨，民稽首再拜曰：『非公，濠復來，民胥死矣。』夫濠輕用磔人之軀，沉人之族，積威深矣，況擁衆數萬，憑恃江湖，故反之日，遠邇震恐。先生聲義致討，首嬰其鋒，止暴戢亂，保大定功，而克鎮托其社稷，曰：『社稷之臣，先生其庶幾乎』！天子即位，嘉乃丕績，璽書召還，將大畀以政。龍乃次其功，俾史氏采焉。」此即書中所述「雄文」。蓋唐龍於文中將陽明比之爲傅説，故陽明致此書作答。

重刊象山文集序

（正德十六年，一五二一年）

聖人之學，心學也。堯、舜、禹之相授受曰：「人心惟危，道心惟微，惟精惟一，允執厥中。」此心學之源也。中也者，道心之謂也；道心精一之謂仁，所謂中也。孔孟之學，惟務求仁，蓋精一之傳也。而當時之弊，固已有外求之者，故子貢致疑於多學而識，而以博施濟衆爲仁。夫子告之一貫，而教以能近取譬，蓋使之求諸其心也。迨於孟子之時，墨氏之言仁至於「摩頂放踵」，而告子之徒又有「仁内義外」之説，心學大壞。孟子闢義外之説，而曰：「仁，人心也。學問之道無他，求其放心而已矣。」又曰：「仁義禮知，非由外鑠我也，我固有之，弗思耳。」蓋王道息而伯術行，功利之徒外假天理之近似以濟其私，而以欺於人，曰：天理固如是。不知既無其心矣，而尚何有所謂天理者乎？自是而後，析心與理而爲二，而精一之學亡。世儒之支離，外索於刑名器數之末，以求明其所謂物理者，而不知吾心即物理，初無假於外也；佛、老之空虚，遺棄其人倫事物之常，以求明其所謂吾心者，而不知物理即吾心，不可得而遺也。至宋周、程二子，始復尋孔、顔之宗，而有「無極而太極」，「定之以仁義中正而主静」之説，「動亦定，静亦定，無内外，無將迎」之論，庶幾精一之旨矣。自是而後，有象山陸氏，雖其純粹和平若不逮於二子，而簡易直截，真有以接孟子之傳。其議論開闔，時有異者，乃其氣質意見之殊，而要其學之必求諸心，則一而已。故吾嘗斷之，以爲陸氏之學，孟氏之學也。而世之議者，以其嘗與晦翁之有同異，而遂詆以爲禪。夫禪之説，棄人倫，遺物理，而要其歸極，不可以爲國家天下。苟陸氏之學而果若是也，乃所以爲禪也矣。今禪之説與陸氏之説、孟氏之説，其書俱存，學者苟取而觀之，其是非同異，當有不待於辯説者。而顧一倡群和，剿説雷同，如矮人之觀場，莫知悲笑之所自，豈非貴耳賤目，不得於言而求諸心者之過歟？夫是非同異之争，每起於人持勝心，便舊習而是己見，故勝心舊習之爲患，賢者不免焉。撫守李茂元氏將重刻象山之文集，而請一言爲之序，予何所容言哉？惟讀先生之文者，務求諸心而無以舊習己見先焉，則糠粃精鑿之美惡，入口而知之矣。

正德辛巳七月朔，陽明山人王守仁書。

文見明正德十六年李茂元刻本《象山先生文集》卷首（《宋集珍本叢刊》第六十三册）。按《王陽明全集》卷七有《象山文集序》，即此文，但字多有異，無最後兩句，致不知此序所作具體年月，如陽明集中於序題下定爲「庚辰」作，顯誤。錢德洪《陽明先生年譜》：「正德十六年正月，録陸象山子孫。先生以象山得孔孟正傳……牌行撫州府金溪縣官吏，將陸氏嫡派子孫，仿各處聖賢子孫事例，免其差役，有俊秀子弟，具名提學道送學肄業……先生刻《象山文集》，爲序以表彰之。」將陽明作《象山文集序》定在正月，亦誤。按《陽明先生年譜》：「正德十六年六月，赴内召……先生即於是二十日起程……先生至錢塘，上疏懇切便道歸省。朝廷准令歸省……」陽明歸省，於七月初一至撫州，五日至廣信（見其《與唐御佐侍御》），可見此序乃陽明歸省經撫州時作。

寄薛尚謙

（正德十六年，一五二一年）

原中、宗賢、誠甫前後去，所欲言者，想已皆能口悉。士鳴、崇一諸友咸集京師，一時同志聚會之盛，可想而知。但時方多諱，伊川所謂「小利貞」者，其斯之謂歟？道不同不相爲謀，而仁者愛物之誠，又自有不容已者，要在默而成之，不言而信耳。困心衡慮，以堅淬其志節；動心忍性，以增益其不能，自古聖賢，未有不如此而能有立於天下者也。聞已授職大行，南差得便，後會或有可期。因便草草，言無倫次。

札見《陽明先生文録》（嘉靖十二年黄綰序刊本）卷二。按《陽明先生文録》五卷，卷首有黄綰《陽明先生存稿序》。是書原爲民國初周貞亮所藏，現藏日本京都大學文學部。據葉德輝記，此黄綰序本《陽明文録》原有十四卷，故此京大所藏五卷本爲殘本。其中有陽明十三篇佚文，吴震作《王陽明逸文論考》予以輯考，錢明《王陽明全集未刊散佚詩文彙編及考釋》著録。此札向來定爲嘉靖二年作，顯誤。按是札云「聞已授職大行，南差得便，後會或有可期」，所謂「授職大行」，指薛侃授行人之職,黄綰《行人司正薛侃傳》:「侃字尚謙。丁丑登進士,疏乞歸養,師事陽明於贛,四年而歸。……辛巳赴銓,授行人。」(《國朝獻徵録》卷八十二)《明清進士録》:「薛侃,明正德十二年三甲一百七十一名進士。廣東揭陽人,字尚謙,號中離。性至孝,以侍養歸,師王守仁於贛州。世宗立,授行人。」明人將「行人」又稱爲「大行」,如陽明即將湯禮敬中進士授行人稱爲「大行」,《王陽明全集》卷二十四有《題湯大行殿試策問下》。薛侃在正德十六年銓選授行人,其生平授職亦唯此一次,故決可知此札作於正德十六年。所謂「南差得便,後會或有可期」,是説薛侃出使南來南都行人司,而其時陽明也已由江西歸越,將來兩人有相會之期。陽明在是年八月歸居紹興,故可知此札應作在正德十六年八月以後。札中所及之人,原中即應良,字原忠,號南洲,仙居人。宗賢即黄綰,字宗賢,號久庵、石龍,黄巖人。誠甫即黄宗明,字誠甫,號致齋,鄞縣人。士鳴即楊鸞,字仕鳴,號樂圃,海陽人。崇一即歐陽德,字崇一,號南野,泰和人。其時皆往聚京師者,蓋是年三月武宗駕崩,世宗即位,即除江彬,釐革蠹政,中外稱快,新君更化氣象,陽明弟子誤以爲大利貞時到來,可以有所作爲,可行其道,皆往京師,薛侃忽於此時赴銓,蓋亦以此也。故陽明寫此札意在警告弟子,「時方多諱」,亦不過是「小利貞」之時,道不同難相謀,還須動心忍性,困心衡慮,淬礪其志。

吊蕙皋府君文

（正德十六年，一五二一年）

嗚呼伯雨！胡寧止是？英妙之年，俊才高第。闊步長趨，俛視一世。搆嫉中遭，幡然林壑。静養有方，鋭志聖學。精微日臻，豁然大覺。吾道得人，同志是質。倏焉傾逝，天寔喪予。方有師旅，奔訃無期。臨風一慟，痛也何如！嗚呼痛哉！

文見《餘姚江南徐氏宗譜》（民國五年刊本），王孫榮《王陽明散佚詩文九種考釋》、錢明《王陽明全集未刊散佚詩文彙編及考釋》著録。前考蕙皋府君即徐天澤，字伯雨，號蕙皋，餘姚人，王陽明弟子。其在正德八年來會稽受學陽明，鋭志道學。《王陽明全集》卷七有《夜氣説》，作在正德十年，即贈徐天澤，中云：「天澤每過，輒與之論夜氣之訓，津津既有所興起。至是告歸，請益。」按正德十年陽明在南都任鴻臚寺卿，天澤乃自餘姚來南都虔誠受學，故此吊文稱其「鋭志聖學，精微日臻」。所謂「倏焉傾逝，天寔喪予」，是説徐天澤來受學陽明數年即卒，英年早逝。故吊文所云「方有師旅，奔訃無期」，必指正德十二年至十六年陽明在江西征剿平叛，不能奔訃，惟作此吊文「臨風一慟」。《光緒餘姚縣志》卷二十三徐天澤傳云:「既見守仁於會稽,親聞良知之教……錢德洪曰:『蕙皋近年進道甚鋭,同志賴以奮發。惜不假年,以竟其成也。』卒年三十五。」按錢德洪始來受學在正德十六年九月陽明歸餘姚之時,周汝登《聖學宗傳》卷十四《錢德洪傳》:「及文成平宸濠歸越,往事師焉,率諸友七十餘人,闢龍泉中天閣,請文成升座開講,首以所學請正。」錢德洪既稱「蕙皋近年進道」,當是就眼下而言,則顯可見徐天澤即卒在正德十六年,迨陽明九月歸餘姚,錢德洪來受學,遂就近而對徐天澤有所評論也。以徐天澤卒於正德十六年算,徐天澤中進士(弘治十五年)年方十六歲,故吊文稱「英妙之年,俊才高第」。

題倪小野清暉樓

（正德十六年，一五二一年）

經鋤世澤著南州，地接蓬萊近斗牛。意氣元龍高百尺，文章司馬壯千秋。先幾入奏功名盛，未老投簪物望優。三十年來同出處，清暉樓對瑞雲樓。

詩見《倪小野先生全集》後《清暉樓詩附》。倪小野即倪宗正，字本端，號小野，其居清暉佳氣樓，與陽明出生地瑞雲樓相對（《倪小野先生全集》卷二有《清暉佳氣樓記》），蓋自小兩人已相好熟識。《光緒餘姚縣志》卷二十三有《倪宗正傳》云：「倪宗正，字本端，别號小野。父樸庵（按：即倪彬）。家貧，歲暮啟户，拾遺金斤餘。宗正曰：『失此物者，得無迫於私債，逋於公廩？』促出俟之，其人果泣而來，詰之，數符，遂盡還之。次年，宗正遂魁鄉榜。越十年，登弘治十八年進士，選庶吉士。以逆瑾目爲謝黨，出知太倉州。時水災，條上封事，報可，所可全活者甚多。入爲武選員外郎。武宗欲南巡，抗疏遮留，幾斃杖下，猶以詩諫。上尋悔，賜獸錦。已出知南雄府。會朝廷追録言者，加三品。卒，賜祭葬，贈學士，謚文忠。……王守仁謂宗正『詩文逼陶、杜，近日何、李遠不能逮』。又曰：『世傳小野爲東坡後身，乃觀其文章氣節，生平出處去就，亦略與東坡相似。』又曰：『東坡洵才美，然未免出於内典；若吾友小野，生平學問原本六經，詎非所謂粹然無瑕疵者耶？』著有《易説》、《豐富集》、《突兀集稿》、《太倉稿》、《小野集》行世。」（是傳據孫鑛撰傳、翁大立撰傳及錢德洪《突兀稿跋》）按《突兀稿》乃陽明所編，錢德洪《突兀稿跋》云：「洪不敏，竊嘗受業於小野倪先生之門，迨後陽明王先生聚徒講學於龍泉山之中天閣，遂從而卒業焉。兩先生之文章理學，洪皆嘗心契其微，而不能强分優劣，猶之乎日月二曜之經天，人縱欲高下其議論而不可得也。至王先生謂：『先生詩文逼近陶、杜，近日何、李諸公遠不可逮。』因是知先生平日爲王先生所推服久矣。《突兀集》四卷，王先生所選録也。洪即以王先生之言附識於後。世之讀先生之詩者，其亦可以知所以寶矣。」（《光緒餘姚縣志》卷十七）倪小野生平作詩數萬首，數量之鉅，堪稱明詩之冠，在當時實亦一詩歌大家，故陽明特爲其選録《突兀集》作評。《四庫全書總目》著録《倪小野集》二十二卷，云：「所著有《豐富集》、《突兀稿》、《觀海集》、《太倉稿》，晚年復有《小野集》十六卷……謝遷《豐富集序》述李東陽之言，謂『明之詩文，至宗正而集大成』，未免推之已甚。宗正嘗有詩云：『偶入棠陵眼，難齊少谷肩。』棠陵，方豪別號；少谷，鄭善夫別號也，可謂自知之審矣。」陽明以爲倪詩「何、李諸公遠不可逮」之説，實本自李東陽，以其嘗親讀評選倪詩，恐非虚言也。以陽明此詩考之，「經鋤世澤著南州」，指倪宗正家學淵源，其先祖倪謙即號「經鋤」、「經鋤後人」。《光緒餘姚縣志》卷十七著録倪宗正《易説》，引翁大立語云：「孫忠烈（燧）未第時，以《易》學擁皋比，先生年十七，執經門墻。忠烈曰：『繼吾傳者，子也。』

後與蔡虛齋、胡支湖有三先生《易説》傳世。」（按：此語當引自翁大立《倪小野傳》）「先幾入奏功名盛」，指倪宗正奏劾劉瑾被目爲謝黨，出知太倉，蓋先於陽明疏救戴銑而謫貴州龍場驛。「三十年來同出處」，顯指陽明自弘治五年舉浙江鄉試以來，與倪宗正出處進退多同，命運遭際相似。由弘治五年下推三十年，則爲正德十六年。按錢德洪《陽明先生年譜》：「正德十六年八月，至越。九月，歸餘姚省祖塋。先生歸省祖塋，訪瑞雲樓，指藏胎衣地，收淚久之……日與宗族親友宴遊，隨地指示良知。德洪昔聞先生講學江右，久思及門，鄉中故老猶執先生往跡爲疑，洪獨潛伺動止，深信之，乃排衆議，請親命，率二姪大經、應揚及鄭寅、俞大本，因王正心通贄親見。」蓋瑞雲樓只爲王華所僦莫氏之屋，陽明出生之地，王華中第後即不再寓居此樓，後遂歸錢德洪父子所有（今以瑞雲樓爲陽明故居，未當）。故陽明生平唯在正德十六年歸省祖塋時始來訪瑞雲樓，指藏胎衣地。其時樓已歸錢德洪，陽明來此初識錢德洪；而錢德洪本爲倪宗正弟子，故其來拜陽明爲師，自應得倪宗正同意。其《年譜》中所云「日與宗族親友宴遊」，必包括倪宗正在内。兩同年相好之友，三十年後相聚於故地，三十年出處進退，瑞雲樓易主，而清暉樓主猶在，感慨良多，陽明乃作此詩題於清暉樓上。此當錢德洪所親見者，何以此詩竟未入陽明集中？或是錢德洪早年師倪宗正，後改師陽明，其欲隱晦此事而有意去此詩耶？清暉樓爲倪小野歸休以後所築，餘姚士人多有吟咏，《倪小野先生全集》後亦有木齋謝遷作清暉樓詩：

陰翳氣塞風狂舞，屋煤吹落皆塵土。逆豎含沙射搢紳，一時正士胥解組。吁嗟天王本聖明，六章八奏心獨苦。批鱗受杖幾身危,血染氄毨毛蔽股。慷慨歸來義自高,築室清暉屏華膴。花光月色映樓臺,玉碗冰壺耀今古。琉璃屏外走明珠,老木當場何足數。多君妙手更天成,一箑新詩動九五。海内喧傳解慍功,不特忠貞堪繩武。琥珀杯清墨汁濃,爛醉揮毫驚李杜。光芒萬丈斗牛寒,清暉佳氣接天府。

此詩似與陽明詩作在同時,「多君妙手」則包括陽明在内。

寄顧惟賢手札（正德十六年，一五二一年）

洪都相與幾兩年，中間疏缺多矣。而諸公相愛之情不一而足，别後益隆無替，感怍豈有盡也。荏苒歲月，忽復半百，四十九年之非，不可追復。方切悔嘆，思有以自新，而使者遠辱，重之以文辭，教之以儀物，是慶之者，適所以愧之也。又且惠及老父，悚汗愈不可言。使還，值冗結，未暇細裁，尚須後便，更悉鄙懷耳。十月九日，守仁頓首，惟賢憲長道契大人文侍。

手札真迹今藏中國歷史博物館，計文淵《王陽明法書集》著録。顧惟賢，名應祥，號箬溪，浙江長興人。田攸《歷代儒學存真録》卷九：「顧應祥，字維賢，號箬溪，湖之長興人。正德初官錦衣幕，與黄綰同寅，日夕講論，綰因導之見文成公。時文成爲司封郎中，首講顔淵問仁章及《大學》格致之説，應祥偶有所見，文成是之，應祥遂受學焉。既而轉廣東按察僉事，提兵嶺東，與閩省共勦汀、漳寇。文成以御史中丞提督南、贛軍務，嘗於文移往復，寓書請益。後巡撫雲南，以奔喪落職。

起廢，歷官刑部尚書。文成歿，門人傳良知之學者，日流於無善無惡，應祥乃作《致良知説》，以告同門。」按之錢德洪《陽明先生年譜》，顧應祥乃在正德七年受業陽明。札中所言「洪都相與幾兩年」，指正德十四年至十五年在江西平宸濠亂，兩人在南昌相處兩年，徐中行《顧應祥行狀》詳述其事云：「己卯，入賀萬壽至京，而江西寧庶人事起，乃擢公江西副使，分巡南昌道。公馳傳往，則罪人已得。然亂後諸務廢弛，庶役不平，瘡痍未起，訟牒蝟集。公乃夙夜經畫，内則綜理簿領，外則均平徭役，招集流亡，民始慶更生。然公一意拊循，不爲傅會希合，兩臺史嗛之，摭他事論公，吏部廉知，狀竟格不下，然坐是不調者六載。丙戌，始量移陝西苑馬寺卿。」（《國朝獻徵録》卷四十八）可見顧應祥來南昌已在正德十四年八月以後。據《王陽明全集》卷八《書顧維賢卷》有云：「維賢以予將遠去，持此卷求書警戒之辭。」此文作於正德十六年，所謂「予將遠去」，指是年六月陽明赴内召，道由錢塘，然後歸越。可見顧應祥與陽明相别在正德十六年六月，即陽明此札所云「别後」。今人以此札云「四十九年」，定此札作在正德十五年，顯誤。正德十五年陽明與顧應祥同在南昌，何來遣使者遠送賀儀之事？其時陽明猶在戎馬倥偬中，身被疑謗，岑太夫人卒，海日翁病，有何喜事可賀？按札明稱「忽復半百」，自是正德十六年；云「四十九年」者，蓋是正德十六年尚未過去，五十歲爲虚歲，四十九年爲實過也。是年八月陽明已由江西歸越，顧應祥其時遠寄賀儀，顯爲賀陽明封新建伯、南京兵部尚書，賀陽明五十壽辰；因王華與陽明誕辰同在九月，顧應祥同時亦寄賀儀慶王華誕辰，故陽明此札云「又且惠及老父，悚汗愈不可言」。錢德洪《陽明先生年譜》云：「正德十六年十月二日，封新建伯……差行人齎白金文綺慰勞，兼下温旨存問父華於家，賜以羊酒。至日，適海日翁誕辰，親朋咸集，先生捧觴爲壽。」陽明此札所云與之完全相合。

賀孫老先生入泮

（疑正德十六年，一五二一年）

廿載名邦負笈頻，循循功業與時新。天池朝展柔楊枝，泮水先藏細柳春。

恭賀孫老先生入泮之禧。陽明王守仁。

廣輿□張大直頓首□。

陽明手迹立軸（長一百三十七釐米，寬四十六釐米，墨筆絹本），在二〇〇八年迎春書畫拍賣會（北京東方藝都拍賣有限公司）上出現，並在網上公布。此詩作年莫考。所賀「孫老先生」，似是指孫燧父。按孫燧與陽明均餘姚人，兩家關係甚密。弘治五年孫燧與陽明同舉浙江鄉試，以後兩人仕途一直保持關係，有詩唱和。如陽明正德三年赴龍場驛經草萍驛，作《草萍驛次林見素韵奉寄》，孫燧即次韵和之：「綱常自古要担當，弱水誰將駕葦航？嶺道風行豺遁遠，海天雲闊雁飛忙。身從許國頻加愛，髮爲憂民忽變蒼。醉飽恩光何以報，寸丹惟不愧朝堂。」（《康熙衢州府志》卷五，《光緒常山縣志》卷七）正德十四年孫燧不從宸濠叛逆死難，陽明優恤買棺裝殮，由孫燧子孫慶帶領家人前來扶柩歸葬餘姚(見《行南昌府禮送孫公歸櫬牌》)。故至正德十六年九月陽明歸餘姚省祖塋,必當親自登門訪問撫慰孫燧之家,而其時朝廷方撫恤死難之家,乃有孫燧之父入泮(入爲學官)之命,陽明在餘姚得作詩面賀也。參見前《吊孫忠烈文》考。

寄餘姚諸弟手札

（正德十六年，一五二一年）

此間家事，尚未停當，專俟弟輩來此分處，何乃一去許時，不見上來？先人遺教在耳，其忍恝然若是耶！田莊農務雖在正忙時節，亦須暫抛旬日，切不可再遲遲矣。正心、正思候提學一過，即宜上來。正恕、正愈、正惠先可携之同來。近日正思輩在此，始覺稍有分毫之益，決不可縱，今在家放蕩過了也。此間良友比在家稍多，古人所謂「蓬生麻中，不扶而直」，是真實不誑語。長兄伯安字白。三弟、四弟、六弟、八弟同看。伯叔母二位老孺人同稟此意。

手札真迹今藏中國歷史博物館，計文淵《王陽明法書集》著録。按此書中所言三弟、四弟、六弟、八弟爲王守禮、王守智、王守温、王守恭，均係王陽明從弟；所言王正心、王正思、王正恕、王正愈、王正惠，均爲王陽明諸從弟之子（見王詩棠《王陽明世系及遺存在紹興》，載《陽明學新探》，中國美術學院出版社）。今人或以爲書中所云「先人遺教」指陽明父王華，定是札作於嘉靖元年二月王華卒以後，乃誤。若此「先人」指王華，王華卒乃陽明家事，不存在分家之事，豈須將所有從弟、從姪請來商議分家事？其説之誤自不待辨。故此「先人」應指其祖母岑太夫人，蓋唯祖母岑太夫人卒，方有分家之事，須請諸從弟、諸從姪來商議。按岑太夫人卒於正德十三年，然時陽明在江西，疏乞省葬不允。至正德十六年八月，陽明方得歸越，處理岑太夫人家事。錢德洪《陽明先生年譜》：「正德十六年八月，至越。九月，歸餘姚省祖塋。先生歸省祖塋……蓋痛母生不及養，祖母死不及殮也。」是陽明九月來餘姚實主要爲省岑太夫人墓，並與在姚諸從弟、從姪商議岑太夫人家事。陽明在九月下旬離餘姚回紹興，即此書所云「何乃一去許時」。時方秋收大忙之時，故此書云「田莊農務雖在正忙時節」。由此可以確知陽明此書作在正德十六年十月中。

祭張淑人文

（正德十六年，一五二一年）

維正德十六年，歲次辛巳，十二月己卯朔，越十日己丑，女婿南京兵部尚書王守仁謹以剛鬣柔毛之奠，敢告於岳母諸太夫人張氏曰：

嗚呼！生死常道，有生之所不免也，況如夫人壽考康寧，而子孫之衆多且賢耶？亦又何憾矣！而兒女之悲，尚猶有甚割者，非情也哉！死者以入土爲安，彌月而葬，禮也。而群子姓之議，殊有所未忍。守仁竊以爲宜勉從禮制。且岳父介庵公之藏，亦以是月壬寅卜遷於兆左，因而合焉。生死之禮無違，幽明之情兩得，不亦可乎？群子姓以爲然。遂以是月庚寅舉大事。日月不居，靈輀于邁，一奠告訣，痛割心膂。言有盡而意無窮，嗚呼，尚饗！

文見《姚江諸氏宗譜》卷六，葉樹望《新發現的王陽明佚文六件》著録有考，《王陽明全集·補録》著録。張氏爲陽明岳母，其人《年譜》無述，按《王陽明全集》卷二十四有《題壽外母蟠桃圖》云：「某之妻之母諸太夫人張，今年壽八十。十二月二十有二日，其設帨辰也。」此文作於正德十五年，知張氏生於正統六年十二月二十二日。據此祭文云「彌月而葬……遂以是月庚寅舉大事」，知張氏卒於正德十六年十一月十二日。其時陽明已封新建伯、陞南京兵部尚書。此前陽明在六月由南昌北上嘗一吊介庵諸養和墓，見《王陽明全集》卷二十五《祭外舅介庵先生文》。至十二月介庵諸養和墳卜遷於兆左，與張氏合葬，蓋皆從陽明之議也。張氏嫁諸讓，生子紘、絃、緝、經，長女適陽明，幼女許吏部侍郎謝丕。《姚江諸氏宗譜》卷一載有《張淑人初次敕命》：「南京吏部文選清吏司主事諸讓之妻張氏，恪守婦道，善相其夫。夫既顯榮，爾宜偕貴。兹特封爲安人，服以榮恩，永光閨闥。」

送人致仕

（疑正德十六年，一五二一年）

人生貴適意，何事久天涯。栗里堪栽柳，青門好種瓜。冥鴻辭網罟，塵土换煙霞。有子真麒麟，歸歟莫怨嗟。

詩見《新刊陽明先生文録續編》卷三《詩類》，永富青地《上海圖書館藏〈新刊陽明先生文録續編〉について》著録。此詩不知送誰人致仕，作年莫考。觀詩意，陽明所送不是一因年老致仕者，而是一官場失意受挫而致仕者，則此人似即唐龍。前考唐龍在巡按江西中因「知無不言，言無不盡」，得罪朝中宰輔貴幸，被迫乞休歸養。其在正德十六年十二月乞養老母歸蘭溪，順道經餘姚拜訪陽明、倪宗正，面請二人爲作春暉堂詩，陽明似即在此時作此詩送之。兹姑繫於正德十六年下以俟考。參見後《春暉堂》詩考。

與宰輔書

（嘉靖元年，一五二二年）

……册中所載，可見之功耳。若夫帳下之士，或詐爲兵檄，以撓其進止；或僞書反間，以離其腹心；或犯難走役，而填於溝壑；或以忠抱冤，而構死獄中；有將士所不與知，部領所未嘗歷，幽魂所未及泄者，非册中所能盡載。今與其可見之功，而又裁削之，何以勵效忠赴義之士耶！……

書見錢德洪《陽明先生年譜》嘉靖元年下。譜云：「嘉靖元年正月，疏辭封爵。先是先生平賊擒濠，俱瓊先事爲謀，假以便宜行事，每疏捷，必先歸功本兵，宰輔憾焉。至是，欲阻先生之進，乃抑同事諸人，將紀功册改造，務爲删削。先生曰……乃上疏乞辭封爵。」據此，知陽明因朝中宰輔忌其功，將紀功册改造，删削立功人員，乃憤而致書宰輔抗辯。《王陽明全集》卷十三有《辭封爵普恩賞以彰國典疏》，上在嘉靖元年正月初十，中云：「今聞紀功文册，復爲改造者，多所删削。其餘或力戰而死於鋒鏑，或犯難而委於溝渠，陳力效能者尤不可以枚舉。是皆一時號召之人，臣於顛沛搶攘之際，今已多不能記憶其姓名籍貫。……戮力成功，必賴於衆，則非臣一人之所能獨濟也。乃今諸將士之賞尚多未稱，而臣獨冒重爵，是襲下之能矣。」意與此上宰輔書同。按陽明嘗兩次上紀功册，一上在正德十五年三月初四日，《王陽明全集》卷三十一有《開報征藩功次贓仗咨》，實即第一次紀功册。第二次重上紀功册在正德十五年七月，《王陽明全集》卷十三《重上江西捷音疏》云：「……將擒斬俘獲功次一萬一千有奇發御史謝源、伍希儒暫令審驗紀録，另行造册繳報外，照得臣節該欽奉敕諭：……行令各該兵備、守備、守巡官即時紀驗明白，備行江西按察司造册奏繳，查照陞賞激勸……」宰輔就此紀功册改造删削，陽明一直受欺蒙，直至正德十六年十一月朝廷下詔獎賞立功人員無多，陽明方知此情，故其《辭封爵疏》云：「今聞紀功文册，復爲改造者，多所删削。」大致陽明此與宰輔書與辭封爵疏上在同時，一則投書宰輔抗辯，一則辭爵以示抗議，然均已無用。此「宰輔」錢德洪隱其名，據霍韜《地方疏》云：「姦臣張忠、許泰等欲掩王守仁之功以爲己有……當時大學士楊廷和、尚書喬宇，亦忌王守仁之功，遂不與辨白，而黜伍希儒、謝源，俾落仕籍(按：伍希儒、謝源即「宰輔」就紀功册上所删削者)。」可見此「宰輔」即楊廷和之流。蓋錢德洪有所顧忌，未直指其名，乃至未將此書收入陽明集中。

上公卿書

（嘉靖元年，一五二二年）

……致仕縣丞龍某等，或詐爲兵檄，以撓其進止，壞其事機；或僞書反間，以離其心腹，散其黨與。陰謀秘計，蓋有諸將士所不與知；而辛苦艱難，亦有諸部領所未嘗歷……

書見王曾永《類輯姚江學脉·經略》卷七，云：「《見聞録》云：正德丁丑，陽明先生以都御史督軍虔南，日與士人談學，於是虔吉士人多出門下。吉水國子生龍履祥將往，其父北山翁怒駡曰：『是皆飾虚名誑人者，汝何得爾！』廢食偃卧不起，履祥至涕泣請不輒（止），不得已許之。履祥故侈汰，驕逸難近，數月歸，馴馴如處子，翁喜曰：『吾今乃知王先生。』因履祥以見，願執終身。翁爲人以跌宕慷慨，喜交遊，大起庭宇，常歌舞飲燕爲豪，絶不類吉水士人，然與之策事，九轉機發，莫能相難。貌清古，昂鼻多鬚，頗似先生。先生悦之，以爲軍門參謀，携之巡視閩中。至豐城，聞宸濠反，同事者錯愕口噤，莫知計所出，先生易舟南趨吉安，翁寔贊之。義兵起，集田僮百十人，傾貲備鎧仗以從。先生慮濠速發，南都無備，欲以僞符疑兵綴之，然濠諜四出，諸郡士人積劫於威，多以耳目應計，事勢且不測，獨翁出入帷幄，密授方略，親信義之，割愛遣之，往往陷虎口不返。吉水士人素重自守，而耻外援，見翁先後所爲若是，莫不鄙薄之，謂有他望，如翁昔日罵履祥云云者，翁亦避匿不敢露。濠既擒，先生上公卿書曰……蓋紀實也。」王曾永所引，乃出自張萱《西園聞見録》。此所上公卿不知爲誰，按《王陽明全集》卷十三有《辭封爵普恩賞以彰國典疏》，上在嘉靖元年正月初十，中亦有此一段文字，則可知陽明此上公卿書當亦上在嘉靖元年正月初十，由同一送本人送往京師。蓋陽明每上一疏，亦同時致札朝中公卿學士，語句多同。如陽明在江西上乞休疏，即同時致札毛紀、王瓊等大臣，札中語句多同（見前《致毛紀信札》考）。龍光實爲陽明帳下謀士，面酷似陽明，於平宸濠亂中出謀立功爲多，而外皆不知，兹録錢德洪《征宸濠反間遺事》中龍光本人所叙以作此札佐證：

龍光云：是年六月十五日，公於豐城聞宸濠之變……舟中計議，恐宸濠徑襲南京，遂犯北京……乃假寫兩廣都御史火牌……使濟等密遣乖覺人役，持火牌設法打入省城……又與濟等謀假寫迎接京軍文書……既已寫成手本，令濟等選差慣能走遞家人，重與盤費，以前事機陽作實情，備細密切説與，令渠潛蹤隱跡，星夜前去南京及淮、揚等處迎接官兵。又令濟等尋訪素與宸濠交通之人，厚加結納，令渠密去報知寧府……又與龍光計議假寫回報李士實書……與劉養正亦同。兩書既就，遣雷濟設法差遞李士實，龍光設法差遞劉養正……又多寫告示及招降旗號，開諭逆順禍福，及寫木牌等項，動以千計，分遣雷濟、蕭禹、龍光、王佐等分役經行賊壘，潛地將告示黏貼，及旗號木牌四路標插。……又遣雷濟、龍光將劉養正家屬在吉安厚加看養，陰遣其家人密至劉養正處傳遞消息，亦皆反間之謀……

右反間始末，嘗聞諸吉水致仕縣丞龍光……光又言……當時光等粘貼告示，標插旗號木牌，皆是半夜昏黑，衝風冒雪，涉險破浪，出入賊壘，萬死中得一生，所差行間人役，被宸濠要殺者，俱是親信家人。今當事平之後，議者不究始原，并將在册功次亦盡削去……去年德洪主試廣東，道經江西，訪問龍光，始獲間書、間牌諸稿，并所聞於諸同門者，歸以附録云。

參見前《兩廣都御史火牌》等考。

與周道通書（五書）

（嘉靖元年，一五二二年）

（一）

《古易》近時已有刻者，雖與道通所留微有不同，□□無大不相遠。中間盡有合商量處，憂病中情思未能及，且請勿遽刊刻，俟一二三年後，道益加進，乃徐議之，如何？易者，吾心之陰陽動静也；動静不失其時，易在我矣。自强不息，所以致其功也。孔子云：「五十以學《易》，可以無大過矣。」今以道通之年計之，正（觀上下文意，此「正」當是「非」字形誤。）在學《易》之時，恐未宜汲汲於是也。道通在諸友中最爲温雅近實，乃亦馳騖於此等不急之事，疑未之思歟？盛价去，昏憒草草，莫既所懷，千萬心亮！守仁拜手，道通郡博道契文侍。

（二）

（嘉靖三年，一五二四年）

得書，知養病之圖，闔門母子兄弟之真誠，有足樂也。所論爲學工夫，大略皆是，亦是道通平日用工得力處。但於良知二字，見得尚未透澈。今且只如所論工夫著實做去，時時於良知上理會，久之自當豁然有見，又與今日所論不同也。承令兄遠寄藥，人危處草冗中，不亟別作書，并致此意。陽明山人守仁拜手，道通郡博道契文侍。

（三）

（嘉靖三年，一五二四年）

所示《祭田記》，意思甚好，只是太著急，要説許多道理，便覺有補綴支蔓處。此是近來吾黨作文之弊，亦不可不察也。欲慰吾生者，即日亦已告歸。渠以尊堂壽圖，索區區寫數語，甚堅。因腹疾大作，遂疏其意，幸亮之！《記》稿改除數字，奉還。《新録》一册，寄覽。六月朔日。

（正德五年，一五一〇年）

（四）

所謂良知，即孟子所謂「是非之心，知也」。是非之心，人孰無有？但不能致此知耳。能致此知，即所謂充其是非之心，而知不可勝用矣。來書既云「良心發見」，而復云「不能辨理欲於疑似之間」，則所謂「良心發見」者果何物耶？「知行合一」之説，專爲近世學者分知行爲兩事，必欲先用知之之功而後行，遂致終身不行，故不得已而爲此補偏救弊之言。學者不能著體履，而又牽制纏繞於言語之間，愈失而愈遠矣。行之明覺精察處即是知，知之真切篤實處即是行。足下但以此語細思之，當自見，無徒爲此紛紛也。所寄《答明公語》，頗亦無失。若見未瑩澈，而輒有議論，反以晦道，不若此説之渾成，不失爲真實語也。令弟歸，草草不另。意惟勉學不怠，以慰所期。無次。守仁拜手，道通秋元道契文侍。

（嘉靖六年，一五二七年）

（五）

今時同志中，往往多以仰事俯育爲進道之累，此亦只是進道之志不專一，不勇猛耳。若是進道之志果能勇猛專一，則仰事俯育之事莫非進道之資。顔子當時在陋巷，不改其樂，亦正是簞食瓢飲之時。當時顔路尚在，安得無仰事俯育？固有人不堪其憂者矣。近聞道通處事殊落莫，然愛莫爲助，聊以此言相警發耳。病筆不足。守仁拜手，道通長史道契文侍。

五書真迹見日本天理圖書館藏《王陽明先生小像附尺牘》，楊天石嘗據臺灣《大陸雜誌》第四十七卷第二期所録，標點整理發表於《中國哲學》第一輯，爲《王陽明全集》所補録。第一書，按陽明稱「道通郡博」，當是指周道通任邵武教授。湛若水《周道通墓碑銘》云：「嘉靖壬午，當道疏君耳疾，銓司改邵武教授……乙酉，進唐府紀善。」周道通在嘉靖元年任邵武教授，此書云「憂病中情思未能及」，「昏憒草草」，乃指陽明方丁父憂。陽明父龍山公嘉靖元年二月卒，陽明憂居，至嘉靖三年四月服闋。周道通在正德十六年辛巳以耳疾遭劾，其先由應城赴京，受學於甘泉湛若水，湛若水《奠唐府紀善周道通文》云：「……雖重聽其何傷？而竟不免於真盲聾者。惟牝牡黃驪之是非，付銓司以改爲。辛壬之歲，因兄道明，見予京師，矢言適道，有疾其驅。繼而教授邵武，迺端厥範，迺指迷途。」(《泉翁大全集》卷五十七)周道通矢言適道，其由宜興赴邵武任道經紹興，故其在嘉靖元年特携《古易》由宜興赴任，中途經紹興見王陽明，留《古易》以就教於陽明，此即是書中所云「與道通所留微有不同……中間盡有合商量處」(按：此《古易》本疑即湛甘泉所定)。今《王陽明全集》卷二有《啟問道通書》，其中亦云「憂病中會」，「荒憒無可言者」，與此書所云全同，皆指陽明方丁憂時，故可知此兩書作在同時，其中周道通云「春間再承誨訓，已頗知用力」，應即指其來紹興見陽明受教。由此可確知周道通乃在嘉靖元年春間携《古易》赴邵武教授任，途經紹興見陽明，陽明此答書約作在是年五月間。

第二書與第三書先後相及，作在同時。第二書亦稱「道通郡博」，指周道通任邵武教授；亦云「人危處草冗中」，指陽明仍在丁憂中。但此書又云「知養病之圖，闔門母子兄弟之真誠，有足樂也」，乃指周道通有歸居養病之打算，則此書應作在嘉靖三年。蓋周道通嘉靖元年任邵武教授，至嘉靖三年任將滿，遂有歸居之念，而嘉靖四年便改進唐府紀善。陽明在嘉靖三年四月服闋，故此第二書約作在是年三月猶在丁憂時。書中所云「承令兄遠寄藥」，即第三書所云「欲慰吾生」者。「令兄」即湛若水《周道通墓碑銘》中所云「仲兄」周衛(醫生)，字道明(見《奠唐府紀善周道通文》)。其遣人送來慰生之藥，實即來慰憂居。其人旋即告歸，而陽明亦服闋，故第三書中不再有憂居之語。第三書中云

「所示《祭田記》」，乃指周道通所作鄉賢游酢先生祭田記（游酢爲邵武人）。湛若水《周道通墓碑銘》云：「改邵武教授，其教如萬安加密焉。創聯屬會友約，以資進修。復鄉賢游先生祭，蒐集遺書，付厥裔孫景壽……」周道通創聯屬會友約在嘉靖三年，見湛若水《會友約序》（《泉翁大全集》卷二十），故其作游酢先生祭田記亦在嘉靖三年可知。又第三書云「《新録》一册，寄覽」，即指新續刻《傳習録》。錢德洪《陽明先生年譜》：「嘉靖三年十月，門人南大吉續刻《傳習録》。《傳習録》薛侃首刻於虔，凡三卷。至是年，大吉取先生論學書，復增五卷，續刻於越。」是次續刻特收録進《啟問道通書》，錢德洪云：「昔南元善刻《傳習録》於越，凡二册。下册摘録先師手書，凡八篇。其答徐成之二書……其餘指『知行之本體』，莫詳於答人論學與答周道通、陸清伯、歐陽崇一四書……」（《傳習録》中）故陽明不俟續刻全就，先將下册寄周道通觀覽焉。

第四書題「道通秋元」，指周道通秋中鄉試。按湛若水《周道通墓碑銘》：「正德庚午，領應天鄉薦。明年會試，中乙榜，授江西萬安訓導。」周道通正德五年秋領鄉薦，次年春中乙榜，可見陽明此書必作在正德五年中。向來認爲周道通在正德十三年往虔始受業於王陽明，今觀此書，可知周道通與王陽明早識。錢德洪《陽明先生年譜》：「正德五年冬十有一月入覲。十有二月，陞南京刑部四川清吏司主事。」正德五年十二月王陽明在南都，而周道通因秋試亦在南都，故兩人可在十二月中見面相識，陽明此書即作在十二月中。至次年正月陽明已調吏部驗封清吏司主事進京，《陽明先生年譜》：「正德六年辛未，在京師。正月，調吏部驗封清吏司主事。二月，爲會試同考試官。」陽明在正德六年二月任會試同考試官,録取鄒守益、南大吉、應良等人,諸人皆即從陽明學;而周道通亦在是年二月會試中乙榜,故周道通必可在京師與陽明相見,從學於陽明。書中所言「令弟歸」者,按湛若水《鄉善士慎齋周君墓表》云:「慎齋名銘……生六子:曰衍,曰衎,曰衢,曰衛,曰衝,曰衡。衝舉鄉進士,試教職,累陞唐府紀善,與庠生衢、衡,醫生衛,皆從甘泉子遊。」可見此「令弟」即周衡,早年亦從學陽明。蓋宜興距南都甚近,可常往來受教也。

第五書題「道通長史」,長史爲藩王府官,故可知此書應作於嘉靖六年。按湛若水《周道通墓碑銘》:「乙酉,進唐府紀善……乞移半禄養母。閲歲,念母老,假使事歸省……」《奠唐府紀善周道通文》亦云:「載遷藩紀,曳裾王門。好善樂道,魚水交歡。……徐曰歸哉,母齡暮矣。豈無兄弟,曷以代己?迺假使符,南望白雲。豈無水菽,可以怡親……」此所謂「乞移半禄」、「假使事歸省」、「迺假使符」,應即指除周道通王府長史,假使歸省。湛若水即有《明唐府紀善進長史俸静庵周君墓碑銘》(《泉翁大全集·外集》)。陽明此書論「仰事俯育」,在陋巷「簞食瓢飲」,稱「近聞道通處事殊落莫」,顯是周道通已歸省養母,處境落莫,故作是書勸慰。陽明嘉靖六年九月赴兩廣,此書當作在九月之前。

與毛憲清書

（嘉靖元年，一五二二年）

……守仁聞之，主辱臣死，親猶君也。執事辱先君至此，守仁可以死矣。……

書見徐學謨《世廟識餘録》卷一，黄景昉《國史唯疑》卷六。徐學謨云：「南京吏部尚書王華既卒，而有司爲奏卹典。其子守仁以書干禮書毛澄，欲請易名之典。澄答書頗摘華科場陰事，固不肯與。守仁大慚恨，復澄書曰……」黄景昉云：「毛文簡澄位宗伯，會南冢卿王華卒，請卹典易名。毛摘其科場陰事，堅不與。陽明先生大慚恨，貽書曰……王視毛同鼎元尚書，且其子勳名方盛，生徒滿天下，何靳一謚，毛曰：『我所知惟禮與法，他勿問。』時怵其峻。」按陽明致書毛澄請易名（賜謚）在嘉靖元年六月，《國榷》卷五十二：「嘉靖元年六月己卯，前南京吏部尚書王華卒……有司請卹。守仁平逆濠功封新建伯，贈如子爵。華才識宏達，操持堅定，逆瑾用事時，諷使就見，不往，其大節如此。又柬禮部毛澄，澄摘科場陰事，竟不許。」陽明遂憤而上疏辨誣，其事之原委，《王陽明全集》卷二十八有《乞恩表揚先德疏》云：「竊照臣父致仕南京禮部尚書王華，以今年二月十二日病故……有司以臣父忝在大臣之列，特爲奏聞，兼乞葬祭贈謚。事下，該部以臣父爲禮部侍郎時，嘗爲言官所論，謂臣父於暮夜受金而自首，清議難明；承朝廷遣告而乞歸，誠意安在。又爲南京吏部尚書時，因禮部尚書李傑乞恩認罪回話事，奉欽依李傑、王華彼時共同商議，如何獨言張昇，顯是飾詞。本當重治，姑從輕，都著致仕。伏遇聖慈，覆載寬容，不輕絶物。然猶賜之葬祭……竊念臣父始得暗投之金，若使其時秘而不宣，人誰知者。而必以自首，其於心迹，可謂清矣。乞便道省母，於既行祭之後，其於遺祀之誠，自無妨矣。當時論者不察其詳，而輒以爲言。臣父蓋嘗具本六乞退休，請究其事。當時朝廷特爲暴白，屢賜温旨，慰諭勉留，其事固已明白久矣。乃不意身没之後，而尚以此爲罪也，臣切痛之……」蓋陽明平宸濠亂，功高封爵，已爲大臣費宏、楊廷和之流所嫉妬，誣謗紛至沓來，其時再請爲父賜謚，不啻火上添油，實不合時宜，大臣沮抑，乃必然也。毛澄與費宏、楊廷和關係至密，其摘王華科場事攻之，或亦出費宏、楊廷和授意也。毛澄字憲清，號白齋，昆山人，弘治六年進士，與陽明向無往來。《國朝獻徵録》卷三十四有邵寶作《毛公澄行狀》。

與友（嘉靖元年，一五二二年）

先君初諱，號慟摧割，適承哀崩，毒彌深，未能匍匐走謝。倘蒙賜之惠臨，幸得望見顔色，庶幾復親老親之遺容，孤之願也。荒無次。孤守仁稽顙。

文見莫繩孫《聖朝越郡忠節名賢尺牘》，新編本《王陽明全集·補録七》著録。王華卒在嘉靖元年二月，此書乃致紹興一友人。

（嘉靖元年，一五二二年）

與友人

人間毒暑，正自無地可避，湖山中别有清凉世界，固宜賢者盤桓而不能舍矣。孤在憂病中，既不能往，兒輩又以塵俗之絆，復不能遣之往從，徒有悵望耳。還駕遲速，惟尊意所裁，不敢致期必也。守仁稽顙。

按：文見魯燮光《越賢尺櫝存真》（清代稿鈔本），新編本《王陽明全集·補録七》著録。所謂「憂病」，指丁父王華憂。「毒暑」，則在五、六月中。

倪小野《突兀稿》評點

（嘉靖元年，一五二二年）

世傳倪小野爲東坡後身，及觀其文章氣節，生平出處去就，亦略與東坡相似。

按：一作：世傳東坡爲倪小野前身，詗其文章節概展世，後先相當。

東坡洵才美，然未免出入於内典諸書，若吾小野，生平學問悉原本六經，詎非所謂粹然無瑕疵者耶？

按：一作：東坡雖曰奇才，未免吐納内典諸書，若吾友倪小野，唯根柢六經，謂非純粹以精者乎？

小野詩集不肯居陶、杜後，近若信陽何大復、慶陽李崆峒，視爲大兒、小兒矣。

按：一作：宗正詩文逼陶、杜，近日何、李遠不能逮。

評語見《倪小野先生全集·别集》、邵國麟《倪文忠公傳》、孫鑛《倪宗正傳》（《光緒餘姚縣志》卷二十三）、錢德洪《突兀集跋》（《光緒餘姚縣志》卷十七）等。前考倪宗正字本端，號小野，餘姚人，弘治十八年進士。小野一生作詩數萬餘首，實爲弘治、正德間一集大成之詩家，然正史不載其傳，致其聲名無聞，詩集散佚。謝遷特爲其《豐富集》作序云：「小野倪公，丕兒同年畏友也。論其文章氣節，在老成方欲低頭拜之，豈特爲後生小子景行法式已哉？李西涯云：『本朝詩文濃奇平淡，皆各臻其妙，至姚江倪小野而集大成。』可謂至言矣。公平日吟詠甚夥，三十年來，不下萬首，余特録其若干卷，名之曰《豐富集》。」小野有《突兀稿》，實爲陽明所選編，並爲此詩集作評點。今存《倪小野先生全集》（康熙四十九年倪繼宗清暉樓刻本）前有小野七世孫倪繼宗所作序云：

先君子曰：「先太史爲有明名臣，其忠言讜論已足彪炳史册，争光日月矣。至平居著有詩文，已刻未刻不下數萬餘首。比遭兵燹，散失頗多。汝伯父創之公，懼其久而不可收拾也，彙爲《小野集》十六卷，以家貧不及授梓。後因有《姚江逸詩》之選，爲梨洲黄先生持去。汝小子誠有志於先世之文章乎，亟叩而取之可也。」……（梨洲黄先生曰）：「《小野集》十六卷，昔年爲東海徐健庵太史携入中秘。今東海物化，其原本不可考究，無已，則有謝太傅（遷）所刻之《豐富集》、王新建所評之《突兀稿》各四卷在。」檢授繼宗。繼宗持歸，進之先君子，合從前諸刻，共得詩文若干首。越明年，又於桐江張氏得《小野集》四卷，蓋是集係孟河馬先生選録、高叔祖海川公舊刻也……

可見《突兀稿》乃爲陽明所評點，黄宗羲所嘗親見。按《突兀稿》本爲陽明所選編，錢德洪《突兀集跋》云：

洪不敏，竊嘗受業於小野倪先生之門。迨後陽明王先生聚徒講學於龍泉山之中天閣，遂從而卒業焉。兩先生之文章理學，洪皆嘗心契其微，而不能强分優劣，猶之乎日月二曜之經天，人縱欲高下其議論而不可得也。至王先生謂：「先生詩文逼近陶、杜，近日何、李諸公遠不可逮。」因是知先生平日爲王先生所推服久矣。《突兀集》四卷，王先生所選録也。洪即以王先生之言附識於後，世之讀先生之詩者，其亦可以知所以寶矣。

陽明選編《突兀稿》，同時爲之評點。此三條評語，即出自其所選編評點之《突兀稿》。陽明選編《突兀稿》之時間，邵國麟《倪文忠公傳》云：「嘉靖初，王文成公以良知覺後覺，嘗折衷文忠公……」按陽明正德十六年八月自江西歸越，九月歸餘姚省祖塋，與十四年未見之老友倪小野相晤，倪小野弟子錢德洪亦來受學，錢德洪《陽明先生年譜》云：「正德十六年九月，歸餘姚省祖塋。先生歸省祖塋，訪瑞雲樓……日與宗族親友宴遊，隨地指示良知。德洪……久思及門……乃排衆議，請親命，率二姪大經、應揚及鄭寅、俞大本，因王正心通贄請見。」倪小野所居清暉樓即在瑞雲樓對面，故此「宗族親友」必包括倪小野在内。陽明其時與倪小野會晤，乃得其詩，遂歸而爲其選編《突兀稿》。可見陽明選編評點《突兀稿》應在嘉靖元年中。

再辭封爵普恩賞以彰國典疏稿

（嘉靖元年，一五二二年）

謹奏爲懇辭封爵普恩賞以彰國典事：臣於正德十六年十二月節准兵部、吏部咨，節該題奉聖旨：「江西反賊剿平，地方安定，各該官員功績顯著。你部裏既會官集議，分別（下塗去一字）等第明白，王守仁封伯爵，給與誥券，子孫世世承襲，照舊參贊機務。欽此。」「王守仁封新建伯，奉天翊遠推誠宣力守正文臣，特進光禄大夫、上柱國，還兼南京兵部尚書，照舊參贊機務，歲支禄米一千石，三代并妻一體追封。欽此。」臣聞命驚惶，竊懼功微賞重，禍敗將及，已經具本辭免去後。隨於嘉靖元年七月十九日准吏部咨，該臣奏前事，節奉聖旨：「論功行賞，古今令典，詩書所載，具可考見。卿倡義督兵，剿除大患，盡忠報國，勞積可嘉，特加封爵，以貽公義。宜勉承恩命，所辭不允。該部知道。欽此。」欽遵。臣以種惡深重，延禍先臣，方煢然（下圈去二字）瘠疚（二字補註），僅未殞絶。聞命悸慄，魂魄散亂。已而伏塊沉思，臣以微勞，冒膺殊賞，所謂叨天之功，掩人之善，襲下之能，忘己之耻者，臣於前奏已具陳之矣。然而聖旨殷優，獨加於臣，餘皆未（此字旁補勾入）蒙採録者，豈以江西之功，果臣一人之所能獨辦乎？朝廷爵賞（下塗去一字），本（此字旁註）以公於天下，而以一身掠衆美而獨承之，是臣擁閼朝廷之大澤，而使下有不均之望也，罪不滋重已乎！夫廟堂之賞，朝廷之議也（此字旁補勾入），臣不敢僭及，至於臣所相與協力同事之人，則有不得不爲一申白者。古者賞不踰時，欲人速得爲善之報也。今效忠赴義之士，延頸而待，已三年矣，此而更不一言，事日以遠，而意日以衰，誰復有爲之論列者？故臣輒敢割痛忍哀，冒斧鉞而控籲，氣息奄奄之中，忽不自（下塗去一字）覺（此字旁註）其言之懆妄，（下塗去一字）亦其事有所感於昔，而情有所激於中也。竊惟宸濠之變，起於倉卒，其氣勢張皇，積威陵劫，雖在數千里外，無不震駭失措，而況江西諸郡縣近切剥牀，觸目皆賊兵，（下圈去五字）隨處有賊黨。當此之時，臣以逆旅孤身，（下圈去二字）舉事（二字旁註）其間，雖仰仗威靈，以號召遠近，然而未受巡撫之命，則各官非統屬也（此七字旁補勾入），未奉討賊之旨，則其事乃倡義也，若（此八字旁補勾入）使（下塗去一字）其時（此二字勾入）郡縣各官果（下塗去一字）懷（此字旁補）畏死（下塗去一字）偷（此字勾入）生之心（此二字勾入），但以未有成命，各保土地爲辭，則臣亦可如何哉？然而聞臣之調，即皆感激奮勵，或引兵而至，或挺身而來，是非真有捐軀赴難之義，戮力報主之忠，孰肯甘粉虀之禍，從赤族之誅，蹈必死之地，以希萬

(下圈去一字)難(此字旁補)一(下圈去一字)冀(此字旁勾入)之功乎？然則凡在與臣共事者，皆有忠義之誠者也。夫均秉忠義之誠，以同赴國難，而功成(下塗去一字)行(此字補註)賞，臣獨當之，人將不食其餘矣，此臣之所(下塗去一字)爲(此字旁補)不敢(下塗去五字)受也(「此臣」下一句勾入)。且宸濠之變，天實陰奪其魄，而摧敗之速，是以成功(二字倒書而勾轉)之後，不復以此(下塗去二字)同事諸(三字旁補勾入)人者爲庸。使其時不幸而一蹶塗地，則粉身滅族之(下塗去一字)慘，亦此(下塗去二字)同事諸(三字補註勾入)人者自當之乎？將猶可(此下圈去一字)以藉衆議之(此四字勾入)解救(下塗去一字)明(此字旁補)其罪不當死而徐免之乎？夫天下之人犯必死之難以赴義，則上之人有必行之賞以報功，今臣獨濫崇爵，而此(下圈去二字)同事諸(三字勾入)人者，乃或賞或否，或不行其賞而並削其績，或賞未及播而罰已先行，或虚受昇職之名而因(此字勾入)使(下塗去一字)退(下塗去一字)閑(此字旁補)，或冒蒙不忠之號而隨意廢斥。由此言之，人亦何苦捐身赴義，以來此呶呶之口，而自求無實之殃乎？乃不若退縮引避，反可以全身遠害，安取富貴而逭於衆多之誹也。夫披堅執鋭，身親行伍，以及期赴難，而猶不免不忠之罰，則容有託故推奸，坐而觀望者，又將何以加之？今不彼之議，而獨此之察，則已過矣。昔人有(二字勾入)蹊田而奪牛者，君子以爲蹊田固有責，而奪牛則已甚。今人驅牛以耕我之田，既種（下塗去一字）且（此字補註）獲矣，而追咎其耕之未盡善也，（下及邊圈去三字）復從而（三字勾入）奪之牛，無乃太遠於人情乎？方今議者，或以爲私也素貪而鄙，私也素躁而狂，故雖有功，而當抑其賞；雖有勞，而不贖其罪。噫，是亦過矣！當宸濠之變，（下圈去二字）撫按三司等官，（下塗去一字）咸（此字補註）被驅縛，（下圈去二字）或死或從，其餘小大之職，近者就縻，遠者逃潰矣。當此之時，苟知（此字勾入）有從我者，皆可以爲忠義之士，尚得追論其平時耶？況所謂（勾入）貪與鄙（下塗去三字）者，或出於讒嫉之口，而未必皆真耶？（「況所謂」以下一句旁註勾入）夫居常處易，選擇而使，猶不免於失人，況一時烏合之衆，而欲以此概之，其責於人終無已乎？夫考素行，別賢否，以激揚士風者，（下圈去二字）考課（二字旁補）之常典；較功力，信賞罰，以振作士（下塗去一字）氣（此字旁註）者，軍旅之大權。故鄙猥之行，平時不齒於士列；而使貪使詐，軍事有所不廢也。急難呼吸之際，要在摧鋒克敵而已，而暇逆計其他乎？當此之時，雖有禦人國門之寇，苟能效其智力，以協濟吾事，亦將用之；用之而事果有成，亦必賞之；況乎均在士人之列，同有勤事之忠者乎？人於平居無事，扼腕抵掌而談，孰不曰我能臨大節，死大義；及當小小利害，（下塗去二字）未必至於死也，而或已倉惶失措者有矣；又況矢砲之下，劍刃之間，前有必死之形，而後有夷滅之禍，人亦（此字勾入）何不設以身處其地，而少亮之乎？（此字勾入）夫（下圈去二字）考課（二字旁註）之典，軍旅之政，固並行而不相悖，然亦不可以混而施之。今人方有可録之功，吾（下塗去一字）且遂（此字勾入）行其賞可矣，（二字勾入）縱有既往之愆，亦得以今而贖，但據其顯然可見者，毋深求其隱然不可見者賞行矣；而其人之過猶未改也，則從而行其黜（下塗去三字）謫（此字旁註）。人將曰：「昔以功而賞，今以罪而黜，功罪顯而勸懲彰矣。」今也將明軍旅之賞，而（下塗去一字）陰（此字旁註）以考核之意（下塗去一字）行於其間，人但見其賞未施而罰已及，功不録而罪有加，不能創奸警惡，而徒以阻忠義之氣，快讒嫉之心，譬之投杯醪於（下圈去二字）河水，而曰：「是有醪焉，亦可（下圈去一字）飲而（二字勾入）醉也。」非有易牙之口，將不能辨之矣，而求飲者之醉（下塗去一字）可得乎？（此一句旁註）（下圈去三字）（下圈去一全行）（下圈去十四字，又塗去二字）人臣於國家之難，凡其心之可盡，力之可爲，塗肝腦而膏髓骨，皆其職分（此字勾入）所當然，則此同事諸臣者，遂敢以此自爲之功，而邀賞於其上乎？顧臣與之同事同功，今賞績於臣而彼有未逮，臣復抗顔直受而不以一言，（下圈去一字）是使朝廷之上（下圈去一字）（又圈去首一字）果以其功獨歸於臣，而此諸人者之績因臣之爲蔽而卒無以自顯於世也。且自平難以來，此同事諸人者，非獨爲已斥諸權奸之（此字勾入）所誣搆挫辱而已也，群憎衆嫉，惟事指摘搜羅以爲快，曾未見有鳴其不平而伸其屈抑者。幸而陛下龍飛，赫然開日月之光，英賢輔翼，廓清風而鼓震雹，於是陰氛始散，而罔兩潛消。然而覆盆之下，尚或有未能自露者也。故臣不避矜誇（下塗去二字）僭（此字旁註）妄之戮，而（圈去一字）輒（此字旁註）爲諸臣者一訴其艱難抑鬱之情。昔漢臣趙充國破羌而歸，人有諷之謙讓功能者，充國曰：「吾老矣，爵位已極，豈嫌伐一時（下塗去一字）事以欺明主哉？兵（下塗去四字）政（下塗去一字）國之大（四字旁註勾入）事，當爲後法。老臣不以餘命（下塗去二字）一（下塗去四字）爲主上明（四字旁註勾入）言其（下塗去一字）利害，卒死，誰當復言之者？」竟以實對。夫人臣之忠於爲國也，殺身夷族（下塗去一字）有不避，而乃避其自矜功伐之嫌乎？臣始遇變於豐城也，蓋舉事於倉卒茫昧之中，其時（二字旁註勾入）豈能逆覩其功之必就，謂有今日爵賞之榮而爲哉？徒以事關宗社，是以不計成敗利鈍，捐身家，棄九族，但以輸忠憤而死臣節，是臣之初心也。至其號告三軍，則雖激之以忠義，而實歆之以爵禄延世之榮；勵之以名節，而復（下塗去一字）動（此字旁註）之以恩賞絢耀之美，是亦非敢以虛言誘之也。今臣受殊賞，而衆有未逮，是臣以虛言罔誘其下，竭衆人之死而共成之，掩衆人之美而獨取之，見利忘信，始之以忠義，而終之以貪鄙，外以欺其下，而内失其初心，亦何顔面以視其人乎？故臣之不敢獨當殊(下塗去一字)賞(此字旁註)者,非不知封爵之爲榮也,所欲有重於封爵者,故不爲苟得耳。伏願陛下鑒臣之言,不以爲誇也,而因以察諸臣隱;允臣之辭,不以爲僞也,而因以普諸臣之施。果以其賞在可薄歟,則臣亦不得而獨厚;果以其賞或可厚歟,則諸臣亦不得而遂薄也。(下塗去一字)江西同事諸人,於前奏亦已略舉,且該部具有成册可查,不敢復有所(此字勾入)塵瀆。臣(下圈去七字,邊又塗去添註一行)(首字塗去)戰慄惶懼,激切期望之至,在衰絰憂苦(二字勾入)之中,非可有言之日,(下塗去一字)事(此字旁註)不容已,而有是舉。(「在」字下一行旁補)(「至」字下塗去二字)

疏稿見徐邦達《古書畫過眼要録·元明清書法》。按《王陽明全集》卷十三有《再辭封爵普恩賞以彰國典疏》,即此疏,下注「嘉靖元年」。錢德洪《陽明先生年譜》云:「嘉靖元年七月,再疏辭封爵。七月十九日,准吏部咨……疏上不報。」其説有誤,七月十九日乃是准吏部咨,不是上疏之日。陽明上此疏在十月,《國榷》卷五十二:「嘉靖元年十月壬寅,王守仁辭爵,且言同事諸臣斥謫之枉。不允辭。」陽明此疏所辨同事諸臣斥謫之枉,主要指伍希儒、謝源、冀元亨、唐龍等人,見前考。

與子宿司諫

（嘉靖元年，一五二二年）

守仁罪逆未死之人，天罰不令，加以人非，固其所也。乃以重累知己，爲之匡扶洗滌，觸冒忌諱而不顧，此昔之君子所難能也，愧負愧負！自去歲到家，即已買田築室，爲終老之計矣。遭喪以來，此意益堅，自是而後，惟山谷之不深、林壑之不邃是憂，一切人世事，當已不復與矣。然則今日之事，雖若覆其傾者，殆天將全其首領於牖下，而玉成之也已，敢不自勉，以求無負於相知之愛？衰絰荼苦中，未敢多控，賫奏人去，伏塊草草，言無倫次。十一月初七日，孤子守仁稽顙，子宿司諫道契兄文侍。餘空。

札見古愚生《讀陽明先生真迹》（《王學雜誌》第一卷第十一號，明治四十年一月十五日明善學社刊行），錢明《王陽明全集未刊散佚詩文彙編及考釋》著録。按子宿即汪應軫，號青湖，浙江山陰人。《明史》有傳，季本《季彭山先生文集》卷三有《奉政大夫江西按察司提學僉事汪公墓志銘》。此札所言「遭喪以來」、「衰絰荼苦中」，指陽明嘉靖元年二月丁父憂家居。所謂「乃以重累知己，爲之匡扶洗滌，觸冒忌諱而不顧」，「今日之事，雖若覆其傾者，殆天將全其首領於牖下，而玉成之也已」，乃指汪應軫上奏爲其抗辨。《國榷》卷五十二：「嘉靖元年九月乙巳，巡按江西監察御史程啟充上逆濠私書，劾王守仁黨惡，宜奪爵。户科給事中汪應軫、主事陸澄皆奏辨。御史向信以應軫守仁同鄉、陸澄守仁門生，黨比欺罔。上皆不問。」季本《汪應軫墓志銘》對此有詳述：「御史程啟充巡按江西獄，有被問湖口縣知縣章元梅希風旨，出逆濠奏本私書，抱首云其所獲，若將陰中陽明公者。御史得之，因奏其擒宸濠爲貪天功以摇視聽。公謂言官妄行舉劾，沮抑忠義，害治體不小，上疏言：『王守仁巡撫南贛，與南昌相去亦遠。當逆濠作叛之時，乃能首倡大義，興集民兵，卒滅反賊。使其有一毫回顧之心，則必逗留不進，中立待變，決不舉動如是之光明，號召如是之勇敢，殄滅如是之迅速也；而謂之貪天功，可乎？且逆濠書内止謂「王守仁亦好」，初無心腹交結之實迹。蓋成大事者，當渾淪持重，圭角不露，不使小人得以窺測淺深。彼逆濠者墮其術中而不自覺，此守仁之所以能成功也。夫勇略震主者身危，功蓋天下者不賞，自古以來蓋多有之，一守仁何足惜，但恐守仁由此得罪，異日天下有事，誰肯出死力耶？況逆濠所藏私書，前已有旨燒毀，今御史程啟充乃聽信被問官挾讐之言，復有此奏，尚可謂之順德意而存大體哉！守仁，臣同府人也，若有回護鄉里之嫌，則不當有此請矣；但欲爲國家論大事，則不得避小嫌。伏惟陛下察之。』議者猶喧然黨同，君子實深韙之。……陽明公講道東南，天下皆尊信之，公獨以其言戾於朱子，不能相下；然觀其立朝論救之言，夫豈不相知哉？……公但以其功業爲高，而不以其學術爲是。」觀此，可知先是陽明丁憂歸居，汪應軫上奏爲其辨誣，陽明聞之，乃作是札謝之。札中又云「賫奏人去，伏塊草草」，指其上《再辭封爵普恩賞以彰國典疏》（《王陽明全集》卷十三），今據此札可糾錢德洪《陽明先生年譜》之誤。按《年譜》云：「嘉靖元年正月，疏辭封爵。……七月，再疏辭封爵。」年譜以爲再疏辭封爵在七月乃誤，按《國榷》卷五十二：「嘉靖元年十月壬寅，王守仁辭爵，且言同事諸臣斥謫之枉。不允辭。」今觀此札作在十一月初七，而云「賫奏人去，伏塊草草」，亦顯可見其再上奏辭封爵在十月。蓋陽明再辭封爵疏中祇言「隨於嘉靖元年七月十九日准吏部咨」，乃言吏部不允咨下在七月十九日，錢德洪遂誤以爲陽明再上奏辭封爵亦在七月矣。

書唐人七律二首

(嘉靖元年,一五二二年)

裁冰疊雪不同流,妃子宮中釵上頭。一縷紅絲歸趙璧,滿階明月戲吴鈎。春情難斷銀爲剪,舊壘猶存玉作樓。莫向尋常問行迹,杏花深處語悠悠。

流澌臘月下河陽,草色新年發建章。秦地立春傳太史,漢宮題柱憶儒郎。歸鴻欲度千門雪,仕女新添五夜香。蚤晚薦雄文似者,故人今已賦《長楊》。

寒夜獨坐,篝燈握管,爲書唐律二首。新建伯王守仁。

文見裴景福《壯陶閣書畫録》卷十,云:「紙本,高七寸二分。兩紙,長三尺七寸。余見陽明手札頗多,狂草師顛素,以此爲精卷。尾有高士奇小印。」卷後有莫是龍題云:「新建伯陽明先生以理學名家,而於書法宗顔、柳正傳,兼師懷素,故能自成家數,結構精嚴,神采奕奕,令人可望而不可即。謂其非嚴氣正性人不能臻此。予藏其立軸書二銘,又册子書《酒德頌》,及是卷爲三,真厚幸也。後學莫是龍識。」又有睫庵題云:「此卷丁丑冬得之無錫骨董攤華氏,在余秘笈中爲最先,亦最精。人有翰墨緣，自具真鑒，此由于天授，固不必以年論也。」按：陽明封新建伯在正德十六年十二月十九日，到嘉靖元年正月，陽明疏辭封爵，七月、十月再辭封爵，其時陽明著書作文自不會用「新建伯」銜。唯十月以後陽明已受封爵，而讒謗日熾，御史程啟充、給事毛玉奏劾，陸澄上疏爲其六辯，陽明止之曰：「無辯止謗……今日之多口，孰非吾儕動心忍性，砥礪切磋之地乎！」(見《陽明先生年譜》)此唐律云：「莫向尋常問形迹，杏花深處語悠悠」，「蚤晚薦雄文似者，故人今已賦《長楊》」，乃是借唐人自況，其抄寫唐人二律之真意昭然可見。故可推斷此書唐人七律當作在嘉靖元年臘月中。

致嚴應階書

（嘉靖元年，一五二二年）

孤不孝，延禍先子，遠承吊慰，豈勝哀感。逆惡之人，未即殞滅，微功重賞，適多其罪，詎足以言賀耶！禮意敬復，誠不敢當。使者堅不可拒，登拜悚仄，荒迷中莫知所以爲謝。伏塊抆淚，草草不次。孤守仁稽顙疏，應階嚴大人道契文侍。七月三日。餘空。

手迹刻石今存上虞市曹娥廟，真迹見王望霖《天香樓藏帖》卷一《王守仁與嚴應階書》，計文淵《王陽明法書集》著録。按嚴應階即嚴時泰，字應階，號傑山，餘姚人。《國朝獻徵録》卷五十三有應大猷《嚴時泰行狀》：「公諱時泰，字應階，漢子陵裔，世爲餘姚人。登正德辛未進士，筮仕溧陽……授南京江西道御史，以戚畹例改鎮江府同知，轉福建鹺司……陞雲南永昌府知府……陞山東兵備副使……尋轉廣東參政……陞福建按察使。尋陞四川右布政使，未任，即轉左轄……陞南京太僕寺卿。期月，轉陞右都副御史，巡撫四川……尋陞南京工部侍郎，捧表入賀萬壽，引年而歸。卒，時嘉靖二十九年，年七十有二。」陽明是札所述，乃是嘉靖元年二月父王華卒，陽明守喪憂居，嚴時泰自餘姚來吊慰，并贈賻儀，陽明作是札致謝。嚴時泰乃是在百日後來弔，錢德洪《陽明先生年譜》：「嘉靖元年二月，龍山公卒……百日後，令弟姪輩稍進乾肉……越俗宴弔客，必列餅糖，設文綺，烹鮮割肥，以競豐侈，先生盡革之。惟遇高年遠客，素食中間肉二器……後甘泉先生來弔，見肉食不喜，遺書致責。先生引罪不辨。」嚴時泰來弔與甘泉約當同時，亦「高年遠客」也。所謂「微功重賞」云云，蓋來弔唁者亦同時賀其封爵陞官，陽明乃以爲微功受賞，不足言賀，其後遂又上疏辭封爵。錢德洪《陽明先生年譜》云：「嘉靖元年七月，再疏辭封爵。」其説有誤，據《國榷》卷五十二，陽明再疏辭封爵在十月壬寅（陽明《再辭封爵普恩賞以彰國典疏》中云「嘉靖元年七月十九日准吏部咨」，只是言吏部咨下時間，並非陽明上再辭封爵疏時間，錢德洪乃誤解）。今觀陽明是札，亦可見陽明七月未上再辭封爵疏。

春暉堂

（嘉靖元年，一五二二年）

春日出東海，照見堂上萱。遊子萬里歸，斑衣戲堂前。春日熙熙萱更好，萱花長春春不老。森森蘭玉氣正芬，翳翳桑榆景猶早。忘憂願母長若萱，報德兒心苦於草。君不見，柏臺白晝飛清霜，到處草木皆生光。若非堂上春暉好，安能肅殺迴春陽？

詩見《萬曆蘭溪縣志》卷六，《嘉慶蘭溪縣志》卷十七下。按春暉堂爲唐龍宅，《嘉慶蘭溪縣志》卷十六：「春暉堂，城中，唐龍建。紹興太史董玘有記。」《萬曆蘭溪縣志》卷六載有董玘《春暉堂記》云：「予友侍御蘭溪唐君，嘗作堂爲奉母之所，名之曰『春暉』之堂，而求記於予。且曰：『吾母之歸，值吾家貧甚。事吾大父母，拮据爲養，簪珥貿鬻且盡，無怨言。先君治家嗃嗃，常曲爲婉順，教吾兄弟，劬勞尤甚。聞有善行則喜，小有過則怒。蓋吾里中稱父賢者，必曰先君；稱母賢者，必及吾母。今春秋六十，康强無恙。』君清修好學，抱用世之志。初爲郯令，守城捍患，民尸祝之。按鎮及江右察舉撫安，知無不言，言無不盡，其名迹所起，固將有天下之任者，予故舉仁孝之説以爲之記。」董玘記稱唐龍爲「侍御」，并云其在「江右察舉撫安」後歸蘭溪作春暉堂養母。陽明此詩云「柏臺白晝飛清霜」，柏臺即御史臺，亦是稱唐龍以御史歸養老母。按唐龍於正德十五年以御史來巡按江西（見前考），處置平宸濠亂善後事宜，與陽明關係至密。陽明《與唐虞佐侍御》云：「相與兩年，情日益厚，意日益真。」（《王陽明全集》卷五）此書作於正德十六年七月五日。《國榷》中自正德十五年起筆筆記述巡按江西御史唐龍巡按事，記述至正德十六年十一月突然中止：「正德十六年十一月戊午，故翰林院修撰羅倫，贈左春坊左諭德，謚文毅。御史唐龍之請。」此後再無叙述御史唐龍事，此顯然是唐龍在十二月後已乞休養母歸蘭溪。唐龍忽於此時乞歸自有原因，先是陽明在正德十六年五月十五日所上《剿平安義叛黨疏》中云：「巡按御史唐龍、朱節運謀監督，而按察使伍文定、布政使陳策等相與協議贊畫，都指揮馮勳及通判林寬、知縣熊價等又各趨事效命，并力於下。論各勞績，皆宜旌録。」然《明世宗實録》載正德十六年十一月丁巳下詔獎陞平宸濠立功人員，中無唐龍其人，此顯然是唐龍在巡按江西中因「知無不言，言無不盡」，多有奏劾，得罪朝中宰輔貴幸，遂遭遇與謝源、伍希儒同樣命運，不得賞功陞職，被迫乞休歸養。陽明詩中所云「柏臺白晝飛清霜」，已暗道出此事。徐階《唐龍墓志銘》於叙述唐龍以御史巡按江西，語焉不詳，忽然打住，一下子跳到叙述嘉靖五年事，中間留下大段空白（《明史》本傳同），顯然是有意隱却此一段事實真相。大致可以肯定唐龍確在正德十六年十二月乞養老母歸休，於次年嘉靖元年春間修建成春暉堂奉母，陽明遂在此時寫去此詩祝賀。又《倪小野先生全集》卷四亦有《春暉堂爲唐侍御虞佐題》：「春暉堂，晝錦日，蒼顔阿母眼如漆。鳳冠峨峨德在躬，豸繡煌煌歡繞膝。憶昔春暉涕淚前，呱呱兒女啼相牽。冰霜不廢孟母織，風雨時頌共姜篇。念茲冰霜與風雨，一朝消盡春暉吐。芳菲景留三月花，翱翔輝動五雲羽。春暉之草植瓊園，拂天枝葉華且繁。報答春心應不盡，長養至德難具論。春暉堂下南山好，玉燭長調春不老。一年一回驄馬道，年年感此春暉草。」與陽明此詩作在同時。倪小野居清暉樓，與瑞雲樓相鄰，陽明亦在正德十六年九月來訪瑞雲樓，見倪小野（見前《題倪小野清暉樓》考），而兩人同時爲唐龍作春暉堂詩，頗疑唐龍是年十二月歸蘭溪，嘗順道經餘姚拜訪陽明，并得見倪小野，遂面請二人爲作春暉堂詩也。

答張汝立書（三首）

（嘉靖元年，一五二二年）

書一

……君子之心，如青天朗月，雖風雨晦冥，千變萬狀，要在不失其清明皎潔。古之人顧諟明命，臨深履薄，故升沉毀譽，外境遞異，而本體恒一，由此道也。……

書二

……延平云：「中年無朋友，幾乎放倒。」所遇不必盡求勝己，但得人時，相切礪問難，工夫便自不同。古之人耕稼陶漁中安能得禹、契，然何莫非取善之境？故自成成物，原無二塗轍。……

書三

……謙之必得數相見，於此學必有切磋砥礪之益。幸及時相與，大進此道，以繼往開來。……

三書見《鄒守益集》卷十八《題會稽師訓卷》。按張鰲山字汝立，號石磐，安福人，陽明弟子。正德六年舉進士，陽明時爲會試同考試官，於鰲山有「座主」之誼，兩人即在是年相識。嘉靖中張鰲山來會稽受學，與陽明通信往返論學尤多，張鰲山後將陽明書札編爲《會稽師訓》，此三書即在《會稽師訓》中。鄒守益《題會稽師訓卷》曰：「張子鰲山繪陽明先師遺像，及彙書翰爲一卷，夙夜用以自範。某敬題曰《會稽師訓》，而申於後曰：師道之功，大矣哉！方先師之存也，四方之士，若抱病而求華、扁，充然各得其所可願；及於亡也，悵悵然靡所賴矣。然遺方猶存，即而服食之，咸可以却疾而延年。書中有曰：『君子之心，如青天朗月……』又曰：『延平云……』方張子遇誣時，某上書先師申救，及侍側，懇懇言之，公莞然曰：『寄語汝立，不做好官，且做好人。』某瞿然自矢於升沉毀譽之表，書中亦言：『謙之必得數相見……』讀之毛髮竦然。」

按張鰲山被誣下獄事在正德十五年（參前《辭爵賞救張鰲山疏》），并在本年致仕歸安福，至正德十六年陽明亦歸會稽，張鰲山遂在嘉靖元年來會稽問學，陽明此三書當作在嘉靖元年以後。

與王汝中

（約嘉靖元年，一五二二年）

經者，徑也，所由以入道之徑路也。聖人既已得道於心，慮後人之或至於遺忘也，筆之於書，以詔後世。故六經者，吾人之記藉也。漢之儒者，泥於訓詁，徒誦其言，而不得其意，甚至屑屑於名物度數之求，其失也流而爲支；及佛氏入中國，以有言爲謗，不立文字，惟只指人心以見性，至視言爲葛藤，欲從而掃除之，其失也流而爲虚。支與虚，其去道也遠矣。……

文見《王畿集》卷十五《明儒經翼題辭》。王畿謂：「予聞之師曰：……」後人多視爲陽明語録。按陽明此段文字不類講話口氣，顯非語録，而應是陽明與王畿書中語。在《王畿集》中，多有云「先師曰」，「聞之師云」者，恐并非均指講話語録，而可能是出於某文某札中語。王畿正德十六年來受學，陽明此書約作於嘉靖元年以後。

與薛尚謙手札(二首)

（嘉靖二年，一五二三年）

(一)

所留文字，憂病中不能細看，略閲一二篇，亦甚有筆力，氣格亦蒼老，只是未免知在過之耳。且宜俯就時格，一第不令先也。如須題目，今寫一二去，閑中試一作，春半過此帶來一看，兄弟中肯同作尤好。「修身以道，修道以仁，人生而静，天之性也。」「學要鞭辟近裏。」「論賀今上册立中宫表。」「問聖人之心未嘗一日忘天下。」及「夫子席不暇暖，而於沮溺、荷蕢丈人之賢皆有所未足，是可以知其本心矣。至其論太伯，則以爲至德；論夷齊，則以爲求仁得仁。」「四子言志，三子在皆欲得國而治，夫子蓋未嘗有所許也。及曾點有風浴咏歸之談，幾於□……」

(嘉靖二年,一五二三年)

聞貴恙,即欲往候,顧几筵不得少離,馳念何可言。山間幽寂閑散,於學力不爲無助,論者以雨後毒熱,草木濕暑之氣,大能中人,暫且移卧城中,近山小庵院,俟暑退復往,如何?爲學工夫最難處,惟疾病患難。患難中意氣感發,尚自振勵;小疴薄痓猶可支持;若病勢稍重,精神昏憊,又處覊旅,即意思惝怳無聊,鮮不弛然就靡者。此皆區區嘗所經歷,不識賢者却如何耳。何鵲去不克偕,悵悵怏怏,珍攝自愛。守仁拜手,尚謙察院道契文侍。

(二)

手札真迹爲美國私人收藏,計文淵《王陽明法書集》著録。薛尚謙即薛侃,字尚謙,號中離,揭陽人。此手札真迹向來以爲是一篇手札,並以爲作在嘉靖三年,顯誤。按此札上半言「春半過此帶來」,應作在正月;後半言「雨後毒熱,草木濕暑之氣」「俟暑退復往」,則作在五六月間,分明爲兩篇書札。故茲將此真迹分兩札考之。蓋此兩札作在同年,先後相接。札一云「憂病中」,札二云「几筵不得少離」,均指陽明丁父憂居喪,陽明父王華嘉靖元年二月卒,至嘉靖三年四月服闋,此札稱「春半過此帶來」，則必是作在嘉靖二年正月可知。蓋嘉靖元年正月陽明尚未丁憂，而嘉靖三年正月薛侃已早離紹興而去（見下考）。是札言「所留文字」、「春半過此帶來一看」，顯可見其時薛侃在會稽山中受學，陽明在憂居中，薛侃時時來過一問受教也。此由札二中尤可見之。

札二所云「几筵」，指靈座，陽明乃在憂居中。云「俟暑退復往」，則時當嘉靖二年五月中（嘉靖三年五月則已服闋）。札既云「聞貴恙，即欲往候」，可見薛侃即居在會稽受學，若離會稽歸揭陽，豈能「往候」？札中陽明勸其夏暑太熱，「暫且移卧城中」，可見薛侃時居山中，按錢德洪云：「先生初歸越時，朋友踪跡尚寥落。既後四方來遊者日進。癸未已後，環先生而居者比屋，如天妃、光相諸刹，每當一室，常合食者數十人。夜無卧處，更相就席，歌聲徹昏旦。南鎮、禹穴、陽明洞諸山遠近寺刹，徙足所到，無非同志遊寓所在。先生每臨講座，前後左右環坐而聽者常不下數百人，送往迎來，月無虛日，至有在侍更歲，不能遍記其姓名者。」（《王陽明全集》卷三）薛侃當亦住諸山遠近寺刹中，因病陽明方令其進城居住。札中所言「何鵲去」，乃指何廷仁，原名何秦，字性之，號善山，雩都縣人。蓋陽明在虔時，何廷仁來學；陽明歸越後，何廷仁又來越從學，其歸即在嘉靖二年五月間，參見下《與薛子修書》考。

與某人書

（嘉靖二年，一五二三年）

兒輩來，聞貴恙，即欲往候，顧几筵不得少離，馳念何可言。山間幽寂蕭散，於學力不爲無助。論者或以雨後濕暑，草木鬱蒸之氣亦能中人，不若暫且移卧城中，傍山小庵院，俟暑退復往，如何？爲學工夫難得力處，惟患難疾病中，意氣感發，尚自振勵。小疴薄痁，猶可支持；若病勢稍重，又在逆旅，精神既憊，積累易牽，即意思惝怳無聊，鮮不弛然就靡者。此皆區區嘗所經涉，不識賢者如何耳。越人去不克偕，悵怏悵怏！汝山偶過杭，今晚若到，明日更遣兒曹同候。千萬珍攝自愛。守仁拜手。

書見裴景福《壯陶閣書畫録》卷十《明王陽明手札册》。是書所述，與前《與薛尚謙手札》之二全同，不知與何人，按《王陽明全集》卷二十一有《與黄誠甫》書二云：「盛价來，領手札，知有貴恙，且喜漸平復矣。賤軀自六月暑病，然兩目蒙蒙，幾成廢人，僅存微息。旬日前，元忠、宗賢過此，留數日北去。山廬卧病，期少謝人事，而應接亦多。今復歸卧小閣，省愆自訟而已。聞有鼓枻之興，果爾，良慰渴望。切磋砥礪之益，彼此誠不無也。」此書所述，與此《與某人書》所述相同，不同者，一作在六月夏暑，一作在七月初秋。疑此《與某人書》即與黃誠甫，與《與薛尚謙手札》作在同時，故語多同也。汝山，當是「汝止」之誤，蓋山、止二字草書形同，裴景福誤譯也。汝止即王艮，字汝止。王艮自正德十五年拜陽明爲師以後，每年皆來會稽見陽明。錢德洪《陽明先生年譜》：「嘉靖二年癸未……鄒守益、薛侃、黃宗明、馬明衡、王艮等侍……」（參見張峰《王艮年譜》）可見嘉靖二年王艮與薛侃、黃宗明（誠甫）皆在會稽，此更可證陽明此書爲致黃誠甫也。

與黄宗賢書一

（嘉靖二年，一五二三年）

別去，得杭城寄回書，知人心之不可測，良用慨歎。然山鬼伎倆有窮，老僧一空無際，以是自處而已。講學一事，方犯時諱，老婆心切，遂能緘口結舌乎？然須默而成之，不言而信，不量淺深，而呶呶多口，真亦無益也。議論欠簡切，不能虚心平氣，此是吾儕通患。吾兄行時，此病蓋已十去八九，未審近來消釋已盡否？謙之行便，草草莫既，衷私幸亮。

書見《陽明先生文録》卷二。書云「謙之行便」，乃是請鄒守益帶此書往南京致黄綰，則此書當作在嘉靖二年三月。按鄒守益嘉靖二年正月嘗來紹興問學，宋儀望《鄒東廓先生行狀》：「明年癸未，復謁王公於越中，參訂月餘。既别，王公悵望不已……入京，復授館職。」鄒守益問學月餘，其當在三月北上赴京，中途經南京。此前，黄綰亦在正月來紹興見陽明（先回黄巖），遂即北上回南京，途經杭州時，有書致陽明，即此書所云「别去，得杭城寄回書」。詳考參見下《鎮海樓》詩考。

與黃宗賢書

（嘉靖二年，一五二三年）

近與尚謙、子莘、宗明講《孟子》「鄉愿狂狷」一章，頗覺有所警發，相見時須更一論。四方朋友來去無定，中間不無切磋砥礪之益，但真有力量能擔荷得者，亦自少見。大抵近世學者無有必爲聖人之志，胸中有物，未得清脱耳。聞引接同志，孜孜不怠，甚善！但論議須謙虚簡明爲佳。若自處過任，而詞意重復，却恐無益而有損。

書見錢德洪《陽明先生年譜》嘉靖二年下。按《王陽明全集》卷五有《與黃宗賢》，即是書，然兩書差異甚大，多有删改，疑錢德洪將是篇收入陽明文集時有所潤色修改所致。

與薛尚謙書

(嘉靖二年,一五二三年)

謂「自咎罪疾,只緣輕傲二字」,足知用力懇切。但知輕傲處,便是良知;致此良知,除却輕傲,便是格物。得致知二字,千古人品高下真僞,一齊覷破,毫髮不容揜藏,前所論鄉愿,可熟味也。二字在虔時終日論此,同志中尚多未徹。近於《古本序》中改數語,頗發此意,然見者亦往往不能察。今寄一紙,幸更熟味。此乃千古聖學之秘,從前儒者多不曾悟到,故其説入於支離外道而不覺也。

書見錢德洪《陽明先生年譜》嘉靖二年下。按《王陽明全集》卷五有《寄薛尚謙》,即是書,然多有異,當亦是錢德洪將是書收入陽明文集時有所删改。

鎮海樓

（嘉靖二年，一五二三年）

越嶠西來此閣横，隔波煙樹見吴城。春江巨浪兼山湧，斜日孤雲傍雨晴。塵海茫茫真斷梗，故人落落已殘星。年來出處嗟無累，相見休教白髮生。

詩見《萬曆蕭山縣志》卷二，《嘉靖蕭山縣志》卷二，《康熙蕭山縣志》卷六。按鎮海樓在蕭山，《萬曆蕭山縣志》卷二《宫室》：「曰樓則有鎮海樓，迫西興渡。隆慶中圮。萬曆十五年，令劉會因石塘功畢，力請重建，葺舊臺，增高四尺，改方洞門，架樓三楹，其上回廊皆石柱，繚以雕欄。顔其面曰『浙東第一臺』，門曰『望京』，背曰『鎮海樓』……先是有玩江樓，久廢。弘治十年，令鄒魯重建，改今名。嘉靖十八年，通判周表修葺，太守湯紹恩扁曰『全越都會』。」詩云「春江巨浪兼山湧」，作在春間。按陽明嘗在嘉靖二年春間送鄒守益到蕭山，宋儀望《鄒東廓先生行狀》：「明年癸未，復謁王公於越中，參訂月餘。既别，王公悵望不已，門人問曰：『夫子何念謙之之深也？』公曰：『曾子所謂以能問於不能云云，若謙之，可謂近之矣。』」鄒守益在春正月來紹興受教月餘，陽明在三月送鄒守益至蕭山，游浮峰，登鎮海樓，多有詩咏。《鄒守益集》卷二十六有《同郭善夫魏師顔宿陽明洞》：「躡足青苔石萬尋，謝墩何處更投簪？雲穿草樹春亭静，水點桃花洞口深。屋漏拂塵參秘訣，匡牀剪燭動幽吟。千年射的（山名，在陽明洞中）誰能中？莫遣桑蓬負壯心。」《侍陽明先生及蔡希淵王世瑞登浮峰書别》：「遠隨謝屐出東皋，直訪梅巖（子真常隱於此）未憚勞。杯酒百年幾勝踐，初晴千里見秋毫。沙光映日開平野，石勢連雲湧海濤。醉下長林生别思，煙汀回首越山高。」《王陽明全集》卷二十有《夜宿浮峰次謙之韵》：「日日春山不厭尋，野情原自懶朝簪。幾家茅屋山村静，夾岸桃花溪水深。石路草香隨鹿去，洞門蘿月聽猿吟。禪堂坐久發清磬，却笑山僧亦有心。」《再游浮峰次韵》：「廿載風塵始一回，登高心在力全衰。偶懷勝事乘春到，况有良朋自遠來。還指松蘿尋舊隱，撥開雲石翦蒿萊。後期此别知何地？莫厭花前勸酒杯。」

與薛子修書

（嘉靖二年，一五二三年）

承遠顧，憂病中别去，殊不盡情。此時計已蒞任，人民社稷必能實用格致之力，當不虚度日月也。心之良知是謂聖，聖人之學，致此良知而已矣。謂良知之外尚有可致之者，侮聖言者也，致知爲盡矣。令叔不審何時往湖湘？歸途經貴溪，想得細論一番。廷仁回省，便輒附此致間闊。心所欲言，廷仁當能面悉。不縷。

書見《陽明先生文録》卷二（日本九州大學文學部藏），錢明《王陽明全集未刊散佚文彙編及考釋》著録。此書向來以爲作於嘉靖三年，亦誤。按薛子修即薛宗鎧，字子修，號東泓，揭陽人。薛俊子，薛侃姪。嘉靖二年進士。黄綰《薛助教俊墓志銘》：「君諱俊，字尚節，號静軒，世爲揭陽龍溪之薛壟人。高祖良，曾祖田，父驥，俱有隱德。母曾氏。弟五人：曰傑、曰侃、曰僎、曰偉、曰僑。侃即尚謙，行人司行人。僑進士。子三人：曰宗鎧、曰宗銓、曰宗鏜。宗鎧與僑同科進士，貴溪知縣。……」《明清進士録》：「薛宗鎧，明嘉靖二年三甲五十八名進士。廣東揭陽人，字子修。官建陽令，求朱熹之後復之，以主祀事。徵爲給事中，時汪鋐擅權，宗鎧抗疏劾之，奪職，被杖死。叔父侃，舉正德進士。」陽明此札所云「此時計已蒞任」，即指薛宗鎧中進士授貴溪知縣任，故決可知陽明此札作於嘉靖二年。所謂「承遠顧，憂病中别去」，必是薛宗鎧中進士南下赴貴溪知縣任，途經紹興來見陽明，然後相别赴貴溪而去。時陽明仍丁父憂，故云「憂病中别去」。所云「令叔不審何時往湖湘」，乃指薛侃，蓋其時薛俊在湖湘任職，黄綰《薛助教俊墓志銘》：「乙亥，陞玉山教諭……丙子，陽明先生過玉山，君遂執弟子禮……是歲，聘典湖南文衡。」是年薛侃確於下半年離紹興而去(見錢德洪《陽明先生年譜》)，則必是往赴湖湘薛俊處，至次年則因母卒而歸揭陽。薛侃由紹興赴湖湘必經貴溪，而薛宗鎧正爲貴溪知縣，故札云「歸途經貴溪，想得細論一番」。所謂「廷仁回省」，即指何廷仁歸雩都，與前《與薛尚謙手札》所云「何鵲去不克偕」相合，可見陽明此札亦作在嘉靖二年五月中。何廷仁歸雩都亦必經貴溪，故此札云「心所欲言，廷仁當能面悉」。

與顧惟賢書

（嘉靖二年，一五二三年）

近見禮論，足知日來德業之進。秦漢以來，禮家之説往往如仇，皆爲不聞致良知之學耳。……

書見顧應祥《静虚齋惜陰録》。顧應祥字惟賢，號箬溪，長興人，陽明弟子，其《大禮論》作在嘉靖二年，但未能上。自云：「此論乃嘉靖二年考滿赴京途中所作，因畏避人譏干進，不曾敢出，止被江西士子抄録，傳至王陽明先生處，故陽明先生有書云……今歲久論定，故附録於此。」時大禮議方起，陽明表面態度曖昧，然於此與顧惟賢書中却旗幟鮮明。錢德洪《陽明先生年譜》云：「嘉靖三年八月，是時大禮議起……霍兀厓、席元山、黄宗賢、黄宗明先後皆以大禮問，竟不答。」不確，《王陽明全集》卷二十一有《與霍兀崖宫端》云：「往歲曾辱《大禮議》見示，時方在哀疚，心善其説，而不敢奉覆。既而元山亦有示，使者必求覆書，草草作答，意以所論良是。而典禮已成，當事者未必能改，言之徒益紛爭，不若姑相與講明於下，俟信從者衆，然後圖之。」今觀陽明此與顧應祥書，年譜之誤（曲意掩飾）可知矣。

與歐陽崇一書

（嘉靖二年，一五二三年）

……吾所講學，正在政務倥偬中，豈必聚徒而後爲講學耶？……

書見錢德洪《陽明先生年譜》嘉靖五年下，云：「嘉靖五年四月，答歐陽德書。德初見先生於虔，最年少，時已領鄉薦。先生恒以『小秀才』呼之。故遣服役，德欣欣恭命，雖勞不怠。先生深器之。嘉靖癸未第進士，出守六安州。數月，奉書以爲『初政倥偬，後稍次第，始得與諸生講學』。先生曰……又嘗與書曰：『良知不應見聞而有，而見聞莫非良知之用。』」陽明此二書，一作於嘉靖五年四月，已收於《傳習録》；一則此書，作於嘉靖二年在六安時，已佚。

答歐陽崇一問致良知書（嘉靖二年，一五二三年）

●良知非離見聞，惟以致知爲主，則多聞多見皆致知之功；

●良知非斷思慮，良知發用之思自是明白簡易，無憧憧紛擾之患；

●致知非絶事，應實致良知，則行止，生死惟求自慊，而不爲困；

●致知非爲逆億，致良知則知險知阻，自然明覺，而人不能罔。

書見《國朝獻徵録》卷九《新建伯王文成公傳》，云：「歐陽崇一守六安，奏記問學，凡四條，答之：……」按歐陽德任六安守時，與陽明多有通信往來論學，兩人書均佚。此陽明答問致良知書，尤足寶貴也。

回堇山先生札

（嘉靖二年，一五二三年）

孤子王守仁稽顙疏復司空堇山先生大人鄉丈執事：守仁罪逆深至，去歲已卜葬先考浂。不意乃有水患，今冬復改卜。方兹舉事，忽承手教，與奬過矣。寵然委使叙所著述，感怍惶悚，莫知所措。懵懵未死之人，且不知天地日月，又足以辨此乎？雖然，雅頌之音，韶英之奏，固其平生所傾渴者。喪復之後，耳目苟不廢，尚得請與樂章而共習之，其時固不敢當首序之僭，或綴數語於簡末，以自附於吴季子之末論，萬一其可也。寠人之室，虞有闕落，不可以居重寶，佳集且附使者奉納，冀卜日更請，千萬鑒恕。荒迷無次。嘉靖二年十二月初三日，孤子守仁稽顙上。

厚幣決不敢當，敬返璧，幸恕不恭。倘不蒙見亮，復有所賜，雖簡末數語，亦且不敢呈醜矣。方擬作答，忽頭眩嘔仆，不能手書，輒口占，令門人代筆，尤祈鑒恕。

書見李堂《堇山文集》前附録。李堂字時升，號堇山，鄞縣人。《明清進士録》：「李堂，成化二十三年二甲九十名進士。鄞縣人，字時升，號堇山。官至工部右侍郎，總理河道。能詩文。有《堇山集》、《正學類稿》、《四明文獻志》。」《國朝獻徵録》卷五十一有雷禮《工部侍郎李堂傳》。札所云「今冬復改卜」者，指改葬陽明之父龍山公事，錢德洪《陽明先生年譜》：「嘉靖二年九月，改葬龍山公於天柱峰，鄭太夫人於徐山。鄭太夫人嘗附葬餘姚穴湖，既改殯郡南石泉山；及合葬公，開壙有水患，先生夢寐不寧，遂改葬。」又札云「忽承手教」，乃指李堂書來請陽明爲其《堇山文集》作序，今《堇山文集》卷八即有《與王陽明書》：「自辛未得告，歲週紀矣。邇惟執事讀禮逾祥，勑徵指日，每瞻牙纛，冀滌渴塵，而老病杜門，動止維棘。小兒維孝回，叙道厚私，感刻，感刻！不揣輒陳所懇，伏念平生仕隱無裨，老死將及矣，一息懸懸，耻爲乾没。因輯叙感寓應酬各體詩文，擇存一十五卷，占名《堇山文集》，非借重衮詞冠弁集首，何以光貫家藏？謹繕寫粧帙上呈，倘辱慨賜雄文一首，以慰鵠候，何感如之！夫士先省己，物在鑒形，堂雖寡昧，敢志内訟邪？堂聞之，培塿拱嶽，涓澮朝宗，知所向也。仰止皇明文獻，何獨感於鄉邦哉！潛溪博洽，遜志精忠，惟誠意伯兼之。執事以冠世之文，成經世之業，恭毅明紀肅愍，建勳遠過焉，天相狎符，昌時翊運，豈偶然哉！堂又常竊侍近世鄉賢，如鏡川明睿，方石精嚴，楓山忠信，皆見而知之矣，孰如執事親炙之深哉！一得之愚，因莫遏於求源而赴壑也。德云寡矣，功云寥矣，言將益衍矣，末著自述一篇，尤希矜之鑒之。昔柳子棄僇，幸後死昌黎，斯文不朽。堂何人，敢語歟？夫陳白建明，勸規獻納，與夫感今懷古，確政紀時，痛懲誣佞，庶幾未必無補名教之萬一也。倘留神終閲，自見腑肝，採菲録蕘，亦備瞽矇暬御之箴爾。狂繆逾涯，恃愛覼縷，伏惟容諒。不宣。」可見陽明與李堂於正德六年一别十二年未見面，而李堂子李維孝之來會稽見陽明，似是李堂遣子來受陽明學，遂有此札請陽明爲其文集作序。按《國榷》卷四十八：「正德六年十一月戊申，南京科道復劾逆黨南京户部尚書李瀚，江西總制左都御史陳金，刑部侍郎張子麟，工部侍郎李堂……有旨：瀚等令自陳，陳金仍討盜，堂、麟等俱致仕，留臧麟等。」陽明或以李堂有瑾黨之嫌而不願爲之作序耶？

贈新昌襲怡處士夫婦九秩慶壽圖詩序

（嘉靖二年，一五二三年）

天之壽常清，地之壽常寧，人之壽常生。常清則氣化行，常寧則品物亨，常生則事業成。氣化行而後天享其高，品物亨而後地享其厚，事業成而後人享其聖且賢與夫富貴之類。故壽爲箕疇五福之宗，而三才所賴不可無者，但有數存焉，非可幸致。予嘗以上壽望世人，而不數覯，適山陰包允誠欲壽其婭之父新昌王處士九秩，與內子章氏安人同德同壽先期繪圖，綴以詩歌，乞予文弁其首。予與王君有同宗誼，而允誠在江西宜黄蓮幕時，有宦遊之素，兼戚里也，不容辭。竊惟之物理，發源深者其流長，培之固者其植茂。聞公名銓，字以衡，别號襲怡。其先卜居南山之麓，以簪纓世其家，發源深矣，流得無長乎！公倜儻克幹，學識宏博，以庠生受恩典，身不盡享，家有餘積。積金有餘，貽子孫以衣食；積書有餘，貽子孫以學植；積善有餘，貽子孫以福澤。日夕盤旋桑梓間，樂恬曠，景與意適，豁如也。是所培者固矣，植豈無茂乎！生六丈夫子五：曰惟常，即允誠之婭也，任鳳陽縣幕官，以循良稱，曾、玄數十輩，皆聰明英俊；曰京，藩府引禮舍人；曰香，參從都督府之末；曰世傳，充儒學弟子員；曰世相，習舉子業，發策抉科，倚馬可待。德門襲慶，壽之固宜。今年夏五月二十三日，乃其懸弧之辰，親友畢賀，子姓森列，若芝蘭玉樹，茁秀階前，而公獨翛然乎其間，雖不必詫廣成子、安期生與夫商山、香山之老，真恍然神仙中人也。所享盛備如此，又豈與世之徒壽者倫哉！雖然，壽之道大矣，無私僞，爲守一保真，天地得此而清寧，吾人得此而長生，家國得此而齊治，天下得此而太平，壽之道大矣。允誠方持此以壽王公，而予方欲以公之壽而祈以壽吾民，於是乎序。嘉靖癸未夏五月吉日，賜進士、奉天翊衛推誠宣力守正文臣、特進光禄大夫、柱國、新建伯兼南京兵部尚書贊參機務陽明山人宗生守仁拜書。

文見《新昌南屏王氏宗譜》卷首。據譜中世系圖，新昌南屏王氏與陽明秘圖山王氏同出於王祐三槐堂一門。王詮字以衡，號襲怡。其兄王鎮，生幼子王潤。王潤生子王坦。王坦子王世儀，受業陽明之門。《民國新昌縣志》卷十一：「王坦，南山人。少有隱德，長好學慕古，富於貲，而能推有餘以賙困乏。性行質直，鄉人有爭論者，輒爲解之。頗爲詩文，尤精於醫術，邑令屢禮爲鄉賓。其子世儀，由庠生入貲補國學。誠篤不欺，司成吕公柟甚器重之。官知事，有清望。世儀亦仕至四川司按察司知事。」按王坦與陽明門人錢德洪、黄省曾、聞人詮以及楊珂、夏鍭、吕光洵等交游相好，《南屏王氏宗譜・文集》中即收有錢德洪、聞人詮、范引年、黄省曾、管州、潘日升等人詩文。嘉靖二年陽明丁憂居越，親友士子多來吊慰問學，王澗、王坦或即在其時來越，請陽明爲王詮作壽序。

答既白先生書

（嘉靖二年，一五二三年）

侍生王守仁頓首拜既白賢先生宗望：向者有事西江，久知賢橋梓親賢樂善有年。兹承手札，所須拙筆，冗冗未暇爲也，幸恕，幸恕！尚容寄奉。不備。守仁再頓首。

書見《麗澤録》卷十七。《麗澤録》題「明朱□□輯」，向不知爲何人。按《麗澤録》前有吴世良《刻麗澤集叙》云：「豫章貞湖賢藩集海内薦神寄椿庭既白翁老先生翰札及詩若文成卷，刻置玄暢新館，題爲《麗澤集》云。」此「貞湖」即朱多熿，字宗良，號貞湖，即《麗澤録》之編輯者；而「椿庭」則爲其父朱拱榣，即「既白先生」也。陽明書中所云「橋梓」，即指朱拱榣、朱多熿父子。李維楨《大泌山房集》卷八十一有《瑞昌王府輔國中尉貞湖公墓志銘》云：「諱多熿，宗良其字，别號貞湖……輔國將軍宸渠孫，奉國將軍拱榣子也。」《國朝獻徵録》卷一有《奉國將軍拱榣》云：

奉國將軍拱榣，字茂材，瑞昌拱栴弟也。博辯儒雅，有智數。嘉靖九年冬，上書請建宗學，并詔宗室設壇墠，行耕桑，禮謹祀典，加意恤刑。後以議禮稱旨，賜勑褒諭。又嘗捐田白鹿洞，贍來學者。與兄㭊並以聲譽，致諸貴遊。子鎮國中尉多熿，字宗良，博雅好修，辭賦典麗。始與多煃齊名，晚益折節虚己，奬掖後雋。草書茂美，有晉法。給事中張應登薦堪宗正者，於南昌則首舉熿。後病痿，不廢吟諷。譚藝者並宗尚之。

據此，知朱拱樤字茂材，號既白。蓋朱拱樤爲江西宗藩，故《麗澤録》中多稱其爲「殿下」、「既白宗室」、「大宗藩」。陽明在江西平宸濠亂，與朱拱樤、朱多熿多有交往，吴世良《刻麗澤集叙》即云：「用是倡學西江，若陽明王公屢相候問不厭，往還手筆，瑶華爛存記室……陽明公得匪親見公天分誠樸，可授良知聖訣耶？……」陽明此書所云「向者有事西江」，即指正德十二年至十六年陽明在江西平亂時，居南昌與朱拱樤、朱多熿父子相識往還。按《明史》卷一百十八《諸王二》云：

奉國將軍拱樤，瑞昌王奠壆四世孫也。父宸渠爲宸濠累，逮繫中都。兄拱㭊請以身代，拱樤佐之，卒得白……多熁父拱樛以宸濠事被逮，多熁甫十餘齡，哭走軍門，乞以身代，王守仁見而異之。嘉靖二年疏訟父冤，得釋歸，復爵。

陽明此書所云「所須拙筆，冗冗未暇爲也」，似即指朱拱樤、朱多熁爲訟父冤，乞陽明寫一疏狀證明；而陽明時方事冗，未暇爲作。觀陽明此書，可知陽明後當即寫疏狀證明寄奉，故宸渠、拱樛皆得釋歸。朱拱樤號「既白」，或即暗指其事「卒得白」耶？兹將陽明是書繫於嘉靖二年之下。

答伍汝真僉憲

（嘉靖三年，一五二四年）

書來，見相念之厚，感愧，感愧！彼此情事，何俟於今日之言乎？士潔之怨，蓋有不度於事理矣。數年憂居，身在井中，下石者紛然不已，己身且不敢一昂首視，況能爲人辯是非乎？昔人有言：「何以止謗？曰：無辯。」人之是非毁譽，如水之濕，如火之熱，久之必見，豈能終掩其實者？故有其事，不可辯也；無其事，不必辯也。無其事而辯之，是自謗也；有其事而辯之，是益增己之惡而甚人之怒也，皆非所以自修而平物也。今主上聖明無比，洞察隱微，在位諸公皆兢兢守正奉法，京師事體與往時大有不同。故二君今日之事，惟宜安静自處，以聽其來，順受之而已耳。天下事往往多有求榮而反辱、求得而反失者，在傍人視之甚明，及身當其事，則冥行而罔覺，何也？榮辱得失之患交戰於其中，是以迷惑而不能自定耳。區區非徒爲此迂闊之言，而苟以寬二君之心者。二君但看數年來，區區所以自處者如何？當時若不自修自耐，但一開口與人辯，則其擠排戮辱之禍，將必四面而立至，寧獨數倍於今日而已乎？當時諸君從傍静觀其事勢，豈不洞見諸君之事自與區區休戚相關？故今日之言，非獨以致惻怛之愛於二君，實亦所以自愛也，幸以此意致之。士潔北行，且勿往爲是，往必有悔矣。迫切之言，不罪不罪。

書見《陽明先生文録》卷三（嘉靖十二年黄綰序刊本）。錢明《王陽明全集未刊散佚詩文彙編及考釋》著録，誤將伍汝真認爲伍文定。按伍文定字時泰，號松月；伍希儒字汝真（一作汝珍），號南溪，蓋爲兩人。此書云「二君」者，即謝源、伍希儒。謝、伍黜落仕籍，多有怨言，嘗託王陽明致書大臣，陽明不願辯之，事已見前考（詳見前《與謝士潔書》五通所考）。是次謝源又書來託王陽明辯之，當是伍希儒除同知後不久，又陞僉憲；謝源通判鎮寧州後不服，乃又上京辯謗，即此書所云「士潔北行」。霍韜《地方疏》述其事云：「先是正德十四年，宸濠謀反江西，兩司俯首從賊，惟王守仁同御史伍希儒、謝源誓心效忠。不幸姦臣張忠、許泰等欲掩王守仁之功爲己有，乃揚諸人曰：『王守仁初同賊謀。』及公論難掩，乃又曰：『宸濠金帛俱王守仁、伍希儒、謝源滿載以去。』當時大學士楊廷和、尚書喬宇，亦忌王守仁之功，遂不與辨白，而黜伍希儒、謝源，俾落仕籍。王守仁不辨之謗，至今未雪，可謂黯啞之冤矣。」鄒守益《南溪伍希儒墓志銘》詳述其事云：「適謝子士潔、伍子汝真，以柱史有事於廣，遂署爲監軍，征兵列郡，正名討賊。乃會樟樹，乃誓市汊，乃克南昌，乃鏖鄱湖，乃擒元憝，以獻天子。一時媢者、爭功者，讒謗四騰，曰濫殺，曰搶掠，曰侵王府金帛。於是伍君與謝君例陟僉憲，曰賞功也；尋例謫邑令，曰罰罪也。未幾，遂從而褫其職。……其後用事者復停陽明公襲爵，盡削祭葬常格。」「己卯，回至吉安，遂預討濠之師。功成，僉廣西臬事，尋謫棗陽令，遂歸。西樵方公、渭厓霍公、久庵黄公，先後訟其冤於朝，宜定江西功次，而霍公尤剴切，曰：『方變起倉猝，鄙夫斂避，謝源、伍希儒非守土之任，越職分以獎忠勤。變亂既平，腐儒俗吏騰口舌以繩其短。就使二臣果有贖載金寶之實，猶斷以大義，勿恤小瑕，爲後日任事之勸，況張忠、許泰鼓揚流言，而妬者附之，適以褫天下忠義之魄，而可信之乎？』其後王巡按鎬覈實以覆，事竟不白。」（《鄒守益集》卷二十二）伍希儒黜歸後，多書來託陽明辨白，然其時陽明亦自深陷於謗毁之中，故亦無從出面爲伍、謝辯白其冤，而采取「無辯止謗」態度。此書所云「身在井中，下石者紛然不已」，即主要指嘉靖元年程啟充、毛玉奏劾事。《國榷》卷五十二：「嘉靖元年九月乙巳，巡按江西監察御史程啟充上逆濠私書，劾王守仁黨惡，宜奪爵。户科給事中汪應軫、主事陸澄皆奏辨。御史向信以應軫守仁同鄉、陸澄守仁門生，黨比欺罔。」王陽明乃采取「無辯止謗」應對。《王陽明先生年譜》：「嘉靖元年，時御史程啟充、給事毛玉倡議論劾，以遏正學，承宰輔意也。陸澄時爲刑部主事，上疏爲六辯以折之。先生聞而止之曰：『無辯止謗，嘗聞昔人之教矣。況今何止於是？四方英傑，以講學異同，議論紛紛，吾儕何勝辯乎？惟當反求諸己。』」此處所引王陽明致陸澄書，即《王陽明全集》卷五《答陸原静》書二；而陸澄六辯疏，即《王陽明全集》卷三十九《辨忠讒以定國是疏》，其中亦未爲伍、謝辯誣。王陽明此書中言「數年憂居」，乃指其丁父憂居喪，按《年譜》，陽明父嘉靖元年二月卒，陽明憂居，至嘉靖三年四月服闋。此書以其言尚在「數年憂居」未服闋中，則當作在嘉靖三年四月以前。

策問

（約嘉靖三年，一五二四年）

問：自天子以至於庶人，自上古之聖神以至於後之賢士君子，未有不由師友能有成者。經傳之載詳矣，請試言之。夫師以傳道授業，必賢於已者也？孔子之師，萇、郯之流也，果賢於孔子歟？無友不如已，而文王之友四人，果皆文王所不若歟？果文王所不若也，則四人者爲友不若已矣。民生於三，事之如一；弟子於師，心喪三年，若子貢之徒於孔子是已，未聞孔子之喪萇、郯若是也。友不可以有挾，若獻子之友五人者是已；而孔子於原壤，以杖叩脛焉，無乃近於有挾乎？不保其往，待物之洪，而取瑟之歌不已甚？犯而不較，與人之厚，而責善之道無乃虧？後世若操戈入室，已無足責；而施帳登堂者，於師生之道果無愧乎？擠井下石，已非所倫；而彈冠結綬者，於朋友之誼果已盡乎？立雪坐風，嚴和不同，而同稱善教何居？分金投杖，避讓不同，而同稱善交何説？今師友之道淪廢久矣，欲起而振之，以上有承於洙泗，下無忝於濂洛，若之何而可？諸君辱在不佞，方有責於師友之間，不可以不講也。

文見《新刊陽明先生文録續編》卷二《雜著》，永富青地《上海圖書館藏〈新刊陽明先生文録續編〉について》著録。陽明此策問云：「諸君辱在不佞，方有責於師友之間，不可以不講也。」可見陽明此策問乃爲書院諸生而出題，訓練諸生作策論之能力。按嘉靖三年紹興守南大吉闢稽山書院，請陽明講學，錢德洪《陽明先生年譜》：「嘉靖三年正月……於是闢稽山書院，聚八邑彦士……蓋環坐而聽者三百餘人。先生臨之，只發《大學》萬物同體之旨，使人各求本性，致極良知以至於至善，功夫有得，則因方設教。」陽明此策問，即爲稽山書院諸生而出。蓋陽明嘉靖元年歸越講學，其學爲時所忌，謗議日熾，故陽明於書院講學中發此問，有深意焉。兹繫於嘉靖三年之下。

與尚謙誠甫世寧書

（嘉靖三年，一五二四年）

前日賤恙，深不欲諸君出，顧正恐神骨亦非久耐寒暑者。乃今果有所冒辛，而不至於甚，亦足以警也。自此千萬珍重珍重！賤軀悉如舊，但積弱之餘，兼此毒暑，人事紛沓，因是更須將息旬月，然後敢出應酬耳。味養之喻，已領盛意。守身爲大，豈敢過爲毀瘠，若疾平之後，則不肖者亦不敢不及也。所云私抄，且付之公論，未須深講。「山静若太古，日長如小年。」前日已當面語，今更爲諸君誦之。守仁白，尚謙、誠甫、世寧三位道契文侍。

書見裴景福《壯陶閣書畫録》卷十《明王陽明手札册》。按是書云「守身爲大，豈敢過爲毀瘠，若疾平之後，則不肖者亦不敢不及也」，乃指其守喪哀毀事。陽明父王華於嘉靖元年二月卒，陽明守喪，至嘉靖三年四月服闋。《陽明先生年譜》云：「嘉靖三年四月，服闋，朝中屢疏引薦，霍兀崖、席元山、黄宗賢、黄宗明先後皆以大禮問，竟不答。」「是時大禮議起，先生夜坐碧霞池，有詩曰：『……莫謂天機非嗜慾，須知萬物是吾身。無端禮樂紛紛議，誰與青天掃舊塵？』……蓋有感時事，二詩已示其微矣。」陽明是書作於六月毒暑，其已於四月服闋，但因病恙仍未出，故弟子遂有「味養守身」之問，陽明乃作是書答之。時大禮議起，朝中屢疏引薦，所謂「私抄且付之公論，未須深講」，即指「大禮議疏」及霍韜諸人薦章。「山静若太古，日長如小年」，爲宋唐庚子西《醉眠》詩名句（見《唐先生文集》卷三），陽明用以表明自己隱居山中不出之心。薛侃，字尚謙；黄宗明，字誠甫；胡世寧，字永清，時方丁憂家居，皆來會稽講習。

祭孫安人文

（嘉靖三年，一五二四年）

嘉靖年月日，新建伯兼兵部尚書忝眷王守仁，謹以牲醴之奠致祭於封安人胡親母孫氏之前曰：

于維安人，孝慈貞良。克相夫子，閨儀孔章。螽我豚兒，實忝子婿。昏媾伊始，安人捐逝。雖遺兒曹，歸奔從役，自以病阻，未由往哭。言念姻眷，意赫心惻。及兹永藏，必期執紼。事與願違，徒增慚踢。悵望鄉山，娥江一綫。欲濟靡因，遥將一奠。淑靈洋洋，鑒兹蘋焉。

文見《餘姚柏山胡氏重修宗譜》（民國三年惇裕堂刊本）卷首，王孫榮《王陽明散佚詩文九種考釋》著録有考。譜稱孫安人爲胡東皋元配，湖州掾孫勃之女，孫燧從女弟，嘉靖三年六月初四日卒，故陽明此祭文當作在嘉靖三年。此祭文云「螽我豚兒，實忝子婿。昏媾伊始，安人捐逝」，豚兒指王正憲。王正憲何時結婚向不知，今據此祭文，知王正憲結婚在嘉靖三年（陽明服闋以後），其娶孫安人之女，故陽明稱「胡親母」。所謂「悵望鄉山，娥江一綫」，是云孫安人葬在餘姚，陽明在越遥奠。按胡東皋字汝登，號方岡，與宋冕、胡鐸號「姚江三廉」，《國朝獻徵録》卷五十六有顔鯨《都察院右僉都御史胡公東皋傳》。陽明與胡東皋關係極密，蓋以兩人皆餘姚人，而王正憲娶胡東皋之女故也。陽明《禮記纂言序》中稱「姻友胡汝登忠信而好禮」（《王陽明全集》卷七），即指王正憲娶胡東皋女，兩家爲姻親。《胡東皋傳》云：「孫忠烈公（燧）得公文而閲之，爲之擊節，因請見公，以其族女弟妻之。」故陽明稱其爲「孫安人」。參見下《祭柴太安人文》考。

咏萬物一體詩

（嘉靖三年，一五二四年）

潛魚水底傳心訣，棲鳥枝頭説道真。莫謂天機非嗜欲，須知萬物是吾身。

詩見劉鱗長《浙學宗傳·王陽明先生·詩》（題今加）。按陽明正德十六年歸越後，與門人講學，大闡良知之學，尤喜作咏良知之「哲理詩」，嘉靖三年至四年之間，其作咏良知之詩尤多，皆收入《王陽明全集》卷二十中，劉鱗長《浙學宗傳》中所選「陽明先生詩」，即皆從卷二十中選來，由此可知此咏萬物一體詩約作在嘉靖三、四年中。《傳習録》卷下有黄直所記一條語録云：「問：『先儒謂「鳶飛魚躍」，與「必有事焉」同一活潑潑地。』先生曰：『亦是。天地間活潑潑地，無非此理，便是吾良知的流行不息。致良知便是必有事的工夫，此理非惟不可離，實亦不得而離也。無往而非道，無往而非工夫。』」此條所記約與此詩同時，與此詩所咏蓋同一意也。

答方思道僉憲

（嘉靖三年，一五二四年）

祝生來，辱書惠，勤勤愛念之厚，何可當也。又推許過情，以爲能倡明正學，則僕豈其人哉？顧自忘其愚不肖，而欲推人於賢聖之域，不顧己之未免於俗，而樂人之進於道，則此心耿耿，雖屢被詆笑非斥，終有所不能已。海内同志苟知趨向者，未嘗不往來於懷，況如思道之高明俊偉，可一日而千里也，其能已於情乎！子美、太白有造道之資，而不能入於賢聖者，詞章綺麗之尚有以羈縻之也。如吾思道之高明俊偉，而詞章綺麗之尚終能羈縻之乎？終能羈縻之乎？

書見《陽明先生文録》卷二，《光緒開化縣志》卷十一，錢明《王陽明全集未刊散佚詩文彙編及考釋》著録。按方思道即方豪，字思道，號棠陵，開化人。《明史》卷二百八十六有傳。《明清進士録》：「方豪，明正德三年三甲二百一十八名進士。浙江開化人，字思道。知昆山縣，奏請免除民積欠田賦，有異政。遷刑部主事，以諫武宗南巡被杖。歷官湖廣副使，以平恕稱。致仕卒。有《棠陵集》、

《斷碑集》、《蓉溪書屋集》。」札所稱「僉憲」，指其任刑部湖廣按察司僉事，按《棠陵文集》卷一有《乞休疏》云：「湖廣等處提刑按察司僉事方豪……臣年四十三歲……由正德三年進士，刑部四川，辦事二年有奇。正德五年，除授直隸昆山縣知縣。正德七年，丁憂。正德十二年，復除直隸沙河縣知縣，連前任三年，考滿稱職。正德十三年七月，陞刑部湖廣司主事，奉欽依差往江南直隸審録罪囚，事完回京復命。正德十六年五月，爲公賞罰以厲庶官事，陞俸一級。本年八月，三年考滿稱職，陞本部廣西司署員外郎，奉勅差往山東審録，事完回京復命，往至濟寧地方。嘉靖二年二月十一日，實歷俸四年六箇月有奇。陞授前職，於本年七月十六日到任。官事外，切念臣父綺年已六十有三……特勅吏部容臣休致……」方豪生於成化十八年十一月，以四十三歲計，方豪上此《乞休疏》在嘉靖三年，知其任僉憲在嘉靖二年二月至嘉靖三年七月。故可知方豪當是在嘉靖三年七月乞休歸開化後，致書陽明，陽明乃作此札回覆。蓋其時陽明方闢稽山書院，四方學子來學。頗疑方豪乞休自京師歸開化，嘗順道來會稽見陽明。方豪爲當時著名文士（《明史》列入《文苑傳》），究心詞章綺麗之學，故陽明在此札中有所微諷。以後陽明赴廣經開化見方豪，特作《方思道送西峰》（《王陽明全集》卷二十），亦有此意也。有以爲此方思道即陽明《送方壽卿廣東僉憲序》（《王陽明全集》卷二十九）之「方壽卿」，乃誤。按方壽卿即方良永，字壽卿，號松崖，莆田人。《國朝獻徵録》卷四十八有《方良永墓志銘》。方良永任廣東僉憲在弘治十二年，方豪任湖廣僉憲在嘉靖二年，了不相涉。

與友

（約嘉靖三年，一五二四年）

即日具小酌，聊叙間闊。昨已奉短柬，浼舍親轉達。隷人進速歸報，若未有聞者，豈舍親處遺忘之耶？慚愳，慚愳！終蒙不棄，望賜惠臨。坐邀之誅，尚容面請。侍生守仁頓首，憲副老先生執事。即刻柬。

文見莫繩孫《聖朝越郡忠節名賢尺牘》，新編本《王陽明全集·補録七》著録。此札莫考，參以前《與友》、《與友人》所考，此《與友》或作在嘉靖三年四月服闋以後。

與尚謙尚遷子修書

（嘉靖三年，一五二四年）

別去，即企望還朝之期，當有從容餘月之留也。不意遂聞尊堂之訃，又繼而遂聞令兄助教之訃，皆事變之出於意料之外者。且令兄助教之逝，乃海内善類之大不幸，又非特上宅一門之痛而已。不能走哭，傷割奈何？況在賢昆叔姪，當父子兄弟之痛，其爲毒苦，又當奈何？季明德往，聊寄一慟。既病且冗，又兼妻疾，諸餘衷曲略未能悉。

書見《陽明先生文録》卷二（日本九州大學文學部藏），錢明《王陽明全集未刊散佚詩文彙編及考釋》著録。是札所及之人，尚謙即薛侃，尚遷即薛僑，子修即薛宗鎧（見前考）。是札在《陽明先生文録》中注爲嘉靖四年作，日人水野實、永富青地以爲作於嘉靖三年，爲是。按札中所云「尊堂之訃」，指薛侃母曾氏之卒，「令兄助教之訃」，指薛俊之卒，均在嘉靖三年，黄綰《薛助教俊墓志銘》：「未幾，陞國子助教。時已病，聞母喪，䔿漿不入口，奔至貴溪子宗鎧官邸，卒。病且革，猶與宗鎧講學不倦，洎然而逝，實嘉靖甲申七月二十二日也。」是薛俊卒在嘉靖三年七月，其母約卒在五月間。靈柩皆歸葬揭陽,陽明聞訃而作是札則約在九、十月間。所謂「季明德往,聊寄一慟」,乃是託季明德帶祭文往揭陽一慟哭吊。按季明德即季本,字明德,號彭山,山陰人,陽明弟子。是年季本正因事謫揭陽縣主簿,《國榷》卷五十三:「嘉靖三年二月乙丑,昭聖慈壽皇太后壽節,免命婦朝賀。御史馬明衡、朱淛言:興國太后致賀未踰月,昭聖輟而不行,非體。萬一因禮文末節,稍成嫌隙,此非細故。上怒,下鎮撫司。修撰舒芬又言之,奪禄三月。御史蕭一中、季本、陳逅、户部員外郎林應聰申救,皆下獄。謫應聰徐聞縣丞,本、逅揭陽、合浦主簿。」季本在二月下獄,以後出獄、歸山陰再赴揭陽任,已在九、十月間。《王陽明全集》卷二十五有《祭國子助教薛尚哲文》,注作於嘉靖三年,則必是季本帶此祭文往揭陽「一慟」哭祭者,而陽明此札也必是季本帶往揭陽給薛侃。

與王公弼（二首）

（一）

（嘉靖三年，一五二四年）

王汝止來，得備聞政化之善，殊慰傾想。昔人謂：「做官奪人志。」若致知之功能無間斷，寧有奪志之患耶？歐（陽）崇一久不聞問，不審近來消息如何。若無朋友規覺，恐亦未免摧墮，便中望爲寄聲。此間朋友相聚，頗覺比前有益，欲共結廬山中，須汝止爲之料理。而汝止以往歲救荒事繫心，必欲辭去。今乃强留於此，望公弼一爲解紛，事若必不可爲，然後放令汝止歸也。

（二）

（嘉靖五年，一五二六年）

汝止去後，即不聞消息。邇惟政學日新爲慰。汝止頗爲救荒一事所累，不能久居於此，不審此時回家作何料理，亦曾來相見否？倘其事稍就緒，須促之早來爲佳，此間朋友望渠至者，甚切，甚切！兼恐渠亦久累其間，不若且來此一洗滌耳。入覲在何時？相見尚未有定，臨紙怏悒。

二札見《陽明先生文録》卷二，錢明《王陽明全集未刊散佚詩文彙編及考釋》著録。按王公弼即王臣，字公弼，號瑶湖，南昌人。《鄒守益集》卷二十一有《瑶湖王公墓志銘》。《道光泰州志》卷二十：「王臣，字公弼，南昌人，進士。嘉靖六年知泰州，愛民如子，浚闗河，寬徭役。歲饑，請蠲租六萬餘石，移預備倉。行保甲連坐之法，撤淫祠，毁銅像，以鑄文廟尊鉶，增修樂器，選樂舞生供祀廟廷。創尊經閣，立宋范仲淹、胡瑗祠，聘邑人王艮講學，爲諸生師。設社學四所，曰端本、慎初、立誠、養正，以化導斯民爲己任。政成教行，里巷皆絃歌焉。」志稱王臣嘉靖六年任泰州知府乃誤，按王臣爲嘉靖二年進士，即除知泰州。錢德洪《陽明先生年譜》：「嘉靖二年二月，南宫策士以心學爲問……同門歐陽德、王臣、魏良弼等直接發師旨不諱，亦在取列。」志所稱「歲饑，請蠲租六萬餘石」，即指嘉靖二年淮陽大饑，故可知王臣嘉靖二年即赴泰州知府任。札一向來以爲作在嘉靖四年，乃誤。按札一云「得備聞政化之善」，王艮爲泰州人，其始來告王臣在泰州政事有成，應是在嘉靖三年。所謂「往歲救荒事」，即指嘉靖二年救荒賑饑事，張峰《王艮年譜》：「嘉靖二年夏，淮陽大饑。先生貸真州交游王商人米，得二千石。歸，請官出丁册，給賑。米盡以賑饑。狀謁巡撫，請大賑。撫公疑其言，先生曰：『有賑册在場官所可稽。』行查官册，驗實，大發賑。……秋，疫。又廣施藥劑，所全活者甚衆。」札所云「此間朋友相聚……欲共結廬山中」，亦指嘉靖三年陽明闢稽山書院，弟子皆來稽山結廬居住，錢德洪《陽明先生年譜》：「嘉靖三年正月……於是闢稽山書院，聚八邑彦士，身率講習以督之。於是蕭璆、楊汝榮、楊紹芳等來自湖廣，楊士鳴、薛宗鎧、黄夢星等來自廣東，王艮、孟源、周衝等來自直隸，何秦、黄宏綱等來自南贛，劉邦采、劉文敏等來自安福，魏良政、魏良器等來自新建，曾忭來自泰和。宫刹卑隘，至不能容。」錢德洪又曰：「先生初歸越時，朋友踪跡尚寥落。既後四方來遊者日進。癸未年已後，環先生而居者比屋，如天妃、光相諸刹，每當一室，常合食者數十人，夜無卧處，更相就席，歌聲徹昏旦。南鎮、禹穴、陽明洞諸山遠近寺刹，徙足所到，無非同志遊寓所在。」由此可見札一當作於嘉靖三年。

札二向來以爲作在嘉靖四年，亦誤。按札二云「邇惟政學日新」，指王臣在泰州政成任滿，故札云「入覲在何時」，乃是指王臣考滿入京，時在嘉靖五年，張峰《王艮年譜》：「嘉靖五年，秋八月，王瑶湖臣守泰州，建安定書院，禮先生主教事。無何（按：十月），瑶湖轉官北上，先生作《明哲保身論》贈之。」據王艮《明哲保身論》，王臣轉官北上在是年十月，此即陽明札二所云「入覲在何時」。蓋王臣嘉靖二年來知泰州，至嘉靖五年任滿，考績入京，陞刑部員外郎。《南昌郡乘》卷三十七：「王臣，字公弼，南昌人。爲諸生，從王文成學。嘉靖進士。知泰州，以所學施之政。歲饑，發倉大賑，請蠲米六萬餘石。作《諭民録》,申明聖訓。或以天倫搆訟者,勸誨懇到,多感泣如初。撤毁神廟,改建尊經閣,立胡安定瑗祠。時王艮以布衣倡道安豐,延至州學,令諸士盡師之,一時里巷皆絃歌焉。陸刑部員外郎。未幾(按:嘉靖十年),轉浙江按察僉事。爲文成撫孤,不避嫌怨。以廣東參議罷歸,公論惜之。」

方氏重修家譜序

（嘉靖三年，一五二四年）

茲因方氏年翁有諱曦字繼明者，持家乘一帙，向余請序，以冠其首。余亦不揣固陋，於案牘之餘而批閱之，不禁三致意焉。竊歎方氏先公，當日賜類之宏而遠也，著姓之蕃而衍也，叙祖列宗之精而核也，記系紀世之詳而貫也，親親貴賤之統絲絲入扣，既屢析而條分，源流上下之緒綿綿相承，復珠聯而魚貫，且有改徙於異地、宦寓於他方者，詳其派目，并志其里居，俾後世子孫觀譜時，了然識昭穆之有序，支派之有據，名諱字行之有合，雖他方非參商之遠，異地皆兄弟之鄉矣。更樂其賢嗣承祚，不忘繼承祖武之志，爲之纂其文序，綿其世澤，校訂其舊，補葺其新，勿致後世有湮没之傳者，不賴今日之一修哉！是爲序。大明嘉靖三年歲次甲申春月穀旦，賜進士第、光禄大夫伯安王守仁拜撰。

序見《寧海方氏正學先生故里家譜》首。該譜修於嘉靖三年，以宗茂支下方孝孺後代爲主，主修方曦，從事方鵬。譜前有方曦作《方氏重修家譜序》、《寧海方氏正學故里發派總序》。另還有費宏作《方氏重修家譜序》。按陽明崇仰方孝孺，且有同身世之感，同命運之悲。嘉靖三年陽明闢稽山書院，四方士子紛紛來學，其中或亦有寧海方氏士子來學，遂有請陽明爲方氏家譜作序者。

方孝孺像贊

（嘉靖三年，一五二四年）

靡軀非仁，蹈難非智。死於其死，然後爲義。忠無二軀，烈有餘氣。忠肝義膽，聲動天地。正直聰明，至今猛視。兹爾來代，爲臣不易。

賜進士及第、光禄大夫王守仁拜撰

像贊見《寧海方氏正學先生故里家譜·繪圖》。此贊當與《方氏重修家譜序》作在同時。參前《方氏重修家譜序》考。

與王邦相書(三首)

書一

(嘉靖三年,一五二四年)

南來事,向因在服制中,恐致遲悞伊家歲月,已令宗海回報,令伊改圖矣,不謂其事尚在也。只今道里遠隔,事勢亦甚不便。况者妻病卧在牀,日甚一日,危不可測,有何心情而能爲此?只好一意回報,不可更遲悞伊家也。况其生年、日、時遠不可知,無由推算相應與否。近日又在杭城問得庚子一人,日、時頗可,今若又爲此舉,則事端愈多。平生心性只要安閑,不耐如此勞擾也。有負此人遠來之意,可多多爲我謝之。冬至後四日,陽明字拜邦相揮使宗契。欲做皂靴一雙,寄去銀九錢。又錢五分,賣上好琴絃。望因便早寄。

書二

（嘉靖四年，一五二五年）

過往士夫及鄉里後生自杭城來，皆能備道東瀛老先生休休樂善好德之誠，侃侃秉正斥讒之議，不勝敬服，不勝心感！後生浮薄狂懆，毀賢妬能者，聞東瀛之風，亦可以媿死矣；而尚略不知所慚沮，亦獨何以哉？家門不幸，區區之罪惡深重，近日祖墓復被掘毀，墓上天生瑞柏亦被斲伐，割心剞骨，痛何可言！近方歸此，修治園邑，論議紛紛，皆以爲孫氏所爲，區區亦未敢便以爲信。孫氏父子素所親厚，三子又嘗從學，此等窮兇極惡之事，我何忍遂以加於孫氏？姑告行府縣緝捕，盜賊之徒七十餘人，蹤迹難掩，不久必能緝獲。幸而與孫氏無干，非惟我家得申不世之冤，而孫氏亦得以洗無實之惡。不然，則誠衣冠道誼之大不幸也！痛心，痛心！東瀛老先生坐是未能致謝，進見時，煩道懇苦。廬次，草草不盡。陽明病夫拜手邦相揮使。

書三　(嘉靖四年，一五二五年)

南京陳處親事，得在今冬送至杭城，就在邦相家裏住下，擇日取過江來，甚好。若今冬緩不及事，在明春正月半邊到杭，亦可。家下人多不停當，無可使者，須邦相處遣一的確人，到彼説知之。嫁裝之類，皆不必辦，到杭後自有處也。宗處人還，可多多上覆他。陽明字致王邦相揮使宗契。十二月十八日。

三書見王世傑、那志良、張萬里編《藝苑遺珍法書》(第二輯第十三册)(香港開發股份有限公司，一九六七年版)，新編本《王陽明全集・補録七》著録。按第一書所云「向因在制服中」乃指憂服，至嘉靖三年四月服闋。書云「老妻病卧在牀，日甚一日，危不可測」，陽明妻諸氏卒於嘉靖四年正月，由此可知此書作在嘉靖三年冬至後四日。書中所叙，乃是爲弟侄婚姻事。時王邦相在杭州任揮使，故託其在杭買上好琴絃等。

第二書云「近方歸此，修治園邑」，乃指嘉靖四年九月歸餘姚，省祖墓，遂得知祖墓被掘毁事。「孫氏」，指孫燧家。「三子又嘗從學」，按王維禎《都御使孫忠烈公燧傳》：「孫公三子：長堪，今官都督僉事；仲子墀，尚寶司卿；季子陞，吏部左侍郎。」(《國朝獻徵録》卷六十一)三人當是陽明正德十六年歸餘姚省祖墓時來問學。「東瀛老先生」，疑指東隱岑鼎。岑鼎爲陽明祖母岑氏之族弟，陽明在《贈岑東隱先生》中云：「岑東隱老先生，余祖母族弟也，今年九十有四矣。雙瞳炯然，飲食談笑如少壯，所謂聖世之人瑞非耶？」詩稱其「結廬聞説臨瀛海」，故可稱其爲「東瀛老先生」(見下考)。東隱老先生隱於東瀛，東瀛老先生即東隱老先生也。

第三書仍談弟侄婚姻事。蓋陽明自餘姚歸後，即忙於處理餘姚諸多家事，詳又可見其同時所作《與鄭邦瑞書》、《寄伯敬弟手札》(見下)。《與鄭邦瑞書》三中云「其王處親事，須到此商議停當，然後可許」，似即指此《與王邦相書》三中所云親事。

王邦相其人，陽明稱其爲「宗弟」。由此三書，可知王邦相乃是受命負責處理餘姚王氏家事者。按陽明《寄伯敬弟手札》云：「八弟在家處事，凡百亦可時時規戒。」八弟即王衮幼子王守恭，疑王邦相即八弟王守恭，字邦相。

與鄭邦瑞書（三札）

（嘉靖四年，一五二五年）

（一）

修理聖軀山廟時，我因外祖及二舅父分上，特捨梁木，聽社享將我名字寫在梁上。此廟既係社享香火所關，何不及早赴縣陳告？直待項家承買了，然後來説，此是享人自失了事機。我自來不曾替人作書入府縣，此是人人所知，可多多上覆。二舅母切莫見怪，此廟既不係廢毀之數，社享自可據情告理，若享人肯備些價錢取贖，縣中想亦未必不聽也。汝大母病勢如舊，服藥全不效。承二舅母掛念，遣人來看，多謝多謝！陽明字寄寶一侄收看，社中享人亦可上覆也。

（二）

陽明字與鄭寶一官賢侄：汝祖母所投帳目，可將文書逐一查出，與同去人照數討完，封送祖母收貯，不得輕易使用。此汝祖母再三叮囑之言，斷不可違。汝祖母因此帳目必欲回家，是我苦苦强留在此，汝可體悉此意，勿使我有誤汝祖母之罪，乃可。家中凡事謹慎小心，女孫不久還，差人來取，到此同住也，先説與知之。四月初三日，陽明字與列位賢弟侄同看。

（三）

向曾遣人迎接二舅母，因病體未平復，遂不敢强。今聞已盡安好，故特差人奉迎，書到，即望將帶孫女來此同住。其王處親事，須到此商議停當，然後可許。一應事務，我自有處，不必勞心也。不一一。陽明書致寶一侄收看，十月十六日。

札見《中國書法全集》第五十二册,真迹(長二十四釐米,寬三十九點八釐米)今藏美國普林斯頓大學美術館,日本大阪市立美術館編《海を渡った中國の書》編入,計文淵《吉光片羽彌足珍》著録。是三札合裱成一卷,卷前有水墨白描陽明執筆畫像,卷後有門人黄綰、黄弘綱、蕭敬德等人跋。黄弘綱跋云:

先師字畫精妙,苟得幅紙,無不知寶。然則邦瑞之寶此也,其亦猶夫人也與?曰:不然。字之所得者與人同,義之所感者與人異;字之寶也輕,義之寶也重。金玉爲寶,可以易之,以義爲寶,可以托六尺之孤,可以寄百里之命,臨大節而不可奪也。然則邦瑞之寶之也,其異諸乎人之寶也與?嘉靖壬辰孟夏,門人黄宏綱敬跋。

葉良佩跋云:

餘姚鄭子邦瑞,手其家寶卷來視予,予展而視之,則見陽明先生所與鄭子之手札也,則見諸君子所題識字若文也。作而言曰:先生之道行於天下,予嘗得其《傳習》、《居夷》法綸,與有志斯道在共寶之矣。予今兹復表章其所與云札,以爲家寶,然則若與予也,厥同寶乎!夫予之所寶者,先生之公諸人者也;子之所實者,實其親諸己者也。公諸人者道也,親諸己者情也,情亦有道存焉。於是還卷鄭子而謂之曰:嘻,予與若也,各傳其所寶矣。台南葉良佩書。

可見是札在陽明卒後即由鄭邦瑞傳於世。鄭邦瑞名官賢,號邦瑞,寶一或是其小名,當爲陽明生母鄭氏兄之孫。三札均談餘姚鄭氏方面財産人事,作在同時,先後相及。札一中所言「聖龜山」,即勝歸山，在餘姚城北三里。「二舅母」，指鄭邦瑞祖母。「汝大母」，指陽明正妻諸氏（此是從鄭邦瑞眼裏稱呼爲「大母」，有以爲指陽明繼母趙氏，非是）。按諸氏因病卒於嘉靖四年，錢德洪《陽明先生年譜》：「嘉靖四年正月，夫人諸氏卒。四月祔葬於徐山。」此札一云「汝大母病勢如舊，服藥全不效」，已在諸氏疾革前夕，鄭邦瑞祖母亦遣人來視，故可知此札一作在嘉靖四年正月初。札二中所云「汝祖母」，指陽明二舅母，時已由餘姚來住會稽陽明處，似是因諸氏在四月祔葬徐山，故來會稽。札三云「向曾遣人迎接二舅母……故特差人奉迎」，蓋先是四月因諸氏祔葬徐山，請鄭邦瑞祖母來，其因病未至；至十月再請鄭邦瑞祖母來，乃是爲陽明王氏子侄徵婚事。札中所云「孫女」，即札二所云「女孫」，所謂「王處親事，須到此商議停當，然後可許」，即是欲爲王氏子侄娶鄭氏孫女也。黄弘綱跋所謂「以義爲寶」，葉良佩跋所謂「親諸己者情也」，蓋即指此。

寄伯敬弟手札

（嘉靖四年，一五二五年）

前正思輩回，此間事情想能口悉。我自月初到今腹瀉不止，昨晚始得稍息。然精神更是困頓，更須旬日，或可平復也。此間雨水太多，田禾多半損壞，不知餘姚却如何耳。穴湖及竹山諸墳，雨晴後可往一視。竹山攔土，此時必已完，俟楚知縣回日，當去説知。多差夫役拽置河下，俟秋間我自親回安放也。石山翁家事，不審近日已定帖否？子全所處未必盡是，子良所處未必盡非，然而遠近士夫乃皆歸子良。正如我家，但有小小得罪於鄉里，便皆歸咎於我也，此等冤屈亦何處分訴？此意可密與子良説知之，務須父子兄弟和好如常，庶可以息眼前謗者之言，而免日後忌者之口。石山於我有深愛，而子良又在道誼中。今渠家紛紛若此，我亦安忍坐視不一言之？吾弟須悉此意，亦勿多去人説也。八弟在家處事，凡百亦可時時規戒，俗語所謂「好語不出門，惡言傳千里」也。六月十三日，陽明山人書寄伯敬三弟收看。

上書手札真迹今藏中國歷史博物館，《王陽明先生遺墨》、計文淵《王陽明法書集》皆著録。按伯敬三弟即王守禮，陽明叔父易直公王袞長子，王正思爲石谷王準之子，八弟爲王袞幼子王守恭。今人或以此書言及穴湖與竹山祖墳，陽明秋間回餘姚，以爲作於嘉靖二年，乃非。按此書言安放穴湖及竹山祖墳事，而嘉靖二年乃是陽明將母墳自穴湖遷於石泉山，後改葬龍山公於天柱峰、鄭太夫人於徐山，完全是兩回事，不得附會。且天柱峰、徐山皆在會稽，如何去餘姚安放？其説顯誤。今考是書中言及「俟楚知縣回日，當去説知」，按《光緒餘姚縣志》卷十八《職官表》：「知縣楚書，寧夏人。嘉靖四年任。」又卷二十二《名宦》：「楚書，字國寶，寧夏人，進士。知餘姚，廉能有執持。涖縣一年，即以憂去，百姓久而思之。」（據《嘉靖志》）按謝遷《歸田稿》卷七有《楚母太孺人挽詩》序云：「吾邑宰西夏楚君國寶，自寶坻推調來，其母太孺人以道遠留京師久之。今年春始就迎養……居數月，太孺人疾作，遂不起……君今扶柩歸，行李蕭然……」可見楚書母嘉靖四年春來餘姚，夏間即卒，楚書在夏秋間已扶柩回寧夏。由此可確知陽明此書當作於嘉靖四年夏間。錢德洪《陽明先生年譜》：「嘉靖四年正月，夫人諸氏卒。四月，祔葬於徐山。……九月，歸姚省墓。」此所言「九月，歸姚省墓」，即陽明此書所言「俟秋間我自親回安放也」。陽明是次歸餘姚即省穴湖、竹山祖墳，並處理竹山安放，以其事專與易直公王袞之子、孫商量看，疑指易直公夫婦合葬事。陽明《易直先生墓志》云：「以十月甲子葬叔父於邑東穴湖山之陽，南去竹軒府君之墓十武而近，去葉孺人之墓十武而遥。未合葬，蓋有所俟也。」是次或即合葬於竹山耶？石山翁、子全、子良,無考,當是餘姚鄉里友好。倪宗正《倪小野先生集》卷三有《賀石山翁》,謝遷《歸田稿》卷七有《和吴石山四首夏日偶成》,知石山翁姓吴,蓋亦餘姚一文士,而吴子全、吴子良或亦皆陽明弟子也。

草書《次張體仁聯句韻》寄答宋孔瞻書（二首）

（嘉靖四年，一五二五年）

書一

次張體仁聯句韻

眼底湖山自一方，晚林雲石坐而涼。閑心最覺身多㶟，游興還堪鬢未蒼。樹梢飛泉長滴翠，霜前巖菊尚餘芳。秋江晝舫休輕發，忍負良宵燈燭光。

山寺幽尋亦借忙，長松落落水浪浪。深冬平野風煙淡，斜日滄江鷗鷺翔。海内交游惟酒伴，年來踪迹半僧房。相遇未盡清雲話，無奈官程促去航。

問俗觀山兩劇匆，雨中高興諒誰同？輕雲薄靄千峰曉，老木滄波萬里風。客散野亭從小艇，詩成巖桂發新叢。清詞寄我真消渴，絶勝金莖吸露筒。

答宋孔瞻，九月廿七日。

别久，想念殊深。召公之政敷於陜右，其爲鄉邦之光多矣。令郎歸，辱三惠益，偶書□作，承致敬品。卷中中丞之意，不肖何以能當之？所須草字，□□所不□□，亦已久不作此，然勤勤之意不忘，略書近作一二首，見千萬鄙懷，目第一笑，擲之可也。人回，匆匆不盡。欲請千萬心亮，孔瞻宋友人。

書二

慰此思守先聖之遺訓，與海内之同志講求切劘之，庶亦少資於後學，不徒生於聖明之朝。然蔽惑既久，人是其非，其能虚心以相聽者鮮矣。若執事之所盡禮恭而與人爲善，此誠僕所欲效其愚者。然又道里隔絶無及，匪握手一致其所傾渴，又如何可言耶？雖然，自挈問□，亦僕見執事之書，既已知執事之心，所在千萬，意别固當有不言而請者，謹以新刻小書二册，奉以教正，蓋鄙心之所欲效者，亦側足於其中矣。須間□不一言□□。使還劇病，筆潦草，千萬亮恕。

書見寶晉齋所藏碑帖石刻（參見何福安《寶晉齋碑帖集釋》），因此碑刻前赫然題「蘇臺唐寅」，并則有「六如居士」大印，歷來以爲是唐寅所作書，乃大誤。前考此《次張體仁聯句韵》爲陽明所作詩，則此答宋孔瞻二書亦必爲陽明所作，其草書亦分明是陽明字迹，絶不類唐寅筆法也。兹考二書所寄「宋孔瞻」即宋冕，字孔瞻，號滸山，餘姚人，著名「姚江三廉」之一，與陽明同鄉早識。唐胄《都察院右副都御史宋公冕墓志銘》：「弘治壬戌（十五年），登進士第。乙丑，授刑部河南司主事。」（《國朝獻徵録》卷六十一）弘治十八年，宋冕任刑部河南司主事，陽明則由刑部雲南司主事轉兵部武選清吏司主事，兩人原爲刑部「西翰林」中堅人物，講學論文，過從尤密。書一所云「召公之政敷於陝右，其爲鄉邦之光多矣」，乃指宋冕任陝西左轄，時在嘉靖四年，《宋公冕墓志銘》：「乙酉，陞陝西左轄。以織羢楊太監額外之需索過甚，欲手疏以聞。楊使人陰持公過，以中傷之，竟無所得。鎮守太監晏宏乃私謂之曰：『宋公剛正，吾屬羞見。』楊亦自悔，邀偕往謝過。凡省之應邊糧餉器械，無不周備。總制荆山王公倚以爲重，薦其才行氣量，可大用。」按唐寅於嘉靖二年已卒，僅此亦可見此書非唐寅作。又所謂「其爲鄉邦之光多矣」，乃稱贊宋冕爲餘姚鄉邦争光，唐寅乃蘇州人，如何能作斯語？僅此亦足證此書爲陽明作也。書二談與同志講明聖學，也明是陽明口氣，斷非唐寅所能道。所言「謹以新刻小書二册，奉以教正」，即指陽明嘉靖三年新刻之《傳習録》與《朱子晚年定論》二書，陽明於同時所作書札中多有類似之言，如《答王亹庵中丞》云：「謹以新刻小書二册，奉求教正。」（《王陽明全集》卷二十一，作於嘉靖三年）唐寅爲畫家，何來「新刻小書二册」？此亦足見書二亦陽明所作也。

批董蘿石日省録

（嘉靖四年，一五二五年）

余日自省，懼其忘也，每録之以請，先師一一批示。

蓋余素性樂交平直守分之人，但遇盛氣者，不覺委靡退讓，不能自壯；又遇多能巧言者，自覺遲鈍，雖明知彼之非仁，而不能無自慚之意。此病何也？

此皆未免有外重内輕之患。若平日能集義，則浩然之氣至大至剛，充塞天地，自然富貴不能淫，貧賤不能移，威武不能屈；自然能知人之言，而凡詖淫邪遁之詞，皆無所施於前矣，況肯自以爲慚乎！集義只是致其良知，心得其宜之謂義，致良知則心得其宜矣。

余因家弟糧役，手足至情，未免與之委曲捏成，後竟謀露家敗，蓋緣不老實之所致也。

謂之老實，須是實致其良知始得，不然，却恐所謂老實者，正是老實不好也。昔人亦有爲手足之情受污辱者，然不至如此等事。此等事於良知亦自有不安。

余嘗訪友，座中有一老生衛姓者性質實，無機警。同輩每戲之，以爲笑噱。余亦一時隨衆詆之，以取娱焉。心不能收，負數多矣。况此老嘗路拾遺金還人，亦可爲余師者。謹識之。以暴余之罪過。

余素慕廉潔之士，聞海寧縣丞盧珂清貧之甚，在任三年，至無以禦寒也。適友人惠余襪，遂作詩，持以贈之。既歸，貼貼然自以爲得。只此自以爲得，恐亦不宜，如何？

知得自以爲得爲非宜，只此便是良知矣。民之秉彝也，故好是懿德。然多著一分意思不得。多著一分意思，便是私矣。

余於鄉曲交游中，有一善可稱者，必謹識之，以爲請。

録善人以自勉，此亦多聞多見而識，乃是致良知之功。此等人只是欠學問，恐不能到頭如此。若能到頭如此，吾輩中亦未易得也。

余嘗疑於先儒論性，無從質問。一日與男穀論之，遂有率意之對。嘗令繕寫以示月泉法聚，往復數四，意皆相反，并録以呈先師。

二子異同之論，皆是説性，非見性也；見性者，無異同之可言矣。他日聚子不非董子，董子不非聚子，則於見性也，其庶已乎！

文見董澐《從吾道人語録・日省録》。此爲陽明對董澐《日省録》之批語，按《王陽明全集》卷五有《答董澐蘿石》，即從此批語變化而來，必是錢德洪將此批語潤色修改爲一篇答問書，編入陽明集中，而將批語多有删除。如最後一條批董澐、法聚性説，頗爲重要，却被錢德洪删去，有關陽明與禪師法聚之關係遂皆湮没無聞。蓋其時陽明與董澐、法聚多吟詩説禪，如《王陽明全集》卷二十有《答人問良知二首》，十分有名，向不知爲何人，實則此人即法聚，《光緒海鹽縣志》卷十九：「法聚，資聖寺僧，嘗結庵澉湖荆山，芝産座下，人號玉芝和尚。後移錫武康天池，示寂。聚初投偈於王陽明先生，陽明有《答人問良知》詩，即聚也。詩云：『良知即是獨知時，此知之外更無知。誰人不有良知在，知得良知却是誰？』晚參夢居禪師於金陵，問：『如何不落人圈繢？』居與一掌，聚即大悟，開講天池，應機接引。與王畿、蔡汝南、唐樞、董澐父子共證儒釋大同之旨。」錢德洪乃有意將法聚之名隱去。《補續高僧傳》卷二十六有《玉芝聚公傳》：「法聚，字月泉，嘉禾富氏子。始去俗，從師於海鹽資聖寺，矢志參學。初見吉恩、法舟二宿，未甚啟發。聞王陽明倡良知之指於稽山，同董從吾往謁之，言相契，陽明答以詩。……諸方稱玉芝和尚。唐一庵、王龍溪諸公嘗往來山中，證會儒釋大同之秘……」原來法聚與董澐在嘉靖三年同來見陽明，錢德洪《陽明先生年譜》亦將法聚其人隱去，只説董澐一人。《王陽明全集》卷二十又有《寄題玉芝庵》，實即寄法聚，錢德洪亦將真人隱去。董澐其時亦究心佛典，好説佛談禪，《王陽明全集》卷二十有《示諸生三首》，向不知爲誰，其中云「莫道先生學禪語，此言端的爲君陳」，此「君」此「先生」向不知爲誰，今按董澐《求心録》有云：「敬次先師韵求教：爲學當從一念真，莫將聞見駭時人。要知静默無爲處，自有圓虚不測神。穀種滋培須有事，鏡光拂拭反生塵。藏而後發無方體，聽取江門碧玉陳。」即次陽明此詩，可見陽明詩所予之「學禪語先生」必即董澐無疑，錢德洪亦有意隱去其人。許相卿《雲村集》卷十三有《董先生墓志銘》云：「先生未復究心内典，忽若有悟，喟然嘆曰：『乃今客得歸矣。』於是援匡廬故事，與聚糾諸緇俗同志，結蓮社於海門精廬，遂又號『白塔山人』……吾見先生始專於詩，遺其家，甚難之；晚志於道，遺其詩，甚愧之；終入於佛，嗒然自遺也。予愈益怪之，莫能窺已。觀乎聚（法聚）之言曰：『先生在先劫中，殆業豢龍，氣相感召，近可遠，大可小，有可無，虚實相因，動静相體，若有類焉。』蓋先生學三變，歸於空，而自所謂『吾』者，且見爲妄矣。」許相卿所引法聚語，似即引自董澐與法聚往來討論儒家性論之書。儒家説復性定性，禪家説見性成佛。陽明此批論見性，含義不明；對董澐、法聚説性，亦不置可否，無怪錢德洪將此批删除矣。

陽明九聲四氣歌法

（嘉靖四年，一五二五年）

九聲半篇

(鼓)(鼓)(鼓)(鼓)(鼓)(金)(金)(金)箇平箇舒〇人折心悠〇有平仲折尼悠，(玉)〇(金)自發將揚〇聞折見悠〇苦平遮折〇迷串。(玉)(金)而串今串〇指平與舒〇真折頭悠〇面嘆，(玉)〇(金)只平是舒〇良折知悠〇更振莫折疑悠。(玉)〇(金)只平是舒〇良折知悠〇更振莫折疑悠。(玉)(玉)(玉)。如連歌，止擊玉一聲，歌闋，方擊玉三聲。

四氣半篇

箇春之春，口略開。箇春之夏，口開。人春之秋，聲在喉。心春之冬，聲歸丹田。有仲尼亦分作春夏秋冬，而俱有春聲。自夏之春，口略開。將夏之夏，口開。聞夏之秋，聲在喉。見夏之冬，聲歸丹田。**苦遮迷**亦分作春夏秋冬，而俱有夏聲。**而今指與真頭面**首二字稍續前句，末三字平分，無疾遲輕重，但要有蕭條之意。聲在喉，秋也，亦宜春、宜夏、宜冬。**只**冬之春，聲歸丹田，口略開。**是**冬之夏，聲歸丹田，口開。**良**冬之秋，聲在喉。**知**冬之冬，聲歸丹田，口略開。**更莫疑**上四字，至冬之冬時，物閉藏剥落殆盡。此三字，一陽初動，剥而既復。故第五字聲要高，以振起坤中不絶之微陽。六字、七字稍低者，陽氣雖動，而發端於下，則甚微也。要得冬時不失冬聲，聲歸丹田，冬也，亦宜春、宜夏、宜秋。天有四時，而一不用，故冬聲歸於丹田，而口無閉焉。

九聲全篇

(鼓)(鼓)(鼓)(鼓)(鼓)(金)(金)(金)何平者舒○堪折名悠席平上折珍悠？(玉)都發緣揚○當折日悠得平師折○真串。(玉)(金)是串知串○佚平我舒○無折如悠○老嘆，(玉)○(金)惟平喜舒○放折懷悠○長平似折春悠。(玉)○(金)得平志舒○當折爲悠○天平下折事悠，(玉)○(金)退發居揚○聊折作悠○水平雲折○身串。(玉)(金)胸串中串○一平點舒○分折明悠處嘆，(玉)○(金)不平負舒高折天悠○不振負折人悠。(玉)○(金)胸串中串○一平點舒分折明悠處嘆，(玉)○(金)不平負舒○高折天悠○不振負折人悠。(玉)(玉)(玉)。

四氣全篇

即前半篇法而疊用之。

九聲：曰㊥平，曰舒，曰折，曰悠，曰發，曰揚，曰串，曰嘆，曰振。平者，機主於出聲，在舌之上齒之内，非大非小，無起無落，優柔涵蓄，氣不迫促。舒者，即聲在舌齒，而洋洋蕩蕩，流動軒豁，氣度廣遠。折者，機主於入，而聲延於喉，漸漸吸納，亦非有大小起落，其氣順利活潑。悠者，聲由喉以歸於丹田，和柔涓涓，其氣深長，幾至於盡，而復有餘韵反還。發者，聲之豪邁，其氣直遂而磊磊落落。揚者，聲之昌大，其氣敷張而襟懷暢達。串者，上句一字聯下句二字，聲僅成聽，其氣纍纍如貫珠然。嘆者，其聲淺短，氣若微妙剥落。振者，聲之平而稍寓精鋭，有消索振起之意。凡聲主於和順，妙在慷慨，發舒得盡，以開釋其鬱結；涵泳得到，以蕩滌其邪穢。如七言四句，其聲用平五出，無所出；用舒三出，而不輕於出；用折七入，無所入；用悠六入，而不輕於入；用發一，揚一，漸於粗厲，弘而含也；用串三，而若一，而不至於間絶，微而績也；用嘆一，以斂其氣；用振一，以鼓其機，抑而張也。慎其所出，節流滋原，重其所入，□歸復命，廣大精微，抽添補洩，闔闢宣天地之化機，屈伸昭鬼神之情狀，舒卷盡人事之變態。歌者陶情適性，聞者心曠神怡，一道同風，淪肌浹髓，此調燮之妙用，政教之根本，心學之樞要，而聲歌之極致也。

四氣：曰春，曰夏，曰秋，曰冬。每四句分作春夏秋冬；而春夏秋冬中，又自有春夏秋冬。如第一句春，第二句夏，第三句秋，第四句冬，每句上四字各分作春夏秋冬，第一字春，第二字夏，第三字秋，第四字冬；下三字稍仿上四字，亦分作春夏秋冬。第三句首二字稍續上句，末三字各平分，不甚疾遲輕重，以第三句少變前二句，不疊韵而足聽也。第四句第四字乃冬之冬，用藏已極，然陰不獨勝，陽不終絶，消而必息，虚而必盈，所謂既剥將復，而亥子之間，天地人之至妙至妙者是也。故末三字當有一陽來復之義。第五字聲要高，何也？閉藏已極，不有以振而起之，無以發其坤中不絶之微陽也。故以十月謂之陽月，每句每二字一斷，庶轉氣悠揚，不至急促。第一字口略開，聲要融和；第二字口開，聲要洪大；第三字聲返於喉，秋收也；第四字聲歸丹田，冬藏也。春而融和，夏而洪大者，達其氣而洩之，俾不閼也。秋而收之，冬而藏之，收天下春而藏之肺腑也。其不絶之餘聲，復自丹田而出之，以滌邪穢，以融渣滓，擴而清之也。春之聲稍遲，夏之聲又遲，秋之聲稍疾，冬之聲又疾，變而通之，則四時之氣備矣；闔而闢之，則乾坤之理備矣。幽而鬼神屈伸而執其機，明而日月往來而通其運，大而元會運世而統其全，此豈有所强而然哉？廣大之懷，自得之趣，真有如大塊噫氣，而風生於寥廓；洪鐘逸響，而聲出於自然者。融溢活潑，寫出太和真機；吞吐卷舒，妙成神明不測，故聞之者不覺心怡神醉，恍乎若登堯舜之堂，舞百獸而儀鳳凰矣。

文見張鼒《虞山書院志》卷四。該志於卷四《會約》中云：「歌咏以養性情，乃學之要務。夫詩不歌不得其益，子與人歌，而善取瑟而歌，聖人且然，况於學者？今後同志相會，須有歌咏，無論古樂，即陽明九聲四氣歌法，其意亦甚精深。」此所謂「陽明九聲四氣歌法」，即指下面所載《歌法》，故志於《歌法》下特注云：「此陽明先生法。」又於《鄉約儀》中特説明云：「歌詩。歌生二人出班詣案前歌孝順父母、尊敬長上詩二章，會衆俱和歌，鍾鼓之節俱依陽明先生舊法。」此所謂「依陽明先生舊法」，亦即指前面所載《歌法》。由此可以肯定志所載《歌法》即陽明所手定歌法。按王畿《王畿集》卷七《華陽明倫堂會語》云：「宋子命諸生歌詩，因請問古人歌詩之意，先生曰：『……《禮記》所載「如抗如墜，如槁木貫珠」，即古歌法，後世不知所養，故歌法不傳。至陽明先師，始發其秘，以春夏秋冬、生長收藏四義，開發收閉爲按歌之節，傳諸海内，學者始知古人命歌之意。先師嘗云：「學者悟得此意，直歌到堯舜羲皇，只此便是學脉，無待於外求也。」……』」又詹景鳳《詹氏性理小辨》卷四十四《歌》云：「近日王文成以己意教人歌，如四句詩，首句聲微重，象春；次重，以象夏；次稍輕，以象秋；次又輕，以象冬。第四句歌竟，則餘音聯續不斷，復將第四句賡歌微重，以象春起冬盡。恐古所謂聲歌，意不此也。」可見陽明確嘗定有九聲四氣歌詩法。又尤時熙《尤西川擬學小記》卷六《紀聞》云：「予一日訪何吉陽、王雲野及數友……吉陽因謂雲野云：『雲野歌詩。』雲野遂歌少陵、白沙七言律各一首章，爲陽明先生調，予時忽覺身心洞然……」此所謂「陽明先生調」，亦即指陽明九聲四氣歌法，可見陽明九聲四氣歌法在當時甚流行。按陽明訓蒙教童生學者尤重歌詩涵咏，其《訓蒙大意示教讀劉伯頌等》云：「其栽培涵養之方，則宜誘之歌詩以發其志意，導之習禮以肅其威儀……今人往往以歌詩習禮爲不切時務，此皆末俗庸鄙之見……故凡誘之歌詩者，非但發其志意而已，亦以洩其跳號呼嘯於詠歌，宣其幽抑結滯於音節也……」陽明在《教約》中專設一教約論歌詩云：

凡歌詩，須要整容定氣，清朗其聲音，均審其節調，毋躁而急，毋蕩而囂，毋餒而慴。久則精神宣暢，心氣和平矣。每學量童生多寡，分爲四班，每日輪一班歌詩，其餘皆就席，斂容肅聽。每五日則總四班遞歌於本學。每朔望，集各學會歌於書院。（《王陽明全集》卷二）

其説與此《歌法》同。陽明此《訓蒙大意示教讀劉伯頌等》及《教約》作在正德十三年四月在江西大興社學時，錢德洪《陽明先生年譜》：「正德十三年四月，班師，立社學……發南、贛所屬各縣父老子弟，互相戒勉，興立社學，延師教子，歌詩習禮……久之，市民亦知冠服，朝夕歌聲，達於委巷……」陽明九聲四氣歌法當於其時已初步形成，並用之於社學。其最後審訂九聲四氣歌法則在嘉靖中歸越主教稽山書院時，錢德洪《陽明先生年譜》：「嘉靖三年正月……於是闢稽山書院，聚八邑彦士……先生臨之……八月,宴門人於天泉橋。中秋月白如晝,先生命侍者設席於碧霞池上,門人在侍者百餘人。酒半酣,歌聲漸動……先生見諸生興劇,退而作詩,有『鏗然舍瑟春風裏,點也雖狂得我情』之句(按:此爲《月夜》詩句)。」今《王陽明全集》卷二十有《月夜二首》,陽明即自注:「與諸生歌於天泉橋。」此必是用九聲四氣歌法歌詩也,故詩中有「老夫今夜狂歌發」之句。陽明此《歌法》所引第一首詩:「箇箇人心有仲尼,自將聞見苦遮迷。而今指與真頭面,只是良知更莫疑。」見《王陽明全集》卷二十,題作「詠良知四首示諸生」,作在嘉靖四年(王畿有《和良知四詠》,見《王畿集》卷十八)。所引第二首詩:「何者堪名席上珍?都緣當日得師真。是知佚我無如老,惟喜放懷長似春。得志當爲天下事,退居聊作水雲身。胸中一點分明處,不負高天不負人。」是邵雍詩,見《擊壤集》卷十二《自述》二首之一。由此可以確知陽明最後審訂作此《九聲四氣歌法》在嘉靖四年。常熟爲子游闕里,虞山書院一名文學書院、學道書院,爲明代著名書院,常舉行書院大會,以講學、讀書、歌詩爲三大活動内容,全國各地名儒士人均來赴文會,講會至有三閱月、五閱月之久。疑陽明此《九聲四氣歌法》,或即是陽明之弟子後學來會携至,遂爲大會與書院所用。張鼐《虞山書院志》成於萬曆三十五年前後,去陽明不過七十餘年,故其於虞山書院中所見之陽明《歌法》當有所自矣。明人之歌詩法,史籍無載,故此陽明九聲四氣歌法至足寶貴也。

玉山斗門

（約嘉靖四年，一五二六年）

胼胝深感昔人勞，百尺洪梁壓巨鰲。潮應三江天塹逼，山分海門兩岸高。濺空飛雪和天白，激石衝雷動地號。聖代不憂陵谷變，坤維千古護江皋。

詩見張元忭《會稽縣志》卷八《水利》，新編本《王陽明全集》著録。按玉山斗門即玉山陡亹閘，亦稱朱諸斗門，建於玉山與金鷄山之間。《嘉慶山陰縣志》卷二十《水利》：「玉山陡亹閘，陡亹，亦作斗門，在縣東北三十三里。唐貞元初，觀察使皇甫政建，計八門：北五門，隸山陰；其南三門，則屬會稽。以泄三縣之水，出三江入海。明弘治年間，郡守曾毅重修。」嘉靖四年，紹興守南大吉嘗開濬河渠，興修水利，陽明特爲作《濬河記》（《王陽明全集》卷二十三）。疑陽明此《玉山斗門》或亦作在其時。今按：陳宗洛《三江所志》以爲此詩乃王十朋作，似有依據，觀此詩云「聖代不憂陵谷變」，亦不類陽明口氣，姑記疑於此以俟考。

守歲詩 并序

（嘉靖五年，一五二七年）

嘉靖丙戌之除，從吾道人自海寧渡江來訪，因共守歲。人過中年，四方之志益倦。客途歲暮，戀戀兒女室家，將舍所事走千里而歸矣。道人今年已七十，終歲往來湖山之間，去住蕭然，曾不知有其家室。其子穀又賢而孝，謂道人老矣，出輒長跪請留。道人笑曰：「爾之愛我也以姑息。吾方友天下之善士，以與古之賢聖者遊，正情養性，固無入而不自得。天地且逆旅，奚必一畝之宮而後爲吾舍耶？」嗚呼！若道人者，要當求之於古，在今時則吾所罕睹也。是夜風雪，道人有作，予因次韵爲謝。

多情風雪屬三餘，滿目湖山是舊廬。況有故人千里至，不知今夜一年除。天心終古原無改，歲時明朝又一初。白首如君真灑脱，耻隨兒子戀分裾。

陽明山人守仁書

詩見董澐《從吾道人語録》附録，周汝登《王門宗旨》卷十三。原題作「守歲詩序」，未當。按董澐嘉靖五年初夏來會稽見陽明，陽明爲作《湖海集序》。至是年歲暮董澐又來會稽，陽明與之同守除夕，乃作此守歲詩。今董澐《從吾道人詩稿》正有《丙戌除夕》詩：

南渡江來樂有餘，廣堂守歲即吾廬。二三千個同門聚，六十九年今夜除。文運河圖呈象日，寒梅禹穴見花初。陽明甲第春風轉，老我明朝□曳裾。

越子城頭雪尺餘，梅花作伴卧僧廬。真常□□歲更改，舊染若隨塵掃除。到處是家安使□，□心即聖擬還初。白頭未信年華去，正要□□□翠裾。

陽明即和此詩。所謂「陽明甲第春風轉」，隱指陽明是年十二月十二日得子正億，董澐蓋有來賀之意。「二三千個同門聚」，尤值得注意。錢德洪《陽明先生年譜》：「嘉靖三年正月，於是闢稽山書院，聚八邑彦士，身率講習以督之……宫刹卑隘，至不能容。蓋環坐而聽者三百餘人。」董澐稱有二三千弟子相聚，蓋親眼目睹也。又王襞《明儒王東厓先生遺集》卷二亦有《次董蘿石翁餘字韵》：

堯夫擊壤浩歌餘，正似江門坐小廬。千古窮通憑感遇，百年謀計起乘除。即憐蘭蕙生涯轉，剛是春風鼓動初。待看風流三月我，萬香叢裏拽青裾。

唤醒從前春夢餘，回頭便識自家廬。莊嚴寶相皆成僞，幻妄空花早破除。一物不存非窈渺，纖毫落見失元初。夜來閑傍梅花立，月滿枝頭影滿裾。

按張峰《王艮年譜》：「嘉靖四年，春正月，奉守庵公如會稽，諸子侄從。」今據王襞此詩，可知嘉靖五年王襞仍在會稽也。至次年陽明則赴兩廣任，故陽明此守歲詩當是與董澐最後之唱酬詩。

與歐陽崇一(三首)

(一)

(嘉靖五年,一五二六年)

正之諸友下第歸,備談在京相與之詳。近雖仕途紛擾中,而功力略無退轉,甚難,甚難!得來書,自咎真切。論學數條,卓有定見,非獨無退轉,且大有所進矣。文蔚所疑,良不爲過。孟子謂「有諸己之謂信」,今吾未能有諸己,是未能自信也,宜乎文蔚之未能信我矣。乃勞崇一逐一爲我解嘲,然又不敢盡謂崇一解嘲之言爲口給,但在區區,則亦未能一一盡如崇一之所解者,爲不能無愧耳,固不敢不勉力也!文蔚天資甚厚,其平日學問功夫,未敢謂其盡是,然却是樸實頭,有志學古者。比之近時徒尚口說,色取行違,而居之不疑者,相去遠矣。前者承渠過訪,惜以公務,不能久留,只就文義間,草草一說,鄙心之所願致者,略未能少效,去後殊爲怏怏。良知之說,近世朋友多有相講一二年,尚眩惑未定者,文蔚則開口便能相信,此其資質誠有度越於人;只是見得尚淺,未能洞徹到得，如有所立卓爾，是以未免尚爲書見舊聞所障。然其胸中渣累絶少，而又已識此頭腦，加之篤信好學如是，終不慮其不洞徹也。因咳嗽正作，兼以人事紛沓，不暇寫書，故遲孫倉官久候。

（二）　（嘉靖六年，一五二七年）

去冬十二月十二日未時，得一子，今已逾百日，或可望長成也。北上之説，信有之。聖主天高地厚之恩，粉身無以爲報。今即位六年矣，徒以干進之嫌，不得一稽首門廷，臣子之心誠跼蹐不安。近日又有召命，豈有謝恩之禮待君父促之而後行者？但賤軀咳患方甚，揆之人情，恐病勢稍間，終當一行。來書所謂「如此人情，如此世道，何處着脚」，凡在吾黨，所見略同，千里拳拳之念，何敢忘也！何敢忘也！道之不行，已知之矣。區區之心，固不敢先有意必，然亦自有不容已者耳。

（三）

遠勞問惠，甚愧。兩廣之任，豈病廢所堪？但世事又若難避，俟懇辭疏下，更圖進止耳。喻及持志養氣，甚善。暴其氣，亦只是不能持其志耳。釋氏輪回變現之論，亦不必求之窈冥。今人不能常見自己良知，一日之間，此心倏焉而夷狄，倏焉而禽獸，倏焉而趨入悖逆之途，倏焉而流浪貪淫之海，不知幾番輪回，多少變現，但人不自覺耳。釋氏言語，多有簸弄精神者，大概當求之游方之外，得其意而已矣。淫聲美色之喻，亦是吾儒作好作惡處，正須勘破此等病痛，方見廓然大公之本體也。

三札見《陽明先生文録》卷三，錢明《王陽明全集未刊散佚詩文彙編及考釋》著録。歐陽崇一即歐陽德，字崇一，號南野，泰和人。《王陽明全集》卷六有《與歐陽崇一》，即此札一，但却大半被删除，面目全非。按札一中所言文蔚即聶豹，字文蔚，號雙江，永豐人。所謂「前者承渠過訪」，乃指嘉靖五年春聶豹來會稽見陽明，錢德洪《陽明先生年譜》：「嘉靖五年八月，答聶豹書。是年夏，豹以御史巡按福建，渡錢塘來見先生。别後致書……先生答書……」其説有誤，嘉靖五年聶豹乃是春間以御史巡按應天,宋儀望《聶豹行狀》:「明年(按:嘉靖五年)春,按應天,乃上疏條陳馬政積弊……是歲乃往謁陽明王公於越……丁亥復命。未幾,遂差巡按福建。戊子春,入閩。」(《華陽館文集》卷十一)聶豹以御史巡按福建在嘉靖七年春(見聶豹《啟陽明先生》),陽明《答聶文蔚》云「春間遠勞迂途枉顧」,聶豹《啟陽明先生》則云「迯違道範,丙戌之夏」,疑聶豹來訪在三月末,至其別去已在四月初。陽明此札一既未言及聶豹寄書來問(聶豹致書來問在五月),又未言及已作答聶豹書(陽明作答聶豹書在八月),故可知此札一即作在四月中。時歐陽德在京任刑部員外郎,所謂「正之諸友下第歸,備談在京相與之詳」,正之即黄弘綱,錢德洪《陽明先生年譜》:「嘉靖五年四月,德洪與王畿并舉南宫,俱不廷對,偕黄弘綱、張元冲同舟歸越,先生喜。」又《傳習録》下:「洪與黄正之、張叔謙、汝中丙戌會試歸,爲先生道途中講學……」黄弘綱、錢德洪等歸至會稽在四月,所謂「得來書」,應即由黄弘綱、錢德洪等所帶來之書,此尤可證陽明此札一作在四月中。

札二言及去冬得子,則作在嘉靖六年。《王陽明全集》卷二十有詩云「嘉靖丙戌十二月庚申始得子,年已五十有五矣……」以「今已逾百日」算,則此札二作在三月中。是年五月方有命下除陽明兼都察院左都御史,征思、田,故此札二中所云「病勢稍間終當一行」「北上之説信有之」「豈有謝恩之禮待君父促之而後行」,決非指其赴兩廣之行,而是指其北上赴京親領誥卷謝恩之行。按錢德洪《陽明先生年譜》:「嘉靖四年六月,禮部尚書席書薦。先生服闋,例應起復,御史石金等交章論薦,皆不報。尚書席書爲疏特薦曰:『生在臣前者見一人,曰楊一清;生在臣後者見一人,曰王守仁。且使親領誥卷，趨闕謝恩。』於是楊一清入閣辦事。明年，有領卷謝恩之召，尋不果。」所謂赴京「親領誥卷」，實即是薦陽明入朝爲大臣、甚至有入閣爲輔臣之意，朝中大臣早忌陽明入朝，百般沮抑，陽明北行入京拖延不果。《明通鑑》卷五十一：「嘉靖四年二月辛卯，禮部尚書席書初薦楊一清、王守仁可大用，至是一清總制三邊。書因薦守仁入閣，且曰：『今諸大臣皆中材，無足與計天下事。定亂濟時，非守仁不可。』報曰：『書爲大臣，當抒猷略，共濟時艱，何以中材自諉？』於是守仁迄不獲柄用。」其後仍多有朝臣薦陽明，皆遭阻抑，《明通鑑》卷五十二：「嘉靖四年九月，致仕尚書林俊……上書：『……乞聖明留念既去者，禮致未去者，慰留碩德重望如羅欽順、王守仁、吕柟、魯鐸輩，宜列寘左右。』……十二月丁酉，起致仕兵部尚書王憲提督陝西三邊軍務。初，一清既召，廷臣首推彭澤、王守仁，不允。……」甚至到嘉靖六年八月，黄綰猶上疏「伏惟陛下念明良遭遇之難，蚤召守仁，令與大學士楊一清等共圖至治。」（《國榷》）朝廷大臣隱沮，陽明不得北上進京見帝面陳忠悃，故此札二發出「今即位六年矣，徒以干進之嫌，不得一稽首」之憤嘆。殊不知正當陽明在心存盼望北上進京之時，朝廷大臣已另有圖謀，即在五月除陽明都察院左都御史赴兩廣，陽明生平唯一一次入閣機遇化爲泡影。

札三言及「兩廣之任」，則亦作在嘉靖六年。所謂「俟懇辭疏下，更圖進止」，是謂已上辭疏而尚在俟朝廷命下，按陽明上辭疏在六月，朝廷不允命下在七月，故可知此札三作在六、七月間。札中特引釋氏輪回變現之説，似亦是隱譏朝廷大臣妬忌沮抑伎倆之憤激之言也。

答聶文蔚論良知書

(嘉靖五年，一五二六年)

……夫人者，天地之心。天地萬物，本吾一體者也，生民之困苦荼毒，孰非疾痛之切於吾身者乎？不知吾身之疾痛，無是非之心者也。是非之心，不慮而知，不學而能，所謂良知也。良知之在人心，無間於聖愚，天下古今之所同也。世之君子惟務致其良知，則自能公是非，同好惡，視人猶己，視國猶家，而以天地萬物爲一體，求天下無治，不可得矣。古之人所以能見善不啻若己出，見惡不啻若己入，視民之饑溺猶己之饑溺，而一夫不獲，若己推而納諸溝中者，非故爲是而以蘄天下之信己也，務致其良知，求自慊而已矣。堯、舜、三王之聖，言而民莫不信者，致其良知而言之也；行而民莫不信者，致其良知而行之也。是以其民熙熙皞皞，殺之不怨，利之不用，施及蠻貊，而凡有血氣者莫不尊親，爲其良知之同也。嗚呼！聖人之治天下，何其簡且易哉！後世良知之學不明，天下之人用其私智以相比軋，是以人各有心，而偏瑣僻陋之見，狡僞陰邪之術，至於不可勝説，外假仁義之名，而内以行其自私自利之實，詭辭以阿俗，矯行以干譽，揜人之善而襲以爲己長，計人之私而竊以爲己直，忿以相勝而猶謂之狥義，險以相傾而猶謂之嫉惡，妬賢忌能而猶自以爲公是非，恣情縱欲而猶自以爲同好惡，相陵相賊，自一家骨肉之親，已不能無爾我勝負之意，彼此藩籬之形，而況於天下之大，民物之衆，又何能一體而視之？則亦無怪於紛紛藉藉，而禍亂相尋於無窮矣。守仁賴天之靈，偶有見於良知之學，以爲必由此而後天下可得而治。是以每念斯民之陷溺，則爲之戚然痛心，忘其身之不肖，而思以此救之，亦不自知量者。天下之人見其若是，遂相與非笑而詆斥之，以爲是病狂喪心之人耳。嗚呼！是奚足恤哉？吾方疾痛之切體，而暇計人之非笑乎！人固有見其父子兄弟墜溺於深淵者，呼號匍匐，裸跣顛頓，扳懸崖而下拯之。士之見者，方相與揖讓談笑於其傍，以爲是棄其禮貌衣冠而呼號顛頓若此，是病狂喪心者也。故夫揖讓談笑於溺人之傍而不知救，此惟行路之人，無親戚骨肉之情者能之，然已謂之無惻隱之心，非人矣。若夫在父子兄弟之愛者，則固未有不痛心疾首，狂奔盡氣，匍匐而拯之。彼將陷溺之禍有不顧，而況於病狂喪心之譏乎？而又況於蘄人之信與不信乎？嗚呼！今之人雖謂守仁爲病狂喪心之人，亦無不可矣。侍生王守仁頓首，復太史定齋先生執事。左餘。

文真迹見裴景福《壯陶閣書畫録》卷十《明王陽明論良知書卷》，云：「紙本，高二尺七寸，長六尺一寸餘。行楷。」按《王陽明全集》卷二有《答聶文蔚》（《傳習録》中），即此書，然衹有前半，無後半，或是當時致聶豹書本爲二封，後併爲一書編入《傳習録》中耶？此書作在嘉靖五年八月，錢德洪《陽明先生年譜》：「嘉靖五年八月，答聶豹書。是年夏，豹以御史巡按福建（按：當作巡按應天），渡錢塘來見先生。别後致書……先生答書……」值得注意者，聶豹號雙江、白水老農、東皋居士等，此書稱爲「定齋」，向未見。又書中自稱「守仁」而不稱「僕」，蓋是當時作書之口吻也。

贈岑東隱先生（一首）

（嘉靖五年，一五二六年）

岑東隱老先生，余祖母族弟也，今年九十有四矣。雙瞳炯然，飲食談笑如少壯，所謂聖世之人瑞者非耶？涉江來訪，信宿而别。感嘆之餘，贈之以詩。

東隱先生白髮垂，猶能持竹釣江湄。身當百歲康强日，眼見九朝全盛時。寂寂群芳摇落後，蒼蒼松柏歲寒枝。結廬聞説臨瀛海，欲問桑田幾變移？

聖學工夫在致知，良知知處即吾師。勿忘忽助能無間，春到園林鳥自啼。

詩見《陽明先生文録》卷四，錢明《王陽明全集未刊散佚詩文彙編及考釋》著録。岑東隱，即陽明祖母岑氏之族弟，據光緒《餘姚岑氏章慶堂宗譜》載，岑東隱名鼎，字懋實，號東隱，廩膳生，生於宣德九年二月初七日丑時，卒於嘉靖五年九月廿一日寅時（見王孫榮《王陽明散佚詩文九種考釋》）。岑鼎當原居餘姚，其號「東隱」，陽明詩稱其「結廬聞説臨瀛海」「涉江來訪」，似是其後隱居慈溪濱海，是次乃涉姚江來訪。此詩向不知作於何時，有以爲作於嘉靖七年前後，乃誤。岑鼎卒於嘉靖五年九月，陽明此詩稱其「今年九十有四矣」，則顯是嘉靖五年岑鼎涉江來訪，歸後不久即卒。詩云「寂寂群芳摇落後，蒼蒼松柏歲寒枝」，「春到園林鳥自啼」，似是岑鼎在嘉靖五年歲初涉江來訪。錢德洪《陽明先生年譜》謂正德十六年陽明在南昌「始揭良知之教」，「經變後，始有良知之説」，歸越後「日與宗族親友宴遊，隨地指示良知」，陽明此二詩，可謂是其晚年歸越「日與宗族親友宴遊，隨地指示良知」之代表作矣。

合族名行格言

（疑嘉靖五年，一五二六年）

賢良方正，祈天永錫。崇德廣業，富有日新。文成明達，茂先宏通。祖於鶴鳴，世肇景宣。功□忠獻，道學□陽。元迪□則，嗣乃克昌。

陽明山人王守仁題

文見《姚江歷山張氏宗譜》卷四，王孫榮《王陽明散佚詩文九種考釋》、錢明《王陽明全集未刊散佚詩文彙編及考釋》著録。原題作「合族名行四言詩」不當。據譜，有餘姚張克明，其妻王氏爲陽明從姑，季子張和，字原介，號虞崗，郡庠生，嘉靖中以合族名行格言相請，陽明乃爲作此四字格言以示其族。按陽明嘉靖中居越，間往餘姚省親，錢德洪《陽明先生年譜》：「嘉靖五年九月，歸姚省墓。」此格言約即作于此時。

柬友

（約嘉靖五年，一五二六年）

一個「塵」字，昏了諸多人，吾輩最忌此「塵」字不去，社名「掃塵」，已後心上塵、口上塵（一作眼前塵）、筆墨塵、世路塵，都要掃却。

書見徐渭《古今振雅雲箋》卷四、沈佳胤《翰海》卷十二。按陽明所謂「塵」字，乃借用釋家之「六塵」，謂一切世間之事法，皆染污良知真性也。《法界次第初門》：「塵，即垢染之義，謂此六塵能染污真性故也。」《維摩詰所説經》：「遠塵離垢，得法眼淨。」故「掃塵」者，掃除塵污，澄明良知之謂也。陽明此柬所與之人無考，柬中云「社名『掃塵』」，乃是給會社起名，按嘉靖五年陽明安福弟子爲惜陰會，似是陽明爲安福弟子結社起名「掃塵」。錢德洪《陽明先生年譜》：「嘉靖五年十二月，作《惜陰説》。劉邦采合安福同志爲會，名曰『惜陰』，請先生書會籍。先生爲之説曰：『同志之在安成者，間月爲會五日，謂之「惜陰」，其志篤矣。然五日之外，孰非惜陰時乎？離群而索居，志不能無少懈，故五日之會，所以相稽切焉耳。嗚呼！天道之運，無一息之或停，吾心良知之運，亦無一息之或停。良知即天道，謂之「亦」，則猶二之矣。知良知之運無一息之或停者，則知惜陰矣；知惜陰者，則知致其良知矣……』先生明年丁亥過吉安，寄安福諸同志書曰：『諸友始爲惜陰之會，當時惟恐只成虛語，邇來乃聞遠近豪傑聞風而至者以百數，此可以見良知之同然，而斯道大明之幾於此亦可以卜之矣……』」今《王陽明全集》卷七有《惜陰説》，卷六有《寄安福諸同志》。安福弟子結社爲會，惜陰掃塵，實皆遵陽明良知之教，陽明此書所柬之人，或即劉邦采耶？蓋陽明自嘉靖元年歸越以來，與弟子大闡良知之教，而多以掃「塵」爲説，如《王陽明全集》卷二十有《夜坐》：「獨坐秋庭月色新，乾坤何處更閒人？高歌度與清風去，幽意自隨流水春。千聖本無心外訣，六經須拂鏡中塵。却憐擾擾周公夢，未及惺惺陋巷貧。」作於嘉靖三年。錢德洪《陽明先生年譜》：「嘉靖三年正月，郡守南大吉以座主稱門生……先生曰：『昔鏡未開，可得藏垢；今鏡明矣，一塵之落，自難住脚。此正入聖之機也，勉之！』於是闢稽山書院，聚八邑彦士，身率講習以督之……」是陽明在稽山書院講習旨在「掃塵」以求良知矣。又陽明有《示諸生三首》之一云：「爾身各各自天真，不用求人更問人。但致良知成德業，謾從故紙費精神。乾坤是易原非畫，心性何形得有塵？莫道先生學禪語，此言端的爲君陳。」（《王陽明全集》卷二十）此詩實與從吾道人董澐（錢德洪隱去其名），作在嘉靖五年，正與陽明此柬作在同時。

湖海集序

（嘉靖五年，一五二六年）

蘿石董兄自海鹽來越，年已六十有八矣，出其舊日詩，屬余爲之叙。予不工詩，安敢序？第蘿石之心有亟亟者。歌詩自《三百篇》，均寫忠君愛國，纏綿悱惻之忱，而次及於山川鳥獸，君子所謂「多識」者。今觀蘿石詩，其於山川景物、草木鳥獸則多矣；言情之什則亦衆矣，當於忠君愛國間求之，則更上層樓矣。爰爲序之以歸之。

時在丙戌孟夏朔日，陽明王守仁序。

序見董澐《湖海集》首。按董澐字復宗，號蘿石，又號從吾道人，海鹽人。嘉靖三年始來見陽明，錢德洪《陽明先生年譜》：「嘉靖三年正月，海寧董澐號蘿石，以能詩聞於江湖，年六十八，來遊會稽，聞先生講學，以杖肩其瓢笠詩卷來訪。入門，長揖上坐。先生異其氣貌，禮敬之，與之語連日夜。澐有悟，因何秦（按：即何廷仁）强納拜。先生與之徜徉山水間。澐日有聞，忻然樂而忘歸也。其鄉子弟社友皆招之反，且曰：『翁老矣，何乃自苦若是？』澐曰：『吾方幸逃於苦海，憫者之自苦也，顧以吾爲苦耶！吾方揚鬐於渤澥，而振羽於雲霄之上，安能復投網罟而入樊籠乎？去矣，吾將從吾之所好。』遂自號曰『從吾道人』，先生爲之記。」陽明爲作《從吾道人記》。此後董澐每年來見陽明。嘉靖五年夏其特携舊詩稿來，請陽明作序。今觀其《湖海集》，實多遊吟之作，如《寄懷夢禪居士》，即寄法聚禪師，其好禪好道，在見陽明之後反更變本加厲，故陽明叙所謂「當於忠君愛國間求之，則更上層樓矣」，不免爲回護掩飾之言。錢德洪熟知董澐其人，嘉靖五年陽明爲董澐作序時，錢德洪亦在會稽，而是叙竟未編入陽明文集，蓋有以也。參見前《批董蘿石日省録》考。

答楊邃庵閣老書

（嘉靖五年，一五二六年）

明公進秉機密，天下士大夫忻忻然相慶，皆謂太平可立致矣。門下鄙生獨切至憂，以爲猶甚難也。亨屯傾否，當今之時，舍明公無可以望者。夫惟身任天下之禍，然後能操天下之權；操天下之權，然後能濟天下之難。然當其權之未得也，致之甚難；而其歸之也，則操之甚易。夫權者，天下之大利大害也，小人之不可一日有者也。欲濟天下之難，而不操之以權，是猶倒持太阿而授人以柄，希不割矣。故君子之致權也有道，本之至誠以立其德，植之善類以多其輔。示之以無不可容之量，以安其情；擴之以無所競之心，以平其氣；昭之以不可奪之節，以端其向；神之以造(下闕文)君，臣雖劉基之智，宋濂之博，通俛伏受成。嗣主蒞政，咨詢是急。六部分隸，各勝厥掌。故皇祖廢左右相，設六部，成祖建内閣，參機務，豈非相時通變之道乎？永樂初，以翰林史官直閣，後必俟其尊顯而方登簡平章之寄，儼若周宰國卿。是故削相之號，收相之益，任於前用，慎於今養，望於素堅，操於詘表，能於誠顯，拔於萃特，崇於禮流，品非可限，歷考不足稽矣。英皇復辟，親擢三賢薛瑄、岳正、李賢。正德中，逆瑾竊國，因戍元老，奴僕端揆，猶尊内閣。劉文靖、謝文正之怨，止於褫秩。顧近世之選者，惟曰淳厚寬詳，守故習常，是特婦女之狎躬，鄉氓之寡尤，豈勝大受者哉！是故約己讓善如唐懷慎，是之謂德；忘死殉國如宋君實，是之謂忠；防細圖大如漢張良，是之謂才。不然，鄙於人主，賤於六曹，隳國綱，靡士風。昔文帝故寵鄧通，必展申屠之直；錢若水感昌言之見薄，即辟位而去。夫有君之篤託，有臣之自重，胡患於不治耶！

書見張萱《西園聞見録》卷二十六。按《西園聞見録》稱此文爲「王守仁寄楊廷和書」，乃誤。據《王陽明全集》卷二十一《寄楊邃庵閣老》書二有數段文句與此相同，知此書與《寄楊邃庵閣老》書二實爲同一篇書札，則此書當爲寄楊一清而非寄楊廷和。今觀《寄楊邃庵閣老》書二多泛泛之論，而此書則多具體論貶朝臣，疑陽明弟子編《陽明全書》時，對此有所顧忌，將此書中論貶朝臣文字盡删去。楊一清字應寧，號邃庵，雲南安寧人。《明史》卷一百九十八有傳。此書寫作時間，陽明集於此書下注「癸未」（嘉靖二年），誤甚。按此書云「明公進秉機密」，指楊一清入閣，在嘉靖五年五月，《明史·宰輔年表》：「嘉靖四年乙酉十一月召（一清）。五年丙戌五月，復武英殿大學士，加少師，仍兼太子太傅入。七月，加兼太子太師、謹身殿大學士。」故可知陽明此書作在嘉靖五年六月中，其時費宏爲首輔，《明史·宰輔年表》：「嘉靖四年乙酉六月，（費宏）加少師兼太子太師。五年丙戌七月，晉華蓋殿大學士。六年二月，致仕。」故陽明此書所攻之「小人」、「近世之選者」，亦必是費宏。參見前《京師地震上皇帝疏》考。

祭柴太安人文

（嘉靖五年，一五二六年）

嘉靖年月日，新建伯兼兵部尚書忝眷王守仁，謹以牲醴之奠致祭於封太安人胡太親母柴氏之柩。

維太安人，生於閒宗，歸於名族。母儀婦道，鄉邦所式。憲憲令子，外臺司直。匪榮膴秩，允榮顯德。溯澤於源，有封有錫。鬱鬱芝蘭，燁燁桑梓。耄壽考祥，哀榮終始，復何恨哉，復何恨哉！守仁忝在姻末，當始訃聞，病莫奔哭。期兹歸藏，必往執紼。先遣兒曹，匍匐歸役。經旬雨雪，水澤腹堅。加以咳疾，觸寒莫前。梗出意外，舟發復旋。天時人事，成此咎衍。百里江關，目極心痒。薄奠申祖，臨風愴愧。豈足將誠，祇以告罪。

文見《餘姚柏山胡氏重修宗譜》（民國三年惇裕堂刊本）卷首，王孫榮《王陽明散佚詩文九種考釋》著録。譜稱柴太安人爲埋馬胡東皋母，胡東皋女適陽明嗣子王正憲（參見前考《祭孫安人文》），故陽明稱孫安人爲「胡親母」，而稱柴太安人爲「胡太親母」。此《祭柴太安人文》與《祭孫安人文》在格式與句式上都相似，蓋柴氏之卒與孫氏之卒相去未遠，似爲同時祔葬。祭文云「經旬雨雪」，「觸寒莫前」，時當在冬末春初之際。又祭文云「梗出意外，舟發復旋」，原來陽明本已發舟往餘姚祭奠，因忽觸寒生疾，梗出意外，又旋舟復歸。按顏鯨《胡東皋傳》云：

> 公諱東皋，字汝登，别號方岡，世爲餘姚梅川里人……祖禮，父暉，並有隱德。母柴氏。……歲乙丑中進士……孝廟《實録》成，有賚。庚午，署四川司員外郎事。辛未夏，三載考績書最，封父樗庵公如其官，母柴爲太安人……濠反，陽明王公慮濠之逕取南都也，移書倚公爲南都之援，公曰：「濠居江右，王公自能救之。若趣兵留都，吾當一面以撓其勢，候官兵四集，賊可擒也。」已而濠攻安慶，公將率兵扼其喉。復聞濠返兵就擒，乃止……嘉靖改元，入覲，考治行，爲天下第一，詔優奬之。二年，陞按察司副使，整飭建昌兵備……丙戌，奔母喪，建昌軍民思公德愛，相與圖像立祠……
>
> （《國朝獻徵録》卷五十六）

可見柴氏卒在嘉靖五年，至其歸藏，陽明欲往執紼而作此祭文，已在嘉靖五年年底，故有「經旬雨雪」之句。陽明祭文中云「外臺司直」，即指胡東皋任按察司副使，「忝在姻末」，指王正憲娶胡東皋之女，「兒曹」，即指王正憲。陽明此祭文作在嘉靖五年冬。按是年十二月庚申，張氏生正億，所謂「梗出意外」，或即指子正億生耶？

與聶雙江先生書

（嘉靖六年，一五二七年）

遠承手教，推許過情，悚怍何可當！兼承懇懇衛道之誠，向學之篤，其爲相愛豈有既耶？感幸，感幸！道之不明，幾百年矣，賴天之靈，偶有所見，不自量力，冒非其任，誠不忍此學昧昧於世，苟可盡其心焉，雖輕身舍生，亦所不避，况於非笑詆毀之微乎！夫非笑詆毀，君子非獨不之避，因人之非笑詆毁而益以自省自勵焉，則固莫非進德之資也。承愛念之深，莫可爲報，輒以是爲謝。聞北上有日，無因一晤語，可勝懸懸。足下行有耳目之寄矣，千萬爲此道此學珍攝，以慰交游之望。

二月十日，守仁頓首。

書見《同治永豐縣志》卷三十五。按聶豹始來見陽明在嘉靖五年春，錢德洪《陽明先生年譜》：「嘉靖五年八月，答聶豹書。是年夏，豹以御史巡按福建，渡錢塘來見先生。」其說有誤。聶豹在春間來見陽明，其乃是以福建道監察御史巡按應天，非巡按福建。宋儀望《雙江聶公行狀》云：「乙酉，始召入爲福建道監察御史……明年（嘉靖五年）春，按應天，乃上疏條陳馬政積弊大要……是歲乃往謁陽明王公於越，相與講良知之學……丁亥，復命未幾，遂差巡按福建。戊子春，入閩。」年譜乃將嘉靖五年按應天與嘉靖六年按福建誤混爲一。《王陽明全集》卷二《答聶文蔚》書一云：「春間遠勞迂途枉顧問證……扳留旬日……」聶豹《啟陽明先生》則云：「逖違道範，丙戌之夏。」（《聶豹集》卷八）此顯是聶豹春末來見陽明，盤桓旬日，至夏初别去，故陽明云「春間遠勞」，而聶豹云「丙戌之夏」也。聶豹去後即有書致陽明，陽明在八月有答書。至嘉靖六年春，聶豹又有書致陽明，聶豹《啟陽明先生》云：「丁亥春，北上，次真州，曾具狀託王巡按轉致，竟不知達否，何如？」陽明有答書，即此書也。觀聶豹書云「丁亥春，北上」，陽明此書則云「聞北上有日」，尤可見陽明此書乃答聶豹在真州一書，所謂「北上」，即行狀所云嘉靖六年春回京復命也。又觀聶豹《啟陽明先生》所言，可見聶豹未收到陽明此書，陽明此書或在中途亡失。然聶豹此真州書與陽明此書俱各未收入文集，遂皆亡佚，或是因書中論「非笑詆毁」，有所顧忌耶？聶豹與陽明之通信交往向有所不明，今得此《與聶雙江先生書》，兩人之交游真況可明矣。

與黄宗賢書

（嘉靖六年，一五二七年）

所委文字，以通家之情，重以吾兄道義骨肉之愛，更復何辭？向日之約，誠有不得已者。近來人事日益紛擾，每每自晨發至更餘，無須臾稍閑，精神驟衰，往往終日自不得食。吾兄若見之，將亦自有不忍以此相責者矣。北來消息，昨晚始聞。承喻信然，所謂甚難行止者，恐亦毁譽之心猶在。今且只論纂修一事，爲可耶？爲不可耶？若纂修未爲盡非，則北赴未爲不可。陞官之與差委事體，亦自不同。況議禮本是諸君始終其事，中間萬一猶有未盡者，正可因此潤色調停。以今事勢觀之，元山既以目疾，未能躬事；方、霍恐未即出。二君若復不往，則朝廷之意益孤，而元山之志荒矣。務潔其身者，楊氏爲我之義，君子之心，未肯踁踁若此也。凡人出處，如人飲水，冷暖自知，非他人所能與，高明自裁度之。北行過越，尚須一面，不一一。

書見《陽明先生文録》卷二（嘉靖十二年黄綰序刊本）。錢明《王陽明全集未刊散佚詩文彙編及考釋》著録有考。此書實論纂修《大禮全書》事，「元山」爲席書，「方」爲方獻夫，「霍」爲霍韜。《國榷》卷五十三：「嘉靖六年正月庚子，敕纂修《大禮全書》。大學士費宏、楊一清、石珤、賈詠，禮部尚書席書總裁，兵部左侍郎張璁、詹事桂萼副總裁，少詹事方獻夫、霍韜、前河南右參議熊浹、福建鹽運使黄宗明、修撰席春、編修孫承恩、廖道南、王用賓、張治、南京工部營繕員外郎黄綰、禮部儀制主事潘潢、祠祭主事曾存仁纂修。」黄綰時爲南京工部營繕員外郎，奉命北上進京纂修，故此書云「今且只論纂修一事……若纂修未爲盡非，則北赴未爲不可。」又此書云「以今事勢觀之，元山既以目疾，未能躬事，方、霍恐未即出。二君若復不往，則朝廷之意益孤，而元山之志荒矣」，按《國榷》卷五十三：「嘉靖五年六月壬子，禮部尚書席書目眚，賜酒饌，作詩慰之。……嘉靖六年二月壬子，禮部尚書席書疾甚，許致仕，進武英殿大學士，賜第京師。……三月戊子，前少保兼太子太保、禮部尚書、武英殿大學士席書卒。」席書二月致仕，三月即卒，由此可確知陽明此書作在嘉靖六年二月中。黄綰爲黄巖人，其北上進京必經紹興，故此書云「北行過越，尚須一面」。按《王陽明全集》卷二十一《與黄宗賢》書二云：「得書，知别後動定，且知世事之難爲，人情之難測有若此者。」此書言及木翁謝遷之詔及「兵部差官還」，知作於嘉靖六年六月，據「别後」一句，則黄綰北上經紹興確嘗與陽明見面論。由此書足以表明，王陽明對大禮議態度後來有所改變，轉而認同黄綰大禮議立場。嘉靖三年大禮議起時，陽明指責「無端禮樂紛紛議，誰與青天掃舊塵」，「霍兀崖、席元山、黄宗賢、黄宗明先後皆以大禮問，竟不答」，實對霍韜、席書、黄綰等追隨張璁心有非之。然至嘉靖六年陽明却轉而支持黄綰入都纂修《大禮全書》，甚且爲其謀畫，面授機宜。此或與嘉靖四年以後張璁、桂萼、霍韜、席書、黄綰等皆大力舉薦王陽明有關，王陽明對諸人均有好感，其《答伍汝真僉憲》至謂：「今主上聖明無比，洞察隱微，在位諸公皆兢兢守仁奉法，京師事體與往時大有不同。」此「在位諸公」即指張璁、桂萼、霍韜、席書等輩。徐學謨《世廟識餘録》卷五云：「前南京刑部主事陸澄，始以議禮不合見擯。已大禮既定，澄不勝希用之念，乃自悔議禮之非，初爲人所詿誤，後質於師王守仁，而知張、桂諸賢之是。疏下，吏部尚書桂萼極言他時執政偏謬狥私，牽連百司，張羅伏機，更相傾擠。故當時明智之士明知其非，不敢明言以觸時忌。澄乃修慝不隱，事過不欺，宜聽自新，以風各司。於是詔復其官。」此言陸澄「後質於師王守仁，而知張、桂萼諸賢之是」，絶非虚言也，蓋黄綰已質之於前矣。陽明此書原收於嘉靖十二年刊《陽明文録》，是録有黄綰作《陽明先生存稿序》，知此書直接得自黄綰。至嘉靖十五年錢德洪編刻《陽明文集》乃删不録，或即因此故也。此書首云「所委文字，以通家之情，重以吾兄道義骨肉之愛，更復何辭」，當是指爲王鏊作傳。按《王陽明全集》卷二十五有《太傅王文恪公傳》，題下注作於嘉靖六年丁亥，當是出於黄綰所請。

與許杞山書

(嘉靖六年,一五二七年)

吾子纍然憂服之中,顧勞垂念至勤。賢郎書幣遠及,其何以當!道不可須臾而離,故學不可須臾而間,居喪亦學也。而喪者以荒迷自居,言不能無荒迷耳,學則不至於荒迷也。故曰:「喪事不敢不過。」「寧戚」之説,爲流俗忘本者言。喜怒哀樂發皆中節之謂和,故哀亦有和焉,發於至誠而無所乖戾之謂也。夫過情,非和也;動氣,非和也;有意必於其間,非和也。孺子終日啼而不嗌,和之至也。知此,則知居喪之學,固無所異於平居之學矣。聞吾子有過毀之憂,輒敢以是奉告,幸圖其所爲大孝者可也。賢郎氣質甚美,適當冗結,不及與之一言,殊負遠來。不久便還林麓,後會尚有可期。草草布謝,不盡。

書見《康熙海寧縣志》卷十三《藝文》。今《王陽明全集》卷二十七有《與許台仲書》二,即此書,但句多有異,且缺書末一段,遂不知此書所言何事與作年。又「賢郎」誤作「賢即」,遂不知所云。按許杞山即許相卿，字台仲，號杞山、雲邨老人，海寧縣人，正德十二年進士。此書所言「累然憂服之中」、「吾子有過毀之憂」，乃指許相卿丁父及繼母憂，《許氏貽謀四則》中《序祠則》云：「吾許氏世家海寧之袁花。先府君初命相卿舉進士，官諫垣。亡何，府君棄養，予不幸遭家之變，而求自全吾常，遂去袁花，適茶磨家焉。茶磨，嘉興海鹽山也。」《國朝獻徵録》卷八十有許聞造《禮科給事中許公相卿行述》云：「嘉靖元年壬午，諫議抗疏，論政令不當者數事……居歲餘，章亡慮數十上，語抗直多類此。明年秋八月，自免歸。又明年，居孺人、封諫議相繼卒，諫議冢廬茹饘，哀哀朱殷，鬚髮盡白。王文成、湛甘泉各貽書慰諭。」據此，知許相卿父、繼母卒在嘉靖四年，其服喪哀毀時間甚長，故陽明致此書勸慰。以陽明此書言「適當冗結」、「不久便還林麓，後會尚有可期」，必是指嘉靖六年陽明兼都察院左都御史，征思、田將入廣之時。蓋陽明在五月命除都察院左都御史，許相卿遣其子來賀，即此書所云「賢郎書幣遠及」；至八月陽明將赴兩廣，諸事冗結，相卿子遂亦告别陽明歸海寧，陽明乃作此書，由相卿子携歸。由此可見相卿子携書幣來紹興在六月，陽明此書則作在八月也。此「賢郎」者，按許相卿《史漢方駕》前有《史漢方駕凡例引》云：「許聞造曰：家大人以爲不便疾讀，撰爲此書……萬曆乙酉歲，爰副剞劂，而發其凡例如左。」又周春《海昌勝覽》卷十三：「相卿所著……《史漢方駕》三十五卷，子聞造、壻徐禾校刻。」知此「賢郎」即許聞造，亦爲陽明弟子也。「許杞山」者，《康熙海寧縣志》卷十二：「許黄門讀書臺，在九杞山之陽。九杞山，即黄山。年譜云：公壯歲讀書黄山，直大雪，見籬落間花杞樹著子如紅雨，移植中庭，旬日發修九枝。遂自號『九杞山人』，因以名山。」《康熙海寧縣志》於陽明此《與許杞山書》前又著録陽明《聞許杞山携友去田霅上》詩，此即《王陽明全集》卷二十之《聞曰仁買田霅上携同志待予歸二首》之一，可見許相卿爲徐曰仁所携「同志」之一，蓋許相卿爲海寧人，海寧去「霅上」甚近也。

與鄒謙之書

（嘉靖六年，一五二七年）

……不可！吾黨學問，幸得頭腦，須鞭辟近裏，務求實得，一切繁文靡好，傳之恐眩人耳目，不録可也。……

書見錢德洪《刻文録叙説》，云：「德洪曰：嘉靖丁亥四月，時鄒謙之謫廣德，以所録先生文稿請刻。先生止之曰：……謙之復請不已。……乃許數篇，次爲《附録》，以遺謙之，今之廣德板是也。」《陽明先生年譜》亦云：「嘉靖六年四月，鄒守益刻《文録》於廣德州。守益録先生文字請刻。先生自標年月，命德洪類次……先生許刻《附録》一卷，以遺守益，凡四册。」是次《文録》乃錢德洪編次，參下篇考。

與錢德洪書

（嘉靖六年，一五二七年）

……所録以年月爲次，不復分别體類者，蓋專以講學明道爲事，不在文辭體製間也。

書見錢德洪《刻文録叙説》及《陽明先生年譜》嘉靖六年下。《刻文録叙説》云：「嘉靖丁亥四月，時鄒謙之謫廣德，以所録先生文稿請刻。……先生乃取近稿三之一，標揭年月，命德洪編次，復遺書曰：……明日，德洪掇拾所遺復請刻。先生曰：『此愛惜文辭之心也。昔者孔子删述六經，若以文辭爲心，如唐、虞、三代，自《典》、《謨》而下，豈止數篇？正惟一以明道爲志，故所述可以垂教萬世。吾黨志在明道，復以愛惜文字爲心，便不可入堯、舜之道矣。』德洪復請不已。乃許數篇，次爲《附録》，以遺謙之，今之廣德板是也。先生讀《文録》，謂學者曰：『此編以年月爲次，使後世學者，知吾所學前後進詣不同。』又曰：『某此意思賴諸賢信而不疑，須口口相傳，廣布同志，庶幾不墜。若筆之於書，乃是異日事，必不得已，然後爲此耳。』又曰：『講學須得與人人面授，然後得其所疑，時其淺深而語之。纔涉字筆，便十不能盡一二。』」《陽明先生年譜》録是書，則云：「德洪掇拾所遺請刻，先生曰：『此便非孔子删述六經手段。三代之教不明，蓋因後世學者繁文盛而實意衰，故所學忘其本耳。比如孔子删《詩》，若以其辭，豈止三百篇？惟其一以明道爲志，故所取止。此例六經皆然。若以愛惜文辭，便非孔子垂範後世之心矣。』德洪曰：『先生文字，雖一時應酬不同，亦莫不本於性情；况學者傳誦日久，恐後爲好事者攙拾，反失今日裁定之意矣。』先生許刻《附録》一卷，以遺守益。」

送蕭子雍詩

（嘉靖六年，一五二七年）

衰疾悟止足，閑居便静修。採芝深谷底，考槃南澗頭。之子亦罕見，枉帆經舊丘。幽居意始結，公期已先遒。星途觸來暑，拯焚能自由。黄鵠一高舉，剛風翼難收。懷燕戀丘隴，回顧未忘憂。往志屬千里，豈伊枋榆投？哲士營四海，細人聊自謀。聖作正思治，吾衰竟何酬！所望登才俊，濟濟揚鴻休。隱者嘉連遁，仕者當誰儔？寧無寥寂念，且急瘡痍瘳。舍藏會有時，行矣毋淹留。

子邕懷抱弘濟，而當道趨駕甚勤。戀戀庭闈，孝情雖至，顧恐事君之義□未爲得也。詩以餞之，亦見老懷耳。陽明山人守仁識，時嘉靖丁亥五月晦。

詩真迹今藏故宫博物院，徐邦達《古書畫過眼要録·元明清書法》、計文淵《王陽明法書集》著録。《王陽明全集》卷二十有《送蕭子雝憲副之任》，即此詩，但無後題，致不知此詩作年（《全集》將此詩置於正德庚辰十五年中）。按蕭子雍即蕭鳴鳳，字子雝，號静庵，山陰人，陽明弟子。薛應旂《廣東提學副使蕭公鳴鳳墓表》：「會稽之陰有大儒曰静庵先生者，禀賦不凡。少即穎異，甫踰十齡，修詞藝文已卓然成章。年十七，即厭棄之，從陽明王先生遊……弘治甲子，楊文恪公廉爲浙江鄉試考官，得先生文大驚，謂『學有本原，才堪經濟』，取置第一，自是遂以文名四方。登正德甲戌進士，選授監察御史……踰年，南畿缺提學，御史乃膺簡命。先生素以人才廢壞爲愛，至則振起科條……故南士有『陳泰山，蕭北斗』之謡，陳謂先提學陳恭愍公選也。尋陞河南按察使，仍董學政，凡所施設，一如南畿。臨穎有太臣在内閣，以故怨搆誣其鄉人谷生者，欲假手甘心，先生廉知其故，不爲處；乃復爲其子弟甥婿請記，又弗許。由是憾甚，嗾言事者劾先生及廣東提學副使魏先生校。二先生皆當世名儒，疏下，吏部恐拂臨穎意，乃量移先生於湖廣，魏於江西，皆兵備副使。南御史上疏，謂二人皆長才碩學，宜大用，不宜左調。值臨穎去位，乃更先生廣東，魏河南，仍各爲提學副使……嘉靖甲午，以疾卒於家，距生成化庚子年五十有五。」據此，陽明詩所云「憲副之任」，乃是指蕭鳴鳳除湖廣兵備副使。按《國榷》卷五十三：「嘉靖五年正月庚戌，大計拾遺。河南、廣東提學副使蕭鳴鳳、魏校，山東兵備副使牛鸞，僉事顧瑮，皆降調有差。……嘉靖六年十月壬戌，選提學官……河南魏校……廣東蕭鳴鳳。」又《明史》卷二〇八《蕭鳴鳳傳》：「嘉靖初，遷河南副使，仍督學政……吏部惜其學行，調爲湖廣兵備副使。明年，復改督廣東學政。」可見蕭鳴鳳在嘉靖五年除湖廣兵備副使，但其在會稽家居到嘉靖六年五月方由會稽赴湖廣兵備副使，即此詩所云「之子亦罕見，枉帆經舊丘。幽居意始結，公期已先遒。星途觸來暑，拯焚能自由」。而至十月蕭鳴鳳又改除廣東提學副使，時陽明亦方命總督兩廣、江西、湖廣軍務入廣。兩人在廣，有最後一次之見面（見下《與提學副使蕭鳴鳳》考）。

與張羅峰（二首）

（一）

（嘉靖六年，一五二七年）

兩承手教，深荷不遺。僕迂疏之才，口耳講説之學耳。簿書案牒，已非其能，而況軍旅之重乎？往歲江西之役，蓋僥幸偶集。近年以來，益病益衰，惟養痾丘園，爲鄉里子弟考正句讀，使移向方，庶於保身及物亦稍效其心力，不致爲天地間一蠹物。若必責之使出，自擇其宜，惟留都之散部，或南北太常國學，猶可勉效其襪綫，外是，舉非所能矣。近日之舉，雖過承繆愛，然投之以所不能，則亦適所以壞之也。懇辭之情，疏内亦有所不敢盡言者，奏下，望相與扶持曲成之。時事方亟，惟竭誠盡道，以膺天眷。不具。

（二）

奏本人去，曾附小札。腐劣多病，已成廢人，豈能堪此重任？若懇辭不獲，終不免爲相知愛者之累矣。奈何，奈何！東南小蠹，特皮膚瘡疥之疾。若朝廷之上，人各有心，無忠君愛國之誠，讒嫉險伺，黨比不已，此則心腹之病，大爲可憂者耳。諸公方有湯藥之任，蓋天下莫不聞，不及今圖所以療治之，異時能辭其責乎？不旬日間，木齋翁且啟行。此老重望，其慎默鎮定，終當與流輩不同，惜其精力則益衰矣。差來官守催甚懇迫，力遣許時，始肯還。病筆草草，未盡欲言，千萬心亮。

二札見《陽明先生文録》卷四，錢明《王陽明全集未刊散佚詩文彙編及考釋》著録。原題作「與張羅峰閣老」，不當，蓋張璁嘉靖六年十月戊申方除文淵閣大學士，直閣（見《國榷》卷五十三），陽明作此二札時其尚非「閣老」，故今去之。按張羅峰即張璁，字秉用，號羅峰，永嘉人。避世宗朱厚熜諱，世宗賜名孚敬，字茂恭。時方以大禮議得世宗寵信，炙手可熱。札一中稱「近日之舉」，指張璁、桂萼舉薦陽明，時在五月，錢德洪《陽明先生年譜》：「嘉靖六年五月，命兼都察院左都御史，征思、田。六月，疏辭，不允。……朝議用侍郎張璁、桂萼薦，特起先生總督兩廣及江西、湖廣軍務，度量事勢，隨宜撫剿……先生聞命，上疏……」朝命下在六月六日，陽明即在六月上疏辭免，札一所云「懇辭之請，疏內亦有所不敢盡言者」，即指其六月所上辭疏，即《王陽明全集》卷十四之《辭免重任乞恩養病疏》。因是剛上疏，故札中盼「奏下，望相與扶持曲成之」。按札云「奏本人去，曾附小札」，此「小札」即指札一，可見此札一原來是附辭疏一同送往京師，其作在六月可無疑問。

札二緊承札一而來，「奏本人去，曾附小札」，是其時尚不知張璁收到札一否。「若懇辭不獲」，是其時朝廷不允命尚未下到。按朝廷不允命下在八月，故可知此札二作在八月中。以「不旬日間，木齋翁且啟行」考之：「木齋」指謝遷。謝遷字于喬，號木翁、木齋，餘姚人，故陽明知其行踪。其赴召時間，《國榷》卷五十三：「嘉靖六年二月庚午，楊一清薦前大學士謝遷，詔內召。」又費宏《謝遷神道碑》：「丁亥二月，遣行人陳侃齎勑起公於家，且命鎮巡藩臬敦請上道。十月，抵京，勑進户部尚書、謹身殿大學士。」(《國朝獻徵録》卷十四)謝遷十月抵京，則其當是八月啟程，此札二所云「差來官守催甚懇迫」，即神道碑所云「命鎮巡藩臬敦請上道」也。由此也可知此札二作在八月中。稍後朝廷不允命下，陽明乃於九月初八日發越中赴廣。

與周道通答問書

（嘉靖六年，一五二七年）

問：爲今日之學者，須務變化氣習，而達之夫婦、父子、兄弟之間，以身修、家齊爲極，則庶有巴攬以驗其進，且爲實學。不然，則恐存心稍寬，茫無涯岸，未易成立。況聖賢體用之學，不由齊家，雖於治國、平天下或有得力處，畢竟於天德王道未盡。但齊家一關，盤詰甚大，苟非内有至健之志，而外有至順之容，恐未可以一二言也。如何，如何？

此段亦是好説話，只是欠下落。

問：先生嘗答問性云：「氣即是性，性即是氣。」則聞命矣。

此言是解説「生之謂性」一句。

然其間亦有難言者焉。佛氏明心見性之説，謂佛氏之所謂心性，非心性也，恐亦不可，然而所見疑有犯於程子論氣不論性之戒；爲吾儒之言者，往往又若專泥夫意之動爲心，而以知覺運動屬氣，必欲於心氣之外，别求見夫所謂理與性者，不又犯於程子論性不論氣之戒乎？二者疑皆失之，不能無問。

此段不消如此說得。

竊[以][爲]受天地之中以生，而是中之屬於人生言乎？其初稟此□□性言乎？其主於身，則謂之心；就心之條理而言，則謂之理。忘理與心，忘心與性，忘性與身，渾淪而言之，則通謂之氣；抑就氣而論其根源之地，靈明知覺吾其體，神妙不測吾其用。先民以其本來如是，此性之所由命名也；以一身之動，萬感之應，必樞機於是，此心之所由命名也。又就其心性自然明覺，無所不知者，名之爲智；就其本然自有權度，無所不宜者，名[之][爲][義]；就其凡皆有節有文，粲然條理者，名之爲禮；就其□□生生不息，無物不體，無息不存者，名之爲仁，此又理之所由命名也，而其實均是一氣而已爾。

佛氏但窺見吾心吾性靈明知覺之旁燭者，而失究於本原之地，則不知有生生不息之體矣。故其爲道，樞機不屬於己，又安知有應變無窮、神妙不測之用乎？正如日月有明，佛氏止認夫容光之照無微不□，□以謂是日月也，而其墮於空寂之境也，又何疑□□□□，[知]足以周萬物，而道實不足以濟天下，豈知者過之之徒與？故吾聖人之學，曰執中，曰建極，曰不逾矩，皆指是樞機而言也。其所以恒是道者，曰思，曰兢兢業業，曰小心翼翼；而其示人求之之地，則曰獨，曰良知，曰不睹不聞；其工夫則曰誠，曰敬，曰戒慎恐懼，曰不愧於屋漏，皆就今本原體認，以求自得□，無所容私於其間。然則在今日正不必論性，亦不必論心，□須得樞機在手，而不失其中正焉，自可弗畔於道矣。然否，然否？

只消説此兩句，即前面許多話説皆□□説。致良知便是。

此段所論，大略多有是處，只因致知工夫未得精明，是以多有夾雜。

儒者有言：「聖人之學，乾道也；賢人之學，坤道也。」衡疑之。《易》曰：「乾知大始，坤作成物。」又曰：「知至至之，知終終之。」乾道坤道，恐不可析。但聖人工夫用得熟，便覺自然，無所容心。若賢人工夫，尚須强勉，有類坤作成物耳。然非知爲之主，則□□□□□事，故乾道坤道，雖就賢人之學看，亦不可缺一，是否？

此説亦是正，不必如此分疏。

閑居中静觀，時物生息流行之意，以融會吾志趣，最有益於良知。昔今康節、白沙二先生，故皆留情於此。但二先生又似耽著，有不欲舍之意，故卒成隱逸，恐於孔子用行舍藏之道有未盡合。

静觀物理，莫非良知發見流行處，不可又作兩事看。

白沙先生云：「學以自然爲宗。」又云：「爲學須從静中養□□□□有商量處。」此蓋就涵養説，固是有理，但恐初學未從□□用工來，輒令如此涵養，譬諸行路之人，未嘗跋歷險阻，一旦遇險便怯，能保其不回道乎？竊記明道先生有言：「造詣得極，更説甚涵養。」云造詣，則克己在其中矣。須嘗克己造詣上用工過來，然後志意堅忍，久而不變，此意如何？

知得致良知工夫，此等議論自然見得他有未盡處。

古聖相傳心法之要，不過曰「執中」。然中無定體，難以□□□□，憑吾良知點檢日用工夫，頗亦覺得穩當處，多□□□□□，非過即又不及，不能得常常恰好，誠欲擇乎中庸，而固執之，如之何則可？

致良知便是擇乎中庸的工夫，倏忽之間有過不及，即是不致良知。

世儒論學，纔見人説就心性上用功，輒拒而不聽，以其流爲禪也。故其爲學，必須尋幾句書來襯貼此心，庶有依靠，此殆不能自立而然耳。先儒言心中不可有一物，若依靠□□□，□有物矣，安得此心虚明而應物無滯耶？蓋能□□□□□□書，一一憑我驅使。不能自立，雖讀聖人之書，終身只服事得書。

此等意思，只曉得便了。

儒者論佛，往往不誅其立心之差，而反咎其用功之錯，以謂不宜專求本心，而遂遺棄物理也。不知遺棄物理，正由其初立心上生起此病，不干其專求於心也。夫吾孔子□□□□□，爲得其宗，傳之思孟而止。然曾子之學，專用□□□□□尾，只説得慎獨。至孟子云：「學問之道無他，求其放心而已。」故其論王道，一則曰心，二則曰義。佛氏之求心，夫何過哉？若吾儒之志於學，不於其初嚴審夫善利之間，徒欲矯佛而重於求物，輕於信心，則恐得罪於聖人之門，與佛氏公案雖不同，而同歸於律，惡得以五十步笑百步也！

佛氏不累於物，與吾儒同；但吾儒不離於物，而能不累於物。若使佛氏不離於物，則不能不累於物矣。吾儒知所容心，而又知無所容其心；佛氏則欲盡歸於無所容心而已矣。佛氏之明，如生銅開鏡，乃用私智鑿出；吾儒則如日月有明，一本其自然，故鏡怕物障，日月不怕物障。

曾作《山陰縣學記》，其間頗論儒釋之同異，□孰其中細細□□□□□。

嘗讀《濂溪傳》，至以名節自砥礪，妄疑其容心□□□□□，所繫亦甚大，真吾□之藩籬也。衢自得五月十二日手教，遂自書「慎行惜名爲今日第一義」數字，貼之坐處。自是志向漸覺專一，工夫漸覺勇猛，戒謹恐懼之意常若不離於心目之間，而胸中亦自灑落，則是向裏之學，亦有資於外者然也。只孤立無助，恐中道作輟靡常，不能進步，以達天德，更望老先生一接引之。

致良知是今日第一義，□□□□□，則所謂慎行惜名□□□□□。

凡是有感斯應，其感自外至者，不必論也。澄心靜慮之□無思無爲，而有突然之感者，何歟？夫正感正應，邪感亦正應之，宜也。然有時乎正感而應之，忽入於邪者，豈其有所感而然耶？抑或涉於氣歟？必欲吾心之神，常爲萬感之主，無動靜而能定焉，當有何道？

其道只是致良知，感應皆起于無思，無有自外至者，心無思，□□□□。

良知真無待於一字加添，已自信得及，衡非□□□□□□得如此，只如今一會客之間，惟盡吾心之誠，當揖而揖，當拜而拜，當言而言，當嚷而嚷，已是多少利便，多少自在，反會錯謬，失東忘西，安能動容周旋中禮？又如凡作文字，才起思議，便走筆不動，每事體驗得如此，信不容纖毫□□□□□□□□用智之病，尚未能沙汰得盡，欲專留神於此沙汰，如何？

吾心一了之，百當之，有何疑？

今日致知之學，更無可疑。但這件工夫，固宜自力，還須常親師友，講得圓活通遍，到那耳順處，方能觸處洞然，周流無滯。不然，則恐固執太早，未免有滯心。以有滯之心而欲應無窮之變，其能事皆當理乎？良知即是天理，致良知即是當理，親師友，講貫□□□□□□，可別作一事□□□□。衝近今日用工夫，大率要在滌磨心病，使□□□□□□□□江漢暴之以秋陽，乾乾淨淨，一似秋空明月，方始快樂。但恨體弱多病，精神不足，正好用功之候，而四體又覺疲倦思卧矣。雖事親從兄之事，亦竟不能盡如其願，奈何，奈何！今必不得已，只憑良知愛養精神，既養得精神，都只將來供應良知之用，是或處病之一道歟？

良知自能分别調停，只要□□□□□。良知知得當愛養精神，即愛養精神便是致知；知得當滌磨心病，即滌磨心病便是致知。養儉養方，只是一道，不可分作兩事。

問：古者宗子之法，有百世不遷之宗，是爲大宗，其□□祖□祭也，不嫌於禘歟？大宗子死，族人雖已服盡，猶爲服齊衰三月，其禮不已重歟？夫謂宗法宜若是重也，《記》何以孔子曰「宗子爲殤而死，庶子弗爲後也」？聽宗法之廢歟？若謂庶子弗後，小宗言也，大宗而在，猶之可也；使大宗有絶，□□□□□□，可繼以爲後否歟？否則，疏遠之族，誰其爲□□□□□□□之法,後世士庶人亦有可以義比附而立歟?如或以爲僭也,君子而有重本尊祖之心者,得無有未盡歟?

問:古者立廟之制,天子七,諸侯五,大夫三,適士二,官師一。誠以廟宇之多寡爲制歟?抑祖考之祭,視廟宇而殺歟?如祖考之祭,視廟而殺,説禮者何以謂官師得祭祖?□□□□□□□,是則適士亦得祭曾祖。同是二廟,大夫亦得□□□,同是三廟矣,然歟?説者又謂庶人祭禰於寢,然則漢以後庶人得祭三代,而今或祭及高祖者,僭而當事歟?昔人有祭先祖者,或以爲似祫而不敢祭,則古者大宗子之祭始祖似祫,亦在所廢歟?父母之喪,達於天子,無貴賤,一也。尊祖報本,亦□天理民彝之不可泯滅者,而獨於貴賤拘焉。無□□□□□□□義,固有可推者歟?君子無意於尊祖報本則已,使其有尊祖報本之心,則是恐不可以不之講也。

宗法廟制,其説甚長,後世亦自有難行處。學者只是致其良知,以行其尊祖報本之誠,則所謂雖不中不遠矣。忙中不及細講説,然雖細講説,亦空談無益。

右衝病耳,艱於聽教。且承老先生遠别,恐路阻日修,就正益難。來途謹述所□□事,録□批斥是否,并求警發之言,以辟升堂入室之□□,得以循級而進,感恩何慨!

大□道通所問良知信得及處,更自説得分曉,於良知信未及□□□□得支離。

良知一也，有信得及處、信未及處，皆由致知之功未能精純之故。今請只於此處用力，不必多設方略，别尋道路，枉費心力，終無益也。冗次，言不能盡。八月卅一日，守仁上。

真迹見日本天理圖書館藏《王陽明先生小像附尺牘》一卷。該卷卷首題作「陽明教言」，前有文徵明作陽明先生遺像，後爲《與周道通答問書》，再次爲《與周道通書》（五通），最後爲吴昌碩所作跋。蓋是卷明以後鮮見流傳，一九二四年吴昌碩在上海偶獲觀此卷，以後流入日本。張立文曾將此卷中之《與周道通答問書》整理發表於《王陽明全集》前（紅旗出版社，一九九六年）。按周衝字道通，號静庵，宜興人，王陽明、湛甘泉弟子。今陽明《傳習録》中即有《啟問道通書》（《王陽明全集》卷二），可見周衝与陽明經常通信問答。《國朝獻徵録》卷一百〇五有湛若水作《唐王府紀善周公衝墓碑銘》云：「……正德庚午，領應天鄉薦。明年，會試中乙榜，授江西説安（萬安）訓導……庚辰，用御史徐讚薦，銓授湖廣應城縣令……刻《遵道録》、《唐録》、《上蔡語録》、《心政啟鑰》，頒訓士民。嘉靖壬午，當道疏君耳疾，銓司改邵武教授。其教如萬安，加密焉。……乙酉，進唐府紀善，屢以正學啟王。尋上《定志修學以防逸豫疏》，又上《修德裕後十二事》，而明聖學、近正人二條尤切，王敬重之。乞移半禄養母。閱歲，念母老，假使事歸省。越庚寅，藩府以檄來徵命之，曰：『唐藩恩不可忘也。』

屢促行，黽勉致仕。舉會極約，作《希顔日抄》，議酌行横渠井田遺制，未遂而止。壬辰，王疏薦曰：『周衡心志通明，操持端謹。』詔加五品俸級，儲長史缺。八月得疾……卒實二十二日也，享年四十有七。……在萬安，聞陽明先生講道於虔，亟往受業，聞求心致良知之説……自應城之京，復受學於甘泉湛先生，聞隨處體認天理之要……聞陽明喪，與同門黄子雲淡仿先哲作《師服議》，以正學誨諸子弟……」陽明此答問稱「道通國相」，應是指道通嘉靖四年以後任唐府紀善。答問又云「曾作《山陰縣學記》」，按《山陰縣學記》作於嘉靖四年（見《王陽明全集》卷七）。由此可知答問中所言「老先生遠别，恐路阻日修，就正益難」，必是指陽明嘉靖六年五月命兼都察院左都御史，征思、田，八月將赴兩廣；而道通自稱「來途」，亦必是指其嘉靖六年因念老母，假使事歸省，於回宜興途中，寫成此書就教陽明。可見陽明此答書即作在嘉靖六年八月卅一日赴兩廣前夕。參見前《與周道通書》考。

與鄒謙之書

（嘉靖六年，一五二七年）

……驥相遊甚久，學行兼優，其爲志諸幽堂，以洩其無窮之哀。……

書見《鄒守益集》卷二十二《静庵黄公墓志銘》。按黄肅字敬夫，號静庵，世居餘姚之四明鄉，成化十四年進士。其子黄驥，字德良。《静庵黄公墓志銘》云：「餘姚黄德良，奉其父静庵大父以老於家……比殁，年八十有六矣，其諸弟哀慕若孺子。既小祥，告於几筵，請於陽明王先生，求以爲千百年托者。先生爲大書『皇明湖廣等處按察副使軍功累階二品通奉大夫致仕静庵黄公之墓』以表之，而以書來命曰：……守益受命，不得辭……卒以丙戌九月一日，葬以丁亥十二月某日。」黄肅卒於嘉靖五年九月，小祥在嘉靖六年九月，陽明此書即作在其時。蓋嘉靖六年九月陽明發越中赴兩廣，故托鄒守益作墓銘也。

御校場詩

（嘉靖六年，一五二七年）

絶頂秋深荒草平，昔人曾此駐傾城。干戈消盡名空在，日夜無窮潮自生。谷口巖雲揚殺氣，路邊疏樹列殘兵。山僧似與人同興，相趁攀蘿認舊營。

詩見李衛《西湖志》卷十六。釋超乾《鳳凰山聖果寺志》亦録陽明此詩，題作「遊鳳凰山聖果寺」。觀詩所叙，并非遊聖果寺作，當以題「御校場詩」爲是。沈德潛《西湖志纂》卷六《宋御教場》嘗指出田汝成《西湖遊覽志》中載有陽明詩殘篇二句：「絶頂秋深草樹平，昔人曾此駐傾城。」即此詩，定爲咏「宋御校場」詩。按御校場即宋殿前司營，在鳳凰山中，《西湖志》卷十六：「宋殿前司營，《夢粱録》：在鳳凰山八盤嶺中，置衙，有御書閣、凝香堂、整暇堂。山之上有亭，扁曰『延桂』。最高處曰介亭，崖石嶙峋。亭之後爲衝天樓，極高，爲江海湖山奇偉之觀。《西湖遊覽志》：殿前司，爲新軍護衛之所，俗稱御校場者，此也。」詩中所云「舊營」，即指宋殿前司營。此詩作在深秋，錢德洪《陽明先生年譜》：「嘉靖六年九月壬午，發越中。甲申，渡錢塘。先生遊吴山、月巖（按：在鳳凰山)、嚴灘,俱有詩。」是陽明是次發越中赴兩廣正經過御校場,俱有詩咏,而今《王陽明全集》卷二十只剩有《秋日飲月巖新構别王侍御》與《復過釣臺》二首,詩顯有佚失,此咏御校場詩蓋即其佚失詩之一也。

恭吊忠懿夫人

（嘉靖六年，一五二七年）

夫人興廢蚤知幾，堪歎山河已莫支。夜月星精歸北斗，秋風環佩落西池。仲連蹈海心偏壯，德曜投山隱未遲。千古有誰長不死，可憐羞殺宋南兒。

詩見《同治江山縣志》卷十一下。忠懿夫人即徐應鑣妻方氏，《同治江山縣志》卷十下：「宋徐應鑣方氏，係錢塘人，國子司直徐應鑣妻。咸淳末，勸應鑣歸，欲椎髻練裳以從。應鑣曰：『朝廷養士三百年，豈可效巢、由高蹈？』氏曰：『妾觀宋室將亡，不忍見也。』遂作短歌以明志，投後園瑞蓮池以死。應鑣葬之西湖八盤嶺。明正德時，追贈忠懿夫人。」方氏正德中贈忠懿夫人，故陽明此詩當作在正德以後。詩云「秋風環佩落西池」，作在秋間，按方氏葬在杭州西湖八盤嶺，則此詩應是嘉靖六年九月陽明由越赴兩廣經錢塘時作。錢德洪《陽明先生年譜》：「嘉靖六年九月壬午，發越中……甲申，渡錢塘。先生遊吳山、月巖、嚴灘，俱有詩。」陽明此詩作在九月十日前後。

寄正憲男手墨二卷（五札）

（嘉靖六年，一五二七年）

書一

即日舟已過嚴灘。足瘡尚未愈，然亦漸輕減矣。家中事凡百與魏廷豹相計議而行，讀書敦行，是所至囑！内外之防，須嚴門禁；一應賓客來往，依所留告示，不得少有更改。四官尤要戒飲博，專心理家事。保一謹實可托，不得聽人哄誘，有所改動。我至前途，更有書報也。九月廿三日嚴州舟次，父字，付正憲收。老奶奶及二老奶奶處可多多拜上，説一路平安。

書二

即日已抵常山兩日，明早過玉山矣。……九月卅日發。

書三

舟已過臨江，五鼓與叔謙遇於途次，燈下草次報汝知之。沿途皆平安，咳嗽尚未已，然亦不大作。廣中事頗急，只得連夜速進，南贛亦不能久留矣。汝在家中，凡宜從戒諭而行。讀書執禮，日進高明，乃吾之望。魏廷豹此時想在家，家衆悉宜遵廷豹教訓，汝宜躬率身先之。書至，汝即可報祖母諸叔。況我沿途平安，凡百想能體悉我意，鈐束下人謹守禮法，皆不俟吾喋喋也。廷豹、德洪、汝中及諸同志親友，皆可致此意。

書四

……聰兒近來撫育如何？一應襁抱乳哺，不得過於飽暖。……

書五

近兩得汝書，知家中大小平安。且汝自言能守吾訓戒，不敢違越，果如所言，吾無憂矣。凡百家事及大小童僕，皆須聽魏廷豹斷決而行。近聞守度頗不遵信，致牴牾廷豹。未論其間是非曲直，只是牴牾廷豹，便已大不是矣。繼聞其遊蕩奢縱如故，想亦終難化導。試問他畢竟如何乃可？宜自思之。守悌叔書來，云汝欲出應試。但汝本領未備，恐成虛願。汝近來學業所進吾不知，汝自量度而行，吾不阻汝，亦不强汝也。德洪、汝中及諸直諒高明，凡肯勉汝以德義，規汝以過失者，汝宜時時親就。汝若能如魚之於水，不能須臾而離，則不及人不爲憂矣。吾平生講學，只是「致良知」三字。仁，人心也；良知之誠愛惻怛處，便是仁，無誠愛惻怛之心，亦無良知可致矣。汝於此處，宜加猛省。家中凡事不暇一一細及，汝果能敬守訓戒，吾亦不必一一細及也。餘姚諸叔父昆弟皆以吾言告之。前月曾遣舍人任鋭寄書，歷此時當已發回。若未發回，可將江西巡撫時奏報批行稿簿一册，共計十四本，封固付本舍帶來。我今已至平南縣，此去田州漸近。田州之事，我承姚公之後，或者可以因人成事。但他處事務似此者尚多，恐一置身其間，一時未易解脱耳。汝在家凡百務宜守我戒諭，學做好人。德洪、汝中輩須時時親近，請教求益。聰兒已託魏廷豹，時常一看。廷豹忠信君子，當能不負所託。但家衆或有桀驁不肯遵奉其約束者，汝須相與痛加懲治。我歸來日，斷不輕恕。汝可早晚常以此意戒飭之。廿二弟近來砥礪如何？守度近來修省如何？保一近來管事如何？保三近來改過如何？王祥等早晚照管如何？王禎不遠出否？此等事，我方有國事在身，安能分念及此？瑣瑣家務，汝等自宜體我之意，謹守禮法，不致累我懷抱乃可耳。十二月初五日發。

書卷見顧麟士《過雲樓續書畫記》卷二、《中國歷代書法大觀》(上)(國際文化出版公司)及錢德洪收編入《王陽明全集續編》之《寄正憲男手墨二卷》。錢德洪於是卷題云：「正憲字仲肅，師繼子也。嘉靖丁亥，師起征思田，正億方二齡。託家政於魏子廷豹，使飭家衆，以字胤子。託正憲於洪與汝中，使切磨學問以飭内外。延途所寄音問，當軍旅倥偬之時，猶字畫遒勁，訓戒明切。至今讀之，宛然若示嚴範。師没後，越庚申，鄒子謙之、陳子惟濬來自懷玉，奠師墓於蘭亭，正憲携卷請題其後。噫！今二子與正憲俱爲泉下人矣，而是卷獨存。正憲年十四，襲師錦衣廕，喜正億生，遂辭職出就科試。即其平生，鄒子所謂『授簡不忘』、『夫子於昭之靈，實寵嘉之』，其無愧於斯言矣乎！」卷後亦有鄒守益跋云：「先師陽明夫子家書二卷，嗣子正憲仲肅甫什襲藏之。益趨天真，奠蘭亭，獲睹焉。喜曰：『是能授簡不忘矣！』書中『讀書敦行，日進高明』，『鈐束下人，謹守禮法』，及切磋道義，請益求教，互相夾持，接引來學，真是一善一藥。至『吾平日講學，只是「致良知」三字。仁，人心也；良知之誠愛惻怛處，便是仁，無誠愛惻怛，亦無良知可致』，是以繼志述事望吾仲肅也。仲肅日孳孳焉，進而書紳，退而服膺，則大慰吾黨愛助之懷，而夫子於昭之靈，實寵嘉之。」然此致正憲書卷原本有五札，錢德洪只取三札，且多有删改。如札一，今有真迹傳世（藏日本山本悌二郎氏）可查對，錢德洪於書中妄增「及諸童僕出入，悉」數字，又將「九月廿三日」以下悉删去。《過雲樓續書畫記》於此陽明家書五通述之甚詳：「陽明先生示子正憲書，正書一，行書四，凡五通。以年譜考之，正德十年乙亥，先生四十四歲，立從弟守信子正憲爲後。時先生諸弟守儉、守文、守章皆未舉子故也。正憲字仲肅，見鄒跋。譜云：『嘉靖六年，先生五十六歲，五月，起總督兩廣、江西、湖廣軍務，征思、田。』其稱『起』者，先生宅父龍山公憂，至三年四月服闋後，身未履朝也。公之復起，禮部尚書席書薦之也。六年五月命下，六月至八月必有入都出都之役，故稱『九月發越』耳。其第一書署『九月廿三日嚴州舟次』。第二書爲九月卅日發，書云：『即日已抵常山兩日，明早過玉山矣。』常山縣明屬浙江衢州府，玉山縣明屬江西廣信府，正譜所謂『九月發越』，而書與譜合也。第三、四兩書皆不言途程，又未明署月日。第四書言：『聰兒近來撫育如何？一應襁抱乳哺，不得過於飽暖。』譜於五年稱十一月庚申正億生，繼室張氏出。先生初命名正聰，後七年壬辰，外舅黃綰因時相避諱，更今名。則聰即正億矣。第五書中言：『我今已至平南縣，此去田州甚近。』蓋自平南縣發時爲十二月初五日。平南縣明屬廣西潯州府，而田州明屬廣西省。此四月內，先生已由越而贛而嶠，『騶騑征夫，每懷靡及』，先生盡瘁國事，間及鄉情，神明暇豫，宜辦賊得心應手也。書中所及族姻童僕外，餘皆執事門徒，以年譜文集校之，能得其概。卷後有鄒守益跋，非特敬慕先師，抑且勖仲肅甚摯，立言肫懇，不愧陽明上足矣。先生《理學集》第四卷有《與鄒謙之書》凡四，而《語録》中亦間及之。謙之即守益字，《明史》有傳。此卷五書，一真四行，大皆不及寸，對之心志肅然。譜稱先生十七歲，其外舅洪都諸公養和方爲江西參議，先生就婚，署中發紙數匧，學書皆盡，於是書法大進。嘗曰：『吾始模古帖，止得字形，後凝思靜慮，擬形於心，久之始通其法。』先生能書之故，實自言之矣。」書卷中五札，三、四札未署月日，按札五有云「前月曾遣舍人任鋭寄書」，則可知札四作在十一月。札三有云「舟已過臨江」，距其過玉山不遠，則札三當作在十月。魏廷豹者，即魏直，字廷豹，蕭山人，精於醫術，故陽明以家政託之。《民國蕭山縣志稿》卷二十一：「魏直，字廷豹，能詩，以醫聞吴越間，治痘疹奇驗。所著有《博愛心鑑》一書。」汪應軫《青湖先生文集》卷二有《稽山集序》云：「《稽山集》者，蕭山魏廷豹甫寓稽山集也。廷豹何以寓稽山？從陽明先生遊也。廷豹年長於陽明，何以知從陽明遊？廷豹，文靖公之孫。文靖公爲時名臣，世有述，家有考，宜其好學不倦，知所歸也……廷豹之詩，吾雖未敢曰陶曰杜，然而晚年從師，其進殆未可量……」可見魏廷豹爲魏驥之孫，實亦陽明弟子，其《稽山集》當多載來稽山從遊陽明詩文，惜其亡佚不傳也。

和理齋同年浩歌樓韵

（嘉靖六年，一五二七年）

長歌浩浩忽思休，拂枕山阿結小樓。吾道磋砣中道止，蒼生困苦一生憂。蘇民曾作商家雨，適志重持渭水鈎。歌罷一篇懷馬子，不思怒後佐成周。

詩見《同治弋陽縣志》卷十三《藝文》（云出《陳志》）。按志於陽明此詩之下又著録江潮（弋陽人）《浩歌樓》詩：

太倉解帶食知休，動輒經旬懶下樓。金馬玉堂何處樂，雲山石室自忘憂。低頭莘野甘扶耒，横足君王夢把鈎。斗酒春風和滿面，孔顔誰憾不逢周。

又録有費宏（鉛山人）《和理齋浩歌樓韵》：

才名如此豈宜休，閑卧山中百尺樓。高誼拳拳猶戀主，長歌浩浩本無憂。鳴皋老鶴能聞野，跋浪鯨魚不受鈎。共仰新朝方側席，遺賢真合佐虞周。

陽明此詩乃和江潮詩，可見「理齋」即是江潮。江潮字天信，號鐘石（理齋似是其晚年歸居所號），弋陽人（一作貴溪人），弘治十二年進士，與陽明爲同年。《明清進士録》：「江潮，弘治十二年二甲十九名進士。江西貴溪人，字天信，號鐘石。提學廣東，有知人鑒。官至副都御史，巡撫山西，坐事革職歸。」浩歌樓在弋陽，《同治弋陽縣志》卷二：「浩歌樓，北鄉。謝源致仕，副使謝琛立，自爲詩：『憶山吟罷幾人休，北望高天獨上樓。衹道棄官因老病，非緣後樂肯先憂。燕臺馬惜千金骨，東海鰲驚十五鈎。浩浩自歌還自樂，不將勳業同伊周。』」此將浩歌樓歸之謝源有誤。謝源爲正德六年進士，與陽明非同年；又謝源爲福建閩縣人，其在嘉靖三年以後致仕歸閩縣（見前《與謝士潔書》及《答伍汝真僉憲》考），與弋陽浩歌樓了不相涉。《明清進士録》：「謝源，正德六年三甲一百六十五名進士。閩縣人，一作懷安人，字潔甫。累官浙江道監察御史，按治廣東，發奸摘伏，群吏畏服。事竣，經江西，從都御史王守仁討平寧王藩亂。後以直言得罪，謫判秦州（按：當作泰州）。」謝源乃從鎮寧通判任上致仕，斷無移家弋陽之事。故此「謝源」顯爲「江潮」之誤（涉下「謝琛」而誤）。陽明此詩乃是咏江潮革職罷歸，閑卧山中浩歌樓。江潮罷歸之事，吴國倫《江公潮墓志銘》云：

會有太原人李福達以妖書惑衆，聚黨至數千人，改年爲亂，震動三河。公勒兵解之，而獨福達操重資遁匿他所，已聞公圖其形，購捕益急，遂詭張寅名入京，夜持萬金爲武定侯郭勛壽，因匿勛家。勛貽書山西部使者爲關説，欲脱其急。公捕得其書，抗疏陳福達罪狀，併劾勛倚掖廷親，怙勢藏逆，敢爲亂階，罪當誅。不誅勛，無以信法。疏三上，不報。勛因得流言宫闈，謬爲張寅稱冤，上疑之。時永嘉張公新相，恐諸大臣不附己，又欲結勛自固，遂阿旨下公詔獄，且使人陰嘗公少易而言，中丞可復也。公正色謝曰：「人臣奉法無狀，不知死所。何以官爲！」永嘉知公不能屈，卒從末減，議罷公官。公既罷歸，日侍太夫人養甚愉悦，間從鄉長老賓客雅歌酣飲，不復談往事。（《國朝獻徵録》卷六十一）

永嘉張公即張璁，而「雅歌酣飲」即指其歸建浩歌樓浩歌酣飲也。江潮之劾郭勛已關大禮議，故由張璁、桂萼一手釀成震驚朝野之大獄，《國榷》卷五十三云：

嘉靖六年八月庚申，訊李福達，刑部尚書顔頤壽、侍郎劉玉、王啟、都御史聶賢、右副都御史劉文莊、江潮、大理寺卿湯沐、少卿顧佖、汪淵，俱下獄。時逮按察使李珏、巡撫江潮等至，歸罪於薛良，言良仇張寅，以李五作李福達，李福達作張寅，其惑衆謀逆妄也。上怒其支詞，盡下獄，命禮部侍郎桂萼署刑部，兵部左侍郎張璁署都察院，少詹事方獻夫署大理寺鞫之。萼等窮治馬録，搜其篋，有大學士賈詠、御史張英、右僉都御史張仲賢、大理寺丞江淵、工部左侍郎閔楷尺牘，俱頗涉福達事。萼等因言：給事中常泰、劉琦、員外郎劉仕挾私彈射，嗾馬録殺人；給事中王科、鄭一鵬、秦祐、沈漢、鄭輅、評事杜鑾、南京御史姚鳴鳳、潘壯、戚雄等，黨同助奏；給事中張達、御史高世魁，首名駕禍；郎中司馬相妄引事例，增減詔科，俱逮訊。……

又：

九月壬午，釋妖人李福達。署刑部事、吏部左侍郎桂萼等訊福達……薛良論死，韓良相等永戍，山西布政使李彰、按察使李鈺、僉事章綸、大理司少卿徐文華俱永戍邊，給事中劉琦、御史程啓充、盧瓊亦戍邊，給事王科、秦祐、沈漢、程輅及左都御史聶賢削籍，刑部尚書顔頤壽、左右侍郎劉玉、王啟、右副都御史江潮、劉文莊、大理寺卿湯沐、少卿顧佖、汪淵、太僕寺卿汪玄錫、光禄寺少卿余才、吏部右侍郎孟春、工部右侍郎閔楷、右僉都御史張仲賢，俱免官，馬録永戍南丹衛，畢昭還任。時璁、萼、獻夫以議禮驟顯，朝臣嫉之如仇，璁等亦齗齗切齒，會大獄興，乃協比傾陷，以攄積憤，部寺而下無不被楚毒者。

可見江潮在嘉靖六年九月罷歸弋陽。按陽明亦於嘉靖六年五月除都察院左都御史征思、田，其九月初八發越中，十月上旬過弋陽，正可同江潮相見，今《王陽明全集》卷二十有《寄石潭二絶》，即陽明是次過弋陽所作。由此可見陽明此《和理齋同年浩歌樓韵》應作在嘉靖六年十月。詩中所言「馬子」，即馬録，《明清進士録》：「馬録，正德三年三甲一百九十六名進士。河南信陽人，字君卿。授固安縣，居官廉明，徵爲御史。嘉靖間，按山西，治妖賊李福達獄，武定侯郭勛移書爲解，録不從，劾勛庇奸亂法。勛與張璁、桂萼合謀爲蜚語上聞，遂反前獄，謫戍廣西卒。」陽明此詩同情江潮、馬録，然陽明是次起征思、田乃出桂萼所薦，有所忌諱，故同樣在弋陽所作詩，《寄石潭二絶》入陽明文集，而此《和理齋同年浩歌樓韵》反亡佚。

宿新城

（嘉靖六年，一五二七年）

猶記當年築此城，廣瑶湖寇正縱横。人今樂業皆安堵，我亦經過一駐兵。香火沿門慚老稚，壺漿遠道及從行。峰山弩手疲老甚，且放歸農莫送迎。

嘉靖丁亥十一月四日，有事兩廣，駐兵新城。此城予巡撫時所築。峰山弩手，其始蓋優恤之，以俟調發；其後漸苦於送迎之役，故詩及之。

詩見《陽明詩録》，錢明《王陽明全集未刊散佚詩文彙編及考釋》著録。按《王陽明全集》卷二十有《過新溪驛》，即此詩，但無後題，不知作年。新城在大庾縣，《民國大庾縣志》卷三：「峰山城，在小溪北十五里峰山里，民素善弩。明正德丙子（按：當作丁丑），巡撫王守仁選爲弩手，從征猺寇。事平，民恐報復，愬懇築城自衛，許之。」「小溪驛，明洪武四年立，舊在小溪城外，溪水衝嚙漸圮，改建山坡。正德十二年，以峯賊故，王都御史守仁遷於峰山新城。」所謂「猶記當年築此城，廣瑶湖寇正縱横」，即指新城爲正德十二年陽明來江西平寇時所築。是次陽明入兩廣，乃十一月四日過大庾，七日過梅嶺，其又駐兵新城舊地，遂有感而作此詩也。

遊端州石室題刻

（嘉靖六年，一五二七年）

嘉靖丁亥臘月之朔，新建伯餘姚王守仁來遊。

題刻見《崇禎肇慶府志》卷三十五《藝文》十《古今題名石刻》，《高要縣志》卷十四《金石略》。按陽明此題刻在端州七星巖石室壁上，陳子壯《遊端州石室記》云：「石室在端州……唐李郢詩曰：『崧臺月照啼猿曙，石室煙含古桂秋。』而崧臺石室稱焉。《南粵志》：聳石廣六十餘丈，高二百餘仞，謂之崧臺。下有石室，故曰岡臺山，又曰定山，曰圓屋，曰高星，俗呼七星巖。望之綴列若星，固不止七。或以宋人星巖書院而名，或又指大巖中垂壁是形……」(《崇禎肇慶府志》卷三十五)按錢德洪《陽明先生年譜》：「嘉靖六年十一月，至肇慶。是月十八日抵肇慶……二十日，梧州開府。十二月朔，上疏……」是陽明遊七星巖石室與其上疏在同時。

梧山集序

（嘉靖六年，一五二七年）

嶺南厚街王氏，吾宗也。今上嘉靖之二年，南京户部尚書梧山先生卒於官。越三年，其孤國子監監丞宏久，自東莞詣余，乞爲其先人集序。時余正奉命總制兩廣府署，距東莞一葦杭之爾。讀先生集，恍然如疇昔晤對時，遂欲移舟仙里，覽公平日釣遊之舊，多事匆卒，未能也。憶弘治己未歲，余舉進士，居京師，公時以給諫充安南册封使，於時先君子承乏秩宗，與同朝，諸薦紳餞送都門，余始獲欽儀豐采，見其温温恪恪，岸然有道之容，倘所謂和順積中而英華發於外焉者耶？越十年，公累遷都憲，撫軍鄖陽，余亦撫南贛。洪都之變，公首設方略，爲犬牙交控之勢，以扼其衝。不踰年，逆濠成擒，天子得紓南顧憂者，公爲之備也。今上鑒公累勞，御極之初，特晉大司徒，將拜臺輔，而公轉盼墓草，時甚悼焉。是集皆公歷宦以來，忠勤大節，形之章疏中，雖或允行，或未奉允行，甚或抵觸天怒，無所忌諱，要均可以前質古人，後示法於來者。間有閑吟別撰，非公經意爲之，而其性真所發，筆興並酣，則卓犖紆徐，不可以一格拘，其素所藴積者厚也。嗟乎！

古人後世而不朽者三,立言其一焉,如公之盛德、豐功,赫赫在人耳目,立言其奚以爲?雖然,余嘗式公之德矣,佩公之勳伐猷爲矣,且十數年世講宗盟,得親公之謦欬風儀,非朝伊夕矣。今公往集存,每披尋展讀之,輒幸得所憑籍,以見公之生平,而況天下之大,四海之廣,且疏及遥遥幾百載後,未識公之面貌,又不獲俎豆公之書,而竹帛有湮,史册無據,其何以美而傳,愛而慕,使夫聞風生感,懦夫立,貪夫廉,重爲功於名教哉?故集存是公之存也,即公之立朝風烈文章及其匡居志趣,亦一一與之并存也。聞公之先大人淡軒先生守寶慶時,有《楚遊草》傳世,詩壇紙貴久矣,得公集廓而大之,於焉經世而行遠,後有作者,王氏其弁冕乎?余不才,不得政通人和之暇,相與造公堂,酹公墓而告焉,竊對公之遺集,幸公之盛德、豐功並立言而不朽之三俱矣,遂書之以爲序。

文見王縝《梧山先生集》前。按王縝字文哲,號梧山,東莞人,弘治六年進士。《明清進士録》:「王縝,弘治六年三甲一百名進士。廣東東莞人,字文哲。選庶吉士,授兵科給事中。縝强直敢言,世宗時,累遷右副都御史,巡撫蘇松諸府,平江西亂。官終户部尚書。」其卒年,黄佐《南京户部尚書王公縝傳》:「陞南京户部尚書,疏又以父年老辭,不允。時南畿大饑,縝區處厥恤,請内帑銀五萬,給之。尋卒於官,年六十有一。」(《國朝獻徵録》卷三十一)按《國榷》卷五十二:「嘉靖二年四月壬申，南京刑部右侍郎王縝爲南京户部尚書……七月丁丑，南京大疫……八月辛丑，應天滁、和等大饑，截漕三十萬石賑之……九月乙未，南京禮部尚書顔頤壽改南京户部。」據此，王縝當卒於嘉靖二年九月中。其子王宏久來請序在嘉靖六年，是年陽明十一月至梧州開府，梧州距東莞甚近，即陽明此序所云「距東莞一葦杭之爾」，故可知陽明此序作在嘉靖六年十一、二月中。陽明序中所言「淡軒先生」，即王縝父王恪，《千頃堂書目》卷二十八著録王恪《詠史詩》一卷，或即此《楚遊草》。

與霍兀厓宫端書

（嘉靖六年，一五二七年）

每讀章奏，見磊落奇偉之志，挺持奮發之勇，卓然非儕輩可望，深用嘆服。果得盡如所志，天下之治誠可焕然一新。然其形勢自有不能盡如人意者，要在寬以居之，仁以行之而已。高明既有定見，顧無俟於鄙劣者之喋喋。西樵書中，亦致芹曝之獻，倘覽及之幸，有一言示其可否也。田州事實無緊要，徒勞師費財。紛紛兩年，重爲地方之患。今於謝恩疏中，略陳愚見，須得朝廷俯從其議，庶可以圖久安；不然，起伏之變，未有已也。賫奏人去，草草附問。地方之事，有可見教者，人還不惜示及。

書見《陽明先生文録》卷四。錢明《王陽明全集未刊散佚詩文彙編及考釋》著録。此書所言「謝恩疏」，即指《王陽明全集》卷十四之《赴任謝恩遂陳膚見疏》，上在嘉靖六年十二月初一日，可見此書即作在嘉靖六年十二月中。此前陽明已就除都察院左都御史征思、田事與西樵方獻夫、兀厓霍韜通信往來討論。蓋是次除命亦出方獻夫、霍韜薦舉，《王陽明全集》卷二十一有《答方叔賢》書二云：

「昨見邸報，知西樵、兀厓皆有舉賢之疏……僕非不樂二公有此盛舉，正恐異日或爲此舉之累，故輒叨叨，當不以爲罪也。思、田事，貴鄉往來人當能道其詳。……今其事體既已壞，盡欲以無事處之，要已不能，只求減省一分，則地方亦可減省一分勞擾耳。鄙見略具奏内，……齎奏人去，凡百望指示之。舟次草草，未盡鄙懷。」此所謂「奏」，即《辭免重任乞恩養病疏》（《王陽明全集》卷十四），上在嘉靖六年六月。所謂「舟次草草」，指其九月發越中啟程赴兩廣，故此致西樵方獻夫書應作在九月中，即此書所云「西樵書中，亦致芹曝之獻」。陽明同時亦致書霍韜，《王陽明全集》卷二十一有《與霍兀厓宮端》云：「往歲曾辱《大禮議》見示，時方在哀疚，心善其説而不敢奉復。既而元山亦有示，使者必求復書，草草作答。意以所論良是，而典禮已成，當事者未必能改，言之徒益紛争……乃者忽承兩廣之推……懇辭疏下，望相與扶持曲成……」此「懇辭疏下」亦指其《辭免重任乞恩養病疏》，故可知此書作於七、八月間。霍韜對此有覆書，《渭厓文集》卷八《覆陽明先生》云：「……舟到臨清得報，知道旌又照映我南隅，生喜曰：南荒自得寧息也，自今年始也。然收成效須滯。先生在南服坐鎮三年，方叔子（按：即方獻夫）曰：廟堂尤急，必得先生入閣，則默贊潛旋，自非時輩所可望；若居冢宰，則轉移士習，鼓動世風，決大有可觀。生謂：我兩廣如倒懸，望老先生以解。方叔子云：寧不恤兩廣，且爲廟堂之憂。……先生到南隅，想不數月，而地方可定，又將望先生歸，佐聖天子矣。此今日輿論所屬望也。……王老先生學問誠有過高者，此賢知之過也。然老先生虛心無我，聞一善言，見一善行，恐改從不早也。所慮者，或及門之士面從心違；或張主門户，嘵嘵自異。啟流俗詆訾之隙，如宋程朱門人，然則遂闕涉世道耳。……讀《傳習録》多有未領者，曾標一二，期面請教，未敢輕率。萬惟勉副聖天子眷命，早爲南邦了此積痛，此我父母鄉士之望也。然後早歸朝宁，坐贊宥密，天下再沐唐虞之澤，又天下萬世之望也。兩廣積弊，有宜興革，後奉請教。」此書言「道旌又照映我南隅」，已知陽明赴兩廣，則約作於十月前後，陽明此《與霍兀厓宫端書》，即答霍韜此書，可見兩人學問政見多有不同。

地方急缺官員疏稿

（嘉靖七年，一五二八年）

爲地方急缺官員事：先准廣西副總兵李璋呈前事，看得柳、慶地方新任參將王繼善近因病故，地方盜賊生發，不可一日缺官，乞暫委相應官一員前去代理等因到臣。該臣看得柳、慶地方，近因思、田用兵不息，傜賊乘間出掠，參將王繼善既以病故，而該道守巡兵備等官又以思、田之役，皆在軍門督餉督哨，地方重寄，委無一官之託。爲照參將沈希儀雖（下圈一「委」字）係專設田州駐劄官員，然田州之事，臣與各官見駐南寧，自可分理。本官舊在柳、慶，夷情土俗，備能諳悉，而謀勇才能，足當一面，求可委用，無踰本官者。該臣（下圈一「欽」字）遵照欽奉敕諭（下圈「事理」二字）便宜事理，就行暫委本官前去管理參將行事，聽候奏請外，近（下圈一「因」字）該思恩、田州土目盧蘇、王受等率衆歸降，該臣行委右布政林富、閑住（下圈「舊任」二字）副總兵張祐，分投督領各夷各歸原土，復業安生。今各夷見已賣刀買牛，争事農作，度其事勢，將來或可以無反側之患，則前項駐劄參將似亦可以無設。但今議於田州修復流官府治，以控制土官，則城郭廨宇之役未免勞民動衆，瘡痍大病之後，各夷豈復堪此？臣等議調腹裏安靖地方官軍、打手之屬約二千名（下圈「外以示屯」四字），隱然有屯戍之形，而實以備修建之役，庶幾工可速就，而又得免於起夫之擾。然非統馭得人，則於各夷或亦未免有所驚疑。除布政林富另行議奏外，看得閑住副總兵張祐才識通敏，計慮周悉，將略堪折衝之任，文事兼撫綏之長，今又見在思、田地方安插各夷，皆能得其歡心。乞敕兵部俯從臣議，將張祐復其舊職，暫委督領前項各兵，經理修建之役。仍令與布政林富更互往來於思、田之間，省諭安撫諸夷。其合用廪給夫馬之類，悉照議處林富事例，於南寧府衛取辦。俟一二年後，各夷生理盡復，府治城郭廨宇悉已完備，（下塗去「該府知府等官□□各安其治」十二字）則將張祐量改他處任用（下圈去一「矣」字），而田州止存知府（下塗去二字）理治，仍乞將沈希儀或就改駐柳、慶地方守備。惟復別有定奪，均乞聖明裁處。

疏見《明清檔案卷·明代》卷二（《中國國家博物館館藏文物研究叢書》），該疏手稿真迹由中國國家博物館收藏。按《王陽明全集》卷十四有《地方急缺官員疏》，即此疏，注上在「嘉靖七年二月十八日」。蓋此前陽明於二月十五日上《地方緊急用人疏》，已陳此説。張祐事可見卷十四《地方緊急用人疏》、卷十五《征剿稔惡瑶賊疏》、《八寨斷藤峽捷音疏》、卷十八《征剿八寨斷藤峽牌》、《牌行副總兵張祐搜剿餘巢》等；沈希儀事可見卷三十《行參將沈希儀守八寨牌》、《行參將沈希儀計剿八寨牌》、《調發武緣鄉兵搜剿八寨殘賊牌》等。陽明此疏稿卷後有道光癸卯杜煦跋，對本疏考證甚詳：

此文成嘉靖七年二月十八日上地方急缺官員疏稿也。時思、田已平，盧蘇、王受已降，廣西民已安其生，土夷亦已事農業矣。疏中請將田州參將沈希儀改駐柳、慶，又請將閑住副總張祐復職，經理田州修建之役。於希儀不過防盜賊生發，於祐不過統馭官軍打手修復府治，似亦尋常差委。不知先生胸中早有剿除藤峽、八寨稔惡猺賊一段妙用，若先形諸奏牘，聲迹昭彰，猺必奔突逋誅，後疏所謂「雖調十數萬之衆，一二年爲期，未易平蕩」也。以外調到未用之湖兵，因其放回之便剿斷藤；以新就降附之盧、王，遂其報效之忱剿八寨。四月進兵，七月報捷，方千里之叛寇，二三十年征剿所未克者，不起一兵，不費斗糧，一舉而平之。而首與林富呈請剿猺者，即張祐也；委守八寨要衝，計剿韋召假等賊巢者，即沈希儀也。二人皆剿破猺賊首功之人。是疏中略不露兵機一綫，然其稱希儀也，則曰「謀勇才能，足當一面」；其稱祐也，則曰「才識通敏，計慮周密」，豈非識才於先，收功於後，若操券而取者乎？然祐、希儀皆武弁也，觀先生兵間調度，雖文員而人人皆能軍，雖異種而人人皆效死，令百世下第服其用力之省，成功之速，終莫解其所以致此之由。烏乎！所過者化，所存者神，非聖人而能若是乎？是稿爲余姻家古虞王蘆薌學博所得，裝卷屬跋，爲略述顛末，書而歸之。道光癸卯孟秋上澣，山陰後學杜煦盥手謹識。

泗城土府世系考（嘉靖七年，一五二八年）

宋皇祐間，儂智高寇擾粤西，楊畋等征討久無功。四年九月，上命樞密襄公狄青爲荆湖宣撫使，督諸軍討智高，以麒麟武衛懷遠將軍岑仲淑從，大破智高於邕州，智高竄奔廣南。襄公還朝，仲淑善後。五年正月，仲淑平廣南，智高復竄大理，遂死，函首至京師。仲淑駐鎮邕州，建元帥府，都督桂林、象郡、三江諸州兵馬，封粤國公。仲淑係出漢武陰侯岑彭後裔，原籍浙江紹興府之餘姚縣人。仲淑鎮邕，威惠並行，開拓疆土，撫綏蠻夷，大得民心。仲淑故，子自亭襲。時有流言，欲以叛逆中傷，自亭遂請謝邕州還朝。將束裝，夷土擁衆遮留不放。事聞，仍留鎮撫。後累加金紫光禄大夫，沿邊安撫使，來安路都總管。後遂遷入喬利，跨有牂牁，子孫世守邊土。自亭生子二：長曰翱，次曰翔。翱襲，故絶，翔襲。翔生英，英生雄，雄生世興，皆以原官襲。至元時，世興以邊功加總兵、萬户侯。世興生子五：長曰怒木罕，襲父職；次曰帖木兒，分封田州，是爲田州始祖；三曰阿次蘭，受封喬利，是爲思恩土州始祖；四曰不花也仙，絶；五曰剌辛，受封東路，是爲鎮安始祖。怒木罕既襲父職，以侄伯顔入京讒謗，追奪封爵，改東路宣慰使。後復建功，封武德將軍。怒木罕生福廣，福廣生善忠，皆襲宣慰使。至明洪武六年，改古堪峒爲泗城土州，善忠改封土知州。

文見《古今圖書集成》第一千四百五十二卷《泗城府部・藝文》。按陽明於嘉靖六年赴兩廣征思、田始接觸與知悉田州、思恩土州、泗城土州、鎮安土州之岑氏，並發現泗城等土州之岑氏皆源出紹興餘姚岑氏。《王陽明全集》卷十四《處置平復地方以圖久安疏》云：「今岑猛雖誅……遠近軍民往往亦有哀憐其志，而反不直官府之爲者。況各夷告稱其先世岑伯顔者，嘗欽奉太祖高皇帝敕旨：『岑、黄二姓五百年忠孝之家，禮部好生看他，着江夏侯護送岑伯顔爲田州府土官知府，職事傳授子孫，代代相繼承襲。欽此。』欽遵。其後如岑永通、岑祥、岑紹、岑鑑、岑鏞、岑溥皆嘗著征討之績，有保障之功。……故今日土官之立，必須岑氏子孫而後可。」又曰：「臣等又看得岑猛之子，存者二人，其長者爲岑邦佐，其幼者爲岑邦相。邦佐自幼出繼武靖州爲知州……今日田州之立，無有宜於邦佐者……如欲更一人，諸夷未必肯服，莫若仍以邦佐歸之武靖，而立邦相於田州……至於思恩，則岑濬之後已絶，自不必復有土官之設矣。」爲此陽明嘗專門考察查明各土州岑氏之況，卷十五有《查明岑邦相疏》云：「當時臣等通拘該府大小土目及鄉老人等審問，岑猛之子應該承立者何人。乃衆口一詞，以爲岑猛四子，長子岑邦佐係正妻張氏所出，次子岑邦彦係庶妾林氏所出，三子岑邦輔係外婢所出，四子岑邦相係次妾韋氏所出……邦佐自幼出繼武靖，而以邦彦承襲官職。今邦彦既死，應該承立者莫宜於邦佐……而邦佐自幼出繼……今欲改立一人，亦未有可以代邦佐者……因論以邦佐出繼武靖既久，朝廷事體已定，不可復還，宜立其次者，岑邦輔則可。於是各目人等又衆口一詞，以爲邦輔名雖岑猛外婢所生，其實來歷不明，闔府之民，皆不欲立。惟邦相則次妾所生，實係岑猛的親骨血，況其質貌厚重謹實，衆心歸服，立繼岑氏，庶不絶其真正一脉。」（另參見卷十八《犒獎儒士岑伯高》、卷三十《省發土官羅廷鳳等牌》、《行福建漳州府取回岑邦佐牌》等）故陽明此《泗城土府世系考》當作在嘉靖七年二月平思、田以後其考查諸州岑氏之時。陽明作此岑氏世系考，一則固出於其平思、田，選拔岑氏之後爲土官之需，二則亦因陽明祖母爲餘姚岑氏，陽明自小由岑氏鞠養，故其一到思、田，思、田、泗城、鎮安諸土州岑氏便引起其極大注意。其考定土州之岑氏乃源出紹興餘姚岑氏，而實非地方土州傜人土民，蓋有深意焉。

田州立碑

（嘉靖七年，一五二八年）

嘉靖丙戌夏，官兵伐田，隨與思恩之人相比復煽，集軍四省，洶洶連年。於時皇帝，憂憫元元，容有無辜，而死者乎？乃命新建伯臣王守仁：曷往視師，其以德綏，勿以兵虔。班師撤旅，信義大宣。諸夷感慕，旬日之間，自縛來歸者，七萬一千。悉放之還農，兩省以安。昔有苗徂征，七旬來格；今未期月，而蠻夷率服。綏之斯來，速於郵傳，舞干之化，何以加焉！爰告思、田，毋忘帝德；爰勒山石，昭此赫赫。文武聖神，率土之濱，凡有血氣，莫不尊親。嘉靖戊子季春，臣守仁稽首拜手書。紀功御史石金，布政林富，參議汪必東、鄒輗，副使林大輅，祝品、翁素，僉事張邦信、申惠，副總兵李璋、張祐，參將沈希儀、張經，僉事吳天挺、汪溱，都指揮謝珮，知府蔣山卿贊畫。胡松、李本、林應驄，同知史立誠、桂鏊、舒柏，通判陳志敬，知州李東、林寬，宣慰侯彭明輔、彭九霄，官男彭宗舜，軍門參隨禮部辨印生錢君澤過朱，縣丞杜洞、蕭尚賢監刻。指揮趙璇、林節、劉鏜，百户嚴述、郭經督工。

碑文見《嘉靖廣西通志》卷五十九。葉樹望《有關王陽明軍旅刻石考訂》著録。兹據碑文拓片過録。按今廣西平果縣右江岸「陽明洞天」巖洞前峭壁上，刻有陽明此文手迹，題作《征撫思田功蹟文》。《王陽明全集》卷二十五有《田州立碑》，即此碑文，但無最後一段，致誤注此碑文爲嘉靖五年丙戌作。故仍將此碑文轉録於此，亦可與下文《南寧新建敷文書院記碑》作比較。

答某人書（八首）

（嘉靖七年，一五二八年）

書一

改衞稿奉正，軍政稿當已裁定。望擲去人。守仁頓首。

書二

適聞貴恙，殊切懸懸。先遣問候，少間，當躬詣也。守仁頓首拜問。

書三

賤恙怯風，數日不出。未能即拜，極怏怏。先人問候，幸心寬。即日，守仁頓首。

書四

及躬詣，幸心照。守仁頓首。

書五

即日雖雨，不可以虛前約，未刻拱俟，想能惠然也。守仁頓首。

書六

咨文已發差人，明日行矣，幸知之。守仁頓首。

書七

尊稿後參語，似略有未滿處，恐亦事體當如是耶？然大勢扶持多矣，漫即之。

書八

改衛稿望斧正，擲去人。折糧奏疏並見示，尤荷。守仁頓首。

八書見楊儒賓、馬淵昌也《中日陽明學者墨迹》，其真迹由何創時書法藝術文教基金會收藏。按書中所云「改衛稿」乃指改築南丹衛於八寨之奏稿，事在嘉靖七年六、七月中。陽明《處置八寨斷藤峽以圖永安疏》所奏，首條即「移築南丹衛城於八寨」（《王陽明全集》卷十五），乃謂南丹衛原在南丹州，後三遷而至賓州，今故乞將南丹衛改移於八寨，以便加强地方治安控制。隨後陽明即發下《議立縣衛》，處置改衛事（《王陽明全集》卷十八）。又批下《批右江道移置鳳化縣南丹衛事宜呈》、《改委南丹衛監督指揮牌》等（《王陽明全集》卷三十）。可見陽明此八書作在七、八月間，所謂「改衛稿」指

《議立縣衛》,「軍政稿」指《處置八寨斷藤峽以圖永安疏》(論軍政事,包括改衛事),「咨文」指《批右江道移置鳳化縣南丹衛事宜呈》、《改委南丹衛監督指揮牌》。又書中提及「折糧奏疏」,似即指陽明《分派思田土目辦納兵糧》(《王陽明全集》卷十八)。此八書所予之人,疑爲林富。林富時任右布政使,陽明在廣一應事項多與商量,至乃推薦其自代。陽明《八寨斷藤峽捷音疏》中即云:「及照留撫思、田右布政林富,已聞都御史之擢,而忠義激發,猶且不計體面,必欲督兵入巢,破賊而後出,是尤人所難能。」蓋林富雖在五月二十二日命下巡撫鄖陽,但其至九月方赴鄖陽任也。

歷朝武機捷録序

（嘉靖七年，一五二八年）

語曰：智周通塞，不爲時窮；才經險夷，不爲世屈。余自宸濠之變、田州土守之役，每顧諸青油所云偏裨者，時進而詢所憂，白的赤莖，龍鱗鶴膝，則赳赳似矣；其於孫、吴、尉繚、司馬，則憒憒如也。因示之曰：「一人敵，不足學；非不學也，不足專此學也。昔子房無三尺之軀，淮陰無屠少之雄，一能決勝千里之外，一能將多多益善之軍，是寧一人敵耶？綸巾羽扇，指顧而挫鋒芒；隻馬單騎，談笑以退戎虜，吾愿汝輩知之也。」然輳壁寂然，相視而愕，中不少有志之士，俯而問略，余曰：「非一言可盡也。承平日久，徒知紈綺，耳不聞金鼓，足不履戰陣。白的龍鱗，技且高閣，豈特走孫、吴等於堂下乎？不憚輯古名將事迹，合諸武經者，彙爲一書，使各録一册熟之，此武經翼也。風雨闢前，即是雪夜精騎；淆谷道上，詎異馬陵妙算哉？築營固壘，塞井夷灶，皆是術也。用不同矣。」居月餘，而習者乃不復吴下阿蒙。余因喜而志之，以俟後之學者。

餘姚王守仁撰。

序見《歷朝武機捷録》卷首。《歷朝武機捷録》應爲陽明早年之作，錢德洪《陽明先生年譜》：「弘治十年，寓京師。是年先生學兵法。當時邊報甚急，朝廷推舉將才，莫不遑遽。先生念武舉之設，僅得騎射搏擊之士，而不能收韜略統馭之才。於是留情武事，凡兵家秘書，莫不精究。每遇賓宴，嘗聚果核列陣勢爲戲。」此所謂「武舉之設，僅得騎射搏擊之士，而不能收韜略統馭之才」，與陽明此序所云「白的赤莖，龍鱗鶴膝，則赳赳似矣；其於孫、吴、尉繚、司馬，則憒憒如也」相合，可知此書爲早年泛覽兵家秘書、輯録古名將事迹而成。日本《内閣文庫漢籍分類目録》著録：「《歷朝武機捷録》十五卷，附《國朝武機捷録》三卷，明王守仁撰，郭子章注，商周祚評，王守仁、茅元儀序。」《中國古籍善本書目》著録：「《歷朝武機捷録》十四卷，《國朝武機捷録》三卷，明王守仁撰，明郭子章注，明商周祚評。明末刻本，存四卷（一至四）。」（河南開封市圖書館藏殘本）另日本九州大學文學部亦藏有《歷朝武機捷録》殘本一部（一至四卷），云：「王文成先生著，《歷朝武機捷録》，書林敦古齋梓。」（參見永富青地《王守仁の佚存書〈歷朝武機捷録〉について》）按陽明此序云「田州土守之役」，指嘉靖七年二月平思、田，以此序云「居月餘」，則陽明此序作在嘉靖七年三月。今人或以陽明嘉靖七年已病重，不可能作《歷朝武機捷録》，定此爲僞，此説誤將陽明作《歷朝武機捷録》與作該書序混而爲一，實則《歷朝武機捷録》是陽明早年輯録之書，至嘉靖七年乃出以示人習讀，並爲作序。觀此序亦分明云先是將此輯古今名將事迹之《歷朝武機捷録》出以示軍中習讀，一月以後（「居月餘」），乃爲此書作序，非是謂此時作《歷朝武機捷録》也。按錢德洪《陽明先生年譜》分明云：「當時邊報甚急，朝廷推舉將才，莫不遑遽。先生念武舉之設，僅得騎射搏擊之士，而不能收韜略統馭之才，於是留情武事，凡兵家秘書，莫不精究。」所謂「武舉之設僅得騎射搏擊之士，而不能收韜略統馭之才」云云，正與此《歷朝武機捷録序》所論相同，而所謂「留情武事，凡兵家秘書，莫不精究」，則包括陽明究讀歷代兵書編著《歷朝武機捷録》矣，錢德洪年譜所述，似即據此《歷朝武機捷録序》而作耶？又陽明《陳言邊務疏》中有專論培養韜略統馭兵才一策云：「今之武舉，僅可以得騎射搏擊之士，而不足以收韜略統馭之才……誠使公侯之子皆聚之一所，擇文武兼濟之才，如今之提學之職者一人以教育之，習之以書史騎射，授之以韜略謀猷；又於武學生之内歲升其超異者於此，使之相與磨礱砥礪，日稽月考，別其才否，比年而校試，三年而選舉……」（《王陽明全集》卷九）此疏作在弘治十二年，所論亦與此《歷朝武機捷録序》相同。若然，則陽明編《歷朝武機捷録》當在弘治十年至十二年之間。

與夏德潤朱克明手札

（嘉靖七年，一五二八年）

舍人王勳來，嘗辱手札，匆匆中未暇裁答，爲愧。今此子已襲指揮使，頭角頓爾峥然，而克明、德潤未免淹滯於草野，此固高人傑士之所不足論，然世事之顛倒，大率類此，亦可發一笑也。因此子告還，潦草布問，不一一。守仁頓首，德潤夏先生、克明朱先生二契家。凡相識處，特望致意。

札見葉元封《湖海閣藏帖》卷二《與德潤及克明書》、《中國書法大成》（五）、《姚江雜纂》著録。札中所言夏德潤、朱克明、王勳，向無考。按陽明嘉靖七年在兩廣平思、田及八寨、斷藤峽，嘗多次提到一指揮「王勳」，如《八寨斷藤峽捷音疏》云：「節據廣西領哨潯州衛指揮馬文瑞、王勳……遵奉統領各該軍兵，依期於本年四月初二密到龍村埠登岸……隨同領哨指揮王勳，又督同宣慰彭九霄等……」又云：「舊任副總兵張祐……及各督哨、督押、指揮等官馬文瑞、王勳……雖其才猷功績各有大小等級之殊，而利害勤苦，亦有緩急久暫之異，然當兹炎毒暑雨之中，瘴疫薰蒸，經冒鋒鏑之場，出入崎險之地，固將同效捍勤事之績，均有百死一生之危者也。」（《王陽明全集》卷十五）此所言「指揮」王勳，應即陽明此札所言「襲指揮使」之王勳。朱克明，即朱光霽，號方茅，雲南蒙化人，陽明弟子。李元陽《西安府同知朱公光霽墓志銘》云：「恒齋（朱克明父）歷官貴州憲長，適陽明王先生謫居龍場，命公與二兄投學，得聞良知之説。」（《國朝獻徵録》卷九十四）陽明在龍場驛時得識時任貴州按察副使恒齋朱璣，朱璣乃遣子朱克明來受學，故陽明稱其爲「契家」。朱克明至嘉靖十一年方出仕，嘉靖七年南宫失利家居蒙化，故陽明稱「未免淹滯於草野」。由此可知夏德潤、王勳當也是蒙化人，故王勳歸家，帶來夏德潤、朱克明手札，而王勳告還，陽明又托其帶去此與夏德潤、朱克明手札。蓋陽明其時在廣西梧州，去雲南蒙化甚近，故得因王勳與夏德潤、朱克明恢復通信往來，所謂「凡相識處」，實指陽明在雲貴之弟子舊識。參見前《贈朱克明南歸言》考。

與德洪汝中書

(嘉靖七年,一五二八年)

地方事幸遂平息,相見漸可期矣。近來不審同志叙會如何?得無法堂前今已草深一丈否?想卧龍之會,雖不能大有所益,亦不宜遂爾荒落,且存餼羊,後或興起,亦未可知。餘姚得應元諸友,相與爲益不小。近有人自家中來,聞龍山之講至今不廢,亦殊可喜。書到,望爲寄聲,益相與勉之。九、十弟與正憲輩,不審早晚能來親近否?彼或自絶,望且誘掖接引之,諒與人爲善之心,當不俟多喋也。汝佩、良輔蘇松之行如何?胡惟一今歲在舍弟處設帳如何?魏廷豹決能不負所托,兒輩或不能率教,亦望相與挾持之。人行匆匆,百不及一,諸同志均此致意。四月一日,陽明山人致德洪、汝中二道弟文侍。餘空。

書見裴景福《壯陶閣書畫録》卷十《明王陽明手札册》。原無題,按《王陽明全集》卷六有《與錢德洪王汝中》書二,即此書,但多有删改不同。陽明起征思、田,曾托家政於魏廷豹,托子正憲於錢德洪、王畿，故其在梧多有書致德洪、汝中問家事。「卧龍之會」，指其門人在會稽稽山書院講習。稽山書院在卧龍山下，《陽明先生年譜》云：「嘉靖三年，郡守南大吉……於是闢稽山書院，聚八邑彦士，身率講習以督之。於是蕭璆、楊汝榮、楊紹芳等來自湖廣，楊士鳴、薛宗鎧、黄夢星等來自廣東，王艮、孟源、周衡等來自直隸，何秦、黄弘綱等來自南贛，劉邦采、劉文敏等來自安福，魏良政、魏良器等來自新建，曾忭來自泰和。……蓋環坐而聽者三百餘人。先生臨之。」陽明特爲作《稽山書院尊經閣記》。「龍山之講」，指其門人會期於餘姚龍山講習，《陽明先生年譜附録》：「龍山在餘姚縣治右。辛巳年，歸省祖塋，門人夏淳、孫陞、吴仁、管州、孫應奎、范引年、柴鳳、楊珂、周于德、錢大經、應揚、谷鍾秀、王正心、正思、俞大本、錢德洪、周仲實等，侍師講學於龍泉寺之中天閣。師親書三八會期於壁。吴仁聚徒於閣中，合同志講學不輟。丁亥秋，師出征思、田，每遺書洪、畿，必念及龍山之會。」應元，即許應元，字子春，錢塘人。《明清進士録》：「許應元，嘉靖十一年二甲五十四名進士。錢塘人，字子春。以剛介忤執政，不得館職。出知泰安州，廉潔自持。擢工部員外郎，官至廣西布政使，所至有聲。工詩文，有《許水部稿》。」汝佩，即徐珊，字汝佩。良輔，即魏良輔，字師昭，與魏良弼、良器、良政爲兄弟。胡惟一，即胡純，胡世寧子，號雙溪，會稽人。黄虞稷《千頃堂書目》著録胡純《雙溪集》、《泗州志》、《忠鯁録》、《天慈見睍録》等，知亦當時著名文士。所謂「胡惟一今歲在舍弟處設帳」，乃指聘請胡純來設教授學。魏廷豹，亦陽明弟子，見前考。

寄何燕泉手札

（嘉靖七年，一五二八年）

某久卧山中，習成懶僻，平生故舊，音問皆疏。遥聞執事養高歸郴，越東楚西，何因一話？煙水之涯，徒切瞻望而已。去歲復以兵革之役，扶病强出，殊乖始願。正如野麋入市，投足摇首，皆成駭觸。忽枉箋教，兼辱佳章，捧誦灑然。蓋安石東山之高，靖節柴桑之興，執事兼而有之矣，仰嘆可知。地方事苟幸平靖，伏枕已逾月，旬日後亦且具疏乞還。果遂所圖，雖不獲握手林泉，然郴嶺之下，稽山之麓，聊復同此悠悠之懷也。使來，值湖兵正還，兼有計處地方之奏，冗冗乃爾久稽，又未能細語，臨紙惘然，伏冀照亮。不具。六月四日，王守仁頓首，燕泉何老先生大人執事。餘空。

手札真迹今藏上海博物館，計文淵《王陽明法書集》著録。《王陽明全集》卷二十一有《寄何燕泉》，即是札，但無最後落款數句，致向不知此書作在何時。何燕泉名孟春，字子元，郴州人。手札云「遥聞執事養高歸郴，越東楚西」，乃指何孟春因大禮議不合世宗意罷歸郴州，《明史》卷一百九十一

《何孟春傳》云：「帝益怒，命收繫四品以下官若干人，而令孟春等待罪……旋出爲南京工部左侍郎……孟春屢疏引疾，至六年春始得請。及《明倫大典》成，削其籍。……孟春所居有泉，用燕去來時盈涸得名，遂稱『燕泉先生』云。」何孟春削籍在嘉靖七年六月，《國榷》卷五十四：「嘉靖七年六月癸卯，敕定議禮諸臣之罪，前大學士楊廷和削籍……林俊、何孟春、郎中夏良勝俱削籍。」可見何孟春乃在嘉靖六年春養高歸居郴嶺燕泉之下，田園吟詩自樂，故陽明稱其有「安石東山之高，靖節柴桑之興」。其致書陽明寄贈吟詩佳章時間，據該札云「使來，值湖兵正還，兼有計處地方之奏」，湖兵正還，見《王陽明全集》卷十八《犒送湖兵》，事在嘉靖七年二月；計處地方之奏，見《王陽明全集》十四《奏報田州思恩平復疏》以下及卷十八《批嶺西道立營防守呈》以下等十餘疏，均作在嘉靖七年二月至六月間。可見何孟春致書陽明乃在嘉靖七年二月中，陽明因兵事冗繁遲至六月方覆此札。札中稱「伏枕已逾月，旬日後亦且具疏乞還」，知陽明伏枕始病在五月中，「具疏乞還」乃指其《乞恩暫容回籍就醫養病疏》（《王陽明全集》卷十五），實際上在十月初十日，並未能旬日後即上。參見下札考。

南寧新建敷文書院記碑

（嘉靖七年，一五二八年）

嘉靖丙戌夏，官兵伐田，隨與思恩，相比復煽，集軍四省，汹汹連年。於是皇帝，憂憫元元，容有無辜，而死者乎？迺命新建伯、臣王守仁：曷往視師，勿以兵殲，其以德綏。迺班師撤旅，散其黨翼，宣揚至仁，誕敷文德。凡亂之起，由學不明。人失其心，肆惡縱情。遂相侵暴，荐成叛逆。中上且然，而況夷狄？不教而殺，帝所不忍。孰近弗繩，而遠能準。爰進諸生，爰闢講室。決蔽啟迷，雲開日出。各悟本心，再從外得。厥風之動，翕然無遠。諸夷感慕，如草斯偃。我則自威，帝不我殄。釋干自縛，泣訴有泫。旬日來歸，七萬一千。濈濈道路，踊躍懽闐。放之還農，兩省以安。昔有苗徂征，七旬來格。今未朞月，而蠻夷率服。綏之斯來，速於郵傳。舞干之化，何以加焉！明明天子，神武不殺。好生之德，上下迺格。神運無方，莫窺其迹。爰告思田，毋忘帝德。既勒山石，昭此赫赫；復識於此，俾知茲院之所始。

碑記見林富、黄佐《嘉靖廣西通志》卷二十六。志云：「敷文書院，即（南寧）縣學舊址，嘉靖戊子新建伯王守仁建。」按錢德洪《陽明先生年譜》：「嘉靖七年六月，興南寧學校。……日與各學師生朝夕開講，已覺漸有奮發之志。又恐窮鄉僻邑，不能身至其地，委原任監察御史降合浦縣丞陳逅主教靈山諸縣，原任監察御史降揭陽縣主簿季本主教敷文書院。」是敷文書院建在六月中，《王陽明全集》卷十八有《牌行南寧府延師設教》云：「看得原任監察御史、今降揭陽縣主簿季本，久抱温故知新之學，素有成己成物之心……仰南寧府掌印官即便具禮率領府縣學師生敦請本官前去新創敷文書院，闡明正學，講析義理。」又《牌行委官季本設教南寧》亦云：「除行該府掌印官率屬敦請外，仰本官就於新創敷文書院内安歇。」此二牌皆注作在六月中。觀此記碑與二月所作《田州立碑》（《王陽明全集》卷二十五）有小部分字句相同，顯是在《田州立碑》基礎上增删修改而成。林富嘗任廣西布政使，與王陽明共征思、田，破斷藤峽、八寨；黄佐爲廣東南海人，故二人編《廣西通志》多取自實地資料，其時此記碑猶樹在敷文書院中未壞也。

答聘之書

（嘉靖七年，一五二八年）

匆匆别，竟不能悉所言，奈何，奈何！今秀卿好義而貧，已曾面及，此去，幸垂照。九月六日，守仁頓首，聘之大人道契文侍。

真迹見茅一相《寶翰齋國朝書法》卷八《王守仁與聘之憲長書三通》，《明代尺牘》第二册（上海科學技術文獻出版社）。前考聘之即施儒，字聘之，號西亭，歸安人。嘉靖六年陽明赴兩廣征思、田，時施儒任廣東按察司副使，爲陽明所倚重，至舉施儒自代，《王陽明全集》卷十五有《邊方缺官薦才贊理疏》云：「去任副使施儒，學明氣充，忠信果斷。閑住副使楊必進，曉練軍務，識達事機。此四人者，皆堪右江兵備之任。施儒舊爲兵備於潮、惠，楊必進舊爲兵備於府江，皆嘗著有成績，兩地夷民至今思念不忘。若於四人之中選用其一，其餘地方之事必有所濟。」故張元《施儒墓志銘》曰：「新建伯王公守仁之平八寨也，會右江兵備員缺，未有所屬任，疏公名以請兵部尚書胡公世寧，至舉公自代，公之名至是愈重矣。」（《國朝獻徵録》卷九十九）然施儒很快因得罪中官落職，故陽明疏中稱其爲「去任副使」。《施儒墓志銘》詳載其事云：

> 授廣東按察司副使，整飭兵備如故，庶幾展公才志。而鴿鳥事起，諸右族方紛紛不便，公馳捕佐，惡少爲口語以詆，冀摇動公。卒以公持之堅，息此大妖于一方。陳給事者，與公同年，居鄉里間横甚，以言事得黨於新貴人，雖罷官，竟不次授太常少卿，乃即其所仇恨二千家訟之。朝行廣東覆按，諸同官者皆憚陳，競袖手避，陳獨難公，且以新貴人手書，至啗之美官。竟潮之民，所以無冤而寘陳於法者，公也。明年，遂落職。

按「陳給事」即陳洸，「新貴人」指桂萼、張璁輩。施儒落職罷歸時間，《國榷》卷五十四：「嘉靖七年五月己卯，宥陳洸死，仍予冠帶。錦衣千户陳紀奉命上獄詞，前吉安知府葉應驄坐奏事不實削籍，郎中黄綰謫潮陽知縣，伍鎧城旦，御史藍田削籍，韶州知府唐昇謫□□。凡經勘官各鐫俸，又出郎中劉勳、御史熊蘭、涂相，罷參政李鋭、僉事施儒。」可見施儒罷歸在五月，陽明與之相别亦在五月，即此書所云「匆匆别」也。秀卿，未詳，疑爲張邦奇，字常甫，一字秀卿，號甬川、四友亭，鄞縣人。弘治十八年進士。《國朝獻徵録》卷四十二有張時徹《張尚書邦奇傳》。《王陽明全集》卷七有《别張常甫序》。蓋施儒其時已回歸安，或是張邦奇歸鄞縣途經歸安，故陽明託其傳書也。

行書良知説四絶示馮子仁

（嘉靖七年，一五二八年）

問君何事日憧憧？煩惱場中錯用功。莫道聖門無口訣，良知兩字是參同。

個個人心有仲尼，自將聞見苦遮迷。而今指與真頭面，只是良知更莫疑。

人人自有定盤針，萬化根源總在心。却笑從前顛倒見，枝枝葉葉外頭尋。

無聲無臭獨知時，此是乾坤萬有基。抛却自家無盡藏，沿門持鉢效貧兒。

馮子仁問良知之説，舊嘗有四絶，遂書贈之。陽明山人王守仁書，時嘉靖戊子九月望日也。

此書手迹見《中國古代書畫圖目》（第十八册），真迹今藏湖北省博物館，見《湖北文物典》六《書畫》。前考陽明此四詩作於嘉靖四年，至嘉靖七年抄贈馮子仁。馮子仁即馮恩，陽明弟子。《明清進士録》：「馮恩，嘉靖五年三甲十四名進士。松江華亭人，字子仁，號南江。幼孤，家貧，母吳氏親督教之。及長，知力學。官行人，出勞兩廣總督王守仁，執弟子禮。擢南京御史，上奏疏言都御史汪鋐等之奸，帝怒，逮下錦衣衞獄，日受搒撩，幾死，不失節，人稱『四鐵御史』（口、膝、膽、骨皆鐵也）。母吴氏擊鼓誦冤，子行可時年十三，刺血上書，請代父死，皆不許。後遷戍雷州，遇赦還，家居。穆宗立，拜大理寺丞，致仕。卒年八十一。有《芻蕘集》。」王世貞《御史馮恩傳》：「馮御史之始成進士也，以行人出勞兩廣大帥王文成公守仁。文成公進公而語之道，公不覺屈席，已薦束脩爲弟子。文成公亦器之，每語人：『任重道遠，其在馮生哉！』……」（《國朝獻徵録》卷六十五）按馮恩來兩廣勞賞陽明在嘉靖七年九月八日，錢德洪《陽明先生年譜》：「嘉靖七年九月……賞思、田功也。九月初八日，行人馮恩齎捧欽賜至鎮，故有疏謝。」所謂「至鎮」，指到廣州，陽明乃在廣州書四絕贈馮恩。

寄何燕泉書　（嘉靖七年，一五二八年）

兵冗中久缺裁候，乃數承使問，兼辱嘉儀，重之以珍集，其爲感愧，何可言也！僕病卧且餘四月，咳痢日甚，淹淹牀席間，耳聾目眩，視聽皆廢。故珍集之頒，雖嘉逾拱璧之獲，而精光透射，尚未敢遽一瞬目其間。候病疏得允，苟還餘喘於田野，幸而平復，精神稍完，然後敢納足玄圃之中，盡觀天下之至寶，以一快平生，其時當别有請也。伏枕不盡謝私，伏冀照亮。

書見《陽明先生文録》卷四，錢明《王陽明全集未刊散佚詩文彙編及考釋》著録。此書乃承前書而來，所云「候病疏得允」，指其《乞恩暫容回籍就醫養病疏》（《王陽明全集》卷十五），上在嘉靖七年十月初十日。又書云「乃數承使問」，指何燕泉數寄書陽明，按《王陽明全集》卷二十一有《寄何燕泉》云：「遥問執事養高歸郴，越東楚西，何因一話？……去歲復以兵革之役，扶病强出……忽枉箋教，兼辱佳章，捧讀灑然……地方事苟幸平靖，伏枕已踰月，旬日後亦且具疏乞還。果遂所圖，雖不獲握手林泉，然郴嶺之下，稽山之麓，聊復同此悠悠之懷也。使來，值湖兵正還，兼有計處地方之奏，冗冗乃爾久稽。」前考此書作於嘉靖七年六月（見上札），所謂「忽枉箋教，兼辱佳章」，即其「數承使問」之一。又書云「重之以珍集」者，乃指何燕泉寄來其詩集，蓋何燕泉先致書寄來「佳章」，得陽明稱贊，遂乃再投書寄來其詩集，隱有請陽明作序之意。又書云「病卧且餘四月」，陽明始病卧枕在五月（見前札考），餘四月，則在十月，由此更可確知此書作在嘉靖七年十月中。又札中云「兼辱嘉儀」者，當是何燕泉寄來賀儀慶其生日，陽明生於九月三十日，由此可見何燕泉寄來賀儀佳集應在八月下旬（郴州離廣較近），而陽明作此札致何當不出十月中旬矣。今上海博物館藏有王陽明《與王純甫》紙本手迹，與此《寄何燕泉書》全同，祇最後加有「不宣。三月二日王守仁頓首，純甫道契兄文侍。餘空」數句。比較此二書，《與王純甫》手書顯爲僞造，蓋一則作書時間不合，二則所述人事不合，必是作僞者見《王陽明全集》中無此《寄何燕泉書》，以爲世人不知，可以作僞，遂從黄綰刻本《陽明文録》中抄出此寄何燕泉書，加上「三月二日」落款，冠以「與王純甫」書傳世。殊不知此「三月二日」落款適足暴露其作僞馬脚。詳考見後陽明佚文辨僞考録。

與黄才伯書

（嘉靖七年，一五二八年）

……明德只是良知，所謂燈是火耳。吾兄必自明矣。……

書見黄佐《庸言》卷九。黄佐字才伯，號泰泉，香山人。《明清進士録》：「黄佐，正德十六年二甲十一名進士。廣東南海人，一作香山人，字才伯，號布齋，又號泰泉居士。選庶吉士，授編修，累擢少詹事，與大學士夏言論河套事不合，尋罷歸。日與諸生論道，其學以程朱爲宗，學者稱『泰泉先生』。卒謚『文裕』。著有《泰泉全集》、《南雍志》、《翰林記》、《革除遺事》、《廣州府記》、《樂典》等一百六十餘卷，並參修《廣西通志》。」《明史》卷二百八十七有《黄佐傳》，稱其「嘉靖初，授編修……尋省親歸，便道謁王守仁，與論知行合一之旨，數相辨難，守仁亦稱其直諒」。是次面論，《庸言》有詳細叙述：

癸未冬，予册封道杭，會同窗梁日孚，謂：「陽明仰子。」予即往紹興見之。公方宅憂，拓舊倉地，築樓房五十間而居其中，留余七日，食息與俱。始談知行合一，予曰：「知以知此，行以成此，《中庸》兩言一也，信矣。」因指茶中果曰：「食了乃是味，猶行了乃是知，多少緊切。」予曰：「知，目也；行，足也。詢知公居足以步、目一時俱到，其實知先行後。」公曰：「尊兄多讀儒書。」予曰：「『知之非艱，行之唯艱。』豈宋儒邪？」曰：「《書》意在王忱不艱，可見行了乃是知。」予曰：「知之未嘗復行也，使知不在先，恐行或有不善矣。」公默然，俄謂曰：「元善昨送賦用『兮』，兮，噫嘆辭也，豈可誦德？」予曰：「《淇澳》誦德，亦用兮，似不妨。」公復默然。自是論征浰頭諸賊，待以不殺，併及逆濠事甚悉。予曰：「濠離豫章，猶曹操離許，使英雄如公擣虛，漢不三國矣。」公嘆曰：「直諒多聞，吾益友也。」最後出《大學古本》，予曰：「明明德於天下，仁也；慎獨，則止於至善矣。意誠志仁，無惡也。無惡，猶有過，廓然大公，無心過，心正矣；物來順應，無身過，身修矣，家國天下舉而措之。」公喜，即書夾註中。瀕行，詣予舟，謂：「主一爲在此，不學無益。」托日孚携之歸廣，復論御狄治河，縷縷乃別，始知公未嘗不道問學也。比平八寨駐廣，予已僉臬江右，時開講，官師士民畢集。先有簡托祝公叙招予，予往見，大喜曰：「昔論良知，知尊兄謂『聖人於達道達德，皆責己未能當，言明德則良能可兼』，已作敷文書院對聯矣，曰：『欲求明峻德，惟在致良知。』」余致謝而已，且曰：「天下今皆悦吾言矣。」予曰：「顔淵無所不悦，冉有則勉强謂非不悦爾，恐人各自有夫子。」公笑曰：「是也，非尊兄不聞此言。」予見其面色黧悴，時嗽姜蜜以下痰，勸之行，公以爲然。季、薛二子拉予往受業。予荒遯山中，公行，復簡予曰：……予始終與公友，其從善若此，豈自是者哉！公逾嶺卒。二簡今舒柏刻於《陽明廣録》中。

陽明致黄佐二札，一在嘉靖七年六月其在南寧建敷文書院時，一即此札，在嘉靖七年閏十月其離廣州北行時。二札刻入《廣録》，遂皆亡佚矣。黄佐所言及「日孚」，即梁焯，字日孚，南海人，《王陽明全集》卷七有《别梁日孚序》。「大吉」，即南大吉，字元善，號瑞泉，渭南人。嘉靖三年任紹興守，闢稽山書院，請陽明講學。舒柏，字國用，進賢人，《王陽明全集》卷五有《答舒國用》，其刊刻《陽明廣録》不知在何時。

與鄒謙之書

（嘉靖七年，一五二八年）

近歲來山中講學者，往往多説勿忘勿助工夫甚難。問之，則云：「才着意便是助，才不着意便是忘，所以甚難。」區區因問之云：「忘是忘個甚麽？助是助個甚麽？」其人默然無對，始請問，區區説：我此間講學，却只説個必有事焉，不説勿忘勿助。必有事焉者，只是時時去集義。若時時去用必有事焉的工夫，而或有時間斷，此便是忘了，即須勿忘；時時去用必有事的工夫，而或有時欲速求效，便是助了，即是勿助。其工夫全在必有事焉上，用勿忘勿助，只就其間提撕警覺而已。若是工夫原不間斷，即不須更説勿忘；原不欲速求效，即不須更説勿助。此其工夫何等明白簡易，何等灑脱自在。今却不去必有事上用工，而乃懸空守着一個勿忘勿助，此正如燒鍋煮飯，鍋内不曾漬水下米，而專去添柴放火，不知畢竟煮出個甚麽物來？吾恐火候未及調停，而鍋已先破裂矣。近日一種專在勿忘勿助上用工者，其病正是如此。終日懸空去做個勿忘，又懸空去做個勿助，漭漭蕩蕩，全無實落下手處，究竟工夫只做得個沉空守寂，學成一個癡騃漢。才遇些了事來，即便牽滯紛擾，不復能經綸宰制。此皆有志之士，而乃使之勞苦纏縛，擔閣一生，皆由學術誤人之故，甚可憫矣。夫必有事焉，只是集義，集事只是致良知。説集義，則一時未見頭腦；説致良知，即當下便有實地步可用工。故區區專説致良知，隨時就事上致其良知，便是格物；着實去致良知，便是誠意；着實致其良知，而無一毫意、必、固、我，便是正心。着實致良知，則自無忘之病；無一毫意、必、固、我，則自無助之病。故説格、致、誠、正，則不必更説個忘、助。孟子説忘、助，亦就告子得病處立方。告子强制其心，是助的病痛，故孟子專説助長之害。告子助長，亦是他以義爲外，不知就自心上集義，在必有事焉上用工，是以如此。若時時刻刻就自心上集義，則良知之體洞然明白，自然是是非非纖毫莫遁，又焉有不得於言，勿求於心，不得於心，勿求於氣之弊乎？聖賢論學，多是隨時就事，雖言若人殊，要其工夫頭腦若合符節。近時有謂集義之功，必須兼搭個致良知而後備者，則是集義之功尚未了徹也；集義之功尚未了徹，適足以爲致良知之累而已矣。謂致良知之功必須兼搭一個勿忘勿助而後明者，則致良知之功尚未了徹也；致良知之功尚未了徹，適足以爲勿忘勿助之累而已矣。若此者，皆是就文義上解釋牽附，以求混融湊泊，而不曾就自己實工夫上體驗，是以論之愈精，而去之愈遠。蓋良知只是一個天理自然明覺發見處，只是一個真誠惻怛，便是他本體，故致此良知之真誠惻怛以事親，便是孝；致此良知之真誠惻怛以從兄，便是弟；致此良知之真誠惻怛以事君，便是忠。只是一個良知，一個真誠惻怛。故致得事君的良知，便是致却從兄的良知；致得從兄的良知，便是致却事親的良知。良知只是一個，隨他發見流行處當下具足，更無去來，不須假借；然其發見流行處，却是自然有輕重厚薄毫髮不容增減者，所謂天然自有之中也。此良知之妙用，所以無方體，無窮盡。語大，天下莫能載；語小，天下莫能破者也。孟氏「堯舜之道，孝弟而已」者，是就人之良知發見得最真切篤厚不容蔽昧處提省人，使人於事君處友仁民愛物與凡動静語嘿間，皆只是致他那一念事親從兄真誠惻怛的良知，即自然無不是道。蓋天下之事，雖千變萬化，至於不可窮詰，而但惟致此事親從兄一念真誠惻怛之良知以應之，則更無有遺缺滲漏者，正謂其只有一個良知故也。事親從兄一念良知之外，更無有良知可致得者，故曰「堯舜之道，孝弟而已矣」。此所以爲惟精惟一之學，放之四海而皆準，施諸後世而無朝夕者也。人或有意見不同者，還是良知尚有纖翳潛伏，若除去此纖翳，即是無不洞然矣。侍生王守仁頓首，書覆謙之先生。

陽明行楷書册（長二十四點五釐米，寬二十三點九釐米）在「書法經緯網」上公布。該書册後有方孝標、鄭孝胥等諸家題跋，大致可見陽明此書流傳收藏之况。方孝標跋云：「王陽明理學功業，爲有明第一名賢。曾見其書《惜陰説》手蹟,寳持數年,經亂失去。今來四明,於鮑公虎山家獲睹此卷,乃寄鄒文莊東郭先生書……虎山云:向得之市肆,兒子□□見而賞之,始爲裝潢。虎山好古親賢,可見一斑。吾兒知此,亦孺子可教也。虎山屬跋,跋之康熙二十有一年壬戌之秋七月既望。龍眠方孝標敬書。」陽明此與鄒謙之書與《傳習録》中《答聶文蔚》書二句子多同,按《答聶文蔚》書二末云:「已作書後,移卧簷間,偶遇無事,遂復答此……惟濬及謙之、崇一處各得轉録一通,寄視之,尤承一體之好也。」可見陽明先是寫成答聶文蔚書,後又節取其中論學之語(論無忘無助集義致良知之説),寫成書札各寄陳惟濬、歐陽崇一、鄒謙之,此《與鄒謙之書》,即「謙之處轉録一通寄視之」之書也。《答聶文蔚》書二作於嘉靖七年七月,見錢德洪《陽明先生年譜》,故可知此《與鄒謙之書》亦作在嘉靖七年七月。以此《與鄒謙之書》,可糾《傳習録》中《答聶文蔚》書二之誤,如《與鄒謙之書》云「更無去來」,《答聶文蔚》書二作「更無去求」,顯是字誤。

與提學副使蕭鳴鳳

（嘉靖七年，一五二八年）

予祖綱，洪武初爲廣東參議，往平潮亂，至增江，遇海寇，卒爲所害。其子赴難，死之。舊當有祠，想已久毁，可復建也。然詢諸邑耆，皆無知者。乃檄知縣朱道瀾，即天妃廟址鼎建，祀綱及其子彦達。既竣事，守仁往詣。祀事畢，駐節數日，不忍去，召集諸生，講論不輟。曰：「吾祖寓此，而甘泉又平生交義兄弟，吾視增城，即故鄉也。」乃題詩祠壁曰：「海上孤忠歲月深，舊墳荒落杳難尋。風聲再樹逢賢令，廟貌重新見古心。香火千年傷旅寄，烝嘗兩地嘆商參。鄰祠父老皆仁里，從此增城是故林。」

書見嘉靖三十九年黄佐編《廣東通志》卷四十二《藝文》。忠孝祠在增城縣南，該志稱此書作於「嘉靖七年，都御史王守仁征田州，過廣信」之時，不確。按《王陽明先生年譜》：「嘉靖七年十月，祀增城新廟。先生五世祖諱綱者，死苗難，廟祀增城。是月，有司復新祠宇，先生謁祠奉祀。過甘泉先生廬，題詩於壁……又題甘泉居……」是王陽明在嘉靖七年十月往祀增城新廟，此書當作在十月、閏十月間。《王陽明全集》卷二十五有《祭六世祖廣東參議性常府君文》，卷二十有《題甘泉居翁壁》詩，均作在其時。王陽明在嘉靖六年十二月二十日至梧州開府，即已關注增城祀廟，檄增城知縣朱道瀾即天妃廟址修復忠孝祠，《王陽明全集》卷十八《批增城縣改立忠孝祠申》云：「據增城縣申稱：『參得廣東參議王綱，字性常，洪武年間因靖潮寇，父子貞忠大孝，合應崇祀，於城南門外天妃廟改立忠孝祠。』看得表揚忠孝，樹之風聲，以興起民俗，此最爲政之先務；而該縣知縣朱道瀾乃能因該學師生之請，振舉廢墜，若此則其平日職業之修，志向之正，從可知矣。仰行該縣悉如所議施行，其神像牌位及祭物等項，俱聽從宜酌處，完日具由回報。」據此，忠孝祠之修復最初乃出自增城縣學師生之請，而蕭鳴鳳來任提學副使，正與此事有關。按王陽明於嘉靖七年八月廿七日班師離南寧，九月初七日抵廣城，其時增城新廟已修成，遂在十月由廣州北上南安途中經增城往祀，并有書致蕭鳴鳳告訴情況。《雍正廣東通志》卷六十載有蕭鳴鳳作《忠孝祠記》：「……公諱綱，字性常，家世餘姚人。洪武四年以文學徵，上親策之，對稱旨，拜兵部郎中，時年已七十餘矣。值潮民弗靖，推廣東布政司參議，督理兵餉。公即與家人訣，携其子彦達以行。既至省，乃單舸往諭亂者以順逆禍福，皆稽首服罪，聽約束，威信遂以大行。回過增城，遇海寇曹真竊發，鼓譟截舟，願得公爲師。公以理開諭不從，則厲聲叱罵之，遂共扶舁而去。賊爲壇位，日羅拜請不已，公叱罵不絶聲，遂遇害。時彦達亦隨入賊中，奮救不能得，因哭罵求死。其魁曰：『父忠子孝，殺之不祥。』戒其黨毋加害，與之食，不顧。賊憫其誠，容令綴羊革裹尸而出，得歸葬焉。……嘉靖戊子歲，知增城縣朱道瀾始立祠於城南，并置田三十九畝，圖歲祀焉。適公六世孫新建伯、兵部尚書陽明先生總督南方列省諸軍事，既平邕、桂，旋節廣東，因設祭於祠下。先生素倡明正學，以繼往開來爲己任，出其緒餘勳業，遂以滿天下。兹復天假之便，得以展公之廟貌，忠孝之傳固信有攸自，於是萬姓咨嗟興懷，公之英爽直若飛動於目前者。……鳴鳳觀風此邦，深樂此廟之成，有裨於教事，故書巔末，麗牲之石。」觀此，可見陽明此致蕭鳴鳳書實旨在介紹王綱之事，有請蕭鳴鳳作記之意。

重刻廣東參議王公傳碑後題

（嘉靖七年，一五二八年）

嘉靖七年，歲次戊子，冬閏十月吉，孝玄孫新建伯王守仁重刻，吏部辨印生錢君澤書。

文見《嘉慶增城縣志》卷十九《金石録》。按此王公傳碑陰刻有蕭鳴鳳《忠孝祠記》。參見前《與提學副使蕭鳴鳳》考。

謁增江祖祠

（嘉靖七年，一五二八年）

海上孤忠歲月深，舊壝荒落杳難尋。風聲再樹逢賢令，廟貌重新見古心。香火千年傷旅寄，烝嘗兩地嘆商參。鄰祠父老皆仁里，從此增城是故林。

詩見《雍正廣東通志》卷六十，《嘉靖增城縣志》卷八。此詩即前考《與提學副使蕭鳴鳳》中所言題忠孝祠壁詩。《泉翁大全集》卷三《重修增江忠孝祠記》云：「……於是宏之，木石磚瓦之不堪者易之，新建公之詩將滅於壁者碑之……」即指陽明此謁增江祖祠題壁詩。其謁增江祖祠在嘉靖七年閏十月。

王陽明散佚語録輯補

按：陽明語録散佚甚鉅，今人之輯陽明散佚語録，主要有佐藤一齋《〈伝習録〉欄外書》，陳榮捷《王陽明〈傳習録〉詳注集評》，水野實、永富青地《〈陽明先生遺言録〉訳注》，《〈陽明先生要書〉における王守仁の遺言について》，《〈諸儒理學語要〉所收〈陽明先生語要〉の基礎的研究》，《〈先進遺風〉における王守仁の遺言遺事考》，水野實、三澤三知夫《〈諸儒語要〉的王守仁逸言考》，陳來、永富青地《〈龍溪王先生全集〉所見陽明先生語録輯釋》，陳來等《〈明儒學案〉所見陽明言行録佚文》，陳來《王龍溪、鄒東廓等集所見王陽明言行録佚文輯録》等。余在諸家之外，再輯得陽明散佚語録一編，著録於下。

陽明先生昔平逆濠，恭侯乘輿，艤舟皖口者七日，予嘗請益焉。公謂：「格物爲正物。」予謂：「如正心何？」公又謂：「格物而如朱子所訓，如初學何？」予謂：「如公所論，欲求之心也，正唯初學所未能也。」公亦以爲然。予又謂：「格之致之雖在物在知，然所以格所以致却在心。」公亦以爲然。至論天理人欲之判，鑿鑿分明。予領其義，而知公聰明才辨，不獨文章事業高出於人也。却未言及良知……公謂：「四十、五十而無聞，爲聞道。」予亦以爲然。公謂：「陸氏非專尊德性。」予謂：「朱子非專道問學。」然顔子不曰『博我以文,約我以禮』邪?」公亦以爲然。予又謂:「象山元不學禪,學象山便是禪。」公亦以爲然。而涇野吕子、渭厓霍子則曰:「象山正是禪。」(胡纘宗《願學編》卷下)

癸未冬,予册封道杭,會同窗梁日孚,謂:「陽明仰子。」予即往紹興見之。公方宅憂,拓舊倉地,築樓房五十間,而居其中。留予七日,食息與俱。始談知行合一,予曰:「知以知此,行以成此,《中庸》兩言一也,信矣。」因指茶中果曰:「食了乃是味,猶行了乃是知,多少緊切。」予曰:「知,目也;行,足也。洵知公居足以步,目一時俱到,其實知先行後。」公曰:「尊兄多讀宋儒書。」予曰:「『知之非艱,行之唯艱』,豈宋儒耶?」曰:「《書》意在王忱不艱,可見行了乃是知。」予曰:「知之未嘗復行也。使知不在先,恐行或有不善矣。」公默然,俄謂曰:「南元善昨送賦用『兮』,『兮』,噫嘆辭也,豈可誦德?」予曰:「《淇澳》誦德亦用『兮』,似不妨。」公復默然。自是論征洑頭諸賊,待以不殺,併及逆濠事甚悉,予曰:「濠離豫章,猶曹操離許,使英雄如公擣虚,漢不三國矣。」公嘆曰:「直諒多聞,吾益友也。」最後出《大學古本》,予曰:「明明德於天下,仁也;慎獨,則止於至善矣。意誠志仁,無惡也;無惡,猶有過。廓然大公,無心過,心正矣;物來順應，無身過，身修矣。家國天下，舉而措之。」公喜，即書夾註中。瀕行，詣予舟，謂：「主一在此，不學無益，托日孚携之歸廣。」復論御狄治河縷縷，乃别，始知公未嘗不道問學也。比平八寨駐廣，予已僉臬江右，時開講，官師士民畢集。先有簡托祝公叙招予，予往見，大喜曰：「昔論良知，知尊兄謂聖人於達道達德，皆責己未能當，言明德則良能可兼，已作敷文書院對聯矣，曰：『欲求明峻德，惟在致良知。』」予致謝而已，且曰：「天下皆悦吾言矣。」予曰：「顔淵無所不悦，冉有則勉强謂非不悦爾，恐人各自有夫子。」公笑曰：「是也，非尊兄不聞此言。」予見其面色黧悴，時嗽姜蜜以下痰，勸之行，公以爲然。季、薛二子拉予往受業，予荒遯山中，公行，復簡予曰：「明德只是良知，所謂燈是火耳，吾兄必自明矣。」予始終與公友，其從善若此。（黄佐《庸言》卷九）

嘉靖改元，始封新建伯，兼南京兵部尚書，尋去位。五年，復起征思、田，時駐節武林。余爲諸生，心景慕之，約同儕數人廷謁公，得覿風儀。神骨清朗，步履矯捷，翩翩如鶴。求其指示，但云：「隨事體認，皆可進步。爲諸生，誦習孔、孟，身體力行，即舉子業，豈能累人哉！所患溺於口耳，無心領神會之益，視聖賢爲糟粕耳。」余聆公言，至今猶一日也。（張瀚《松窗夢語》卷四《士人紀》）

明德親民之説，往歲謁陽明先生於紹興，如「知行」、「博約」、「精一」等語，俱蒙開示，反之愚心，尚未釋然。最後先生或語云：「古人只是一個學問，至如『明明德』之功，只在『親民』。後人分爲兩事，亦失之。」某愕然，請問。先生曰：「『民』之通乎上下而言，欲明『孝』之德，必親吾之父；欲明『忠』之德，必親吾之君；欲明『弟』之德，必親吾之長。親民工夫做得透徹，則己之德自明，非親民之外，别有一段『明德』工夫也。」某又起請曰：「如此，則學者固有身不與物接時節，如『戒謹乎其所不睹，恐懼乎其所不聞』，『相在爾室，尚不愧於屋漏』。又如《禮記》『九容』之類，皆在吾身不可須臾離者，不待親民，而此功已先用矣。先生謂『明德工夫只在親民』，不能無疑。」先生曰：「是數節，雖不待親民時已有此，然其實所以爲親民之本者在是。」某又請曰：「不知學者當其不睹不聞之必戒謹恐懼，屋漏之必不愧於天，手容之必恭，足容之必重，頭容之必直等事，是著實見得自己分上道理合是如此，工夫合當如此，則所以反求諸身者，極於幽顯微細，而不敢有毫髮之曠闕焉。是皆自明己德之事，非爲欲親民而先此以爲之本也。如其欲親民而先以此爲之本，則是一心兩用，所以反身者必不誠切矣。故事父而孝，事君而忠，事長而弟，此皆自明己德之事也。必至己孝矣、忠矣、弟矣，而推以之教家國天下之爲人子、爲人臣、爲人弟者，莫不然矣，然後爲親民之事。己德有一毫未明，固不可推以親民，苟親民工夫有毫髮未盡，是亦自己分上自有欠闕，故必皆止於至善，而後謂之《大學》之道，非謂明德工夫只在親民。必如老先生之言，則遺却未與民親時節一段工夫，又須言所以爲親民之本以補之，但見崎嶇費力，聖賢平易教人之意，恐不如是也。」先生再三鐫誨曰：「此處切要尋思。公只爲舊説纏繞耳，非全放下，終難湊泊。」（張岳《小山類稿》卷六《與郭淺齋憲副》）

四明張邦奇將歸省，驗封陽明王子贈之曰：「古之君子有所不知，而後能知之；後之君子無所不知，是以容有不知也。」邦奇矍然而作，曰：「善哉！無所不知者，乃其所以爲無所知也。請爲吾陽明子極言：知之道，以袪今之惑，雖然，吾何敢言知乎哉？至神者，天也；至明者，人也；至微者，心也。吾皆未得而知之，吾何敢言知乎哉？」陽明子曰：「何謂至神者天？」曰：「天之道，明善夫天下而無視，聰善夫天下而無聽，是故天之道微顯而闡幽，非微顯而闡幽也，□於天下無顯無幽也。有聲，天聞之矣；無聲，天聞之矣。有形，天見之矣；無形，天見之矣，其何顯微之間之有？人□限於耳目者，自其所不見聞而謂之幽，天惡其若此也，故從而闡之而微之，斯其損益盈虛之理耳。」「然則何謂至明者人？」曰：「其以耳目見聞者，愚人也；達者之見聞，則同乎天矣。是故是非善惡，愚者疑而達者覺矣，覺者辨而疑者釋矣，而天下皆覺矣。是故天下之事，久而無不定。」「何謂至微者心？」曰：「念慮萌乎中，非至精者弗察也；弗察，則不能知吾心；不能知吾心，則不能知人；不能知人，則不能知天。不知天，則不知所以畏天；不知人，則不知所以畏人；不知心，則不知所以畏心。心，吾心也，而畏之猶未也，況又不知所以畏，吾何敢言知乎哉？顔氏之子有不善，未嘗不知，其自知若是之明也；唯孔子知之，曰其心『三月不違仁』，其知人若是之微也。古之君子曷爲其無不知若此，知遠之近也，知風之自也，知微之顯也，知之始也，及其知也，質諸鬼神而無疑，百世以俟聖人而不惑。」陽明子矍然而作，曰：「善哉！至神者天，禍福係之矣；至明者人，予奪係之矣；至微者心，誠僞係之矣。吾子將進於知矣夫，其誨我以知之矣夫！」（張邦奇《張文定公紆玉樓集》卷四《别陽明子序》）

按：參見《王陽明全集》卷七《别張常甫序》。

光謂德洪曰：昔夫子寫楊公火牌將發時，雷濟問曰：「寧王見此恐未必信。」曰：「不信，可疑否？」對曰：「疑則不免。」夫子笑曰：「得渠一疑，彼之大事去矣。」既而嘆曰：「宸濠素行無道，殘害百姓，今雖一時從逆者衆，必非本心，徒以威劫利誘，苟一時之合耳。縱使奮兵前去，我以問罪之師徐躡其後，順逆之勢既判，勝負預可知也。但賊兵早越一方，遂破殘一方民命。虎兕出柙，收之遂難。爲今之計，只是遲留宸濠一日不出，則天下實收一日之福。」（錢德洪《征宸濠反間遺事》）

德洪昔在師門，或問：「用兵有術否？」夫子曰：「用兵何術？但學問純篤，養得此心不動，乃術爾。凡人智能相去不甚遠，勝負之決不待卜諸臨陣，只在此心動與不動之間。昔與寧王逆戰於湖上時，南風轉急，面命某某爲火攻之具。是時前軍正挫却，某某對立矍視，三四申告，耳如弗聞。此輩皆有大名於時者，平時智術豈有不足？臨時忙失若此，智術將安所施？」（同上）

又嘗聞陳惟濬曰：惟濬嘗聞之尚謙矣。尚謙言：昔見有待於先生者，自稱可與行師。先生問之，對曰：「某能不動心。」曰：「不動心可易言耶？」對曰：「某得制動之方。」先生笑曰：「此心當對敵時且要制動，又誰與發謀出慮耶？」又問：「今人有不知學問者，儘能履險不懼，是亦可與行師否？」先生曰：「人之性氣剛者，亦能履險不懼，但其心必待强持而後能。既强持，便是本體之蔽，便不能宰割庶事，孟施舍之所謂守氣者也。若人真肯在良知上用功，時時精明，不蔽於欲，自能臨事不動。不動真體，自能應變無言。此曾子之所謂守約，自反而縮，雖千萬人吾往者也。」（同上）

又嘗聞劉邦采曰：昔有問：「人能養得此心不動，即可與行師否？」先生曰：「也須學過。此是對刀殺人事，豈竟想可得？必須身習其事，斯節制漸明，智慧漸周，方可信行天下。未有不履其事而能造其理者，此後世格物之學所以爲謬也。孔子自謂軍旅之事未之學，此亦不是謙言。但聖人得位行志，自有消變未形之道，不須用此。後世論治，根源上全不講及，每事只在半中截做起，故犯手脚。若在根源上講求，豈有必事殺人而後安得人之理？某自征贛以來，朝廷使我日以殺人爲事，心豈割忍，但事勢至此，譬之既病之人，且須治其外邪，方可扶回元氣，病後施藥，猶勝立視其死故耳。可惜平生精神，俱用此等没緊要事上去了。」（同上）

陽明公又平宸濠歸越，始決意師事焉。及還姚，公率同志數十人龍泉中天閣，請陽明公升座開講。陽明公曰：「觀是何人，理非外得。知乃德性之知，是爲良知，非知識也。良知至微而顯，故知微可與入德。唐虞授受，只是指點得一微字，《中庸》不覩不聞，

以至無聲無臭，中間只是發明得微字。」衆聞之躍然有悟。（吕本《期齋吕先生文集》卷十二《緒山錢公墓志銘》）

丙戌，與龍溪同舉南宫，不就廷試而歸。文成迎會，笑曰：「吾設教以待四方英賢，譬之市肆主人開行以集四方之貨，奇貨既歸，百貨將日積，主人可無乏行之嘆矣。」自是四方來學者日益雲集。（周汝登《聖學宗傳》卷十四《錢德洪傳》，過庭訓《聖學嫡派》卷四《錢德洪傳》）

執友柴墟儲公巏與予書曰：「近日士大夫如王君伯安，趨向正，造詣深，不專文字之學，足下肯與之游，麗澤之益，未必不多。」予因而慕公，即夕趨見。適湛公共坐室中，公出與語，喜曰：「此學久絶，子何所聞而遽至此也？」予曰：「雖粗有志，實未用功。」公曰：「人惟患無志，不患無功。」即問：「曾識湛原明否？來日請會，以訂我三人終身共學之盟。」明日，公令人邀予至公館中，會湛公，共拜而盟。（黄綰《陽明先生行狀》）

密撰此奏，蓋體統利害事。草具，袖而過邊博士。會王主事守仁來，王遽目予袖而曰：「有物乎？必有諫草耳。」予爲此，即妻子未之知，不知王何從而疑之也。乃出其草示二子，王曰：「疏入，必重禍。」又曰：「爲若筮，可乎？然晦翁行之矣。」於是出而上馬并行，詣王氏，筮得「田獲三狐，得黄矢，貞吉」。王曰：「行哉，此忠直之繇也。」乃疏入，不報也。（李夢陽《空同集》卷三十九《上孝宗皇帝書稿·秘録附》）

余嘗以反求諸己爲問，先師曰：「反求諸己者，先須掃去舊時許多謬妄、勞攘、圭角，守以謙虚，復其天之所以與我者。持此正念，久之，自然定静，遇事之來，件件與他理會，無非是養心之功，蓋事外無心也。所以古人云：若人識得心，大地無寸土。此正是合内外之學。」（董澐《從吾道人語録·日省録》）

嘉靖乙酉八月二十三日，從先師往天柱峰，轉至朱華麓。麓有深隈，水木縈紆，石徑盤曲，更深邃處，寂無喧囂，人迹罕到。中有一人家，樓閣森聳，花竹清麗，其家曾央儈者出賣於先師，以其地遥，未即成券。是日睹之甚悦，既而幡然省曰：「我愛而彼亦愛之，有貪心而無恕心矣。」於是再四自克，屢起屢滅，行過朱華嶺四五里餘，始得淨盡，歸以語之門人。余時在座，不覺惕然。（同上）

「季文子三思後行」，横渠以爲聖人深美之詞，若曰：「再思可矣，况能三邪？」陽明先師以爲聖人不許之詞，曰：「文子雖賢，再思可矣，恐未能三也。」二夫子之言，不約而同，以見人肯三思者之難得也。（董澐《從吾道人語録·把卷録》）

一日，先師謂余曰：「吾昨因處骨肉之間，覺得先儒著書有未盡者。且如舜『父頑母嚚』一節，以余意觀之，舜『父頑母嚚象傲』，舜則能諧之以孝，烝烝然，自進於善，未嘗正彼之姦。久之，瞽叟亦信順之矣。俱在自家身上説，若有責善之意，則彼未必正而是非先起矣。甚哉，骨肉之難處也。」愚謂先師此言，真是實受用處。（同上）

余自嘉靖乙酉秋隨侍先師游廣孝寺，舟中聞先師云：「以道自樂，不知而不愠者，其王蘋乎！」余時懵然失問，及今病中，小兒自外獲其語録歸，得而觀之，足以知先師之歎者信矣。（董澐《從吾道人語録·後録·題王著作先生語録後》）

先師云：「致知存乎心悟。」（歐陽德《歐陽德集》卷三《答劉晴川》）

陽明王公起自絶學，亟示之曰：「《大學》致知，乃致吾之良知，非專外也。」一時豪傑響應，而獨稱歐陽先生爲盛。先生始學近空寂，而從政疑於思索，乃以書質諸公，公答以「自私用智，喪失良知」之語，先生遂悟良知。（胡直《歐陽南野先生文選序》）

嘗聞先師有云：「本體要虚，功夫要實。」（歐陽德《歐陽德集》卷五《答曾雙溪》）

師嘗云：「無有作好作惡，方是心之本體；有所忿恚好樂，則不得其正。」（歐陽德《歐陽德集》卷五《答聶雙江》）

先師陽明公闡慎獨之訓，而爲之言曰：「獨知也者，良知也；戒慎恐懼，毋自欺而求自慊，所以致之也。」（歐陽德《歐陽德集》卷三《答彭雲根》）

陽明先生曰：「學患不知要；知要矣，患無篤切之志。既知其要，又能立志篤切，循循日進，自當有至。譬之飲食，其味之美惡，食者當自知之，非人之能以美惡告之也。」（李栻《困學纂言》卷一）

陽明先生曰："躁於其心者，其動妄；蕩於其心者，其視浮；歉於其心者，其氣餒；忽於其心者，其貌惰；傲於其心者，其色矜。五者，心之不存也；不存者，不學也。"又曰："浮氣者，其志不確；心粗者，其造不深；外誘者，其中日陋。"（同上，卷二）

人不可一時不精明，如舉動言語，應事接物，當疾而徐，當徐而疾，皆不精明之過也。（同上）

人收斂警醒，則氣便清，心自明；才惰慢，便心事散亂，精神昏憒，書愈難讀，理愈難窮矣。（同上）

陽明先生曰："精神、道德、言動，大率收斂爲主，發散是不得已。天地人物皆然。"（同上）

陽明先生曰："君子與人，惟義所在，厚薄輕重已無所私焉，此所以爲簡易之道。世人之心雜於計較，毀譽得失，喪交於中，而眩其當然之則，是以處之愈周，計之愈悉，而行

之愈難也。」（同上，卷四）

陽明先生曰：「先生（章懋）專一主敬。國子祭酒時，年踰七十三，疏得請。逆瑾擅權，名卿多遭斥辱，而翁已先機去矣。」（章懋《楓山語録・行實》）

丁亥冬（梧山書院）落成，姚公致政去。新建伯陽明王先生奉命總制四省軍務來代，實倡正學，風厲多士，其言曰：「誠意爲聖門第一義，今反落第二義；而其知行合一之説，於博文多識，若有不屑，學者疑焉。」芳解之曰：知以利行，行以踐知，此學者之常談，不假言也。先生之説，啟扃鑰以救流弊，探本之論也。夫學也者，非以進德修業乎？《乾》之九三言「進德」，曰「忠信」，「居業」，曰「修辭立誠」，是固主於行矣。其曰「知至至之」，決其幾也，故曰「可與言幾」；「知終終之」，堅其守也，故曰「可與存義」。然皆忠信爲主焉，而學聚問辨，程子亦以爲進德之事，非行與知合，奚乎？聖門四教，學文爲主，如非忠信，則馳騖泛濫而無所益。《中庸》知爲達德，而誠以行之，□有明訓，故君子之學未嘗不博，其博也乃在於人倫日用之實，而益致夫精擇固守之功。蓋存誠者，大本之所以立；精义者，達道之所以行也。率是而進之，夫然後學者有定本，而日躋乎美大聖神之域。若如後世之所謂學，忘其本真，而務雜情以廣知，非惟不足以望游、夏；而沉溺文藝，無所發明，其所知者，固有君子之所不必知，適以濟夫驕吝之私，長其浮誕之習而已，亦將何所成乎？故言誠，則知在其中；言知，則誠猶有間。執德不一，學將焉用？此君子所以遺其本也。愚以是質諸先生，先生然之。（《嘉靖廣西通志》卷二十六黄芳《梧山書院記》）

王文成平思、田事，後多遺議。翁仁父云：公將薨時，對某言：「田州事，非我本心，後世誰諒我者？」蓋爲輔臣而發。（《雍正廣西通志》卷一百二十七引《西事珥》，《古今圖書集成》卷一千四百五十二）

王陽明曰：「樹木者，必培其根；種德者，必養其心。欲樹之長，必於始生時删其繁枝；欲德之盛，必於始學時去其外好。」（陳遇夫《迂言百則》）

王新建對人，每論人皆可以爲堯舜。一日，令蒼頭辟草階前，有客問曰：「此辟草者，亦可堯舜耶？」答曰：「此辟草者縱非堯舜，使堯舜辟草，當不過此。」（鄭仲夔《玉麈

新談》卷二《清言》）

陽明王公爲刑部主事，決囚南畿。有陳指揮者，殺十八人繫獄，屢賄當道，十餘歲不決。王公至，首命誅之，巡撫御史反爲立請，而王公竟不從。陳臨刑呼曰：「死而有知，必不相舍！」公笑曰：「吾不殺汝，十八人之魂當不舍吾。汝死，何能乎？」竟斬於市，市人無不囓齒稱快。（都穆《都公譚纂》卷下）

陽明先生曰：「爲善自是士人常分，今乃歸身後福取報，若市道然，吾實耻之。使無禍福報應，善可不爲耶？」（林有麟《法教佩珠》卷一，又卷二；王象晉《清寤齋心賞編》）

一士人嘗動氣責人，王陽明儆之曰：「學須反己，勿徒責人。能反己，方見己有許多未盡處，何暇責人。舜能化象，其機括只是不見象的不是。若要正他姦惡，則文過掩慝，乃惡人常態，反去激他惡性起來，如何感化得他？若能於己用功，則惡人自化，何動氣之有？」（鄭瑄《昨非庵日纂》三集卷十）

陽明先生云：「今學者之學聖人，於聖人之所能知者未能學而知之，而顧汲汲焉求知聖人所不知者以爲學，無乃失其所以希聖之方歟？」（王崇簡《冬夜箋記》）

王文成公初第，上安邊八策，世稱爲訏謨。晚自省曰：「語中多抗厲氣，此氣未除，而欲任天下事，其何能濟！」筮仕刑曹，言於大司寇，禁獄吏取飯囚之餘豢豕，或以爲美談。晚自愧曰：「當時善則歸己，不識置堂官同僚於何地？此不學之過。」（黄文炤《古今長者録》卷八《王守仁》）

始與永會，故事，中貴人專中席，公不欲一入，即握永手，問寢息何地，遂入其室，命設榻左右，對談曰：「兵事煩冗，不得視寢息，主人罪也。」永亦心啣之，曰：「寧藩昔分封及聚斂民間金寶頗多，不知何在？」公曰：「然誠多，當城破，即命數員官馳視，得其册籍。兵興費固多，而輦入京打點諸衙門亦多。」永語塞，反相契合。永發瑾姦，安社稷，公與有力焉。（王同軌《耳譚類增》卷四十一）

嗣寅應氏曰：先生之學，誠能救時，而先生竟欲掃去，謂：「道自茂叔、明道而後，

言愈詳，道愈晦，此與斥吾之父母祖先何異？吾不忍聽也。」（沈佳《明儒言行録》卷八《王守仁》）

先師嘗云：「人在功名路上，如馬行淖泥中，脚起脚陷，須有超逸之足，始能絶塵而奔。得意場中，能長人意氣，亦能消滅人善根。」（瞿式耜《媿林漫録》，鄭瑄《昨非庵日纂》三集卷十三）

孟子言：學問之道，惟在求其放心。而程子亦言：心要在腔子裏。今一向耽着文字，令此心全體都奔在册子上，更不知有己，便是個無知覺不識痛痒之人。雖讀得書，亦何益於吾事耶？（同上）

陽明先師領南、贛之命，見黄轝子。黄轝子欲試其所得，每撼激之不動，語人曰：「伯安自此可勝大事矣，蓋其平生經世之志於此見焉。」其後黄轝子殁，陽明先師方講良知之學，人多非議之，嘆曰：「使黄轝子在，吾言必相契矣。」（季本《季彭山先生文集》卷三《王司輿傳》）

田江之濱有怪石焉，狀若一龜，卧於衍石之上……維田始禍，石實釁之，具以怪狀聞，且曰：「自王師未旋，石靡有寧，田人惴惴守之如嬰，今則亡是恐矣。願公毁此，以寧我田。」公曰：「其然，與若等往觀之。」既觀，曰：「汝能怪乎？吾不汝毁而與決。」取筆大書其上曰：「田石平，田州寧，千萬世，鞏皇明。」明年春，公使匠氏鎸之，遂以爲田鎮。（費宏《田石平記》）

乃託爲投江，潛入武夷山中，決意遠遯。夜至一山庵投宿，不納。行半里許，見一古廟，遂據香案卧。黎明，道士特往視之，方熟睡。乃推醒曰：「此虎狼穴也，何得無恙？」因詰公出處，公乃吐實。道士曰：「如公所志，將來必有赤族之禍。」公問：「何以至此？」道士曰：「公既有名朝野，若果由此匿跡，將來之徒假名以鼓舞人心，朝廷尋究汝家，豈不致赤族之禍？」公然其言。嘗有詩云：「海上曾爲滄水使，山中又拜武夷君。」（黄綰《陽明先生行狀》）

十月初十日，復上疏乞骸骨，就醫養病，因薦林富自代。又一月乃班師。至大庾嶺，謂布政使王公大用曰：「爾知孔明之所以付託姜維乎？」大用遂領兵擁護，爲敦匠事。

廿九日至南康縣，將屬纊，家僮問何所囑，公曰：「他無所念，平生學問方纔見得數分，未能與吾黨共成之，爲可恨耳！」遂逝。（同上）

往歲獲見執事於杭城，款領道論……自知夫體用一原之學……執事於其每言而疵之曰：「此禪家語。」謹亦安敢自文也哉？……執事述程子之意，謂：「纔說性時，便已不是性。孟子所謂性善，是繼之者，非本然之性也。」是誠足以破釋氏知覺是性說。（《光緒開化縣志》卷十一吾謹《與王伯安先生書》）

羲皇之世，其事疏闊，傳之者鮮矣，亦可以想見其時全是淳龐樸素，略無文彩的氣象，此便是太古之治，非後世可及。（喬可聘《讀書劄記》卷一）

王陽明先生曰：「勿以無過爲聖賢之高，而以改過爲聖賢之學；勿以其有所未至者爲聖賢之諱，而以其常懷不滿者爲聖賢之心。」（程達《警語類抄》卷五）

陽明先生論動靜二字不相離：「天地之化，非是動了又靜，靜了又動。動靜合一，靜只在動中。且如天地之化，春而夏而秋而冬，而生長收藏，無一息之停，此便是動處；或春或夏，或寒或暖，或生長收藏，開花結子，青紅緑白，年年若是，不差晷刻，不差毫釐，此便是静的意思。今人不知，謂動了又静，静了又動者，非是。」此説隆（王世隆）聞之彭伯蓋，云：「先生在廣中時，其論若此。」（湛若水《泉翁大全集》卷七十七《金臺答問録》）

陽明先生謂：「所謂聖者，即金銀之足色也，而大小不同者，亦其分兩不同然耳。故曰：伯夷聖之清，伊尹聖之任，柳下惠聖之和，而人皆可以爲堯舜者，蓋謂此也。」（同上）

魏師説給事論救南臺諸公繫獄，時隆往候之曰：「公今繫獄時，此心何如？」師説曰：「亦是堅忍而已。『凡遇患難，須要堅忍。譬如烹飪硬物，火到方熟，雖聖人遇事亦如此。不然，大舜聖人豈不能即格頑父、嚚母、傲弟？然亦必須有許多堅忍節次，方得彼感格，以此知堅忍之功，雖聖賢不可無也。』」隆深以爲然。後師説與隆會同志諸公，聯轡道中，隆因話及此，爲之嘆賞，師説曰：「此非予之言，陽明老先生之言也。」（同上）

隆問陽明先生曰:「神仙之理恐須有之,但謂之不死則不可。想如程子修養引年者,則理或然耳。」先生曰:「固然,然謂之神仙須不死,死則非神仙矣。」隆聞此語時,先生年已三十九矣,不知後來定論如何。(同上)

吴伯詩問陽明先生:「尋常見美色,未有不生愛戀者,今欲去此念未得,如何?」先生曰:「此不難,但未曾與著實思量其究竟耳。且如見美色婦人,心生愛戀時,便與思曰:『此人今日少年時雖如此美,將來不免老了,既老則齒脱髮白面皺老嫗,可生愛戀否?』又爲思曰:『此人不但如此而已,既老則不免死,死則骨肉臭腐蟲出,又久則蕩爲灰土,但有白骨枯髏而已,人見臭腐枯骨,可復生愛戀否?』如此思之,久久見得,則自然有解脱處,不患其生愛戀矣。」(同上)

陽明先生寓辰州龍興寺時,主僧有某者方學禪定,問先生。先生曰:「禪家有雜、昏、惺、性四字,汝知之乎?」僧未對,先生曰:「初學禪時,百念紛然雜興,雖十年塵土之事,一時皆入心内,此謂之雜;思慮既多,莫或主宰,則一向昏了,此之謂昏;昏憒既久,稍稍漸知其非,與一一磨去,此之謂惺;塵念既去,則自然裏面生出光明,始復元性,

此之謂性。」僧拜謝去。（同上）

往時陽明先生在辰州府龍興寺講學，時世隆與吴伯詩、張明卿、董道夫、湯伯循、董粹夫、李秀夫、劉易仲、田叔中俱時相從，每講坐至夜分。一夕講及好色者，衆咸曰：「吴伯詩、張明卿恐難免此。」先生曰：「若一向這裏過來，忽然悔悟，亦自決烈；若不曾經過，不能謹守，一旦陷入裏面，往往多不能出頭。嘗見前輩有一二人，平時素稱不飲酒，不好色，後來致仕家居，偶入妓者家飲酒，遂至傾家資與之，至老無所悔。此亦是不曾經過，不能謹守之故也。以此知人於此須是大段能決烈謹守，乃可免此耳。」（湛若水《泉翁大全集》卷七十六《金陵答問》）

陽明在廣，對先生門人則曰：「隨處體認天理，與致良知一般。」向别人則又云：「隨處體認天理，是義襲而取之。」前後不同。（湛若水《泉翁大全集》卷七十《新泉問辯録》）

吾（嘉靖）元年同方西樵、王改齋過江吊喪，陽明曾親説：「我此學，途中小兒亦行得，不須讀書。」想是一時之言乎？未可知也。亦是吾後來見其學者説此，吾云：「吾與爾説好了，只加學問思辯篤行，如此致之便是了。」（湛若水《泉翁先生大全集》卷七十二《新泉問辯續録》）

吾於金臺得陽明王子焉，吾於金陵得古庵毛子焉。而余昔與陽明究此天理於長安之邸，陽明曰：「如是如是。」繼余與古庵究此天理於新泉之涘，古庵曰：「唯唯！唯唯。」古庵固陽明禮闈之門弟也，遺陽明之書曰：「吾近得宗指焉，吾得於甘泉子之隨處體認天理矣，至矣！」陽明曰：「良知哉！體認天理，吾猶惑乎其外。」古庵曰：「天理外乎？心乎？體認之者，心乎？外乎？」益自信。（湛若水《泉翁先生大全集》卷五十七《祭黄門毛古庵先生文》）

按：湛若水《毛古庵墓志銘》云：「告陽明子曰：『吾諒焉，吾邇得甘泉子隨處體認天理，學而得力焉，至矣！雖復有聞，蔑以加矣！』」（《泉翁先生大全集》卷六十）

兄之訓「格」爲「正」，訓「物」爲「念頭之發」，則下文「誠意」之「意」，即念頭之發也，「正心」之「正」，即格也，於文義不亦重復矣乎？……兄之「格物」訓云：「正念頭也。」則念頭之正否，亦未可據……吾兄確然自信而欲人以必從，且謂「聖人復起，不能易」者，豈兄之明有不及此？……陳世傑書報吾兄疑僕「隨處體認天理」之說「爲求於外」，若然，不幾於義外之説？……（湛若水《泉翁先生大全集》卷九《答陽明王都憲論格物》）

王文成守仁初見宸濠，佯言售意，以窺逆謀。宴時，李士實在座，濠指斥朝政，外示愁嘆，士實曰：「世豈無湯、武耶？」陽明曰：「湯、武亦須伊、呂。」濠曰：「有湯、武，便有伊、呂。」陽明曰：「若有伊、呂，何患無夷、齊？」自是始知濠逆謀決矣。（張怡《玉光劍氣集》卷二《臣謨》）

按：湛若水《陽明先生墓志銘》云：「夫陽明逆知宸濠有異志，劉養正來説：『必得公乃發。』公應之曰：『時非桀、紂，世無湯、武，臣有仗節死義耳。』其猶使冀元亨往與之語者，實欲誘其善，不動干戈，潛消莫大之禍也。」

文成謫龍場時，過常德。蔣督學信，字道林，以詩謁之，云：「安排畢竟非由我，變理

從來自屬人。堪笑世人渾不識，九還丹裏苦偷生。」文成一見，驚曰：「此人有志。」（張怡《玉光劍氣集》卷十三《理學》）

按：江盈科《雪濤閣集》卷十四《蔣道學》云：「吾鄉先輩有蔣信者，號道林，生而純粹近道。王陽明謫龍場，道經武陵，信往謁之。陽明曰：『蔣生資質，可作顔子。』」

嘗記一人送文字求正於陽明，陽明評曰：「某篇似左，某篇似班，某篇似韓、柳。」其人大喜。或以問陽明，陽明曰：「我許其似，正謂其不自做文而求似人也。童子戴假面，掛假鬚，傴僂謦咳，儼然老人，人且笑之，又何敬焉！」（張怡《玉光劍氣集》卷二十三《詩話》）

陽明王先生守仁少負奇氣……乃獨得不傳之緒，喟然嘆曰：「『致良知』三字符，不可易也。」（張怡《玉光劍氣集》卷十三《理學》）

新建伯文成王先生筮仕刑曹，適輪提牢，覩諸吏豢豕，惻然恚曰：「夫囚以罪繫者，猶然飯之，此朝廷好生浩蕩恩也。若曹乃取以豢豕，是率獸食人食矣，如朝廷德意何！」欲督過之，群吏跪伏請寬，且諉曰：「相沿例也，亦堂卿所知。」先生曰：「豈有是哉？汝曹援堂卿以自文耳。」即白堂卿，堂卿是其議。先生遂令屠豕，割以分給諸囚。獄吏到今不豢豕之。先生晚年在告家居，同里有官刑部主政管姓者，習其事，一日，侍先生，喟然咨嘆曰：「先生平生經世事功亡論諸掀揭之大，即筮仕刑部時，屠豕事至今膾炙人口云。」先生聞已，顰蹙曰：「此余少年不學，作此欺天罔人事也。茲聞之，尚有餘慚，子乃以爲美談，誚我耶？」管不達曰：「上宣朝廷之德惠，下軫囹圄之罪人，本至德事也。先生顧深悔之，以爲罪過，何也？」先生復蹙然曰：「比時憑一時意見，揭揭然爲此，置堂卿於何地耶？只此便不仁矣。」（金汝諧《新編歷代名臣芳躅》卷下《王守仁》）

澄（陸澄）又疏詆考興獻之非，投劾歸。赴補得禮部，時張、桂新用事，復疏頌璁、萼正論云：「以其事質之師王守仁，謂：『父子天倫不可奪，禮臣之言未必是，張、桂之言未必非。』恨初議之不經，而懊悔無及。」疏下，吏部尚書桂萼謂澄事君不欺，宜聽自新。（沈德符《萬曆野獲編》卷二十《陸澄六辨》）

先是太監張忠、安邊伯朱泰、左都督朱暉勸上親征，既聞守仁已擒濠，甚不喜，蓋不以其擒叛爲功，而以不待上親征輒擒濠爲擅。守仁發自南昌，將往金陵，至廣信遇忠等，乃欲使守仁縱宸濠鄱陽中，待上至親擒示武。守仁曰：「一日縱敵，數世之患。誰敢以叛藩戲？」忠等怒。守仁夜渡玉山，遇太監張永於杭州，守仁浮慕永，永喜，仁因語永曰：「仗祖宗之靈，逆藩就縛，忠等猶領軍至彼，恐江西民不堪重毒。足下胡不早赴，稍約束之，其猶有蘇乎？」永曰：「吾出此，正欲監制群小，使不得肆，如足下言耳。」守仁曰：「足下此時與其赴江西，何不聽守仁以濠相付，借足下詣闕獻俘？忠等聞俘已獻，久駐師無名，將遂班師，則江西之民陰受足下賜多矣。」永深喜，遂從守仁受濠。（江盈科《江盈科集・皇明十六種小傳》卷三《王守仁計破群奸》）

陽明先生曰：「自喜於一節者，不足以進於全德之地；求免於鄉人者，不可語於聖賢之途。」（李栻《困學纂言》卷一）

陽明先生曰：「語言無序，亦足以見心之不存。」（李栻《困學纂言》卷四）

陽明先生曰：「要當軒昂奮發，莫恁地沉埋在卑隨凡下處。」（李栻《困學纂言》卷一）

陽明先生曰：「大世界不享，却要占個小蹊小徑子；大人不做，却要爲小兒態，惜哉！」（同上）

陽明先生曰：「𪃈雞終日縈縈，無超然之意。須是一刀兩斷，何故縈縈如此，縈縈地討個甚麽！」（同上）

一日寓寺中，有郡守見過，張燕行酒，在侍諸友弗肅。酒罷，先生曰：「諸友不用功，麻木可懼也。」友不達，先生曰：「可問王汝止。」友就汝止問，汝止曰：「適太守行酒時，諸君良知安在？」衆乃惕然。（張萱《西園聞見録》卷七《道學》）

江西羅欽順嘗寓書守仁，謂其名實盡已出人，只除却講學一事足轂一生。守仁答之曰：「諸皆餘事，守仁平生唯有講學一節耳。」故其屬纊之際，家僮問：「何所囑？」乃應

之曰:「我他無所囑,平生學方才見得,猶未能與吾黨共成之,爲可恨耳!」(同上)

嘗遊陽明洞,隨行在途中偶歌,先生回顧,歌者覺而止。至洞坐定,徐曰:「吾輩舉止,少有駭人處,便非曲成萬物之心矣。」(同上)

在留都,人傳謗書心動,自訟曰:「終是名根消釋未盡,愧矣乎!」(同上)

贛賊(平)後,語門弟曰:「吾每登堂行事,心體未能如友朋相對時,則不安。」或問寧藩事,曰:「當時只令如此覺來,尚有揮霍微動於氣所在,使今日處之,更別也。」(同上)

先生居里,謗議日熾。一日,謂門弟子曰:「吾道非耶?何爲如此?」在侍者或謂先生功盛位崇,娼嫉者謗;或謂學駁宋儒,泥同者謗;或謂有教無類,未保其性,或以身謗。先生曰:「莫有之,顧吾自知尤切也。蓋吾性往往名根未能盡脱,尚有鄉愿掩護意在。今一任吾良知,真是真非罔有覆藏,進於狂矣。」(同上)

唐虞佐龍勸先生撤講擇交，先生報書，喻「爲金淘沙，不能舍沙求金」云。（同上）

先生又嘗曰：「變化氣質，居常無所見，惟當利害經變故，遭屈辱，平時忿怒者，到此能不忿怒，憂惶失措者，到此能不憂惶失措，始是能有得力處，亦便是着力處。」（同上）

先生晚年頗自悔，嘗云：「朱元晦學問醇實，畢竟還讓他。」又語門人曰：「吾講致良知原自有味，却被諸君敷衍，今日講良知，明日講良知，就無味了，且起人厭。諸君今後務求體認，勿煩辭説。」（同上）

陽明先生曰：「君子之學，貴於得悟。悟門不開，無以徵學。入悟有三：有從言而得者，有從静而得者，有從人情事變錬習而得者。得於言者，謂之解悟，擬議觸發，未離言詮，譬之門外寶，非己家珍；得於静坐者，謂之澄悟，收攝保衆，猶有待於境，譬之濁水初澄，濁根尚在，纔遇風波，易於淆動；得於錬習者，謂之徹悟，磨礱洗滌，到處逢源，愈震動愈凝寂，不可得而澄清也。根有大小，故蔽有淺深，而動有難易，善學者之所至，以漸而入，及其成功一也。夫悟與迷對，不迷所以爲悟也。百姓日用而不知，迷也；賢人

日用而知，悟也；聖人亦日用而不知，忘也。學至於忘，悟其幾矣。」（同上）

又嘗語門人參議歐陽瑜，陽明先生曰：「常見自己不是，此吾六字符也。」（同上）

陽明先生曰：「孟子三自反，後比妄人爲禽獸，此處似尚欠細。蓋横逆之來自謗訕怨詈，以至於不道之甚，無非是我實受用得力處，初不見其可憎，所謂山河大地盡是黄金，滿世界皆藥物者也。」（張萱《西園聞見録》卷十六《處謗》）

近齋朱先生（朱得之）説：陽明老師始教人存天理，去人欲，他日謂門人曰：「何謂天理？」門人請問，師曰：「心之良知是也。」他日又曰：「何謂良知？」門人請問，師曰：「是非之心是也。」（尤時熙《尤西川先生擬學小記》卷六《紀聞》）

近齋自言得自親聞老師云：「諸友皆數千里外來此，人當謂有益於朋友，我自覺我取朋友之益爲多。」又云：「我自得朋友聚講，所以此中日覺精明，若一二日無朋友，氣便覺自滿，便覺怠惰之習復生。」（同上）

近齋説：老師嘗云：「學者須有個嘉善而矜不能的心。」又云：「須是遯世無悶，不見是而無悶。」（同上）

近齋説：老師逢人便與講學，□人疑之，老師嘆曰：「我如今譬如一個食館相似，有客過此，喫與不喫，都讓他一讓，當有喫者。」（同上）

近齋説：老師尹廬陵時，廬陵舊俗健訟，老師作兩櫃，鎖封之，竅其蓋，合可受投書，題其上一曰「願聞己過」，一曰「願聞民隱」。夜置衙前，旦則收視。其於己過，有則改之，無則加勉；其於民隱，詳察而慎圖之。數月，廬陵無訟。甘泉先生嘗曰：「陽明子卧治廬陵。」（同上）

近齋説：老師在南都時，有私怨老師者誣奏師，極其醜詆。老師始見其疏草，頗怒，即自省曰：「此不得放過。」即掩卷自反自抑，俟心平氣和，再展看。又怒，又掩卷自反自抑，直待心平氣和如常時，視彼詆誣真如飄風浮靄，略無芥蒂怨尤。是後雖有大毁謗，大利害，皆不爲動。老師嘗告學者曰：「君子之學，務求在己而已。毁譽榮辱之來，

非惟不以動其心,且資以爲切磋砥礪之地,故君子無入而不自得,正以無入而非學也。」(同上)

近齋說:老師每與門人游山,童冠雲從。遇佳勝處,師盤坐,冠者列坐左右,或鳴琴,或歌詩,或質疑,童子在後,俯伏潛聽,真機活潑,藹然「吾與點也」之意。(同上)

一日,因論「巧言令色鮮矣仁」,近齋曰:昔侍坐先師,一友自言:「近覺自家工夫不濟,無奈人欲間斷天理何!」師曰:「若用汝言,工夫盡好了,如何說不濟?我只怕你是天理間斷人欲耳。」其友茫然自失。(同上)

予昔官國學,一日,同鄉許號田者,函谷先生家嗣也,謂我曰:「聞君講陽明學。」予未有對,號田曰:「陽明與先人在同年中最厚,且同志。後相別數年,及再會,先人舉舊學相證,陽明不言,但微笑,良久曰:『吾輩此時只說自家話罷,還翻那舊本子作甚!』蓋先人之學本六經,陽明則否。」(同上)

近齋説：陽明老師年逾五十未立冢嗣，門人有爲師推算，老師喻之曰：「子繼我形，諸友有得我心者，是真子也。慨自興兵以來，未論陣亡，只經我點名戮過者甚多，倘有一人冤枉，天須絶我後。我是以不以子之有無爲意。」（尤時熙《擬學小説續録》卷六《紀聞》）

有稱陽明者曰：「古之名世，或以文章，或以政事，或以氣節，或以勳烈，公皆兼之，獨除却講學一節，便是全人。」陽明笑曰：「某願從事講學一節，盡除却四者，亦是全人。」（劉鱗長《浙學宗傳·陽明先生語録》）

此學如立在空中，四面皆無倚靠，萬事不容染着，色色信地本來，不容一毫增減，若涉些安排，着些意思，便不是合一工夫。（同上）

陽明曰：「求聖賢之遺言於簡册，不若求聖賢之遺言於吾心，簡册其糟粕，吾心其精微也。糟粕者，精微之所在也，學者因言以求心，心得而精微盡，則吾心即聖賢之心也。」（李呈祥《古源山人日録》卷七《知行分合》）

江西萬安縣有一士人姓劉者，憂貧不能置義田以濟族人，拳拳對其諸友言之。一日，又以問於陽明，陽明曰：「吾恐汝義田未舉，而心田先壞矣。」既而又曰：「凡立言，貴不偏，吾言適偏矣。力可濟，則濟之；力不可濟，則已。不必以此累心。」（李呈祥《古源山人日録》卷八《泛論》）

或問於陽明曰：「予平生未嘗爲奸淫之事。」陽明曰：「汝不是身奸，恐心奸之矣。」其人毛竦汗出，如有所失。（同上）

王伯安曰：「客與主對，讓盡所對之賓，而安心居於卑末，又能盡心盡力供養諸賓，有失錯又能包容，此主氣也。惟恐人加於吾之上，惟恐人怠慢我，此是客氣。」（許自昌《樗齋漫録》卷四）

王陽明兒時，客令舉令。公言欲《論語》有「譬」字一句，乃舉「能近取譬」一語。客易之，各舉「譬如北辰」、「譬諸草木」等語。公各罰一觥，曰：「兒譬從下出，諸公乃從上出乎？」此時已鼓弄諸人於掌握之上矣。（許自昌《樗齋漫録》卷六）

寓京，以書盡規門弟，至牴牾有違言，自省曰：「不能積誠反躬，而徒騰口説，吾罪也。」（俞廷佐《儒宗約旨》卷十《陽明先生考》）

尋轉考功司郎中，門人稍益進，謂王司成雲鳳曰：「仁，人心也。體本弘毅，識仁，則弘毅自不容已。」（同上）

王文成言：「吾儒并包二氏，後儒不察，僅得一偏。猶之一室三間，割左以與釋，割右以與老，不知三間俱是我一室所有。」（謝文洊《程山先生日録》卷三）

（陽明）遂獻俘，偕予行。上遣許泰、張忠輩率師直擣江西，而陽明由浙江以達，迎駕獻俘。時上已差張永由鎮江入浙，以要衆囚，至廣信，張忠差人奉命取囚，予與陽明論，請付囚與諸將，與之同見行朝，則功成於我者，皆朝廷成命所致，不可抗也。不聽。時鵝湖費公家居，余往謁鵝湖相告，是余言，而往説陽明，不允。竟趨浙，而張永已到杭州相邀矣。陽明乃以囚委余爲去就，偕張永行，而已留於杭。從此張忠、許泰之飛語誣陽明，上達武宗，賴張永敷陳誠款，以一家保，陽明且曰：「往年寘鐇反，今年宸濠反，天下王府、將軍、中尉七千餘家，安保無今日事？王守仁一人受誣得罪，他日誰肯向前平亂？」幸上信其言，自後讒謗無從而入也。(陳槐《聞見漫録》卷上)

嘉靖丁亥四月，時鄒謙之謫廣德，以所録先生文稿請刻。先生止之曰：「不可。吾黨學問，幸得頭腦，須鞭辟近裏，務求實得，一切繁文靡好，傳之恐眩人耳目，不録可也。」謙之復請不已，先生乃取近稿三之一，標揭年月，命德洪編次……明日，德洪掇拾所遺復請刻。先生曰：「此愛惜文辭之心也。昔者孔子删述六經，若以文辭爲心，如唐、虞、三代，自《典》、《謨》而下，豈止數篇？正惟一以明道爲志，故所述可以垂教萬世。吾黨志在明道，復以愛惜文字爲心，便不可入堯、舜之道矣。」德洪復請之不已。乃許數篇，次爲附録，以遺謙之，今之廣德版是也。(錢德洪《刻文録叙説》)

先生讀《文録》，謂學者曰：「此編以年月爲次，使後世學者，知吾所學前後進詣不同。」又曰：「某此意思賴諸賢信而不疑，須口口相傳，廣布同志，庶幾不墜。若筆之於書，乃是異日事，必不得已，然後爲此耳。」又曰：「講學須得與人人面授，然後得其所疑，時其淺深而語之。纔涉紙筆，便十不能盡一二。」(同上)

或問：「先生所答示門人書稿，删取歸併，作數篇訓語以示將來，如何？」先生曰：「有此意。但今學問自覺所進未止，且終應酬無暇。他日結廬山中，得如諸賢有筆力者，聚會一處商議，將聖人至緊要之語發揮作一書，然後取零碎文字都燒了，免致累人。」（同上）

昔武宗南巡，先生在虔，姦賊在君側，間有以疑謗危先生者，聲息日至，諸司文帖，絡繹不絶，請先生即下洪，勿處用兵之地，以堅姦人之疑。先生聞之，泰然不動。門人乘間言之，先生姑應之曰：「吾將往矣。」一日惟濬亦以問，先生曰：「吾在省時，權豎如許勢焰疑謗，禍在目前，吾亦帖然處之。此何足憂？吾已解兵謝事乞去，只與朋友講學論道，教童生習禮歌詩，烏足爲疑？縱有禍患，亦畏避不得。雷要打，便隨他打來，何故憂懼？吾所以不輕動，亦有深慮焉爾。」又一人使一友亦告急，先生曰：「此人惜哉不知學，公輩曷不與之講學乎？」是友亦釋然，謂人曰：「明翁真有赤舄几几氣象。」（同上）

甲戌，陞南京鴻臚卿……謂陸澄曰：「義理無定在，無窮盡，未可少有得即自足。堯、舜之上善無盡，今學者於道若管窺天，少有所見，遂傲然居之不疑，與人言論不得其終，而先懷輕忽非笑心，訑訑之聲音顏色，有道者側觀之，方爲之悚息汗顏，而彼且悍然不顧，略無省悔，可哀已。」澄問：「論道者往往不同，何如？」曰：「道無方，體即天也。人嘗言天，實未知天，若解道即天，何莫非道？彼局於一隅之見，以爲道止如此，若解向裏尋求，見得自己心體，即無處不是此道，亘古亘今，無始無終，更何同異？蓋心即道，道即天，知心，則知道、知天矣。欲見此道，須從此心上體驗始得。」又曰：「心不可以動靜分，體用，動静時也。即體而言，用在體；即用而言，體在用。謂静可見體，動可見用，則得。精神言動，大率以收斂爲主，發散是不得已。天地人物皆然。聖人到位天地育，萬物從喜怒哀樂未發之中養來，後儒不明格物之説，見聖人無不知、無不能，乃於初學入門時欲講求得盡，豈有此理？」（耿定向《耿天臺先生文集》卷十三《新建侯文成先生世家》）

一日，市人鬨而詬，甲曰：「爾無天理。」乙曰：「爾無天理。」甲曰：「爾欺心。」乙曰：「爾欺心。」先生聞之，呼弟子曰：「聽之，夫夫哼哼，講學也。」弟子曰：「詬也，焉云學？」曰：「汝不聞乎，曰『天理』，曰『心』，非講學而何？」曰：「既爲學，又焉詬？」曰：「夫夫也，惟知責諸人，不知反諸己故也。良知者，惟反之自心，不欺此理耳。」

（同上）

王陽明先生評《目蓮曲》，曰：「詞華不似《西厢》艶，更比《西厢》孝義全。」亦神道設教意也。（《民國南陵縣志》卷四《輿地》，茆耕如《目蓮資料編目概略》）

（王襞）九歲時，隨先公讀書於文成公家。一日，大會縉紳士夫，不啻千人。公命童子歌，衆皆歉，獨先生高歌自如，文成公呼視之，知爲先公子也，乃訝之曰：「吾説吾浙中無此子也。」甚奇之。又一日，入公府，值數十犬叢吠之，先生拱立不動，神色自如。公見益奇之，告於衆曰：「此子氣宇不凡，吾道當有寄矣。」居十年方歸娶耳。（王襞《新鐫東厓王先生遺集》卷下《東厓先生行狀》）

（魏良弼）爲王文成高弟，文成每於坐上目先生曰：「擔當世道，力行所知，將在此子。」（魏良弼《太常少卿魏水洲先生文集》卷首《理學名臣水洲魏先生文集序》，卷六《魏水洲先生行略》）

陽明先生自立志後，群少復來戲遊，先生曰：「吾已爲聖人徒矣，豈從子輩遊？」群小自此退去，而先生行始卓。(劉宗周《劉宗周全集》第二册《語類》三《人譜雜記》二)

佛氏本來面目，即吾聖人所謂良知。工夫本體，大略相似，只佛氏有個自私自利之心，所以不同。佛氏外人倫，遺物理，固不得謂之明心。(劉宗周《劉宗周全集》第三册《文編》三《答王金如三》)

陽明嘗曰：「吾起初爲學，尚未力，後來被朋友挾持，遂放倒不得。是故爲善未有獨成者，總是不專心致志。專心致志，自能求助於君子，不爲小人所惑。」(劉宗周《劉宗周全集》第五册《孟子師説》卷六)

陽明先生教人，其初只是去人欲、存天理。或問：「何者爲天理？」曰：「去得人欲，便是天理。大抵使人自悟而已。」他日，則曰：「元來只有這些子，連這些子亦形容不得。」輒健羨不已者久之。其後乃有「良知只是獨知」之説，既不費形容，亦不須健羨。(劉宗周《劉宗周全集》第二册《語類》十二《學言》)

（陽明）先生奚廢書乎？昔者郭善甫見先生於南臺，善甫嗜書者也，先生戒之曰：「子姑静坐。」善甫坐餘月，無所事，復告之曰：「子姑讀書。」善甫憝而過我曰：「吾滋惑矣。始也教慶以廢書而静坐，終也教慶廢坐而讀書，吾將奚適矣？」侃告之曰：「是可思而入矣。」（薛侃《研幾録》）

予嘗載酒從陽明先師遊於鑑湖之濱，時黄石龍亦預焉。因論戒慎不睹、恐懼不聞之義，先師舉手中筯示予曰：「見否？」則對曰：「見。」既而以筯隱之桌下，又問曰：「見否？」則對曰：「不見。」先生微哂。予私問之石龍，石龍曰：「此謂常睹常聞也。」初亦不解，後思而得之。蓋不睹中有常睹，故能戒慎不睹；不聞中有常聞，故能恐懼不聞。此天命之于於穆不已也。故當應而應，不因聲色而後起念；不當應而不應，雖遇聲色而能忘情。此心體所以爲得正，而不爲聞見所牽也。」石龍名綰，後號久菴。（季本《説理會編》卷三）

良知良能本一體也。先師嘗曰：「知良能，是良知；能良知，是良能。此知行合一之本旨也。」（同上，卷四）

先師曰：「日間工夫，覺懶看書，則且看書，此勝怠之苦功也。不如是，則惰不警。」又曰：「無事時，將好貨、好色、好名等私逐一追究，搜尋出來，定要拔去病根，永不復起，此檢身之密功也。不如是，則慝不修。」（同上，卷五）

先師嘗言：「才略、謀略、方略、經略，古人皆謂之略，略則簡而不煩，可勝大事。因略致詳，隨時精進而已，何難之有！若務於詳，鮮有能略者。蓋不患不能詳，而患不能略也。」（同上，卷七）

陽明先生解《大學》「明明德於天下」云：「明我之明德於天下，合知篇首在明明德，則謂明我之明德於凡天下國家，日用應酬，無適而非明德之著。」（王棟《一庵王先生遺集》卷上《會語正集》）

王文成曰：「朋友之交，以相下爲益。或議論未合，要在從容涵育，相感以誠，不得動氣求勝，長傲遂非，務在默而成之，不言而信。其或矜人之長，攻人之短，粗心浮氣，矯以沽名，訐以爲直，挾勝心而行憤嫉，以圮族敗群爲志，則雖日講時習於此，亦無益矣。」

（詹景鳳《詹氏性理小辨》卷十五）

王文成曰：「曾子病革而易簀，子路臨絶而結纓，横渠撤虎皮而使其子弟從講於二程，惟天下之大勇無我者能之。」（同上）

人臣居功最難。昔王文成既擒宸濠於江上，訪一老者，爲道所以擒獲方略。老者曰：「公禍且立至，何方略之云云。」文成驚問：「何謂？」曰：「君但圍困宸濠，使不得逃遁，而待大軍至，功歸大軍，此上策也；即不得已而擒之，且勿獻捷，待大軍至而後獻，此中策也；今大軍方來且近，君不能待而急於擒獲獻捷，此下策也。君由下策，彼大軍至，將以何爲？彼且以爲專功而禍君矣，君其能逭焉？」文成再拜稱服。未幾，果被口語。（詹景鳳《詹氏性理小辨》卷三十一）

人問王陽明曰：「聖人果以相助望門弟子否？」陽明曰：「亦是實話。聖人之言，本是周遍，但有問難的人，胸中滯礙，聖人被他一難，發揮的愈加精神。若顔子胸中了然，如何得問難？故聖人亦寂然不動，無所發揮。」（智旭《四書蕅益解·先進篇》）

永至浙江，宣書曰：「上令仗鉞撫臣不得抗禮。」閽中門者累日。守仁一日直入館中，坐永卧榻上。永驚異之，已聆守仁言議忠慨，且稍持其陰事，益靡然，顧尚持氣岸曰：「公何爲國苦辛如是？盍早投我懷中？」守仁曰：「豈有投人王節使耶？公投我懷中，則可共成國事耳。」永曰：「我故非負國者，公不見我安化事乎？」守仁曰：「公不負國，何爲令主上南征？」永曰：「南征何害？」守仁曰：「寧藩圖釁，江左久虚。頃繼以軍興，郊郭數千里間，亡不折骸而炊，易子而食。餘孽竄伏江湖，尚覬時候，王師果南，非值此輩乘間，即百姓不支，且揭竿起矣。」永大悟，則曰：「公所檻與俱來者，不可不歸我。」守仁曰：「我安用此？」則以俘歸永。永至南京，見上具言守仁忠。（何喬遠《名山藏列傳·宦者記·張永傳》）

陽明子曰：「理無動者也，循理則酬酢萬變，而未嘗動；不則雖槁心而未嘗静。良知之體，本自寧静，却添求寧静；本自生生，却添個欲無生，非獨聖門致知不如此，佛氏之學亦未必如此。將迎意必也，只是致良知，徹首徹尾，即是前念不滅，後念不生。今欲前念易滅，後念不生，是佛所謂『斷滅種姓』也。」（方以智《藥地炮莊》卷五）

王陽明先生云：「人之詩文，先取真意。譬如童子垂髫肅揖，自有佳致。若帶假面傴僂，而裝鬚髯，便令人生憎。」（袁枚《隨園詩話》卷三）

王公守仁開府虔南，春謂弟廷仁曰：「此孔孟嫡派也，吾輩當北面矣。」乃偕弟師事焉。苦心研究，寢食幾忘，久之，涣然有省，曰：「心體自静，須冥默存養，静無不動，就隨動處省察。幾善，與即順順充養將去，若過爲拘檢，反成動氣；幾惡，與即發奮克治，若因循放過，便爲喪志。喪志是忘，動氣是正助，誠時時刻刻念念爲善去惡，即孟子有事集義、勿正勿忘勿助長也，更有甚閑情往牽着外事？」陽明語及門曰：「何元之工夫，真所謂近裏看己也。」一日，問於陽明子曰：「心有動静，道無間於動静，故周子謂動而無静，静而無動，爲物；謂動而無動，静而無静，爲神也。且夫不睹不聞，静也，起念戒懼，則不可謂之静；隱見微顯，動也，極深研幾而心不放，則不可謂之動。故邵子曰：『一動一静之間，天地人之至妙。』至妙者，與以此觀之。人者，天地之心；性情者，天地之動静也。渾合無間，君子可以時以地而分用其功乎？分用其功，分用其心矣。天理間斷，人欲錯雜，精一之學，恐不如此。」陽明亟肯曰：「得之矣，得之矣！」（《康熙雩都縣志》卷九《何春傳》）

賊衆號數十萬，舟楫蔽江，聲言欲犯留都。且分兵北上，而萬里告急，又不可遽達於九重。公慨然嘆曰：「事有急於君父之難者乎？賊順流東下，我苟不爲牽制之圖，沿江諸郡萬有一失焉，旬月之間必且動摇京輔。如此則勝負之筭未有所歸，此誠天下安危之大機，義不可捨之而去也。」遂徇太守伍君文定之請，暫住吉安，以鎮撫其軍民。且禮至鄉宦王公與時、劉公時讓、鄒公謙之、王君宜學、張君汝立、李君子庸輩，與之籌畫機宜。（費宏《費宏集》卷十四《賀大中丞陽明王公討逆成功序》）

正德丁丑之春，信豐復告急於巡撫都御史王公伯安。伯安召諸縣苦賊者數十人，問何以攻之。皆謂非多集狼兵弗濟，又謂狼兵亦嘗再用矣，竟以招而後定。公曰：「盜以招蔓，此頃年大弊也，吾方懲之。且兵無常勢，奚必狼而後濟耶？若等能爲吾用，獨非兵乎？」乃與巡按御史屠君安卿、毛君鳴岡，合疏以勦請。又請重兵權，肅軍法，以一士心。（費宏《費宏集》卷八《平浰頭記》）

酋長謝志珊就擒，先生問曰：「汝何得黨類之衆若此？」志珊曰：「亦不容易。」曰：「何？」曰：「平生見世上好漢，斷不輕易放過，多方鈎致之，或縱其酒，或助其急，待其相德，與之吐實，無不應矣。」先生退語人曰：「吾儒一生求朋友之益，豈異是哉？」（錢德洪《陽明先生年譜》正德十二年十一月下）

先生大征既上捷，一日，設酒食勞諸生，且曰：「以此相報。」諸生瞿然問故，先生曰：「始吾登堂，每有賞罰，不敢肆，常恐有愧諸君。比與諸君相對久之，尚覺前此賞罰猶未也，於是思求其過以改之。直至登堂行事，與諸相對時無少增損，方始心安。此即諸君之助，固不必事事煩口齒爲也。」諸生聞言，愈省各畏。（錢德洪《陽明先生年譜》正德十四年九月下）

先生在吉安，守益趨見曰：「聞濠誘葉芳兵夾攻吉安。」先生曰：「芳必不叛。諸賊舊以茅爲屋，叛則焚之。我過其巢，許其伐鉅木創屋萬餘。今其黨各千餘，不肯焚矣。」益曰：「彼從濠，望封拜，可以尋常計乎？」先生默然良久，曰：「天下盡反，我輩固當如此做。」益惕然，一時胸中利害如洗。次早復見曰：「昨夜思之，濠若遣逮老父，奈何？」「已遣報之，急避他所。」（錢德洪《陽明先生年譜》正德十四年六月下）

先生在贛時，有言萬安上下多武士者。先生令參隨往紀之，命之曰：「但多膂力，不問武藝。」已而得三百餘人。龍光問曰：「宸濠既平，紀此何爲？」曰：「吾聞交阯有内難，出其不意而搗之，一機會也。」後二十年，有登庸之役。（錢德洪《陽明先生年譜》正德十五年七月下）

進賢舒芬以翰林謫官市舶，自恃博學，見先生問律吕，先生不答。且問元聲，對曰：「元聲制度頗詳，特未置密室經試耳。」先生曰：「元聲豈得之管灰黍石間哉？心得養則氣自和，元氣所由出也。《書》云『詩言志』，志即是樂之本；『歌永言』，歌即是制律之本。永言和聲，俱本於歌，歌本於心，故心也者，中和之極也。」芬遂躍然拜弟子。（錢德洪《陽明先生年譜》正德十五年九月下）

鄒守益、薛侃、黄宗明、馬明衡、王艮等侍，因言謗議日熾。先生曰：「諸君且言其故。」有言先生勢位隆盛，是以忌嫉謗；有言先生學日明，爲宋儒争異同，則以學術謗；有言天下從遊者衆，與其進不保其往，又以身謗。先生曰：「三言者誠皆有之，特吾自知諸君論未及耳。」請問。曰：「吾自南京已前，尚有鄉愿意思。在今只信良知真是真非處，更無揜藏迴護，纔做得狂者。使天下盡說我行不揜言，吾亦只依良知行。」請問鄉愿狂者之辨。曰：「鄉愿以忠信廉潔見取於君子，以同流合污無忤於小人，故非之無舉，刺之無刺。然究其心，乃知忠信廉潔所以媚君子也，同流合污所以媚小人也，其心已破壞矣，故不與入堯、舜之道。狂者志存古人，一切紛囂俗染，舉不足以累其心，真有鳳凰翔於千仞之意，一克念即聖人矣。惟不克念，故闊略事情，而行常不揜。惟其不揜，故心尚未壞而庶可與裁。」曰：「鄉愿何以斷其媚世？」曰：「自其議狂狷而知之。狂狷不與俗諧，而謂生斯世也，爲斯世也，善斯可矣，此鄉愿志也。故其所爲皆色取不疑，所以謂之『似』。三代以下，士之取盛名於時者，不過得鄉愿之似而已。然究其忠信廉潔，或未免致疑於妻子也。雖欲純乎鄉愿，亦未易得，而況聖人之道乎？」曰：「狂狷爲孔子所思，然至於傳道，終不及琴張輩而傳曾子，豈曾子亦狷者之流乎？」先生曰：「不然。琴張輩狂者之稟也，雖有所得，終止於狂。曾子中行之稟也，故能悟入聖人之道。」（錢德洪《陽明先生年譜》嘉靖二年二月下）

中秋月白如晝，先生命侍者設席於碧霞池上，門人在侍者百餘人。酒半酣，歌聲漸動。久之，或投壺聚算，或擊鼓，或泛舟。先生見諸生興劇，退而作詩，有「鏗然舍瑟春風裏，點也雖狂得我情」之句。明日，諸生入謝。先生曰：「昔者孔子在陳，思魯之狂士。世之學者，没溺於富貴聲利之場，如拘如囚，而莫之省脱。及聞孔子之教，始知一切俗緣，皆非性體，乃豁然脱落。但見得此意，不加實踐以入於精微，則漸有輕滅世故、闊略人物之病。雖比世之庸庸瑣瑣者不同，其爲未得於道一也。故孔子在陳思歸，以裁之使入於道耳。諸君講學，但患未得此意。今幸見此，正好精詣力造，以求至於道，無以一見自足而終止於狂也。」（錢德洪《陽明先生年譜》嘉靖三年八月下）

心之良知，是謂聖。聖人之學，惟是致此良知而已。自然而致之者，聖人也；勉然而致之者，賢人也；自蔽自昧而不肯致之者，愚不肖者也。（《傳習則言》）

（薛）俊遂執弟子禮，問行己之要。陽明曰：「自尚謙與予游，知子篤行久矣，試自言之。」俊曰：「俊未知學，但凡事依理而行，不敢出範圍耳。」陽明曰：「依理而行，是理與心猶二也。當求無私行之，則一矣。」自是所學日進。（《光緒海陽縣志·薛俊傳》）

「張文定公齊賢戒子曰：『慎言渾不畏，忍事又何妨？國法須遵守，人非莫舉揚。無

私仍克己，直道更和光。此箇如端的，天應降吉祥。』」陽明王伯安先生教小兒語云。（陳全之《蓬窗日録》卷八《詩話二》）

陽明先生嘗與冀闇齋先生説：「一日，在龍場静坐到寂處，形骸全忘了。偶因家人開門警覺，香汗遍體。」謂：「釋家所謂『見性』是如此。」（蔣信《蔣道林先生桃岡日録》）

向見陽明先生，問學，陽明説：「習静之學，自濂溪以下，口口相傳。周子説『定之以中正仁義而主静』。明道則終日端坐，如泥塑人。伊川見人静坐，便歎其善學。李侗受學於羅從彦，曰：『先生静坐，侗入室中亦静坐。先生每令侗於静中看喜怒哀樂未發作何氣象。』只初學時，不可强要心静，只把當閑事幹，久之，光景自别。」（同上）

尋轉考功司郎中，門人稍益進，謂王司成雲鳳曰：「仁，人心也，體本弘毅；識仁，則弘毅自不容已云。」（俞廷佐《儒宗約旨》卷十《陽明王先生考》）

入棲西樵，惟與方、湛二公往來講學。時王陽明先生巡撫南贛，聞之，喜曰：「英賢

之生同時共地，良不易得。乘此機會，毋虚歲月，是所望也。」(霍韜《石頭録·石頭録原編》)

公論當世人物曰：「魏子才之誠，王伯安之才，兩者兼之，可以爲全人矣。」陽明聞之，曰：「渭先謂我未誠，不知何事欠誠？」(同上)

無事時固是獨知，有事時亦是獨知，只是一個工夫。人若不知於此獨知之地用力，只在人所共知處修爲，只是作僞。此獨知處，便是誠的萌芽。此處不論善念惡念，更無虚假，一是百是，一錯百錯，正是王霸義利誠僞界頭，於此一立立定，便是立誠，便是端本澄源之學。(《湖北文物典》六《書畫》)

按：此爲羅洪先書王陽明語録手迹，今藏湖北省博物館，題款：「嘉靖戊申八月朏，後學吉水羅洪先書於彭□□中。」考陽明《傳習録》卷一中有是語録，但句多有異，或是羅洪先從初版《傳習録》中抄録，故今仍輯録於此。

癸酉，陞南京太僕寺少卿，值留坰多暇……訓後學，隨方而答，必暢本原，恒語諸生曰：「不患外面言誘，唯患諸生以身謗。拳拳以孝悌禮讓爲貴，即閭閻小豎咸歆嚮慕，思有所表，則欲殊於俗，滁水之上洋洋如也。」（雷禮《南京太僕寺志》卷十五《王守仁》）

陽明曰：「此學更無他，只是這些子了，此更無餘矣。」又曰：「連這些子亦無放處。」（彭紹升《儒門公案拈題》）

三五劉先生陽，字一舒，安福人……遂專如虔……旦日，見王公，稱弟子。王公視其修幹疏眉，飄飄然世外之態，顧謂諸生曰：「此子當享清福。」已又謂先生曰：「若能甘至貧至賤者，斯可爲聖人。」先生跪受教。（王時槐《御史劉先生陽傳》，《國朝獻徵録》卷六十五）

歐陽瑜，字汝重，安福人……從陽明先生學，雅見器重。將别，請益，先生曰：「常見自己不是，此吾六字符也。」（王時槐《四川布政司參議歐陽公瑜傳》，《國朝獻徵録》卷九十八）

王陽明先生曰：「古樂不作久矣，今之戲子，尚與古樂意思相近。」門人請問，先生曰:「《韶》之九成,便是舜的一本戲子;《武》之九變,便是武王的一本戲子。聖人一生實事,俱播在樂中,所以有德者聞之,便知他盡善盡美與盡美未盡善處。若後世作樂,只是做些詞調,於民俗風化絶無關涉,何以化民善俗?今要民俗返樸還淳,取今之戲子,將妖淫詞調俱去了,只取忠臣孝子故事,使愚俗百姓人人易曉,無意中感激他良知起來,却於風化有益。」(梁恭辰《勸戒録五編》卷六引劉宗周《人譜類記》卷下,王利器輯録《元明清三代禁毀小説戲曲史料》)

(正德十五年)十二月,先生官中稍暇,即静坐。龍光外侍,問曰:「外間有何聞?」曰:「無有。」光喜,得間造膝曰:「后主未立,光輩報恩無地。」先生曰:「天地生人,自有分限。吾亦人耳,此學二千年來不意忽得真竅,已爲過望。今僥倖成此功,若又得子,不太完全乎?汝不見草木,那有千葉石榴結果者?」光聞之悚然。(《大儒學粹》卷九《陽明先生》)

先生曰:「涵養者,日見其不足;專識見者,日見其有餘。日不足者,日有餘矣;日有餘者,日不足矣。」(同上)

嘗語學者曰：「我此良知，蒼蠅停脚不得。」蓋言微乎其微，學者須用力而自得之，不可以言傳，而亦不能以言傳也。（同上）

先生大征，既上捷，一日，設酒食勞諸生，且曰：「以此相報。」諸生瞿然不安，問故，先生曰：「始吾登堂，每有賞罰，不敢放肆，常恐有愧諸君，自謂無過舉矣。比與諸君相對久之，尚覺前此賞罰猶未也。於是思求其過以改之。幾番磨擦，直至登堂行事，與諸君相對時，無少增損，方心安然，已不知費多少力氣矣。此即諸君教誨所在，固不必事事煩諸君口齒爲也。」諸生聞言，愈益有畏。（同上）

陽明云：「文公晚年，知向時定本之誤，是其不可及處。力量大，一悔便轉。可惜不久即去世，平日許多錯處，皆不及改正。」（鄭善夫《少谷集》卷二十二《子通論道》）

朱應鐘，字陽仲，號青城山人……聞王陽明先生倡道東南，趨而就學。先生器重之，語曰：「以子之沉重簡默，庶幾近道。予方以聖賢之徒期汝，文人之雄，非所望也。」（《光緒遂昌縣志》卷八《朱應鐘傳》）

聞淵，字静中，號石塘……淵與張文定邦奇通舉同志，王文成守仁嘗謂崔銑曰：「聖雖學作，允賴於資。如明山二子，其希聖也何有？」（《康熙鄞縣志》卷十六《聞淵傳》）

（王艮）既入豫章城，服所製冠服，觀者環繞市道。執「海濱生」刺以通門者，門者不對，因賦詩爲請。詩曰：「孤陋愚蒙住海濱，依書踐履自家新。誰知日月加新力，不覺腔中渾是春。聞得坤方布此春，告違艮地乞斯真。歸仁不憚三千里，立志惟希一等人。去取專心循上帝，從違有命任諸君。磋磨第愧無胚朴，請教空空一鄙民。」陽明公聞之，延入，拜亭下。見公與左右人，宛如夢中狀。先生曰：「昨來時，夢拜先生於此亭。」公曰：「真人無夢。」先生曰：「孔子何由夢見周公？」公曰：「此是他真處。」先生覺心動，相與究竟疑義，應答如響，聲徹門外。遂縱言及天下事。公曰：「君子思不出其位。」先生曰：「某草莽匹夫，而堯、舜君民之心，未嘗一日忘。」公曰：「舜居深山，與鹿豕木石遊，居終身忻然，樂而忘天下。」先生曰：「當時有堯在上。」公然其言，先生亦心服公。稍稍隅坐，講及致良知，先生歎曰：「簡易直截，予所不及。」乃下拜而師事之。辭出，就館舍，繹思所聞，間有不合，遂自悔曰：「吾輕易矣。」明日，復入見公，亦曰：「某昨輕易拜矣。」請與再論。先生復上坐，公喜曰：「善。有疑便疑，可信便信，不爲苟從，予所甚樂也。」乃又反復論難，曲盡端委。先生心大服，竟下拜執弟子禮。公謂門人曰：「吾擒宸濠，一無所動，今却爲斯人動。」居七日，告歸省，公曰：「孟軻寄寡母居鄒，遊學於魯，七年而學成。今歸何亟也？」先生曰：「父命在，不敢後期。」先生既行，公語門人曰：「此真學聖人者。疑即疑，信即信，一毫不苟。諸君莫及也。」門人曰：「異服者與？」曰：「彼法服也。舍斯人，吾將誰友？」先生初名「銀」，公乃易之名「艮」，字「汝止」。（董燧《王心齋先生年譜》）

劉濬，字孔昭，城西坊人……聞王文成公守仁講學於虔，乞歸就道，銅陵人士環泣遮留，不得。及歸里，會守仁誓師鹿江，濬趨謁行，間聞致良知之説，而學益精。守仁曰：「劉君所學，實措諸行事，猶程子令晉城也，惜未遇吕公，不得大展所學耳。」（《同治贛縣志》卷三十四《劉濬傳》）

歐陽閲，字崇勳，泰和人，文莊公之族兄也。從王文成游。宸濠有異志，進曰：「以時事論，將有漢七國之變，計將安出？」三問文成不應，而密詔之曰：「書生何容易譚天下事？可讀《易》洗心。」一句沉思有悟。（《湧幢小品》卷十一《兩歐陽》）

羅琛，字松坪。十二歲爲弟子員，聞王守仁講學章貢，往師之。一日，侍守仁招提，守仁問：「鐘聲何如叩之即應？」答曰：「鐘空則鳴，心虛則靈。一物實其中，鐘聲必不應；一欲横於中，則心必不明。」守仁大然之。（《光緒吉水縣志》卷三十六《儒林》）

（博學於文）「此所謂文，躬行實踐中，無過不及，有天理之節文，與『博我以文』相同，非『則以學文』之文與『文莫吾與』之文也。於五常百行，每求其無私心而合天理，謂之博文。禮者，理也。文而可觀，總謂之禮。文雖不同，禮無二致，萬殊而一本也。故事親可觀，事親中乎禮矣；從兄可觀，從兄中乎禮矣；以至凡事皆然。雖《詩》、《書》、六藝，博學詳説，亦皆以資益身心爲主，而無誇多鬬靡爲名爲利之心，使之盡歸宿於此。禮謂之約禮，如此，庶乎不背於理，故曰『亦可以弗畔矣夫』。若夫記誦文詞之間，其亦異乎顔子之學矣。」愚聞於先師陽明者如此。（《董漢陽碧里後集·疑存》）

（默而識之）陽明先生曰：「識，當音失，謂心通也。心之精微，口不能言，下學上達之妙，在當人自知。不言者，非不言也，難言也。存諸心者，不待存也，乃自得也，此之謂默識。」（同上）

（温故而知新）竊嘗聞於陽明：「身體力行，謂之學。口耳聞見，非學也。」（同上）

（吾有知乎哉）嘗聞之陽明先生曰：「無知，是聖人之本體。未接物時，寂然不動。兩端，乃是非可否之兩端。叩者，審問也。設有鄙夫來問，此時吾心空空如也。鄙夫所問雖尋常之事，必有兩端不定之疑，我則審問其詳，是則曰是，非則曰非，可則曰可，否則曰否。一如吾心之良知以告之，此心復歸於空，無復餘藴，故謂之竭。」先師面授者如此。（同上）

何廷仁，初名秦，字性之，别號善山……王公守仁節鎮虔臺，四方學者多歸之，廷仁曰：「吾恨不及白沙之門，陽明子，今之白沙也。」遂裹糧入郡……追至南康拜之。時廷仁有繼母之喪，斬然以禮自持，守仁見之，歎曰：「是可謂不學以言，而學於躬也。」（《康熙雩都縣志》卷九《何廷仁傳》）

何春，字元之……王公守仁開府虔南，春謂弟廷仁曰：「此孔門嫡派也，吾輩當北面矣。」乃偕弟師事焉……陽明子語及同門曰：「何元之功夫，真所謂近裏着己也。」一日，問於陽明子曰：「心有動靜，道無間於動靜。故周子謂『動而無靜，靜而無動，爲物』；謂『動而無動，靜而無靜，爲神』也。且夫不覩不聞，靜也，起念戒懼，則不可謂之靜；隱見微顯，動也，極深研幾而心不放，則不可謂之動。故邵子曰：『一動一靜之間，天地人之至妙至妙者與？』以此觀之，人者，天地之心；性情者，天地之動靜也。渾合無間，君子可以時以地而分用其功乎？分用其功，分用其心矣。天理間斷，人欲錯雜，精一之學，恐不如此。」陽明子亟肯曰：「得之矣，得之矣！」（《康熙雩都縣志》卷九《何春傳》）

管登，字弘升，義泉其別號也……聞陽明先生論學虔中，語何廷仁、黃弘綱曰：「昔伊洛淵源，實肇此地。今日聖道絶續之關，其在斯乎？」乃偕何、黃諸子而受業焉。陽明子一見，即語及門曰：「弘升，盛德君子也。」語以格致之要，恍然有悟，如久歧迷途而始還故鄉也……陽明子曰：「弘升可謂信道極篤、入道極勇者也。」（《康熙雩都縣志》卷九《管登傳》）

陽明先師獨揭良知，以開群迷。其言曰：「世儒之支離外索於刑名器數之末，以求其所謂物理者，而不知吾心即物理，而無假於外也；佛老之空虛，遺棄其人倫物理之常，

而明其所謂吾心者，而不知物理即吾心，不可得而遺也。」（黄弘綱《重修羅田巖濂溪閣記》，《康熙雩都縣志》卷十四）

是歲，從先生游者遇比多中式，而錢楩、魏良政發解江、浙兩省焉。士官司理者恨爲職業所縈，無暇爲學。先生曰：「凡學官先事，離事爲學，非吾格致旨也。即以聽訟言，如因其應對無狀而作惡，因其言語圓融而生喜，因其請託而加憎，因有藉援而曲狥；或以冗劇而怠，或以浸譖而淆，皆私弊也。惟良知自知之，細自省克，不少偏枉，方是致知格物也。」（《國朝獻徵録》卷九《新建伯王文成公傳》）

愚嘗親聞於陽明曰：「要知前世因，今生受者是；要知來世果，今生作者是。盡之矣！」二十三言，歷歷在耳，陽明豈欺我哉！（董穀《碧里達存》卷下《性論》）

王陽明佚文辨僞考録

《古今圖書集成》第一千二百十六卷《長沙府部·藝文》著録陽明作詞二首：

南鄉子 湘江秋懷

秋半井梧稀，碎杵零砧攢客衣。一榻流黄眠不穩，花迷，夢到紅橋月正低。酒薄被愁欺，許大心兒萬感齊。滴盡銅蓮天未消，墻西，多謝花冠儘力啼。

浣溪沙 湘江客懷

摇落關河懶問津，扁舟萬里送孤身，亂山秋色又斜曛。江上怕風吹笛客，月中難作倚樓人，可憐愁殺鮑參軍。

按：陽明生平嘗二次經長沙，過沅、湘，一在正德三年春由錢塘赴龍場驛，一在正德五年春由龍場驛赴廬陵知縣任，均在春間，無秋間在沅湘事，故此二詞顯僞。

《古今圖書集成》第一千二百六十二卷《常德府部·藝文》著録陽明作《墨池

遺跡》：

千載招提半畝塘，張顛遺跡已荒凉。當時自號書中聖，異日誰知酒後狂。驟雨斜風隨變化，秋蛇春蚓久潛藏。唯餘一脉涓涓水，流出煙雲不斷香。

此墨池在常德府龍陽縣，《嘉靖常德府志》卷三：「張旭墨池，淨照寺内。唐張旭蘇州吴人，善草書，嗜酒。每大醉乃下筆，或以頭濡墨而書，既醒，自視以爲神，世號『張顛』。嘗學於此，杜工部有詩。」按此詩爲應履平作，《嘉靖常德府志》卷十九著録此詩，即題「應履平」作。應履平字錫祥，奉化人，永樂中知常德府，此詩即作在其時。

《康熙雲夢縣志》卷十二録有陽明作《過文子故里有感》：

勝地傳於菟，名聲爵里存。神靈腓異物，忠孝賜賢孫。碧石蔚然古，風流遐不諠。誰人任剛武，乳虎在方言。

文子即楚令尹子文，姓鬬，名穀於菟，其故里在雲夢縣，《康熙雲夢縣志》卷一：「虎子巖，邑西北三十里，即虎乳子文處。《左傳》謂乳之夢中者，此也。」故雲夢有令尹子文祠。按陽明生平未嘗一至雲夢，故此詩顯爲僞作。

蓬累軒編《姚江雜纂》（日本《陽明學報》第一五八號）著録陽明作《游白鹿洞歌》：

何年白鹿洞，正傍五老峰。五老去天不盈尺，俯窺人世煙雲裏。我欲攬秀色，一一青芙蓉。舉手石扇開半掩，緑鬟玉女如相逢。風雷隱隱萬壑瀉，憑崖倚樹聞清鐘。洞門之外百丈松，千株化盡爲蒼龍。駕蒼龍，騎白鹿，泉堪飲，芝可服。何人肯入空山宿？空山空山即我屋，一卷《黄庭》石上讀。

辛巳三月書此，王守仁。

按：今廬山白鹿洞有此詩手迹石碑，作：

何年白鹿洞，正傍五老峰。五老去天不盈尺，俯窺人世煙雲重。我欲攬秀色，一一青芙蓉。舉手石扇開半掩，緑鬟玉女如相逢。風雷隱隱萬壑瀉，憑崖倚樹聞清鐘。洞門之外百丈松，千株盡化爲蒼龍。駕蒼龍，騎白鹿，泉堪飲，芝可服。何人肯入空山宿？空山空山即我屋，一卷《黄庭》石上讀。

辛巳三月，紫霞真人宿此洞，編蒲爲書。

此詩碑青石質，長條形，六通，每通長二點五米，寬零點六六米。行草書，十三行（見《白鹿洞書院碑刻摩崖選集》）。觀此詩碑手迹，顯非陽明書法，後題與詩手迹相同，出於同一人之手，決非後人僞造附加，足可見此詩爲「紫霞真人」所作，而斷非陽明詩。據此詩碑題下另有附記云：

紫霞真人編蒲書，經前太守廖君文英鐫之愛蓮池畔。自咸豐四年以來疊經兵燹，零碑剩字珍若璆琳矣。十年冬，余承乏斯洞，禮請潘解元先珍主理洞學。暇日搜及舊榻本，選石摹勒置洞中，以壽其傳，此潘君紹述文獻之美意也。十一年秋八月，南康守曾省三識。

按廖文英在康熙九年至十二年（一六七〇—一六七三）来知南康府，此詩碑即刻在其時，可見其刻石依據即白鹿洞書院所藏「紫霞真人編蒲書」（真迹）。蓋紫霞真人正德十六年三月遊白鹿洞，編蒲書此詩，當時並未刻石，其編蒲書藏於白鹿洞書院未失，故明人皆知此詩爲紫霞真人作，向未歸之陽明。如明天啟二年（一六二二）李應昇撰《白鹿洞書院志》，即著録此《白鹿洞歌》，題爲「紫霞道人」作，不爲陽明詩，當是直接録自白鹿洞書院所藏紫霞真人編蒲書真迹。在此《白鹿洞歌》下又著録彭夢祖《過白鹿洞次紫霞道人壁間韵》，可見明時此《白鹿洞歌》猶題於白鹿洞壁上，時人皆知爲紫霞道人所作詩。蓬累軒編《姚江雜纂》在日本明治維新時代（一八六八—一八七八），已經很晚，遠在李應昇撰《白鹿洞書院志》、廖文英刻石《白鹿洞歌》之後。按曾三省云「自咸豐四年以來疊經兵燹，零碑剩字珍若璆琳矣」，恰當蓬累軒編《姚江雜纂》之時，此詩碑已「零碑剩字」。觀《姚江雜纂》所録此詩正多有誤字缺句，顯就是因當時此詩碑已「零碑剩字」，落款「辛巳三月」以下也漫漶莫識，被日人拓去，妄補填「書此王守仁」五字，遂作爲陽明詩編入《姚江雜纂》。紫霞真人不知何人，其當爲廬山一道士無疑，觀詩中云「空山空山即我屋，一卷《黄庭》石上讀」，即自稱己爲居廬山中一道士，石上讀《黄庭經》修煉者，此亦不合陽明身份，此尤可見此詩非陽明作。又正德十六年三月陽明居南昌，並無往游白鹿洞之事，錢德洪《陽明先生年譜》：「正德十六年正月，居南昌……録陸象山子孫……先生刻《象山文集》，爲序以表彰之……五月，集門人於白鹿洞。」是陽明五月集門人於白鹿洞，三月顯無往游白鹿洞之行，此更足證此詩非陽明作也。

上海博物館藏有陽明《與純甫手札》：

兵冗中久缺裁候，乃數承使問，兼辱佳儀，重之以珍集，其爲感愧，何可言也。僕病卧且餘四月，咳痢日甚，淹淹牀席間，耳聾目眩，視聽皆廢。故珍集之頒，雖喜其逾珙璧之獲，而精光透射，尚未得遽一瞬目其間。候病疏得允，苟還餘喘於四野，幸而平復，精神稍完，然後敢納足玄圃之中，盡觀天下之至寶，以一快平生，其時當别有請也。伏枕不盡謝私，伏冀照亮。不宣。三月二日，王守仁頓首，純甫道契兄文侍。餘空。

按：《陽明文録》卷四有《寄何燕泉書》，與此《與純甫手札》内容全同，而無最後「三月二日，王守仁頓首，純甫道契兄文侍。餘空」數句（見前《寄何燕泉書》考）。以二書比勘，顯見此《與純甫手札》爲僞，而《寄何燕泉書》爲真。按陽明始卧病在五月，「且餘四月」，則在十月，而此札竟題「三月二日」，足見其僞謬，此「三月二日」云云原無，顯是後來王氏後裔所妄加，以造成此札爲致王純甫之假象。王純甫名道，武成人，陽明弟子，爲後輩，若此札是致王純甫，陽明豈能用「王守仁頓首純甫道契兄文侍」之稱呼？故僅此一句亦可見其僞。又該札乃云某人寄來詩集（珍集），請陽明過目，隱有求陽明作序之意，陽明稱贊其集「逾珙璧之獲，而精光透射……盡觀天下之至寶，以一快平生」，此語唯何燕泉足以當之，而王純甫爲一後輩弟子，陽明豈能作如此語？（按：王純甫時尚年輕，亦不可能編有其詩集）可見此札必是致何燕泉，而決非致王純甫。

《陰那山志》卷三著録陽明作《遊陰那山》：

予既自宗山歸贛，而聞有此那山，隨泊舟蓬辣，快所一登，果然佛靈山傑。以是較宗山，宗山小矣。時門人海陽薛子侃、饒平二楊子驥、鸞同一玩云。

路入叢林境，盤旋五指巔。奇峰青卓玉，古石碧鋪泉。吾自中庸客，閑過既怪阡。菩提何所樹，槃湟是其偏。輪回非曰釋，寂滅豈云禪。有偈知誰解，無聲合自然。風幡自不定，予亦坐忘言。

按：宗山在海陽，所謂「自宗山歸贛」，乃指正德十二年三、四月陽明平漳寇班師歸贛，然陽明是次平漳寇並未往潮州海陽，此顯僞造。且正德十二年春薛侃登進士第，遠在京師，後告歸侍母於玉山（時其兄薛俊任玉山教諭，詳見饒宗頤《薛中離年譜》），如何能陪陽明游陰那山？又楊驥、楊鸞其時講學於玉林（詳亦見《薛中離年譜》），亦更無陪陽明游陰那山之事。今人或據《順治潮州府志》卷十一載此詩（無詩序），以爲陽明確嘗一至潮州。今按：陽明生平未嘗一至潮州。正德十二年陽明平漳寇，行踪只達福建上杭一帶，未嘗入廣。嘉靖六年陽明入廣，乃是由越中經錢塘、衢州、廣信、南昌、吉安、大庾過梅嶺、肇慶入梧州，錢德洪《陽明先生年譜》及《王陽明全集》卷二十諸入廣詩述之甚明，斷不可能繞遠道經潮州入廣西。陽明《嶺南寄正憲男》稱是次入廣乃是「晝夜兼程而行」，度梅嶺，過三水，直達梧州（《王陽明全集》卷二十六），哪敢繞遠道悠閑而行，中途往遊千里之外之陰那山？此詩云「閑過既怪阡」、「予亦坐忘言」，決非陽明所能道。況楊驥、楊鸞亦早卒。總之，陽明生平未嘗一至潮州，鄒守益《懷惠祠記》亦分明云：「先生未嘗履其地（潮州）。」此遊陰那山詩顯爲僞作。

安徽歙縣《吴氏冲山家乘》載陽明作《新安吴氏家譜序》：

正德二年，予以劾瑾被譴，同年吴子清甫亦以劾瑾落職。心一遇同，相得歡甚，朝夕談道，上下古今時事，未嘗不爲之慨嘆。一日，清甫以家譜屬序，傳示後人。顧予越之鄙人也，言何足重哉？夫一族千萬人，其初兄弟也，兄弟其初一人也。一人之心,固以千萬人之心爲心,千萬人之心,其能以一人之心爲心乎?譜之作也,明千萬人本於一人,則千萬人之心當以一人之心爲心。子孝父,弟敬兄,少順長,而爲父兄長者亦愛其子弟。少者貧而無歸也,富者收之;愚而無能也,才者教之。貴且富者,不以加其宗族患難恤而死喪賻也。千萬人惟一心,以此盡情,而譜善矣。世之富貴者自樂其身,留遺子孫,而族人之饑寒,若越人不視秦人,略不加之意焉,焉用譜爲哉?故善保其國者,可以永命;善保其族者,可以世家。清甫欲世其家,亦善保其族而已矣。予聞清甫祖父賑窮周乏,施惠焚券,先親族而後仁民,蓋有古忠厚長者之風焉。以此傳後,子孫必有蕃且昌者。清甫諱淳,與予同登弘治己未進士。今以江西道監察御史退居林下。其家世閥閱之詳載譜書,不及贅云。正德二年秋月,年生古越陽明子王守仁撰。

按:此序謬誤百出,一望知僞。如開首云「正德二年,予以劾瑾被譴」,按陽明乃是抗論疏救戴銑等被謫龍場驛,陽明向無稱自己是劾劉瑾被謫者。《國榷》即於正德元年下引王世貞語:「考之國史與王文成年譜、行狀、文集,止是救戴銑等下獄被謫,本無所謂劾瑾也。」可見此語決非陽明所道。序又云「同年吴子清甫亦以劾瑾落職。心一遇同,相得歡甚,朝夕談道,上下古今事,未嘗不爲之慨嘆」,按陽明正德二年二月即離京赴謫,吴清甫又如何與陽明「相得歡甚,朝夕談道」?正德元年劾瑾者俱載之史籍（如《明通鑑》、《國榷》），皆昭昭可見，獨無吴淳其人，可見其僞造。尤荒謬者，序云「一日清甫以家譜屬序，傳示後人」，按陽明正德二年赴謫詭秘其行，春三月隱居勝果寺，秋八月托言投江南奔，浮海入閩，無一人知其踪跡，吴清甫如何能當面將家譜給陽明，請其作序？「正德二年秋月」，正是陽明浮海入山、經歷生死險難之際，豈有可能在其時看吴氏家譜作序？至於序後云吴清甫與陽明爲同年，以江西道監察御史退居林下，皆於史無徵，可見皆爲吴氏後裔所僞造。

《竹橋黄氏族譜》卷首載有陽明作《竹橋黄氏續譜序》：

黄氏之先，以國爲氏，族屬既繁，分散四方者益衆。竹橋始祖萬二府君，爲金兵作亂，自徽之婺源遷於慈溪鳳凰山竹墩之地。居未二世，又遷於餘姚官埭浦竹橋之西。至是十六世，子孫衆盛，衣冠禮儀蔚然有稱，豈非黄氏之望族歟？近有族之胤曰夔者，以俊秀選爲郡庠生，負笈稽山書院從予遊，苦志勵業，學以有成。暇日言及父進士，表章譜牒，遺文行義，求予一言序之，予辭之不得。按其祖伯川公譜系，乃七世祖福二公，至元季泰定間，以進士任餘姚州州判，歷任九年。其長子德彰，登至順間進士，任浙江承宣司使；次子德順，應元制擢任鄞縣教諭；三子德澤，以武舉歷任副元帥，鎮守定海有功，敕封都督元帥。是皆竹橋之望聞於世者也。其他子孫孝友推於鄉，惠愛孚於人者比比，譜牒具存，瞭然在目，可得見也。夔方鋭志科目，而能急急以孳先德爲念，其知所重者哉！嗟夫！人之行莫大於孝，孝莫大於尊祖敬宗。夔能及此而益勉之弗懈，尚何德之弗修，行之弗飭，功業弗底於大且遠哉！孔子曰：「夫孝，德之本也，教之所由生也。」異時名立政成，耀後而光前，俾人稱黄氏賢子孫者，夔也夫！姑以是爲序，用勖之。正德十六年八月既望，賜進士出身、前資德大夫、兵部尚書、新建伯陽明王守仁譔。

按此序過分誇美黄夔之尊祖敬宗，所叙不實，一望知僞。如序稱「近有族之胤曰夔者……負笈稽山書院從予遊」，按稽山書院建在嘉靖三年，錢德洪《陽明先生年譜》：「嘉靖三年正月，郡守南大吉以座主稱門生……於是闢稽山書院，聚八邑彦士，身率講習以督之……宫刹卑隘，至不能容。蓋環坐而聽者三百餘人。」黄夔如何能在正德十六年以前即負笈來稽山書院受學？且正德十六年以前，陽明於正德十二年至十六年遠在江西平寇，不在越（正德十二年以前更在南京任職），何能有陽明在越主講稽山書院之事，而黄夔居然能「勵志苦業，學以有成」？僅此可見此序之僞。又以此序結銜觀之，尤可見作僞者之可笑無知。按陽明之封新建伯、陞南京兵部尚書在正德十六年十月二日，錢德洪《陽明先生年譜》：「正德十六年十月二日，封新建伯……王守仁封新建伯，奉天翊衛推誠宣力守正文臣，特進光禄大夫、柱國，還兼南京兵部尚書，照舊參贊機務……」陽明如何敢在八月即自稱「新建伯」「兵部尚書」？且陽明在封新建伯後一再上疏辭封爵，錢德洪《陽明先生年譜》：「嘉靖元年正月，疏辭封爵……十月（原作七月，誤），再疏辭封爵……」陽明至少在嘉靖元年十月疏辭封爵不允後方敢用「新建伯」封爵，如何敢在正德十六年八月於此區區譜序中自稱「新建伯」？又「前資德大夫」更可笑，陽明同時封新建伯、進光禄大夫，按理當署「新建伯、光禄大夫」，豈能稱「前資德大夫、新建伯」？「兵部尚書」，更匪夷所思，陽明乃任南京兵部尚書，其再有天大膽，也不敢在文中自稱「兵部尚書」，作僞者之無知由此可見。

《青山黄氏世譜》載有陽明作《重修宋儒黄文肅公斡家譜序》：

譜之爲義大矣！有徵而不書，則爲棄其祖；無徵而書之，則爲誣其祖。兢兢焉尊其所知，闕其所不知，詳其所可徵，不强述其所難考，則庶乎近之矣。雖然，知不知與可徵不可徵，亦有爲時地所限焉。或經兵燹之餘，或值播遷之後，既編殘而簡斷，亦人往而風微，近遠難稽，盛衰莫必，則舉廢修墜，往往口耳之咨度，未能衷於一是。迨承平日久，里巷安然，相與講敬宗收族之事，乃益詳其體例，明於忌諱，前事每多抉擇，後世彌昭審慎。故爲人子孫，而欲光昭令緒，莫此爲大焉。今黄文肅公裔孫名祚者，以重修家乘，景企餘光，益以後系，踵而新之，而以序囑余。余得拜閲其全牒。所見於源流，既不失其考；於脉派，又獨得其真，視前次之譜爲親切焉，可謂得其本矣。其於當闕當詳之義，宜有合焉，而無慮其棄與誣也。察統系之異同，辨家承之久近，叙戚疏，定尊卑，收涣散，孰親穆，胥於譜焉列之。然則續修之人，其用意深遠、計慮周密爲何如！而凡屬譜系之後者，宜暢然思，油然感，勉紹先緒，無墜家聲，則亦庶乎！上下有序，大小相維，同敦一本之親，無蹈乖違之習，繩繩繼繼，永永無極也夫！

并贈世派歌：

世守儒宗訓，家傳正學書。宏綱開瑞運，嘉祉錫禎符。勤業前徽遠，通經聖緒孚。時雍元會合，雅化紹唐虞。

又

朝廷尚文德，萬國景賢良。忠信正常泰，嚴恭體益莊。孝慈家道善，仁厚祖功長。誠正修齊治，隆平世永昌。

時正德十五年庚辰孟春上元日，陽明山人王守仁拜撰。

按此序連篇空洞無物，誇美黄氏到不可思議地步，竟稱頌其「宏綱開瑞運，嘉祉錫禎符」，「朝廷尚文德，萬國景賢良。忠信正常泰，嚴恭體益莊」，「時雍元會合，雅化紹唐虞」，可謂胡言亂語，陽明豈作如是語？題云「宋儒黄文肅公榦家譜」不倫不類，家譜而稱爲「黄文肅公榦家譜」，不知所云，此顯是作僞者有意突顯黄榦其人，欲以借陽明之口贊美青山黄氏。不知黄榦爲朱熹弟子與女婿，其學崇朱學，陽明豈肯如斯盲目贊美黄榦之學？如序云「世守儒宗訓，家傳正學書」，「儒宗」者，朱子也；「家傳」者，朱學也，陽明豈肯作如是説？又序云「勤業前徽遠，通經聖緒孚」，尤不合陽明思想。結尾署「正德十五年庚辰孟春上元日」，露出作僞馬脚，按錢德洪《陽明先生年譜》：「正德十五年正月，赴召次蕪湖。尋得旨，返江西……先生即行。忠等恐語相違，復拒之蕪湖半月。不得已，入九華山……先生赴召至上新河（按：在南京）……以晦日重過開先寺……」陽明在正月初由南昌赴召，次蕪湖半月，正月十五日入九華山，二十日至南京上新河。是次赴召陽明行踪隱秘，不爲人知，上元日其避入九華山，乃臨時避禍之舉，外界更無從得知，而青山黄氏遠在福建長樂，黄祚如何能測知陽明行踪，千里迢迢趕至九華山中，請陽明作序？其荒謬至極，不言而喻。

《武進范氏家乘》卷九載有陽明作《范氏宗譜記》：

正德二年丁卯夏四月，守仁赴謫，逆瑾遣人隨行偵探，予意叵測，晦形道迹，潛投同志范君思哲之兄思賢於毗陵。君乃宋賢范文正公後裔，好學之士也。大江南北士大夫非其枌榆同社，則其孔李世交，不然則其遥遥華胄也。往來講學者絡繹，余心恐慌焉，君遂匿余於祖祠者三匝月。時天炎無奈，以其家乘讀之，一展卷，球壁盈前，師保在望，愈讀愈喜，令人忘倦。秋七月回錢塘，乞帶以歸，嘗遣弟姪輩讀之，大可導忠孝，尚仁誠，小可豁襟懷，覺迷懣。自三代以及漢、晉、唐、宋，至我國朝，凡百餘禩，賢懿炳炳，甚者樹德砥行，翼聖闡真，股肱王室；次亦進善化俗，批鱗犯顔，真臣循吏之流也。至於端人誓士，理學文章之耆舊，高尚廉潔之逸民，何代無之？而普天氏族莫能與之京者矣。予於匿祠之日，即肅然下拜，及返錢塘，赴龍場，則低回不能舍。倘異方殊域之君子，不獲拜其祠，而得讀其傳，想見其人，猶當立儒而興頑；況於世俗之人，無不好賢而惡愚，果有能登其祠，考其傳，而憬然思、躍然起者，亦何必抵掌於優孟乎！歆乎虎賁，反身而求，希之則是耳。諺云：「彼一時，此一時。」安知范氏賢裔令哲今不如昔，後不如今，百世而下，不與乃祖乃宗并傳不朽乎？後之君子，又當仰企於前人矣！願與吴中人士共勉之。余之言弁於范氏之譜末，如滴瀝增於滄海，卷石加於泰山，不足爲范氏之輕重也。時讀禮家居，青田范引年以毗陵宗譜記爲請，故憶而爲之記。嘉靖二年癸未小春之吉，餘姚後學王守仁撰。

按：此譜記稱美武進范氏，竟云「普天氏族，莫能與之京者矣」；稱美范氏後裔思哲、思賢之流，竟云「安知范氏賢裔令哲，不與乃祖乃宗并傳不朽乎」；稱美平平一《范氏宗譜》，竟云「肅然下拜」，「低回不能舍」，「一展卷，球璧盈前，師保在望」，「大可導忠孝，尚仁誠，小可豁襟懷，覺迷懑」云云，無一合實，全屬僞造。如記云「正德二年丁卯夏四月，守仁赴謫」，「潛投同志范君思哲之兄思賢於毗陵……君遂匿余於祖祠者三匝月」，「秋七月回錢塘」，皆荒謬絕倫。按陽明實在正德二年春二月離京師赴謫，見李夢陽《空同集》卷九《發京師》：「正德二年春二月，與職方王子同放歸田里。」至三月已在錢塘，《王陽明全集》卷十九有《卧病静慈寫懷》：「卧病空山春復夏。」《南屏》亦云：「溪風漠漠南屏路，春服初成病眼開。」可見春三月陽明已居錢塘勝果寺，直至六月，其《移居勝果寺二首》即云「六月深松無暑來」。故錢德洪《陽明先生年譜》亦謂陽明「夏，赴謫至錢塘」，斷非秋七月至錢塘。陽明三月至六月在錢塘居勝果寺，昭昭見載陽明集中，何來隱匿毗陵范氏祠三匝月之事？又陽明在錢塘於六月下旬已託言投江南奔，輾轉經武夷，於九月從鄱陽往南京省父，更不可能秋七月方至錢塘，如何七月猶在錢塘遣弟姪輩來讀《范氏宗譜》？其説之荒謬自不待辨。譜記後云「時讀禮家居」，亦無知可笑，按嘉靖二年陽明丁父憂守喪，當爲「憂居」，豈可曰「讀禮家居」？又譜記云「青田范引年以毗陵宗譜記爲請」，更可笑。按范引年爲餘姚人，與武進范氏無涉，《康熙紹興府志》卷四十九：「范引年，字兆期，餘姚人。學於文成，稱高弟子……」范引年任青田教事在嘉靖二十一年，錢德洪

《陽明先生年譜附録一》:「嘉靖二十一年,門人范引年建混元書院於青田,祀先生。書院在青田縣治。引年以經師爲有司延聘主青田教事,講藝中時發師旨。」嘉靖二年時豈可稱「青田范引年」?

《武威石氏宗譜》卷首載陽明作《重修家譜序》:

嘗觀朝有史以編年,國有諜以紀事,家有譜以載氏,源遠流長,暨諸華胄,以對揚祖德。如楊雄家牒,殷敬世傳,孫譜記,陸家裔,歷所由來,尚矣。浙之有盛族者,伊誰之始?曰:始於良公也。□下家學淵源,科甲文□,□□醇儒,繩繩不絶,僉以賢且美稱。噫!其可不愧於始遷之祖也歟?莫爲之前,雖美勿彰;莫爲之後,雖盛勿傳。宗譜不修,則若子若孫,無以知身之所從出,視族如涂人者。蘇老泉云:「相視如涂人者,其初皆兄弟也;兄弟,其初而一人之身也。」淵明曰:「同流分派,人異世殊,慨然寤歎,念兹厥初,則知譜之不可不修也明矣。」今兹素公盡誌宗譜,得以知身之所從出,曰:此某之祖也,此某之宗而本族始遷之祖也。兹當告成,問序於余。余曰:盛族乎!其可知本者乎?從此奕葉振起,大立功名,在國則登諸乘,在朝則名諸史,天下後世,絶稱孝子慈孫者,咸嘖嘖其祖父,豈特光諸身而已哉?是爲序。時大明嘉靖八年春月之吉,賜進士第、光禄大夫、柱國、新建伯、兼都察院左都御史伯安王守仁頓首拜撰。

按此序淺鄙庸俗不堪，所謂「浙之有盛族者，伊誰之始？曰：始於良公也」，「從此奕葉振起，大立功名」，「天下後世，絶稱孝子慈孫者，咸嘖嘖其祖父」云云，唯石氏後裔作僞者方説得出此等話。尤奇者序署「大明嘉靖八年春月之吉」，陽明卒於嘉靖七年十一月，如何嘉靖八年春作此序？作僞者之無知匪夷所思。或以此嘉靖八年爲六年之誤辨之，尤非。按陽明嘉靖六年五月方命兼都察院左都御史，征思、田，嘉靖六年春時豈能稱「兼都察院左都御史」？況此序結銜亦不倫不類，如竟自稱「伯安王守仁頓首」，可笑之極。

《蛟川王氏宗譜》卷首載有陽明作《泰和王氏族譜原序》：

琅琊王氏，自晉太傅導，佐元帝中興，存中華文物於江左三百餘年，有功於世道甚大，故郭璞嘗爲筮之曰：「淮水絶，王氏滅。」淮水豈有絶哉？太傅後家金陵，久而稱盛，有譜牒。南唐世，擢王公崇文爲吉州刺史，金陵之世家也。其從孫贄，字至之，從之官，因家於吉州之泰和，天禧初擢進士第，有文武才，深見知於仁宗、英宗，初以禮部侍郎致仕，官其子億通判吉州，以便養厥後世，不先爲士。淳熙中，有諱化原，開禧中，有諱圭者，皆以進士得官。其登名太學者，比比有之。元盛時，有諱以道、字臣則者，因張伯剛、李道復遇仁宗於汴，固邀從入京，固辭曰：「受父母命遊汴而已。」歸而弟子彌衆，竟以隱終。此其人非抱高世之節，安能若是耶？太傅公之遺澤未艾也。其子子與博學，尤以詩名，今行於世，太祖高皇帝聘以講書，擢爲福建鹽運副使，辭不拜。其季曰子啟，仕爲監察御史，遷廣西按察司僉事，知崇慶州，歸老於家。子與有子伯貞，繼爲廣東僉事，今歷朝至中順大夫，知瓊州府，以子直官翰林院修撰，蒙特恩，即致其仕，其榮盛爲何如哉！何其與先祖遭逢相似耶？直字行儉，間持其家譜示予，求予之序，既疏其事如上，而又必推太傅之世家，明積善之不可誣也。予居鄉時，嘗登青原山，得侍郎公之塚，又下墨潭山，至中邨，得通判公墓碑，有讀之爲之三復而歎，與太史公登箕山之感無異，其譜所傳，豈不信有徵哉？矧先公與子與君爲莫逆，而子啟君之出而仕也，與先叔父同年，幼時嘗及拜謁，而不能知其詳。惟瓊州公念先君子之交契，忘年相友，班荊逆旅，傾竭議論，退而思其風度凝遠，中懷曠如，久處而不厭，往來思之而不能已，非真可謂老成篤厚之君子歟？行儉亦甚似公，而謹飭侍郎公父子之名位，事業將有繼也。如是足以爲此譜之光華，使後之人有所憑藉扶持，而世守之也。時在嘉靖七年歲次戊子秋九月之吉，兵部尚書王守仁拜撰。

按此序主旨在稱美瑯琊王導及其世澤，竟云「晉太傅導佐元帝中興，存中華文物於江左三百餘年，有功於世道甚大」，「太傅公之遺澤未艾也」，「既疏其事如上，而又必推太傅之世家，明積善之不可誣也」，與陽明思想不合。陽明嘗專作《紀夢》稱美郭璞爲忠臣，痛斥王敦、王導爲大奸叛賊（見前《紀夢》詩考），此序所言，正是陽明所激烈反對批判者，僅此已可見此序之僞。况此序中所述事，多係僞造，如序云「子啟君之出而仕也，與先叔父同年，幼時嘗及拜謁」，按陽明叔父中，并無一中進士者，何來「同年」之事？嘉靖七年九月陽明在廣平八寨、斷藤峽，戎馬倥偬，而王直遠在京師官翰林院修撰，萬里相隔，又如何能「間持其家譜示予，求予之序」？尤奇者序末署「兵部尚書王守仁拜撰」，按陽明乃任南京兵部尚書，其作區區一譜序豈敢妄署「兵部尚書」？此必是清代王氏後裔僞造此序，不知明代有「兵部尚書」與「南京兵部尚書」之別，乃出此匪夷所思之誤也。

《餘姚邑後翁氏宗譜》卷一載陽明作《翁氏宗譜序》：

翁氏之爲周裔，前人已詳載言之。今考其氏族，秦以前無論矣，自石君以《春秋》翊漢，而唐而宋，以迄我國朝，勳猷炳著，代不乏人。薇軒公以余有年家之好，郵家乘，以徵余序。余閱而歎曰：翁氏之盛，其辨於文獻世系者，伊川、龜山、考亭諸先生亦既颺言其略，余復何所頌美哉？獨是祖宗作之於前，而子孫不能述之於後，非盛也；一子孫述之於後，而奕世子孫不能接踵以相繼於不衰，非盛也。然則氏族之盛，亦惟象賢之有人，而不在敷陳先世之美也。余願以是爲翁氏之子孫勉，而即以是爲家乘序。正德三年戊辰八月既望，陽明山人王守仁題。

按此序所云，疑點多多，非陽明所作。如序云「翁氏之盛，其辨於文獻世系者，伊川、龜山、考亭諸先生亦既颺言其略」，按程頤、楊時、朱熹集中均無所謂辨於翁氏文獻世系之文，此必是指《翁氏宗譜》所載之程頤、楊時、朱熹作譜序，實皆翁氏後裔所僞造，陽明豈會據信？疑此程頤、楊時、朱熹、陽明之譜序爲同時由翁氏修譜時所僞造，欲造成歷史真實之假象。又序云「薇軒公以余有年家之好，郵家乘，以徵余序」，匪夷所思。正德三年八月陽明遠謫在貴州龍場驛，與外界隔絶，萬山險阻，家書不到，翁氏豈能萬里郵寄家乘到龍場驛以求序？況陽明父王華即居餘姚，若翁氏果與陽明父子有「年家之好」，則自可通過王華求序，或就近請王華作序，何至遥遥萬里寄家乘求一序？作僞者之拙劣無知由此可知。

《旌德吕氏續印宗譜》卷一載有陽明作《吕氏宗譜序》：

余自南昌底平，即角巾歸浙，盧會稽之巔以窺老，而中朝達官貴人不相折簡通問久矣。今年春，有門生翰林編修江子暉、天朝主事江堯卿，走伻奉《旌川吕氏家譜》來山中，請余爲之一言。翻閱之，乃吕氏裔孫耆英瑛、巡尉旻、耆英賢生、德文、儒英昕、義宰后、耆英儒盛、生員忠諸君，苦舊譜之淆謬而歷年已久，倡闔族爲釐正系世之舉。夫以諸君尊祖合族，辨真伐舛，其志固可嘉，而況重以二江之請，余惡得而却之？考吕氏得姓，兆於炎帝，著於尚父，由周而秦，有文信顯始皇朝，由秦而漢，有光夫父子顯元成間。文信余不暇論，而光夫御命北荒，抗節守死，有不辱君命之忠；子猗義不從逆，謝病歸田，有潔身去亂之正。前譜未見一語表章，何其不知務耶！由漢而晉，吕光啟凉，稱帝河北，厥後祚移，而宗室播逋於天下，則有南北宗矣。北宗之家河南者，有文穆、文靖、正獻爲盛宋賢相；家藍田者，有和叔、與叔爲程門高弟；靖康間，正獻孫好問從高宗南渡，而家婺，又得吕成公，迹美紫陽，而大爲亢宗之子——北宗之盛如此也。南宗則始於從慶、從善之伯宗二公，於唐季逼兵燹，自建康挈家遷歙之堨田。從慶公不安厥土，復遷旌之豐溪。二公之後，并著兩邑，而旌派尤盛。自從慶公迄今，僅二十六葉耳。雲礽之稠餘七千指，宅里之辟餘二十鄉，才而仕者餘五十輩。若用聞公參浙東，仲賓公巡察杭州，仲祺公兵馬都監浙東，仲漢公尹開封，若冰公參河南，椿公佐大理，應黄登第而聯輝竹坡，涇公辭宰而見嘉穆陵，大圭公叩閽論事而被眷景孝，子宜公提戈殺虜而沐寵高廟，此聲聞尤著而傳頌縉紳者也；賢而隱者，若俞公、海公之纂修家乘，竹溪公之結詩社，富孫公宅黄龍岡，以枕城西之勝，成之公構潤澤堂，以儲先世之文，仲翔公窮經礪行，而動龍興之辟，德彰公代輸逋負，以繼三邊之飛輓，濟公倡修縣志，以集一邑之文獻，此行誼尤美，而輝映丘園者也；肆今族宗子姓，復班班業儒，綽有濟美之資，若昕者，字天啟，學問充足，才德兼美，隱處南山，以集《四書拙録》、《春秋拙録》、《志學規録歷覽》，皆心聖賢之心，以合於天理之正，而則乎人心之安，而後世權謀術數、功利苟且之私，一毫無得參焉；耆儒盛者，又以著述鳴世，而其小學、日記、故事、詩，已板行於天下矣——南宗之盛如此也。但世遠族繁，艱於條叙，而從前修譜者，又非巨儒碩士，以故疏漏訛舛，弗信弗傳。如始遷金陵者，本五十七世祖伸公，而前譜則從慶公并言之；濛公，譜序所謂明君者，本以贊梁武，而前譜則以爲僧珍之字；富孫公，本仲祺公派，夢杞公之子，而前譜則以應瑞公當之，而繫於昭公之下；長山泥田，非其族類，而前譜則誤捏繫於汝直公下，以慶孫祖孫福興妄承他人爲宗族。凡此乃訛舛之大，而小者則不容枚舉也。夫以堂堂文獻之宗，而家乘顧如此，豈非一大欠事哉！是宜諸君有兹纂新之舉也。凡奉斯譜而爲吕之苗裔者，其必體諸事君尊祖合族之心，念先世共本同源之義，謹其名分而弗使之紊，洽其恩意而弗使之離，歲時之薦必相攝，冠帨之室必相保，應科目而習行義者，必期樹文穆、文靖之聲光，棲山林而研道德者，必期升二叔、東萊之堂室，庶乎無愧乃祖垂統之正，而亦不辜余秉筆縷繡之勤。主斯纂新之任者，固鍈、旻諸君，而因二江以請余文者，則盛之廷鏡也。廷鏡美風度，雄氣節，而知爲世家子，余以是尤愛，爲之悉叙。皇明嘉靖三年甲申九月戊辰，賜進士第、資政大夫、太子少保、兵部尚書、柱國、武襄侯、前巡視兩廣左都御史、奉旨督師征江西寧庶人會稽王守仁書。

按此序全作吕氏後裔口吻語，一望知僞。試讀「北宗之家河南者」至「妄承他人爲宗族」主要段落，歷數吕氏「諸公」政績德行，竟一一以「公」相稱，信口開河誇美，皆地地道道爲吕氏後裔稱頌先祖先公之語，陽明作序，豈能作如斯口吻？序中所述，亦不合事實，如開首云「余自南昌底平，即角巾歸浙，廬會稽之巔以窺老」，乃胡言亂語，「南昌底平」不通，亦不副事實。陽明在江西平亂，乃是疏乞便道歸省，後因王華卒，乃丁父憂居，廬墓守喪，哪裏是什麽「角巾歸浙，廬會稽之巔以窺老」？又陽明歸越，與朝中大臣仍有書札密切往返，如陽明封新建伯，朝中差行人慰勞，「下温旨存問父華於家，賜以羊酒，親朋咸集」。陽明數上疏辭封爵，林見素來訪，朝中大臣如霍韜、席書、石金等交章論薦陽明等，又哪裏是什麽「廬會稽之巔以窺老，而中朝達官貴人不相折簡通問久矣」？序最荒謬絶倫者，爲末署「賜進士第、資政大夫、太子少保、兵部尚書、柱國、武襄侯、前巡視兩廣左都御史、奉旨督師征江西寧庶人會稽王守仁」，陽明乃封新建伯，何來「武襄侯」？陽明正德十六年已進光禄大夫，如何嘉靖三年猶署「資政大夫」？陽明正德十六年陞南京兵部尚書，無進太子少保事，如何署「太子少保、兵部尚書」？陽明在江西乃舉義兵平宸濠亂，如何能署「奉旨督師征江西寧庶人」？陽明在嘉靖六年任都察院左都御史，巡撫兩廣，如何嘉靖三年竟能署「前巡視兩廣左都御史」？

《陳氏西墻門支宗譜》卷一載陽明作《陳氏大全宗譜序》：

陳氏特峰鑒公，嘉靖間會修《宗譜大成》，請序於陽明公。湖自胡公滿得姓之始，以至平、湯，實元方、季方分派，顯於魏，丕顯於晉，盛行於宋、齊、梁之間。如大司空群，尚書僕射泰，至逵而遷長城者，皆元方之後也；高源太守閏，魏主簿譚，至爲福建節度使邁而遷莆田者，皆季方之後也。季方之後居莆爲多，泉、福、建安之境次之。宋元間罕有會者，其派少傳。長城自逵至武帝霸先繼梁，傳五君，分王膏肥之地。有曰新安者，則伯固之受封，而其後移家績溪，若旌德昌溪、霞溪、陳村、古山，涇之雲岑，昌化義千，類皆績溪之分派也。有曰河南者，則叔獻之受封，而其後移家婺州，若桐城、宿崧、高安、湖口、常山、東路、玉山、騰鵬、黄梅、廣濟、建昌、陳橋，類皆婺州之分派也。有曰湘東者，則叔平之受封，而其家移歙之黄墩，若樂平、臨懷、定海、永嘉、昆山、金華、靈壁，類皆黃墩之分派也。有曰義陽者，則叔達之受封，而其後移家玉泉隱漿，若溪口、大門、里弋、陽榮、錦坊、德興之陳源、上虞之半邑、暖川、齊村、上饒、沙溪，類皆隱漿之分派也。仁受封於廬陵，而安陸、新昌、大姑、信豐、新田、寧州、杉市、宣城、長安諸派，皆祖之。允受封於吴興，而平湖、延津、嘉興、東陽、義烏、連市、梅監、乍浦諸派，皆祖之。莊受封於會稽，而鳳陽、塗山、廣德、苦竹、墩合、州狀、元塘諸派，皆祖之。獻受封於河南，而原武、寧陵、祥符、時安、臨潁、新鄭諸派，皆祖之。儼受封於潯陽，而安仁、大原、陳營、河南、鄱陽、南村、貴溪、永豐諸派，皆祖之。虞受封於武昌，而江夏、金沙、竹牌、團風、荆襄諸派，皆主之。若赭山、山陰、遂昌、奉化、烏程、無錫、常鎮之派，則自恬王於錢塘、儉王於南安始也。鄱陽、大園、南昌、石橋、進賢、羅岑、湖南之派，則自山王於鄱陽、謨王於巴東始也。至於西川、東門，又自太子深避隋所遷，而後有家保寧、新井，而卒宏大家聲如三堯者；亦有奉節、出鎮因家鹽倉、浮梁，而卒能正戢廟祀如大夫軼者；亦有宦遊江、浙，愛其山水佳勝，而家桐廬如觀察使輊者。若重慶、南川、鄱陽、禮城、婺源、霍口，則托始於新井，而瓜分子析，如樂之桐岡、婺之金蘭、德興之白沙，又或有自禮成、自霍口者也。祁之竹源、休之陳村、浮之引京、下連、鎮市，則肇迹於鹽倉岑，而蹊殊徑別,如祁西方村、程村、蟠溪、宣化、崇善、棕閭、谷木,如建德小梅、青陽、灣里,休之冰潭、潛阜、新墟、德興、洛塢,歙之慈孝坊,太平之西鄉,又或有自竹源、自陳源者也。桐廬一派分牽尤多,近則淳安、遂安、富陽、堨口,遠則休之藤溪,歙之石門,湖之鴨頭,蘇之閶門,杭之天竺,暨夫上廣、山陰、天台、秀水、平陽等處,派分而源合。特峰公倡會,相從者三百餘支,又直欲合天下爲一家,而令和氣周流,仁風霶霈也。自非心之仁、志之遠、力之健而學問之充博也,烏能至此哉?信哉,特峰公爲經綸手,而是譜之大成也!亮今更譜陳氏,得姓至今二千八百餘年,始纂遞傳國祚,廣纂封遷州府,自台祖起,纂生卒居葬,續虞百千後裔,並譜舜裔,以合一派,比之《大成》者,尤覺大全也。重梓前序,皇明嘉靖新建伯陽明山人王守仁撰。

此序不厭其煩歷數陳氏之支派流裔(所謂「大成」、「大全」),全是陳氏後裔口吻,其非陽明所作,一望可知。按此序後分明言「亮今更譜陳氏,得姓至今二千八百餘年……續虞百千後裔,並譜舜裔,以合一派,比之《大成》者,尤覺大全也。重梓前序。」是此譜此序分明爲陳亮所作,蓋陳亮乃繼陳鑒《陳氏大成宗譜》作《陳氏大全宗譜》,自以爲「比之《大成》者,尤覺大全也」,乃作是序以重梓。序開首言「陳氏特峰鑒公,嘉靖間會修《宗譜大成》,請序於陽明公」,明是陳亮追敘嘉靖間陳鑒作《陳氏大成宗譜》,當時曾請陽明作序,非謂此《陳氏大全宗譜》爲陳鑒作,此序亦爲陽明作也。若此序爲陽明已作，豈能自稱「陽明公」？故僅此一「陽明公」稱呼，即足證此序非陽明作。又序云「嘉靖間會修《宗譜大成》」，僅以「嘉靖間」口氣，亦顯可見此序當作在嘉靖以後。大致可見陳鑒在嘉靖間修《陳氏大成宗譜》，乃妄稱請陽明作序；至嘉靖以後陳亮修《陳氏大全宗譜》，又妄稱請陽明作此序。然此二序實皆非陽明作（見下《陳氏大成宗譜序》考）。此序原本爲陳亮所作，必是陳氏後裔見序中云「請序於陽明公」，遂改此序爲陽明作，而於序末妄加「皇明嘉靖新建伯陽明山人王守仁撰」一句（不知所云），其作僞之惡劣可笑至極。

《潁川陳氏宗譜》卷一載陽明作《陳氏大成宗譜序》：

自五宗九兩之禮不行於天下，後世凡通都大邑之間，號稱鉅室而能僅譜其家者，不多得矣；若進而能譜其家者，則尤鮮焉，況推及天下同源異流者哉？能推及天下同源異流，必其心之仁，志之遠，力之健，而問學之克博也。今祁門庠生陳君望，一旦思欲矯世俗之弊，泝本窮源，合陳姓而一之，其有功於陳氏固偉矣。然使千萬世之下，步塵蹈迹，倫理得以不泯，昭穆得以常明，維持名教於誠心真切之地，又誰之功也耶？此余喜得於俄觀創見之餘，而不容以辭其請也。按陳氏之先本嬀姓，出於胡公滿，受武王之封於陳，世守虞帝之祀。傳至湣公越，爲楚所併，子孫因以國氏。嬴秦之季，有曰平者，即越之十世孫，家於陽武户牖，與張子房同爲高帝謀臣，封侯拜相，光顯天下。元帝時，有諱湯者，又以平六代孫，拜西域副校尉，奉使方外，誅斬郅支單于及閼氏太子名王以下千五百餘級，功上，錫爵關内侯，於平、有、光、湯之後，移家潁川。七傳而生文範，先生實以節義風四方，至有謂曰：「寧爲刑罰所加，不爲陳君所短。」厥子六皆賢，而元方、季方爲最，世稱「難兄難弟」，殆本諸此。如自是潁川之陳益著，二方之子孫益盛顯於魏，丕播於晉，大行於宋、齊、梁之間。如大司空群，尚書僕射泰，至諱逵而遷長城者，皆元方之後也；高源太守閏，魏主簿譚，至爲福建節度使曰邁而遷莆田者，皆季方之後也。季方之後居莆爲多，泉、福、建安之境次之。宋元間罕有會者，故其派無傳焉。長城自逵之後十一世，生武帝霸先，繼梁而有天下，傳五君，凡三十四年。故當時膏腴之地，多爲陳氏所居。有曰新安者，則伯固受封，而其後移家績溪，若旌之昌溪、霞溪，涇之雲嶺，昌化之義千，類皆績溪之分派也。有曰宜都者，則叔明之受封，而其後移家德安，若桐城、宿崧、南昌、石橋、湖口、餘干、建昌、太湖、烏石、新昌，類皆德安之分派也。有曰湘東者，則叔平之受封，而其後移家黄墩，若鄱之株嶺、江頭、樂平之葵田，洪州之武寧，類黄墩之分派也。至於西川東門，則由太子深避隋所遷，而後有家保寧、新井，而卒弘大家聲如三堯者；有奉節出鎮，因家浮梁鹽倉嶺，而卒能死正戢廟祀如大夫軼者；有宦遊江浙，愛其山水，而家桐廬如觀察使輕者。若鄱陽、禮城、蘭谷，則托始於新井，而瓜分子析，如樂之文明橋、桐岡，婺之霍口，又或有自禮城、自桐岡者也。祁門竹源，浮梁引京、里仁，則肇迹於鹽倉嶺，而蹊殊徑别，如池安、寧太，休之潛阜、新墟，又或有自竹源、自池安者也。桐廬一派，遷徙爲多，杭之天竺山，蘇之昌門，休、歙藤溪、石門，暨夫淳安、遂安等路，歷歷可考。其餘或出彼入此，或出此入彼，殆如斷絲散繩，誠不可以頭緒計也。唐天成間，有諱天麒者，一倡是會，於時而相從者二百餘支。繼之以宋開慶，則得半焉。繼之以元至正，則又半焉。自後各望其地，各宗其譜，雖咫尺之遥，而有秦越之分，回視古人家天下之心，殆胥壤矣。今觀陳君之爲是也，豈直家天下云爾哉？蓋欲撥去澆漓之俗，挽回淳樸之風，使族人各自其身，推及於其父；自其父，推及於其祖；自其祖，推及於其曾祖；自曾祖，推及於其高祖；又自高祖，而推及於無窮焉。則同吾身者，同吾父親者，同吾祖者，同吾曾祖者，同吾高祖者，同吾高高祖者，雖有親有疏，在遠在近，有貧有富，有貴有賤，有智有愚，有賢有不肖，自祖宗視之，則皆子孫也，何有親疏、遠近、貧富、貴賤、智愚、賢不肖之分哉？無親疏、遠近、貧富、貴賤、智愚、賢不肖之分，則親之於疏，思何如而惇睦之;近之於遠,思何如而時會之;富之於貧,思何如而周恤之;貴之於賤,思何如而維持之;智之於愚,賢之於不肖,思何如而勸勉之。一宗之中,和氣周流,仁風霶霈,上無愧於祖宗,次無愧於大家,次無愧於此譜矣,善哉之爲是也!然其輯譜説,表世系,叙節略,寫遺像,即所謂匡之真之,輔之翼之,使自得之。或者指爲浮泛之辭,茫昧之行,此不知譜者也,惡足爲陳君議哉!故曰:能推及天下同源異流,必其心之仁,志之遠,力之健,而學問之克博也。嗟夫!舉萬鈞之鼎,必烏獲而後能;游千仞之淵,必津人而後可。今譜學失傳久矣,而續之者不少也,然求如斯譜光明正大,簡切真實而易觀之者,蓋寥寥矣。余以是又知陳君爲經綸之手,而是譜信哉爲大成也!故併陳之,以爲將來者勸。嘉靖五年,歲次丙戌,秋九月之吉,賜進士第、榮禄大夫、柱國、奉天翊衛推誠宣力南京兵部尚書、參贊軍務新建伯、前都察院右副都御史陽明王守仁拜書。

按此譜序參以前《陳氏大全宗譜序》考,亦一望知僞。譜序連篇是陳氏後裔稱美口吻(尤其自「按陳氏之先本嬀姓」至「回視古人家天下之心」),陽明非陳氏族人,豈能作如斯語?嘉靖間陳氏族人作《陳氏大成宗譜》,《陳氏大全宗譜序》説是「陳鑒」,此譜序却説是「陳望」,其事本已虚無縹緲,不可確知,皆出陳氏後裔之妄托。兩序所言又大同小異,語句相類,實互相抄襲,陽明豈會作兩篇相同之譜序？序末署「賜進士第、榮禄大夫、柱國、奉天翊衛推誠宣力南京兵部尚書、參贊軍務新建伯、前都察院右副都御史陽明王守仁拜書」，可笑至極。陽明乃進光禄大夫，何來「榮禄大夫」？陽明封新建伯，又豈能稱「參贊軍務新建伯」？僅此其僞自見。觀此序所云，其爲潁川陳氏後裔模仿抄襲陳亮之《陳氏大全宗譜序》昭昭可見。

《蘭風沈氏家譜》卷首載有陽明作《沈氏修譜序》：

族之有譜，曷用修也？君子曰：譜載筆，垂人紀也，是故修譜所以修紀也；修紀而親親之仁弗容有間也，是故修紀所以修仁也；仁道備，禔身以範物，教之貞也，是故修仁所以修教也；教立而化溥，物我一致，政之成也，是故修教所以修政也，而王道備矣。此譜之修，所以爲士大夫家重務而弗可已也。曷言修譜所以修紀也？凡譜之爲，書圖以盡倫，係嗣以盡言，其非明一氏之嗣續也。悖典庸禮，宗法以彰；紹先啟後，統緒惟一。君子覩於此而肇修人紀，思過半矣。故曰修譜所以修紀也。曷言乎修紀所以修仁也？蓋親盡服窮，分之疏也；惡疏爲親，理之一也。塗人其宗，昧昧其祖，非純其仁孝之心者也。君子觀於人紀之叙，而愛敬之念純以篤矣。故曰修紀所以修仁也。曷言乎修仁所以修教也？祖宗之足法者，吾法之，違曰悖，

□合德，則克肖矣；不足法者，吾弗由，專濟惡，則不才矣。君子親於法戒之存，而勸且懲焉，則□望師保，如臨父母矣。故曰修仁所以修教也。曷言乎修教所以修政也？傳曰：《書》云：「唯孝友於兄弟，是亦爲政。」又曰：君子不出家，而成教於國。夫議道者自己，而置法者以人，故政從教生，而體仁達順之機不可禦矣。故曰修教所以修政也。而譜之爲道，盡於是矣。吾姚江沈氏，詩禮其家者也，里名蘭風。世傳其先有赦贈嘉議大夫字持正公者，扈宋南渡，相宅於龍舌之滸，名以西庄，不忘東林之意也。世有偉人名出，仕版歷十餘世，至諱文龍者，余之姻戚也。一日，余過其第，輒出族譜以示。及睇覽盡，乃歎曰：猗歟沈氏，其世□弗替者歟？吾獨求諸世卿士大夫家矣，不以聲利相騁逐，問其祖，盡惘然也；而沈氏之譜，若是其重焉，殆不汲汲聲利者耶？聲利薄，則積德厚，積德厚者流光，爰膺沈君之請，且受修譜者得作史遺法，因采爲引，言於起端云。時皇明嘉靖二十二年正月吉旦，新建伯王守仁拜撰。

按嘉靖二十二年，陽明早卒，此序顯僞。

《姚江景嘉橋魯氏宗譜》卷三載陽明作《廷璽公像贊》：

公諱文玘，字廷璽，號契蘭。繼業詩書，暗誦即能記憶。少壯入膠庠，赴北闈不售，以明經入禮部試第一，授經歷司。陞湖廣郴州同知，皇帝勅曰：「國家設軍衛以安民，雖專武職；置幕官以領務，則用文資。寓意實深，任人宜慎。爾大寧前衛經歷司經歷魯玘，發身才俊，列職幕僚，綜理惟勤，操持罔懈。既書最考，宜示褒恩。兹特進爾階徵仕郎，錫之勅命。夫官不計崇卑，必求其稱事；無分難易，務底於成。勉圖進修，以俟甄擢。欽哉！」弘治十六年五月十五日頒下。贊曰：

而質昭昭，聰明敏惠。而行踽踽，廉隅砥礪。而學淵淵，莫知根蒂。而才翹翹，雅工文藝。而治優優，下民所庇。而後繩繩，弓冶世濟。

賜進士及第、南京兵部尚書參贊機務兼都察院左都御史王守仁頓首題。

按此像贊寫得不倫不類，竟引皇帝敕命爲文，其非陽明所作，而爲魯氏後裔僞造一望可知。贊所引勅命，乃是進魯文玘爲徵仕郎之敕命，下在弘治十六年五月十五日，此像贊即是爲其進階徵仕郎而作，當作在弘治十六年，然而贊末竟題「賜進士及第、南京兵部尚書參贊機務兼都察院左都御史王守仁頓首題」，可笑至極。且贊引勅命稱「爾大寧前衛經歷司經歷魯玘」，是其時魯玘方任經歷司經歷，尚未陞湖廣郴州同知，如何像贊中竟云「陞湖廣郴州同知」？按像贊中所云，魯玘由經歷司經歷陞湖廣郴州同知當不出弘治十八年前後，其時陽明亦未陞南京兵部尚書、都察院左都御史（陽明陞都察院左都御史在嘉靖六年），其贊作僞昭然若揭。

《姚江景嘉橋魯氏宗譜》卷一又載陽明所作《明邑庠生誥贈經歷司徵仕郎宇瞻公傳》：

公諱懷澄，字宇瞻，配黄氏，汝旭公次子，同知文玘公父也。天資高朗，甫成童，見父友陳公謨、黄公謙皆以文藝顯，儒林景仰，更欲跨而上之。因潛心遜志，綜合經史，旁及諸子百家，無不貫徹。執筆屬文，任意揮灑，不同凡解，未嘗有一語拾人牙慧。一日，陳、黄諸公覽其課藝，交口贊之，謂汝旭公曰：「此子根柢深醇，不可限量，吾輩當遜此一座矣。」年十六，應郡試，太守拔置冠軍，是歲即補弟子員。及三赴秋闈落第，輒皇然而起曰：「功名富貴，得之有命，何可妄求？」自是棄舉子業，不復與場中角逐。率子若侄，杜門教之，自奉甚簡儉，食不兼味；至供子侄，必膏粱美脩。嘗語黄太君曰：「人身亥子之交，諸血在心，若輩讀書多耗之，不宜更薄滋味。」黄太君聞其言，躬逢飲食，培植子侄，不分公私，由是公踶之，夫婦間相敬如賓焉。其後長侄文璉學成，不試，棄書掌家。長子文玘進邑庠生，弘治初考授大寧前衛經歷司，陞郴州同知，覃恩贈公經歷司、徵仕郎，賜之勑命，至今猶焜耀家乘焉。嗚呼！古今來科名不著，終老蓬蒿，卒至身後泯泯者，不可勝數，而如公者，生雖不遇，死有榮名，斯亦足以壽世而不朽也夫！

按：明人給某人作傳，傳題均言其名（見《國朝獻徵録》），本傳居然題目中稱字，竟呼爲「宇瞻公」，荒謬至極。「宇瞻公」者，明是同宗後裔對先祖賢者之稱呼口氣，唯有家譜、族譜中同宗後裔給先人作傳才用如是稱呼，豈是外宗作傳人如陽明所能道？僅此已見其僞。更可笑者，傳中竟也反覆稱「汝旭公」、「文玘公」，全都是魯氏後裔的稱呼口氣，外宗作傳者豈能用如此稱呼口氣？此更暴露魯氏後裔僞造此傳之馬脚。至於文中所提「文玘公」，即《廷璽公像贊》所云「廷璽公」（見前），兩文所叙也矛盾失實，不足信，一句「至今猶焜耀家乘焉」，也適足暴露此傳不是陽明當時所寫，而是很久以後魯氏後裔所僞造。

《蕭山錢清北祠潘氏宗譜》卷一載陽明作《鳳書公像贊》：

魁梧其貌，光霽其容。神怡氣静，豁達其胸。樂兹土之厚，喜伊洛之終。治家克勤克儉，居鄉至正至公。蕭東望族，永世無窮。

餘姚王守仁

按此爲「鳳書公」作贊而却云「蕭東望族，永世無窮」，莫名誇美蕭山潘氏，明是潘氏後裔自誇自美之語,陽明豈作此等語?「鳳書公」,不知何人,譜中不載其人,疑是潘氏中一無名人物,陽明如何會專爲此人作像贊?贊云「樂兹士之厚,喜伊洛之終」,亦是莫名稱美潘氏一族,不類像贊之語,所謂「喜伊洛之終」,語無倫次,不知所云。

《鶴嶺戴氏四修族譜》卷二載陽明作《與松亭公論立志書》:

汝成相見於滁,知吾兄之質,温然純粹者也。今兹乃得其爲志,蓋將從事於聖人之學,不安於善人而已也。故朋友之間,有志者甚可喜;然志之難立而易墜也,則亦深可懼也。自古有志之士,未有不求助於師友。匆匆别,求所欲爲吾兄言者,百未及一。沿途歆歎,雅意誠切。怏怏相會未卜,惟勇往直前,以遂成此志是望。

按譜,「松亭公」即戴俸,字松亭,居湘潭鶴嶺。今按《王陽明全集》卷四有《與戴子良》,即此書,乃是致戴德孺,非致戴俸,作在正德八年。此顯是鶴嶺戴氏後裔妄將陽明集中致戴德孺書取出,僞造爲致戴俸書,定爲「嘉靖癸酉」年作,不值一辨。

《灊陽牧亭方氏宗譜》卷四載有陽明作《大學士鯽公像贊》:

鑒湖釣隱士,博學喜吟詩。佳句芬人齒,警聯壓衆思。始爲有司屈,終蒙聖主知。

一朝賜及第，不怕狀元遲。

譜稱「鯽公」即方化龍，爲翰林學士。此贊稱方化龍爲會稽人（鑒湖隱士），狀元，大學士。按明代無一名爲方化龍之狀元，此必係方氏後裔所僞造之人物，可見此像贊亦僞作。

沈祏（一作沈祐）《淳樸園稿》（崇禎七年海鹽沈氏家刊本）卷首載有陽明作《淳樸園稿序》：

予時將有兩廣之役，僕夫已戒途，而沈子天用溯江相送，且出其袖中稿進曰：「此業成，實貽門墻羞。門墻之内首學術，次事功，惡用此無何有之業爲？」予曰：「果無何有耶？則真學術也，真事功也。子見我生平諄諄爾，子見我生平仆仆爾，以爲有何有乎？以爲無何有乎？子今日爲詩若歌以贈我行，以爲有何有乎？以爲無何有乎？李杜詩章，李杜學術也，李杜事功也，兩公皆不登科目者也。子以不竟子志而逃之，獨寤寐歌，以爲是無何有乎？子淺之乎！覷李放杜，悲矣！吾以授吾子弟，類收之門人。著作各種中，昨歲《客座私祝》何在？」子弟出之，天用請受而書之，遂别。陽明山人王守仁題。

按：沈天用即沈祏，號淳樸園、紫石山人、紫硤山人，海鹽人，有《淳樸園詩集》傳世，見《檇李詩繫》。

沈祏年長於陽明，與倪宗正、孫一元、董澐一輩人唱酬，董澐已稱其爲「紫峽翁」、「峽翁」、「山翁」(《從吾道人詩稿》中有《紫峽翁有奇石曰睡鶴峰》、《夜坐與峽翁》、《次沈紫峽病起》等)，其非陽明弟子，而此序竟稱沈祏爲陽明門人(「此業成，實貽門墻羞」)，僅此可見其僞。且陽明由會稽啟程赴兩廣，不經海鹽；而沈祏遠在海鹽(淳樸園在海鹽紫硤山)，如何「溯江相送」？此序多語句不通，不知所云，故弄玄虚誇美詩章之學，亦不合陽明思想。序最後云「昨歲《客座私祝》何在」，按陽明《客座私祝》即作在陽明啟程赴兩廣前夕，錢德洪《陽明先生年譜》：「嘉靖六年八月，先生將入廣，嘗爲《客座私祝》，曰：……」陽明《客座私祝》亦明云：「嘉靖丁亥八月，將有兩廣之行，書此以戒我弟子，并以告夫士友之辱臨於斯者，請一覽教之。」是《客座私祝》即作於其入廣前一月之時，蓋即因其入廣而爲戒弟子之設，陽明豈能糊塗到忘記剛寫成之《客座私祝》，而稱「昨歲《客座私祝》」，竟要呵弟子出之？其僞不言自明。

方鳳《方改亭奏草》前録有陽明作《讀方侍御奏議》：

余觀世之論事者，攻訐已甃之惡，覼縷陳腐之談，搜拾無禍福之事，觀望時執，以陰陽其説，深淺其言，即號爲剴直者，亦杜欽、谷永之流耳，余竊鄙之，厭之，與逡默不言者同。暇日，得讀崑山方侍御奏議，類將言人所不能言，絶無附會套語，而大禮一疏，力折姦諛，存天理，正人心，凛凛乎與日月争光矣。余素耻多可，獨於此忻爲執鞭云。餘姚新建伯王守仁撰。

按：此書言大禮議，直斥張璁、桂萼，劍拔弩張，不合陽明思想，末署「餘姚新建伯王守仁」也不倫不類，顯非陽明所作。《四庫全書總目提要》云：「卷首有王守仁題詞。其詞凡近，不類守仁他作。其題名稱『餘姚新建伯王守仁撰』，守仁之陋亦不應至此。守仁於大禮一議不甚非張璁、桂萼，其稱『大禮一疏，力折姦諛』，尤不似守仁之語。疑其後人假守仁之名以爲重也。」

《海王村所見書畫録》著録五代衛賢《閘口盤車圖》，下録陽明題識詩一首：

功名身外即浮爾，丘壑胸中實過之。盤車壽康懷李愿，輞川瀟灑友王維。何人使筆鐵如意，老子放懷金屈卮。市井收聲良夜永，竹風山月亂書帷。

庚午暮春中浣，鍾峰王守仁識。

今按：此衛賢《閘口盤車圖》真迹今藏上海市博物館，衛賢圖卷爲真，陽明題識詩則爲僞也。所謂「盤車」乃指水車，激水轉輪（水磨），圖畫再現汴京官營水磨作坊勞作之況。作僞者無知，竟從韓愈《送李愿歸盤谷序》中抽出「飲則食兮壽而康」句，將「盤谷」竄改爲「盤車」，胡謅出「盤車壽康懷李愿」詩句，可笑至極。盤谷在孟州齊源縣太行山之南，李愿歸居之地，與「盤車」了不相涉，「盤車壽康懷李愿」全然不通，作僞者把「盤車」當作谷名，詩識所咏與畫卷所繪，可謂風馬牛不相及。

《自怡悦齋書畫録》卷四著録陽明書詩一首：

不藉東坡月滿庭，雁來曾寄硯頭青。自從惠我莊騷句，始見山中有客星。

正德二年立秋日前二日抵龍場署中，作句復都門友人，時有索字，因筆以應。

餘姚王守仁。

按：陽明正德三年春方至龍場驛，所謂正德二年立秋前二日抵龍場署荒謬至極。且陽明遠在萬里之外之謫地，京師友人居然可來索字，亦可謂天方夜譚，其僞不辨自明。

潘正煒《聽颿樓書畫記》卷四著録王陽明題扇詩一首：

秋水何人愛，清狂我輩來。山光浮掌動，湖色盈胸開。黄鵠輕千里，蒼鷹下九垓。平生濟川志，擊節使人哀。

王守仁

《聽颿樓書畫記》云：「集明人行草扇册，廿八幅……第十四幅，王陽明行書。」陽明書此詩手迹，下並有「王守仁」印。今按：此爲王寵詩，非陽明詩。王寵《雅宜山人集》卷五有《同諸公泛石湖遂登草堂燕集二首》，其一即此詩。按王寵生於弘治七年，卒於嘉靖十二年，王陽明嘉靖七年卒時，王寵不過三十來歲，王陽明斷不可能抄録一聲名未顯之後輩之詩，可見此題扇詩迹亦必爲後人僞書也。

在「新海上雅集——上海大衆第三屆藝術品拍賣會」（上海大衆拍賣有限公司）上，出現「王陽明先生墨寶真蹟」，書詩一首：

去國三巴遠，登樓萬里情。傷心江上客，客是故鄉人。

按：此非陽明詩，而爲唐盧僎詩，其《南望樓》云：「去國三巴遠，登樓萬里春。傷心江上客，不是故鄉人。」陽明乃少變其句，將「春」改爲「情」，「不」改爲「客」，以切合陽明正德二年二月去國赴謫居錢塘之心境遭際，遂誤以此詩爲陽明詩。

二〇〇八年上海春季藝術品拍賣會（上海工美拍賣有限公司）上，出現陽明手書「行書秋風詩」一首：

秋風嫋嫋湘江曲，秋水瀟瀟湘水緑。湘江之人美如玉，翠袖天寒倚修竹。鷓鴣時來林外啼，鳳凰夜向枝頭宿。天高海闊白日静，九疑山色雲茫茫。雲茫茫，增煩行，衆願因之泛瀟湘。忽憶山中二三月，茹有紫筍食有魚。開軒賦就汚園句，都向琅玕節上書。王守仁。

按：此非陽明詩，而爲明初人虞謙詩，見其《玉雪齋詩集》。

「説寶網」上公布陽明手書詩一首（草書，長一百〇九釐米，寬五十九釐米）：

野橋秋水落，江泉暝煙微。白日又言午，高人猶未歸。青外依古塔，虚館静柴扉。坐久思題字，翻憐樹葉稀。

按：此非陽明詩，而爲唐戴叔倫詩，其《過龍灣五王閣訪友人不遇》云：「野橋秋水落，江閣暝煙微。白日又欲午，高人猶未歸。青林依古塔，虚館静柴扉。坐久思題字，翻憐柿葉稀。」陽明亦少變其句以合己用，蓋陽明常用之法也。

二〇〇六年秋季拍賣會（中國嘉德國際拍賣有限公司）上，出現陽明手迹古詩五首（行書，扇面，水墨灑金箋，長五十四點五釐米，寬十八點五釐米）：

秋山時摇落，秋水急波瀾。獨有魚龍氣，長令煙水寒。誰窮造化力，空向兩崖看。

山葉傍崖赤，千嶂秋色多。夜泉發清響，寒渚生微波。稍見沙上月，歸人争渡河。

寂寞對伊水，經行長未還。東流自朝暮，千載空雲山。唯見白鷗鳥，無心淵渚間。

松路向清寺，花龕歸老僧。閑雲低錫杖，落日低金繩。入夜翠微里，千峰明一燈。

誰識往來意，孤雲長自閑。風寒未渡水，落日更看山。木落衆山出，龍宫蒼翠間。

王守仁

按：此五詩非陽明詩，而是唐劉長卿詩，見其《龍門八詠》中詠闕口、詠水東渡、詠福公塔、詠遠公龕、詠下山五首。

「説寶網」上公布陽明手書詩一首（草書，長二百〇八釐米，寬七十三釐米）：

秋風一夜静無雲，斷續鴻聲到曉聞。欲寄征人問消息，居延城外又移軍。

按：此非陽明詩，而是唐張仲素詩，見其《秋閨思》。

二〇〇八年迎春書畫藝術精品拍賣會（北京金源拍賣有限公司）上，出現一陽明手書論書法文；二〇〇七年秋季書畫藝術精品拍賣會（北京金源拍賣有限公司）上，亦出現一陽明手書論書法文。按此二篇論書文皆陽明抄録孫過庭《書譜》之語，非陽明自作。

《清溪瓦山崗周氏族譜》前載王陽明作《重修宗譜序》：

家乘之猶國史者，其所載創業垂統，燕翼貽謀，以及文章道德，積德累仁，至起家之困難，發迹之有自，世裔條疏縷析，子姓支分派別，祖妣之姓字，行第、圖像、故墓，凡以傳信，非傳疑也，所當然矣。余覽古族裔宗，其譜牒之記述，大抵不無仁人君子，賢豪長輩，脉脉相傳，班班可考，從未見有高風亮節、雄才偉略如前族者。以其孝若昭公、驗公、節公，皆謹身節用，恪守前規，不敢稍即污濺以玷先靈。而昭公之貧，而養志曲體，知親所敬者鄉黨丈老若，而人每爲之盛饌款留，談笑聚樂；知親所愛者隣右若，而人每爲之燕飲鼓歌，歡以適志，務使悦其親若，竟不知其貧者。而其委屈支持之苦，不可勝言，亦但求娱親，而小自知其苦者，尤孝中之傑出者也。至若支氏夫人之守節，二十于歸，半載和合，天喪其偶，矢志堅冰。小視邪色，不聽謡聲，視彩顏如遺土，捐嬉笑於不形，事舅姑其無歉，處妯娌以深情。天降遺腸，獲産麟英，訓誨有方，學業有成。省試會試，兩榜標名皇華。出使萬國儀式，絶忠報國，唯母是命。公諱履，字賜湯。賢母令子，敕匾貞靖，真不啻雪裏梅花，而商家才輅也。余不勝眼膺慨慕者，豈獨一族之先則，而女慕貞情，男效才良，不愧象賢之稱，而事濟其美，永保其盛也夫！是爲序。大明嘉靖十年，歲次辛卯春月吉旦，賜進士第、光禄大夫、柱國、新建伯、都察院御史伯安王守仁頓首拜撰。

按：此序連篇如夢囈，結銜可笑，署「嘉靖十年」作，更荒謬至極。顯爲周氏後裔偽作。

《婁底印溪聶氏族譜》載王陽明作《明正德甲戌江西譜序》：

原夫人祀，肇自軒皇，而繼天立極，參定三才，萬世人綱人紀之所以立也。而源遠流長，無不各有其祖之所自出。然則譜牒者，精之，備清寧之撰；廣之，竭高厚之藏，豈易易哉！余昔默坐陽明書屋，與聶子豹等相與研究良知，求聖學之宗旨，如姓氏之學，未遑涉臘焉。筮仕以來，日勤鞅掌，而豹追隨念切。一旦，請曰：「我明朝自洪武九年修譜詔頒示天下，雖深山窮谷，皆知親睦敦序之道。豹家譜將成，敢求先生一言，以弁其端。」予曰：桑梓本源之念，人誰不有？前在龍場，恒有觸而發，今子乃勃勃過我也。余嘗考聶氏之得姓，自齊丁公封子於聶城，遂以國爲氏。其後，子孫散處四方。歷朝以來，未有賜姓假冒之事，以是知聶姓無二。雖所處涣若鳧雁，其先無不自聶城來，固不若他姓之聯異爲同，致來遥遥華胄之肖也。雖然，别子爲祖，繼别爲宗，繼禰者爲小宗，支分派别，又無不各有其脉絡之所以貫者。自末世之汙也，聞古之名人，則曰：余某世祖也；聞今之名人，則曰：余某祖之裔也。贊宗棄祖，返衷自思，吾知愛親敬長之良必有不盡没者，是則譜之爲譜，所以擴其良知良能以樹天下也，後世之人綱人紀也。余前與子講究於書屋者，胥是道也，子其勉之！皇明正德九年歲在甲戌五月上浣，兵部主事餘姚王守仁敬撰。

按：此序亦連篇胡言，一望知僞。聶豹於嘉靖五年始識陽明來見，陽明卒後其方稱門人，如錢德洪《陽明先生年譜》所云：「豹初見，稱晚生。後六年出守蘇州，先生已違世四年矣。見德洪、王畿曰：『吾學誠得諸先生，尚冀再見稱贄，今不及矣。兹以二君爲證，具香案拜先生。』遂稱門人。」正德九年何來兩人見面相識之事？陽明至正德十五年以後方揭良知之學，如何正德九年兩人已「相與研究良知，求聖學之宗旨」？正德九年五月陽明任南京鴻臚寺卿在南都，不在越，所謂兩人此時在越「坐陽明書屋」研究良知之學亦荒謬之極。陽明任兵部武選清吏司主事在弘治十七年，正德九年陽明任南京鴻臚寺卿，此序竟云「正德九年歲在甲戌五月上浣，兵部主事餘姚王守仁」，尤可笑。

《民國長樂青山黄氏世譜》載王陽明題贈黄氏《派語》：

世守儒宗訓，家傳正學書。宏綱開瑞運，嘉社賜禎符。勤業前徽遠，通經聖緒孚。時雍元會合，雅化紹唐虞。朝廷尚文德，萬國敬賢良。忠信心常泰，嚴恭體益壯。孝慈家道善，仁厚祖功長。誠正修齊治，隆平世永昌。

譜署此文爲「大明正德十五年庚辰孟春上元日，陽明山人王守仁題贈《派語》」，尤荒謬絶倫。正德十五年正月初陽明即赴召至蕪湖，居留蕪湖半月，遁入九華山，死生不知；旋又赴召至上新河，又阻不得見，行踪不明，永樂黄氏又如何能明其行踪，千里迢迢來求陽明作《派語》？前考《重修宋儒黄文肅公榦家譜序》爲僞，其中有二首《贈世派歌》，至此處則變成了一篇《派語》，僅此亦可見其僞。

《旌德吕氏續印宗譜》（明人家譜叢刊）卷一又載有陽明所作序一篇：

皇明嘉靖三年甲申九月戊辰，賜進士第、資政大夫、太子少保、兵部尚書、柱國、武襄侯、前巡視兩廣左都御史、奉旨督師征江西寧庶人、會稽王守仁伯安書：宣之旌川上涇吕昕，奉其所修世譜以告曰：「吕出炎帝之裔，由尚父爲聖王師，澤施天下，享有營丘，傳世二十，爲諸侯二十有九，歷年七百四十四，乃爲田氏所篡。由周而秦，有不韋顯，始皇受封洛陽。由秦而漢，世明稱帝河北，建國後凉。厥後祚移，而宗室播遷於天下，中有顯晦靡常，遷移不一。再傳而至仲公，因官金陵，歷十三世，曰諱從慶，字世膺，因避黄巢之難，由金陵而徙旌川之豐溪。迨昕二十有二世，譜自俞公、海公、永安公修輯之，應清公纘續之，迄今又五世矣。瓜瓞綿綿，條枚莫莫，户而處者幾數千家。舊譜歷年以多，而苦其世系失叙。謹承父兄族英之命，而奮維新正系之舉，編集成帙，命工鋟梓。敢請一言於編首，以昭吾先。」余善之，而樂語之曰：族之有譜，非徒以録名諱、備考實而已，一家之禮樂實係焉。世隆俗漓，而知其爲重者鮮矣。孔子曰：「樂，樂其所自生；禮，反其所自始。」譜之作，其緣於此乎？又曰：「樂者爲同，禮者爲異。」同則相親，異則相敬。故曰：禮樂之説，管乎人情矣。夫譜成，而族之位尊，秩然彪分，可謂異矣，異而後有敬，曰此諸父也，此諸兄也，不敢忽也；譜行，而而族之情睦，熙然春洽，可謂同矣，同而後有親，曰此當愛也，此當恤也，不敢傲也。一家之禮樂既興，推之一鄉可知也，進而推之邦國天下可知也。夫是以尚譜，謂其有益世教也。旌川吕氏所賴遠矣。始豐溪，而徙廟首鎮，風氣厚完，歷世顯宦，胤系藩昌，散處上涇，通貴興、仁太等鄉。及邑文昌、務本等坊，而爲之譜，以統其宗，聯其枝，非求乎三代之民已乎！

今聖天子御極，循天下，以燮和宇內，而一邑之内，一廛之下，有吕氏可謂賢矣。雖然，竊有告焉。《記》曰：「仁近樂，禮近義。」又曰：「禮樂不可斯須去身。」然則求其無愧斯譜者，必自其身始。身修，而後一家之仁義可崇；仁義崇，則禮樂幾矣。不然，所謂録名諱而備考實者，在在有之，譜之實何如哉！

昕字天啓，忠信孝友，博學能文，其所謂崇仁義、尚禮樂者與？其以譜請序也，余故樂爲言之。

按：此序與前考《吕氏宗譜序》同列在《旌德吕氏續印宗譜》中，一望知僞。最可怪者，兩序署銜與時間竟全然相同，可謂荒謬絶倫。

《古今圖書集成·理學彙編·字學典》第一百四十七卷《筆部》著録陽明詩《鐵筆行爲王元誠作》：

王郎宋代中書孫，鑄鐵爲筆書堅珉。畫沙每笑唐長史，拔毫未數秦將軍。高堂落筆神鬼驚，九萬鸞箋碎如霧。鉛淚霏霏灑露盤，金聲錚錚入秋樹。鳥迹微茫科斗變，柳薤凋傷悲籀篆。鼓文已裂岐陽石，漆燈空照山陰繭。王郎筆意精莫傳，幾度索我東歸篇。毛錐不如鐵錐利，吾方老鈍君加鞭。矢爾鐵心磨鐵硯，淬鋒要比婆留箭。太平天子封功臣，脱囊去寫黄金券。

按：此爲元釋大圭詩，見其《夢觀集》。

「中國硬筆在綫網」及「志趣網」上均公布陽明《致永丁執事手札》手迹（原由隆盛國際展覽有限公司拍賣）：

守仁久卧山中，習成懶僻，平生故舊，音問皆疏。遥聞執事養高歸郴，越東楚西，何因一話？煙水之涯，徒切瞻望而已。去歲復以兵革之役，扶病强出，殊乖始願，正如野麋入市，投足摇首，皆成駭觸。忽枉箋教，兼辱佳章，捧誦灑然。蓋安石東山之高，靖節柴桑之興，執事兼而有之矣，仰歎可知。地方事苟已平靖，伏枕已踰月，旬日後亦且具疏乞還。果遂所圖，雖不獲握手林泉，然郴嶺之下，稽山之麓，聊復聞此區區之懷也。使來，值湖兵正還，兼有計處地方之奏，冗冗乃爾久稽，又未能細請，臨紙茫惘然，伏冀照亮。不具。六月四日，王守仁頓首，永丁老先生大人執事。餘空。

按：此原爲陽明《寄何燕泉手札》（見前輯考，今藏上海博物館），作僞者仿其筆迹作此札，改動數句，將「燕泉何老先生」竄改爲「永丁老先生」，其作僞之迹一目瞭然。

《池陽陳氏大成宗譜》卷一載陽明作《池陽陳氏大成宗譜序》：

予待罪西江，適祁門陳堅持譜圖一編示予，言之曰：「《陳氏大成宗譜》，蓋作譜者萃衆族之支派而都爲一集，猶作樂者集衆音之小成而爲一大成也。」且言曰：「生之同姓者，自漢以來遞衍遞繁，遷徙靡常，生慮宗支散漫而無紀也，爰不辭跋涉，絆合天下同姓，相與溯流逆源而爲一，以篤同宗之誼，蓋十五年於此矣。今譜稿既成，具質先生，且願賜之序言。」予應之曰：唯唯。蓋人之生也，莫不知愛其親，莫不知敬其長，而尊祖睦族之念從此出焉。祖者，親之親也；始祖者，又祖之祖所自出也；至於同族者，又祖之支流餘裔也。自吾親以及親之親，又自吾祖以及祖之祖，更自吾祖旁及於祖之支流餘裔，推是心也，民可同胞，物皆吾與，雖六合之遠，猶一家也。横渠張子《西銘》之言，豈我欺哉！自聖學不明，士大夫多熏心勢利，巨室朱門耻與寒族爲伍，於是各立門户，遂有分疆畫界之私。甚者九族之戚視爲途人，而莫之省憂，蓋生民之禍烈矣。而要其本心一綫之靈光，未嘗不出没隱現於父子兄弟之間，此所謂良知也。有人焉，因其本心之明，動以水木之情，輯之譜而示之，而愛敬親長之心依然可掬，尊祖睦族之念油然而生。孟子曰：「堯舜之道，孝弟而已矣。」人能孝弟，而希聖之方在是矣。生其有見於此乎？今取其譜按之：陳氏系出胡公滿，受周武王之封國於陳，傳之泯公越，爲楚所併，子孫因以國爲氏。漢初曲逆侯平，即越之十世孫也。家於陽武户牖，與張子房輩同爲高帝勳臣，光顯天下。元帝時，平六代孫湯，拜西域副校尉，奉使外夷，誅斬郅支單于及閼氏、太子、名王以下五百餘級，功上，賜爵關内侯。湯之後，徙潁川，七傳而生文範先生實，以節義風四方，至有謂「寧爲刑法所加，勿爲陳君所短」者。後子六皆賢，而元方、季方爲最，一時爲難兄難弟。自是潁川之陳益著，二方子孫繁於魏，盛於晉，大顯於宋、齊、梁之間，如大司空群，尚書僕射泰，至逵而遷長城，皆元方之後也。季方之後，居莆爲多，泉、福、建安次之。長城自逵之後十一世，武帝霸先受梁禪而有天下，文帝茜、宣帝頊相繼嗣位，各生子十數人，皆受封，蓋當時膏腴之地，多爲陳氏所居，而支派遂曼衍而不可紀極，若新安，若宜都，若湘東，若義陽，若廬陵，若豫章，若會稽，若河南，若潯陽，若武昌，若錢唐，若南安，若鄱陽，若巴東，若西川，若浮梁，若桐廬，源遠流長，支分派别，一人之後，衍而數十，數人之後，衍而數百。人而觀之，千條萬緒，棼如治絲，將所謂尊祖而睦族者，涣耶？散耶？亂耶？况處澆漓之俗，同源異流，各居其地，各宗其祖，雖咫尺之近，而有秦越之分。生獨慨然切水源木本之心，去此疆爾界之見，合同姓爲一家。涣者萃，散者聊，亂者理，可謂洗淨面孔，認取本來者矣。

而生不獨自讓其本來已也，克先之志，將使同姓行萬派之族，皆知讓其本來焉。各自其身推及於祖父，又自祖父推及於其所自出，以及於無窮，則凡自吾身而推者，雖有親有疏，有遠有近，有貧富貴賤，有智愚賢不肖，自祖宗視之，則皆子孫也，何有親疏、遠近、貧富、貴賤、智愚、賢不肖之分哉！遵斯道也，一人親親長長，則身以修；一家親親長長，則家以齊；一國親親長長，則國以治；天下親親長長，則天下以平矣。豈特一宗之内和氣周流、仁峰雰霈已乎！余因生之輯譜，而并有會於内聖外王之全學也，是爲序。時皇明嘉靖六年歲次丁亥春月，賜進士出生、前僉都御史巡撫南贛汀漳、陞兵部尚書兼左都御史、新建伯王守仁頓首拜。

按：此序末署「陞兵部尚書」云云，僅此已見其僞。序連篇累牘誇美陳氏先人，至吹捧陳霸先之輩，吹嘘「當時膏腴之地，多爲陳氏所居」云云，此豈陽明所能道？最可笑者，序稱「予待罪西江」，陽明在江西平寇平亂，如何能稱「待罪西江」？嘉靖六年陽明居家紹興，陳堅如何跑到江西去請陽明作序？其作僞匪夷所思。

《杏阪婁氏宗譜》卷首載陽明作《杏阪婁氏宗譜序》：

按江濱之地，原爲吴楚故墟，界在南服，素稱爲强悍之邦，士君子採風問俗者弗及焉。然圖理載山川之秀，天文映斗牛之靈，雖荒彝之所，實人物之藪也。故讀書談道之人，博古通經之士，不可枚舉。凡名賢世裔，厥有傳書家乘之淵源有自矣。暨於秦漢，宇内變更，或亡於煨燼，或失於兵燹，典籍之存焉者寡。及唐之際季，黄巢爲亂，五代紛争，江濱之間尤遭毒痛，星散鼠竄，居民鮮少，譜牒之荒無十缺其八九。迨於宋祖受命，四海永清，仁風翔洽，孝道流行，農服先疇，士食舊德，皆知有水源本木之思。由是歐蘇諸君子出，大立譜牒，其道尤彰明較著於天下矣。迨南都一更，又有殘缺失序者。幸而世家名族，或留舊緒於遺編，或傳軼事於故老，譜籍之源流未墜，乃元明間復從而振興之。雖山陬海澨之鄉，莫不修有家乘，即莫不知愛敬其祖考者。余也督撫江右諸郡，竊見其俗，尊尊親親之意，實與兩浙之風相媲美。於戲！江濱之間，何其誼之淳且厚歟？何其風之古以茂歟？何其情之隆而洽歟？兹因婁氏年翁有諱曦字繼明者，持家乘一帙，向予請序，以冠其首。予亦不揣荒謬，輒於案牘之餘而披閱之，不禁擊節三致意焉。竊歎婁氏先公，當日著姓之宏而遠也，傳家之忠而厚也，敘祖列宗之精而覈也，紀裔紀孫之詳而該也。凡親疏貴賤之體，絲絲入扣，既縷析而條分；源流上下之緒，綿綿相承，復珠聯而魚貫。且有改徙於異地，宦遊於他國者，詳其派目，復志其里居，俾使後子孫觀譜時，瞭然識昭穆之有序，支派之有據，名諱字行之有合，雖他國非參商之遠，異地皆兄弟之鄉矣。更樂其弱孫不忘乃祖乃父之訓，爲綿其世澤，纂其文序，纘紹其舊，補訂其新，勿致後世有湮没無傳者，不賴今日之修哉！是爲序。大明嘉靖三年春月，王守仁頓首拜撰。

按：序云「余也督撫江右諸郡」，此言絶非陽明所道。陽明乃是以都察院左僉都御史巡撫南贛汀漳等處，何來「督撫江右諸郡」？只此一言可知此序之僞。陽明往江西平寇在正德十一年，嘉靖三年陽明居紹興，丁憂在家，如何能遠赴江西，專訪江濱，「年翁」婁曦來請作譜序？其説可謂荒謬至極。

《乾隆廣德州志》卷三十《藝文》中著録陽明作《望夫石》詩二首：

山頭怪石古人妻，翹首巍巍望隴西。雲鬟不梳新樣髻，月鈎懶畫舊時眉。衣衫歲久成苔蘚，脂粉年深化土泥。兩眼視夫別去後，一番雨過一番啼。

一上青山便化身，不知何代怨離人。古來節婦皆銷朽，爾獨亭亭千古新。

按：陽明生平未嘗一至廣德，此二詩非陽明作，而是唐人所作詩。望夫石在咸陽，盧象昇《忠肅集》卷二有《望夫石》詩：「咸陽古道有望夫山望夫石，前人題云：『山頭怪石古人妻，翹首巍巍望隴西。雲鬟不梳新樣髻，月鈎猶掛舊時眉。衣衫歲久成苔蘚，脂粉年深墜土泥。妾意自從君去後，一番風雨一番啼。』詩頗有情，未免色相，余爲賡其韵。」可見此第一首詩是唐時無名氏作。又胡曾有《詠史詩·望夫石》：「一上青山便化身，不知何代怨離人。古來節婦皆銷朽，獨爾不爲泉下塵。」（《全唐詩》）可見第二首詩爲胡曾作。

在二〇〇七年十二月嘉德四季第十二期拍賣會（中國嘉德國際拍賣有限公司）上出現陽明作《題畫詩》手迹：

緑樹陰陰復野亭，緑波漾漾没沙汀。短藜記得尋幽處，一路鶯聲酒半醒。王守仁題。

按：在「二〇〇六年春季大型藝術品拍賣會」（浙江佳寶拍賣有限公司）上出現陳半丁、蕭謙中、蕭俊賢、胡佩山水人物畫四屏，的爲真迹，其中款識云：「緑樹陰陰覆野亭，緑波漾漾没沙汀。短藜記得尋幽處，一路鶯聲酒半醒。癸未冬初寫於五畝之園，半丁老人。」可見此詩爲陳半丁所題，不言是誰作。作僞者乃仿此造爲陽明所作。按曹學佺《石倉歷代詩選》卷四百八十七選録劉泰詩，中有《小景》三首，其二即此詩，可見此詩乃劉泰作，非陽明詩。

《乾隆池州府志》卷四十六《儒林》載陽明作《贈侍御柯君雙華》：

九華天作池陽東，翠微堤邊復九華。兩華亘起鎮南極，一萬七千羅漢松。松林繁陰靄靈秘，疑有神物通其中。大者孕精儲人傑，次者凝質成梁虹。盪摩風雷壯元氣，推演八卦連山重。大華一百四峰出愈奇，芙蓉開遍花叢叢。小華二十四洞華蓋虛，連珠纍纍函崆峒。雲門高士禱其下，少微炯炯汹溟冲。華山降神尼父送，寧馨兒子申伯同。三歲四歲貌岐嶷，五歲穎異如阿蒙。六歲能知日遠近，七歲默思天際窮。十歲卓犖志不移，十四五六詩書通。二十以外德義富，仰止先覺涉高風。謫仙遺躅試一蹴，文晶吐納奔霓虹。陽明山人亦忘年，傾蓋獨得斯文宗。良知親唯吾道訣，荒翳盡掃千峰融。千峰不斷連一脉，巖崿嶠崒咸作容。中有兩峰如馬耳，壁立萬仞當九空。龍從此起雲潑岫，膏霖海宇資化工。化工一贊兩儀定，上有丹鳳鳴雝雝。和氣充餐松，謌芝欲不老，飄飄灑逸如仙翁。小華巨人迹，可以匡大步。大華仙人坂，可以登鴻濛。雙華之巔真大觀，尚友太華峨岷童。俯瞷八荒襟四瀆，我欲躋攀未由從。登登復登安所止？太乙三極羅胸中，雙華之居夫子宮。

按：柯雙華即柯喬，《明清進士録》：「柯喬，嘉靖八年三甲九名進士。安徽青陽人，字遷之。官至湖廣僉事，築江堤，興學校，辨冤獄，楚人德之。後備兵閩海，與巡撫朱紈協力剿倭。以事忤權貴，罷歸。」柯喬嘉靖八年方舉進士，其任御史在嘉靖十二年以後，陽明早卒，可見此詩斷非陽明作。正德十五年陽明遊九華時，柯喬尚是一二十餘歲之秀才，故陽明爲作《雙峰遺柯生喬》（《王陽明全集》卷二十），豈會作如此大口氣之《贈侍御柯君雙華》？詩中云「陽明山人亦忘年，傾蓋獨得斯文宗。良知親爲吾道訣」，此乃是作詩人之回憶追叙，全不是陽明自説口氣，陽明豈會稱贊柯喬一後生「獨得斯文宗」？陽明又豈會自謂「陽明山人亦忘年」、「良知親爲吾道訣」？蓋此詩乃爲一柯喬友人所作，後人見詩中有「陽明山人亦忘年」云云，遂誤以爲是陽明詩。

王豐賢、許一德纂修《貴州通志》卷二十四《藝文志》載陽明作《宿谷里》詩：

石門風高千樹愁，白霧猛觸群峰流。有客驅馳暮未休，山寒五月仍披裘。饑烏拉沓搶驛樓，迎人山鬼聲啾啾。殘月炯炯明吴鈎，竹牀無眠起自謳。

又載陽明作《飯金鷄驛》詩：

金鷄山頭金鷄驛，空庭荒草平如席。瘴雨蠻雲天杳杳，莫怪金鷄不知曉。問君遠遊將抵爲，脱粟之飯甘如飴。

按：此二詩非陽明作，而是明吴國倫（一五二四—一五九三）詩，見吴國倫《甔甀洞稿》卷八、《列朝詩集》丁集第五。

陳仁錫《京口三山志選補》卷十七《京口選詩》選録陽明作《送啓生還丹徒》詩：

乃知骨肉間，響應枹鼓然。我里周處士，伏枕踰半年。靡神罔不禱，靡醫罔不延。巫覡與藥餌，抱石投深淵。懿哉膝下兒，兩丱甫垂肩。皇皇憂見色，迫切如熬煎。袖中刲臂肉，襍糜進牀前。一餐未及已，頓覺沉疴痊。廼知至孝德，誠能格蒼天。我聞古烈士，長城負戈鋋。苦戰救國難，有軀甘棄捐。守臣禦社稷，一旦離迍邅，白刃加於首，丹心金石堅。忠孝本一致，操守無頗偏。但知國與父，寧復身求全。因嗟閭閻間，孩提累百千。大兒捉迷藏，小兒舞翩蹮。狎恩復恃愛，那恤義禮愆。所以周氏子，舉邑稱孝賢。我知周氏門，福慶流綿綿。作詩驚薄俗，冀以薦永傳。

按：此詩題目與内容不合，詩乃寫丹徒（京口）人周處士之子刲肉療父事，作此詩的目的在「作詩驚薄俗，冀以薦永傳」，不是爲送人，與題無涉，題系後人誤加。今就詩觀之，所謂「我里周處士」，是説作詩者與周處士是同里，都是丹徒人。所以作詩者孰悉周處士一家，同里相處，親見周處士「伏枕踰半年」等等。後面云「因嗟閭閻間」，亦是指同里相處情況。故詩最後稱「我知周氏門」。可見作詩者乃一丹徒人（故此詩選入京口志中），斷非王陽明。

《關聖帝君經訓靈籤占驗》前載有陽明作《覺世寶經序》：

《覺世寶經》若干言，深求之通天地陰陽之理，細察之在人倫日用之間。精而明之，得古聖危微之領；約而進之，在赤子啼笑之真。可以維綱常之大，可以補名教之全，可以救末俗之偷，可以爲萬世之準。

按：所謂《覺世寶經》即《關帝覺世真經》，其成書年代在清代，周廣業、崔應榴輯《關帝事迹徵信編》云：「相傳康熙七年夏，降乩於沃鄉椿園，授之王貞吉等，帝親制序。」明代王陽明如何能爲此經作序？觀序中竟大言此經「可以維綱常之大，可以補名教之全，可以救末俗之偷，可以爲萬世之準」，猶如夢囈，陽明豈作此等語？

《三悟真詮》後載有陽明作《三悟跋》：

余少游金陵，偶遇僧人濬井，得石函焉。啓而視之，乃《三悟》也。携歸閱之，乃知永樂初國師姚廣孝所著。贊勷靖難之師，爲《春秋》所不取，然其書包攬三才，爲勘亂致治之金鍼，夫子所謂不以人廢言也。余後平江右之亂，其後深入嶺南，所向克捷，濱海而止，以軍國之重，此書實有賴焉。事成之後，遂深藏之。後之學者倘得是書，可以療迂腐之病，而更能以不殺爲心，則可謂深得余心者已。姚江王守仁跋。

按：《三悟真詮》今唯有一清鈔本傳世（藏澳大利亞國立大學），據書後有道光元年「一咏歸散人」所作記，此鈔本出於道光年間，在清道光以前，没有任何關於《三悟真詮》之書録記載，顯可見此書乃清人所作，僞託姚廣孝。此所謂陽明《三悟跋》，説皆怪誕，一望知僞。如云「偶遇僧人濬井，得石函焉」，若此秘經爲僧人濬井所得，自當僧人寶之，藏之寺廟，豈能讓陽明取去？陽明同情方孝孺，斥永樂篡位，宸濠以藩王起兵叛亂，與朱棣起兵篡位相類，姚廣孝亦不過如李士實、劉養正一類人物，陽明豈敢公然吹捧姚廣孝，宣傳姚廣孝秘書？其實《三悟》不過一説星相、命相、堪輿之書，哪裏是什麽「勘亂致治之金鍼」，説陽明主要靠《三悟》而平宸濠，平思、田，可謂天大神話奇談。稱《三悟》是勘亂致治之書，又將叛亂篡位之朱棣置於何地？凡此，皆可見其荒謬至極。

《乾隆青陽縣志》卷七《藝文志》著録陽明作《登蓮花絶頂書贈章如愚》：

靈峭九十九，此峰應最高。巖棲半夜日，地隱九江濤。天礙烏紗帽，霞生紫綺袍。翩翩雲外侶，吾亦爾同曹。

此詩又見《光緒青陽縣志》卷十。按章如愚爲宋人，以作《山堂考索》聞名於世，此詩顯爲宋人所作，非陽明詩。

《蔣灣橋周氏續修宗譜》卷一《像贊》載陽明作《濂溪夫子像略》：

金華宋濂曰：「濂溪周子顏玉潔，額以下漸廣，至顴而微收。然頤下豐腴，修目末微聳，鬚疏朗微長，頰上稍有髯。三山帽後有帶，紫衣褎袖，緣以皂白。内服緣如之，白裳無緣。舄赤，袖而立，清明高遠，不可測其端倪。」陽明王守仁拜題。

按：此像贊寫得不倫不類，空洞無物。題目稱「像略」，不知所云，而文中只引宋濂的話，能稱是陽明作像贊嗎？且宋濂所云，只是對一幅濂溪畫像之描述，并非對濂溪本人所作之禮贊，並無多大意義，陽明豈能以此畫評作爲對濂溪之的評？此文顯爲蔣灣橋周氏所僞造。

《杭州上天竺講寺志》卷十四《詩文紀述品》中載陽明作《夜宿白雲堂》詩：

春園花燭始菲菲，又是高秋落木時。天迥樓臺含氣象，月明星斗避光輝。閑來心地如空水，静後天機見隱微。深院寂寥群動息，獨憐烏鵲遶枝飛。

此詩又載《天竺山志》。按：《王陽明全集》卷二十中有《秋夜》詩，即此詩，作在紹興，非作在杭州上竺寺。

《萬曆貴州通志》卷二十四《藝文志》載有陽明作《龍泉石徑》詩：

水花如練落長松，雪際天橋隱白虹。遼鶴不來華表爛，仙樓一去石樓空。徒聞鵲駕横秋夕，漫説秦鞭到海東。移放長江還濟險，可憐虚却萬山中。

按：《王陽明全集》卷十九有《過天生橋》，即此詩，與「龍泉石徑」無涉。

沈佳胤《瀚海》卷十二載陽明作《答何僉憲》書：

人之是非毁譽，如水之濕，火之熱，久之必見，豈能終掩其是？故有其事，不可辯也；無其事，不必辯也。無其事而辯之，是自謗也；有其事而辯之，是增益己之惡而甚人之怒也，皆非所以自修而平物也。惟宜安静自處，以聽其來。

按：陽明《答伍汝真僉憲》云：「……昔人有言：『何以止謗？曰：無辯。』人之是非毁譽，如水之濕，如火之熱，久之必見，豈能終掩其實者？故有其事，不可辯也；無其事，不必辯也。無其事而辯之，是自謗也；有其事而辯之，是增益己之惡而甚人之怒也，皆非所以自修而平物也……故二君今日之事，惟宜安静自處，以聽其來順受之而已耳……」（見前輯考）此《答何僉憲》顯然是從《答伍汝真僉憲》中截取數句凑成，加以「答何僉憲」之題，而「何僉憲」顯然是伍僉憲之誤也。

《乾隆貴州通志》卷四十五《藝文》載陽明作《謁武侯祠》：

殊方通道是誰功？漢相威靈望眼中。八陣風雲布時雨，七擒牛馬壯秋風。豆籩遠壘溪蘋緑，燈火幽祠夕照紅。千載孤負獨凛烈，口碑時聽蜀山翁。

按：此非陽明詩，而是王杏詩。《嘉靖貴州通志》卷十一《藝文》著録此詩，作「王杏詩」，《乾隆貴州通志》轉抄《嘉靖貴州通志》，乃將王杏詩誤抄爲陽明詩。按貴陽武侯祠乃建於正德十六年，陽明正德三年在貴州時，尚無武侯祠。《嘉靖貴州通志》卷七《祠祀》：「武侯祠，在治城南門外。舊聖壽寺，正德間，巡按貴州監察御史胡瓊改爲武侯祠。」其下並載有席春、劉瓚建武侯祠記，述之甚詳。劉瓚記云：「正德辛巳，侍御延平胡公瓊巡按茲土，黜邪崇正，乃毀南庵佛像，選功德茂著於貴者，從古之諸葛公亮至今之孔公鏞輩，得一十六人，詢謀僉同，合祀於其間，扁曰『名宦祠』。復收本庵常住田若干畝，召民佃種，取租緡以供祭。公去，所司於諸名賢不能軒輊，遽以諸葛公神位與諸公五並南面。」由此尤可見此詩非陽明作。

《乾隆貴州通志》卷四十五《藝文》又著録陽明作《給書諸學》：

汗牛誰著五車書？累牘能逃一掬餘。欲使身心還道體，莫將口耳任筌魚。乾坤竹帙堪尋玩，風月山窗任卷舒。誨爾貴陽諸士子，流光冉冉勿躊躇。

按：此非陽明詩，而是王杏詩。《嘉靖貴州通志》卷十一《藝文》著録此詩，與《謁武侯祠》并排一起，作「王杏詩」，《乾隆貴州通志》轉抄《嘉靖貴州通志》，乃將王杏此二首詩一併誤抄爲陽明詩。參見前考。

新編本《王陽明全集》稱從諸人獲《堅瓠集》卷三《嫁女題石牛》中輯得陽明所作詩《石牛山》：

一拳怪石老山巔。頭角崢嶸幾百年。毛長紫苔因夜雨，身藏青草夕陽天。通宵望月何時喘，鎮日看雲自在眠。惱殺牧童鞭不起，數聲長笛思凄然。

按：此乃誤輯。《嫁女題石牛》原文如下：

正德中，江西士夫郭某，有女善詩詞。一日嫁女，過湖，阻風於安仁鋪。時都憲王守仁亦阻風於此，閑中以石牛爲題，作一絶，云：「安仁鋪内倚闌干，遥望孤牛俯在山。」下句搜求，終不快意。問其處有文人才子能續者，賞之。郭某聞之，即續云：「任是牧童鞭不起，田園荒蕪至今閑。」時宸濠肆虐，百姓逃亡，田園多至荒蕪者，故詩及之。守仁見詩大喜，仍命作《石牛》律詩，云：「怪石崔嵬號石牛，江邊獨立幾千秋。風吹遍體無毛動，雨洗渾身有汗流。嫩草平抽難下嘴，長鞭仍打不回頭。至今鼻上無繩束，天地爲欄夜不收。」守仁稱賞，命備彩幣，送過湖完親。○《挑燈集異》亦載《石牛山》詩云：「一拳怪石老山巔……」

諸人獲用一「○」將前後兩事叙述分開，可見此詩乃是《挑燈集異》中所載詩，既不是郭某所作詩，更不是陽明所作詩。《挑燈集異》爲周人龍撰，黄虞稷《千頃堂書目》卷十二《小説類》著録：「周人龍：《挑燈集異》八卷。」《挑燈集異》中此律詩，與陽明風馬牛不相及。

新編本《王陽明全集》稱從《錢氏家乘》卷二中輯得陽明所作《錢氏會稽郡王像贊》：

有斐君子，追逐其章。爲龍爲光，何用不臧。有斐君子，繩其祖武。令儀令色，文武吉甫。有斐君子，小心翼翼。克開厥後，受天之福。陽明王華敬贊。

按：此贊套用《詩經》句子誇美會稽郡王爲「有斐君子」，不倫不類，吹捧會稽郡王爲「文武吉甫」，更爲可笑，豈是陽明所能道？此贊明題「王華敬贊」，未云陽明所作。所謂「陽明王華」大謬至極，顯是作僞者全然無知，竟以爲王華號「陽明」，胡亂署「陽明王華」，僅此已可見其僞。

新編本《王陽明全集》稱從袁枚《隨園詩話補遺》卷四著録陽明所作一詩（無題）：

銅鼓金川自古多，也當軍樂也當鍋。偶承瀑布疑兵響，嚇倒蠻兵退太阿。

袁枚自謂：「此詩載王陽明《征南日記》，余從阿廣廷中堂處借閲，世間孤本也。」按陽明生平向不作日記，此所謂「王陽明《征南日記》」必後人僞作。細審此條，根本不是出於《隨園詩話補遺》，而是出於《批本隨園詩話》，不是袁枚詩話語，而是後人批語。《批本隨園詩話》有清人批語及後附冒廣生、張爾田二跋（見人民文學出版社一九八二年顧學頡校點本附録），據冒廣生《〈批本隨園詩話〉跋》云：「往年見滿州某侍郎家有《批本隨園詩話》一部，不知出何人手。其第十六卷後有跋語，引崇爾齡恩爲其父所作墓志銘，證爲伍拉納之子，但不知爲舒某云云……伍誅在乾隆六十年十月，和珅方當國，與伍拉納爲戚畹。」可見《批本隨園詩話》之「批語」乃清人所作。今以「阿廣廷中堂」考之：按阿廣廷即阿桂（一七一七—一七九七），字廣廷，號雲崖，章佳氏人，謚文成。其以苗生入仕，官至首席軍機大臣。錢維喬《記阿廣廷相公逸事》（《竹初文抄》）云：「文成公阿桂，字廣廷，號雲崖。由舉入，累官至武英殿大學士。」以下詳叙乾隆十二年大金川（今四川大渡河上游）土司莎羅奔發動叛亂，兼併小金川。高宗命大學士、兵部尚書納親爲經略，視師四川，阿桂以軍機章京奉命參贊軍務等。由此可見所謂《征南日記》實是阿桂所自作，詩所謂「金川」乃指四川之金川，陽明未嘗至其地，詩必非陽明作。因阿桂謚文成，後人遂誤以此《征南日記》爲陽明作矣。

《餘杭蔡氏宗譜》卷四載陽明所作《文溥公像贊》：

公在顛沛流離之際，孝於親，友於弟。惟身克勤，惟志克勵。世業復興，前光後裕。卓哉偉人！雖隱於山林，勝榮登乎甲第。餘姚陽明山人王守仁拜贊。

按：「文溥公」不過一無名山林隱者，贊竟大言「卓哉偉人」，陽明豈作此等誇飾狂語？所謂「勝榮登平甲第」云云，亦是胡言亂語，顯可見此贊爲蔡氏後裔所僞造。

《薛氏江陰宗譜》前載陽明所作《鳳溪公像贊》：

其神昌，其氣融，钁鑠哉是翁。其德茂，其仁純，得胡考之寧。如松如柏，如岡如陵。欽承帝澤，用榮爾身。

按：贊謂「钁鑠哉」云云，語句不通。謂「欽承帝澤，用榮爾身」，亦不知所云，豈是陽明所能道？陽明生平與江陰薛氏無任何往來，豈會爲一無名江陰薛氏之人作大語像贊？此贊亦顯爲江陰薛氏後裔所僞造。

在「嘉德四季第十三期拍賣會」（中國嘉德國際拍賣有限公司）上出現一首陽明所作詩手迹：

去鄉之感，猶之遲遲。㸚伊代謝，觸物皆非。哀哀箕子，云胡能夷？狡童之歌，悽矣其悲，悠然其懷。

按：此爲陶淵明詩，即其《讀史述九章》之《箕子》篇。

徵引書目

A

《愛日吟廬書畫別録》 （清）葛嗣浵，《歷代書畫録輯刊》，第一二册，北京圖書館出版社，二〇〇七年八月。

《愛日吟廬書畫續録》 （清）葛嗣浵，《續修四庫全書》，第一〇八八册。

《安楚録》 （明）秦金，《續修四庫全書》，第四三三册。

《鰲峰類稿》 （明）毛紀，《四庫全書存目叢書》，集部，第四五册。

B

《百城煙水》 （清）徐崧，張大純，《四庫全書存目叢書》，史部，第二三七册。

《白鹿洞書院碑刻摩崖選集》 孫家驊、李科友，北京燕山出版社，一九九四年八月。

《白鹿洞書院志》 （明）李應昇，《白鹿洞書院古志五種》，中華書局，一九九五年十一月。

《白鹿書院志》 （清）毛德琦，《續修四庫全書》第七二〇册。

《白洛原遺稿》 （明）白悦，《四庫全書存目叢書》，集部，第九六册。

《半江趙先生文集》(明)趙寬,《四庫全書存目叢書》,集部,第四二册。
《寶翰齋國朝書法》 萬曆十三年,歸安茅一相撰集,東吴章田、馬士龍、尤榮甫刻。
《寶晉齋碑帖集釋》 何福安,黄山書社,二〇〇九年十二月。
《北固山志》(清)周伯義、陳任暘,光緒三十年木刻本。
《稗史彙編》(明)王圻,《四庫全書存目叢書》,子部,第五一册。
《邊華泉集》(明)邊貢,《明代論著叢刊》,偉文圖書出版社,一九七六年五月。
《柏克萊加州大學東亞圖書館藏碑帖》 柏克萊加州大學東亞圖書館編,上海古籍出版社,二〇〇八年十二月。
《補續高僧傳》(明)明河,《高僧傳合集》,上海古籍出版社,一九九一年十二月。

C

《長沙府嶽麓志》(清)趙寧,《四庫全書存目叢書》,史部,第二三七册。
《程山先生日録》(明)謝文洊,《叢書集成續編》,第七六册。
《陳氏西墻門支宗譜》。
《澄蘭室古緣萃録》(清)趙松年,《續修四庫全書》,第一〇八八册。

《冲谿先生集》（明）彭輅，《四庫全書存目叢書》，集部，第一一六册。

《崇禎肇慶府志》《日本藏中國罕見地方志叢刊續編》，北京圖書館出版社，二〇〇三年八月。

《重修泰安縣志》葛延瑛修，孟昭章纂，一九二九年泰安縣志局鉛印。

《淳樸園稿》（明）沈祏，崇禎七年海鹽沈氏家刊本。

《樗齋漫録》（明）許自昌，《續修四庫全書》，第一一三三册。

D

《大復集》（明）何景明，《文淵閣四庫全書》，第一二六七册。

《大泌山房集》（明）李維楨，《四庫全書存目叢書》，集部，第一五〇册。

《大明一統名勝志》（明）曹學佺，《四庫全書存目叢書》，史部，第一六七册。

《道光東陽縣志》《中國地方志集成》，浙江，第五三册。

《道光繁昌縣志》《中國地方志集成》，安徽，第四一册。

《道光廣東通志》《續修四庫全書》，第六七三册。

《道光崑新兩縣志》《中國地方志集成》，江蘇，第一五册。

《道光泰州志》,《中國地方志集成》,江蘇,第五〇册。
《道光桐城續修縣志》,《中國地方志集成》,安徽,第一二册。
《道光婺志粹》,(清)盧標,《中國地方志集成》,浙江,第四九册。
《道聽録》,(明)李春熙,《續修四庫全書》,第一一三二册。
《東川劉文簡公集》,(明)劉春,《續修四庫全書》,第一三三二册。
《東溪别稿》,(明)鄧庠,《四庫全書存目叢書》,集部,第四一册。
《冬夜箋記》,(明)王崇簡,《叢書集成續編》,第九〇册。
《董澐集》,(明)董澐,《陽明後學文獻叢書》,鳳凰出版社,二〇〇七年三月。
《德慶州志》,(清)朱一新,《石刻史料新編》,第三輯,第二二册,臺北新文豐公司,二〇〇六年。
《都公談纂》,(明)都穆,《續修四庫全書》,第一二六六册。
《讀書劄記》,(明)喬可聘,《四庫全書存目叢書》,子部,第一七册。

E

《耳談類增》,(明)王同軌,《續修四庫全書》,第一二六八册。

F

《法教佩珠》 (明)林有麟,《四庫全書存目叢書》,子部,第一四四册。

《方改亭奏稿》 (明)方鳳,《四庫全書存目叢書》,史部,第六〇册。

《費宏集》 (明)費宏,上海古籍出版社,二〇〇七年十二月。

《楓山語録》 (明)章懋,《文淵閣四庫全書》,第七一四册。

G

《贛石録》 邵啟賢,《石刻史料新編》,第三輯,第一二册,臺北新文豐出版公司,二〇〇六年版。

《高坡異纂》 (明)楊儀,《煙霞小説十三種》,第六帙,《四庫全書存目叢書》,子部,第一二五册。

《高要縣志》 《石刻史料新編》,第三輯,第二二册,臺北新文豐出版公司,二〇〇六年版。

《圭峰集》 (明)羅玘,《文淵閣四庫全書》,第一二五九册。

《貴州通志》(清)鄂爾泰等修,靖道謨等纂,《文淵閣四庫全書》,第五七二册。
《耿天臺先生文集》(明)耿定向,《四庫全書存目叢書》,集部,第一三一册。
《古今尺牘墨迹大觀》高野侯編,中華書局,一九二八年十二月。
《古今長者録》(明)黄文炤,《四庫全書存目叢書》,子部,第一四三册。
《古今人物論》(明)鄭賢,《四庫全書燬禁書目》,史部,第二七册。
《古今圖書集成》中華書局、巴蜀書社,一九八六年六月。
《古今振雅雲箋》(明)徐渭,明坊刻本。
《顧華玉集》(明)顧璘,《文淵閣四庫全書》,第一二六三册。
《古源山人目録》(明)李呈祥,《國家珍貴古籍選刊》,第二册。
《廣東通志》(清)郝玉麟等修,魯曾煜等纂,《文淵閣四庫全書》,第五六四册。
《廣東通志》(明)黄佐,香港大東圖書公司影印,二〇〇八年。
《光緒常山縣志》《中國方志叢書》,浙江,第五三四册。
《光緒淳安縣志》《中國地方志集成》,浙江,第一〇册。
《光緒滁州志》《中國地方志集成》,安徽,第三四册。
《光緒丹徒縣志》《中國地方志集成》,江蘇,第三〇册。

《光緒奉化縣志》《中國方志叢書》，浙江，第二〇四册。
《光緒鳳陽府志》《中國地方志集成》，安徽，第三三册。
《光緒鳳陽縣志》《中國地方志集成》，安徽，第三六册。
《光緒貴池縣志》《中國地方志集成》，安徽，第六一册。
《光緒海陽縣志》（清）吴道鎔，光緒二十六年刻本。
《光緒海鹽縣志》《中國方志叢書》，浙江，第二〇七册。
《光緒湖南通志》《續修四庫全書》，第六六一册。
《光緒開化縣志》《中國方志叢書》，浙江，第五三一册。
《光緒吉安府志》《中國地方志集成》，江西，第六〇册。
《光緒吉水縣志》《中國地方志集成》，江西，第六五册。
《光緒江陰縣志》《中國地方志集成》，江西，第二五册。
《光緒江西通志》《續修四庫全書》，第六五七册。
《光緒嘉興府志》《中國方志叢書》，浙江，第五三册。
《光緒蘭溪縣志》《中國地方志集成》，浙江，第五二册。
《光緒六合縣志》《中國地方志集成》，江蘇，第六册。

《光緒上虞縣志》,《中國地方志集成》,浙江,第六三册。
《光緒上虞縣志校續》,《中國地方志集成》,浙江,第四二册。
《光緒青陽縣志》,《中國地方志集成》,安徽,第六〇册。
《光緒嚴州府志》,《中國地方志叢書》,浙江,第五五册。
《光緒餘姚縣志》,《中國地方志集成》,浙江,第六三册。
《歸田稿》(明)謝遷,《文淵閣四庫全書》,第一二五六册。
《管湘齋寓賞編》(清)陳焯,《美術叢書》,第三册,江蘇古籍出版社,一九九七年十二月。
《過雲樓續書畫記》顧麟士,《江蘇地方文獻叢書》,江蘇古籍出版社,一九九九年八月。
《國朝獻徵録》(明)焦竑,上海書店,一九八七年四月。
《國榷》(明)談遷,中華書局,二〇〇五年八月。
《國史唯疑》(明)黄景昉,《續修四庫全書》,第四三二册。

H

《海昌勝覽》（清）周春，《中國方志叢書》，浙江，第五〇八册。

《海昌外志》（明）談遷，康熙間抄本。

《海王村所見書畫録》（清）李葆恂，《歷代書畫録輯刊》，第一五册。

《翰海》（明）沈佳胤，崇禎三年寫刻本。

《鶴嶺戴氏四修族譜》。

《湖北文物典》 陳振裕主編，湖北人民出版社，二〇一〇年一月。

《湖廣通志》（清）邁柱等修，夏力恕等纂，《文淵閣四庫全書》，第五三四册。

《湖海閣藏帖》 道光十五年，葉元封撰集，朱安山刻。

《湖州施氏宗譜》。

《皇華紀聞》（清）王士禛，《四庫全書存目叢書》，子部，第二四五册。

《皇明大儒王陽明出身靖亂録》 墨憨齋編，日本東京大學東洋文化研究所雙紅堂文庫藏明刊本，《域外漢籍珍本文庫》，第四册。

《皇明名臣墓銘》（明）朱大韶，《明代傳記叢刊》，第五九册。

《黄鵠山志》(清)胡鳳丹,同治十三年木刻本。
《懷麓堂集》(明)李東陽,《文淵閣四庫全書》,第一二五〇册。

J

《嘉靖池州府志》《天一閣藏明代方志選刊》,第二四册。
《嘉靖常德府志》《天一閣藏明代方志選刊》,第五六册。
《嘉靖贛州府志》《天一閣藏明代方志選刊》,第三八册。
《嘉靖貴州通志》《天一閣藏明代方志選刊續編》,第六八册。
《嘉靖湖廣圖經志書》(明)吴廷舉,《日本藏中國罕見地方志叢書》,書目文獻出版社,一九九一年十月。
《嘉靖建平縣志》《天一閣藏明代方志選刊》,第二六册。
《嘉靖昆山縣志》《天一閣藏明代方志選刊》,第九册。
《嘉靖寧波府志》《中國地方志集成》,浙江,第四九五册。
《嘉靖仁和縣志》《叢書集成續編》,第二三一册。
《嘉靖瑞金縣志》《天一閣藏明代方志選刊》,第四〇册。

《嘉靖山東通志》《四庫全書存目叢書》，史部，第一八八册。
《嘉靖汀州府志》《天一閣明代方志選刊續編》，第四〇册。
《嘉靖廣東通志》《四庫全書存目叢書》，史部，第一八九册。
《嘉靖廣西通志》（明）林富、黄佐，《四庫全書存目叢書》，史部，第一八七册。
《季彭山先生文集》（明）季本，《北京圖書館古籍珍本叢刊》，第一〇六册。
《吉州人文紀略》（清）郭景昌，《四庫全書存目叢書》，史部，第一二七册。
《嘉慶合肥縣志》《中國地方志集成》，安徽，第五册。
《嘉慶蘭溪縣志》《中國地方志叢書》，浙江，第五一八册。
《嘉慶廬州府志》《中國地方志集成》，安徽，第八册。
《嘉慶無爲州志》《中國地方志集成》，安徽，第八册。
《嘉興府圖記》《中國方志叢書》，浙江，第五〇六册。
《江城名蹟》（清）陳宏緒，《文淵閣四庫全書》，第五八八册。
《江村消夏録》（清）高士奇，《文淵閣四庫全書》，第八二六册。
《江盈科集》（明）江盈科，岳麓書社，一九九七年四月。
《蔣道林先生文粹》（明）蔣信，《四庫全書存目叢書》，集部，第九六册。

《蔣道林先生桃岡日録》（明）蔣信，萬曆三十六年楊鶴刻本，《美國哈佛大學燕京圖書館藏中文善本彙刊》，第一七册。
《蛟川王氏宗譜》。
《矯亭存稿》（明）方鵬，《四庫全書存目叢書》，集部，第六七册。
《寄園寄所寄》（清）趙吉士，《續修四庫全書》，子部，第一一九六册。
《截玉軒藏宋元明清法帖墨迹》上海書畫出版社，二〇〇八年四月。
《戒庵老人漫筆》（明）李詡，《元明史料筆記叢刊》，中華書局，一八八二年二月。
《見素集》、《見素續集》（明）林俊，《文淵閣四庫全書》，第五七册。
《堅瓠集》（清）褚人穫，《續修四庫全書》，第一二六〇册。
《金陵玄觀志》《中國道觀志叢刊》，第一一册。
《金山志》（清）盧見曾，乾隆二十九年雅雨堂刻本。
《金山志》（清）周伯義，光緒三十年木刻本，《石刻史料新編》，第三輯，第五册。
《金粟寺志》（明）百癡禪師，《金粟史料五種》，上海古籍出版社，二〇〇八年三月。
《京口三山志》（明）張萊，《四庫全書存目叢書》，史部，第二二九册。
《堇山文集》（明）李堂，《四庫全書存目叢書》，集部，第四四册。

《警語類抄》（明）程達，《四庫全書存目叢書》，子部，第一三〇册。

《旌德吕氏續印宗譜》。

《九朝談纂》《四庫全書存目叢書》，子部，第一五二册。

《九華紀勝》（清）陳蔚，《四庫未收書輯刊》，第一輯，第二八册。

《九華山志》（明）顧元鏡，《四庫全書存目叢書》，史部，第二三四册。

《居夷集》 嘉靖三年丘養浩叙刊，韓柱、徐珊校訂，上海圖書館藏。

《濬縣金石録》（清）熊象階，嘉慶七年木刻本。

K

《康熙安慶府志》《中國地方志集成》，安徽，第一〇册。

《康熙福建通志》《文淵閣四庫全書》，第五二七册。

《康熙海寧縣志》《中國地方志叢書》，浙江，第五六一册。

《康熙嘉興府志》《稀見中國地方志彙刊》，第一五册。

《康熙錢塘縣志》《中國地方志集成》，浙江，第四册。

《康熙衢州府志》《北京圖書館古籍珍本叢刊》，第三六册。

《康熙饒平縣志》（清）劉抃，上海書店出版社，二〇一一年三月。
《康熙紹興府志》《中國方志叢書》，浙江，第五三七册。
《康熙桐城縣志》《中國地方志集成》，安徽，第一二册。
《康熙蕭山縣志》《中國方志叢書》，浙江，第五九七册。
《康熙秀水縣志》《中國地方志集成》，浙江，第三一册。
《康熙雩都縣志》《北京圖書館古籍珍本叢刊》，第三三册。
《康熙雲夢縣志》《清代孤本方志選》，第二輯。
《困學纂言》（明）李栻，《四庫全書存目叢書》，子部，第一一七册。
《困知記》（明）羅欽順，中華書局，一九九〇年八月。
《空同集》（明）李夢陽，《文淵閣四庫全書》，第一二六二册。
《獪園》（明）錢希言，《四庫全書存目叢書》，子部，第二四七册。
《愧林漫録》（明）瞿式耜，《四庫全書存目叢書》，子部，第一四四册。

L

《蘭風沈氏家譜》。

《歷朝武機捷録》 （明）王守仁，河南開封市圖書館藏本。
《歷代儒學存真録》 （清）田倣，中國書店，二〇一〇年五月。
《列朝詩集》 （明）錢謙益，中華書局，二〇〇七年九月。
《麗澤集》 （明）朱多熿，《北京圖書館古籍珍本叢刊》，第一一五册。
《類輯姚江學脉》 （清）王曾永，《清代稿本百種彙刊》，子部，第四六册，文海出版社。
《良知同然録》 （明）孟津編，臺北圖書館藏。
《鄰交徵書》 （日）尹藤松，《中日關係史料叢刊》，上海辭書出版社，二〇〇七年六月。
《龍江集》 （明）唐錦，《續修四庫全書》，第一三三四册。
《廬山紀事》 （明）桑喬，《四庫全書存目叢書》，史部，第二三一九册。
《廬山志》 （清）毛德琦，《四庫全書存目叢書》，史部，第二三九册。
《廬山志》 吴宗慈，中國仿古印書局，一九三三年。
《魯文恪公集》 （明）魯鐸，《四庫全書存目叢書》，集部，第五四册。
《劉宗周全集》 （明）劉宗周，浙江古籍出版社，二〇〇七年四月。
《羅洪先集》 （明）羅洪先，《陽明後學文獻叢書》，鳳凰出版社，二〇〇七年三月。
《洛閩源流録》 （清）張夏，《四庫全書存目叢書》，史部，第一二三册。

M

《馬一浮集》　馬一浮，浙江古籍出版社、浙江教育出版社，一九九六年十二月。
《茅山全志》《中華續道藏》，第三册。
《明别集版本志》　崔建英輯，中華書局，二〇〇六年七月。
《明尺牘墨華》（清）黄本驥，清刻本。
《明代尺牘》（二）　上海科學技術文獻出版社，二〇〇二年八月。
《明名臣言行録》　（清）徐開任，《明代傳記叢刊》，第五〇册，明文書局。
《明清檔案卷·明代》《中國國家博物館藏文物研究叢書》，中國國家博物館編，上海古籍出版社，二〇〇七年七月。
《明清書法》　欣弘主編，湖南美術出版社，二〇〇四年一月。
《明人尺牘》（清）馬錦，無錫秦瀛收藏，嘉慶二十五年，海昌馬錦撰集，句曲馮瑜摹勒。
《明儒學案》（明）黄宗羲，中華書局，一九八五年十月。
《明儒言行録》（清）沈佳，《文淵閣四庫全書》，第四五八册。
《明史》　中華書局，一九七四年四月。

《明詩紀事》（清）陳田，《明代傳記叢刊》，第一三册。
《明實録》（明）夏原等編纂，「中央研究院」歷史語言研究所校印，一九六二年五月。
《明水陳先生文集》（明）陳九川，《四庫全書存目叢書》，集部，第七二册。
《明賢墨蹟》一九三一年，許安巢撰集，商務印書館石印本。
《明新建伯王文成公傳本》（清）毛奇齡，《叢書集成續編》，第二六〇册。
《民國大庾縣志》《中國地方志集成》，江西，第八六册。
《民國重修臨海縣志》《中國方志叢書》，浙江，第二一八册。
《民國懷寧縣志》《中國地方志集成》，安徽，第一一册。
《民國吉安府志》《中國地方志集成》，江西，第六〇册。
《民國吉安縣志》《中國地方志集成》江西，第六三册。
《民國九華山志》比丘德森，江蘇廣陵古籍刻印社，一九九七年十月。
《民國龍游縣志》《中國地方志集成》，浙江，第五七册。
《民國廬陵縣志》《中國地方志集成》，江西，第六二册。
《民國南陵縣志》徐乃昌纂，一九二四年鉛印本。
《民國南皮縣志》劉樹鑫纂，一九三三年鉛印本。

《民國衢縣志》《中國方志叢書》，浙江，第五八四册。
《民國銅山縣志》《中國地方志集成》，江蘇，第六二册。
《民國棠志拾遺》《中國地方志集成》，江蘇，第六册。
《明清進士録》潘榮勝主編，中華書局，二〇〇六年三月。
《明通鑑》（清）夏燮，上海古籍出版社，一九九〇年十月。
《明一統志》（明）李賢等，《文淵閣四庫全書》，第四七二册。
《蒙化府朱氏家譜》。
《蒙化志稿》梁有檍，一九二〇年雲南崇文書館排印本。
《名山藏列傳》（明）何喬遠，《明代傳記叢刊》，第七八册。
《閩書》（明）何喬遠，福建人民出版社，一九九五年十二月。
《墨藪》（唐）韋續，《文淵閣四庫全書》，第八一二册。
《墨緣彙觀録》（清）安歧，《續修四庫全書》，第一〇六七册。
《目蓮資料編目概論》茆耕如，《民俗曲藝叢書》，第二册。
《木雁齋書畫鑒賞筆記》張珩，文物出版社，二〇〇〇年十二月。

N

《南昌郡乘》（清）葉舟、陳宏緒，《北京圖書館古籍珍本叢刊》，第三〇册。

《南滁會景編》（明）趙廷瑞，《四庫全書存目叢書》，集部，第三〇〇册。

《南畿志》（明）聞人詮，《北京圖書館古籍珍本叢刊》，第二四册。

《南京太僕寺志》（明）雷禮，《四庫全書存目叢書》，史部，第二五七册。

《南音三籟》（明）凌蒙初，《續修四庫全書》，第一七四四册。

《聶豹集》（明）聶豹，《陽明後學文獻叢書》，鳳凰出版社，二〇〇七年三月。

《倪小野先生全集》（明）倪宗正，《四庫全書存目叢書》，集部，第五八册。

O

《歐陽德集》（明）歐陽德，《陽明後學文獻叢書》，鳳凰出版社，二〇〇七年三月。

P

《蓬窗日録》（明）陳全之，上海書店，二〇一〇年七月。

Q

《期齋吕先生文集》 (明)吕本,《四庫全書存目叢書》,集部,第九九册。
《千頃堂書目》 (清)黄虞稷,上海古籍出版社,二〇〇一年七月。
《乾隆長沙府志》 《湖湘文庫》,岳麓書社,二〇〇八年十一月。
《乾隆池州府志》 《中國地方志集成》,安徽,第五九册。
《乾隆海寧州志》 《中國方志叢書》,浙江,第五九一册。
《乾隆金山志》 (清)劉名芳,一九三六年據乾隆十七年刻本影印。
《乾隆歷城縣志》 《續修四庫全書》,第六九四册。
《乾隆曲阜縣志》 乾隆三十九年木刻本。
《乾隆紹興府志》 《中國方志叢書》,浙江,第二二一册。
《乾隆泰安縣志》 乾隆四十七年刻本。
《乾隆太平府志》 《中國地方志集成》,安徽,第三七册。
《乾隆銅陵縣志》 《中國地方志集成》,安徽,第四一册。
《乾隆吴江縣志》 《中國地方志集成》,江蘇,第二〇册。

《乾隆鎮江府志》《中國地方志集成》，江蘇，第二八册。
《錢德洪集》（明）錢德洪，《陽明後學文獻叢書》，鳳凰出版社，二〇〇七年三月。
《潛陽牧亭方氏宗譜》。
《齊雲山志》（明）魯點，萬曆二十七年刊本，《中國道觀志叢刊》，第一〇册。
《欽定四書文》（清）方苞，《文淵閣四庫全書》，第一四五一册。
《青湖先生文集》（明）汪應軫，《四庫全書存目叢書》，集部，第七三册。
《青山黄氏世譜》。
《清續瓦山崗周氏宗譜》。
《全唐詩》中華書局，一九六〇年四月。
《泉翁大全集》（明）湛若水，「中央研究院」中國文哲研究所點校本，二〇〇四年五月。

R

《人帖》嘉慶十一年，鐵保撰集，長沙周鍔書帖目並小傳。
《人帖續刻》咸豐八年，魏塘金以誠摹勒，並書目録。
《壬寅消夏録》（清）端方，《續修四庫全書》，第一〇八九册。

《儒門公案拈題》（清）彭紹升，《清代稿本百種彙刊》，第六九册。
《儒宗約旨》（明）俞廷佐，萬曆二十八年刻本。

S

《三希堂法帖》（清）梁詩正等編，浙江古籍出版社，一九九七年十一月。
《山東通志》（清）岳濬等修，杜詔等纂，《文淵閣四庫全書》，第五四一册。
《山陰道上集》（明）沈復燦，天津圖書館藏。
《珊瑚網》（明）汪砢玉，成都古籍書店，一九八五年九月。
《上海圖書館藏明清名家手稿》 上海古籍出版社，二〇〇六年十一月。
《邵文莊公年譜》（明）邵熷、吴道成，《錫山先哲叢刑》第三册，鳳凰出版社，二〇〇五年七月。
《歙縣吴氏冲山家乘》。
《聖學嫡派》（明）過庭訓，《四庫全書存目叢書》，史部，第一〇八册。
《聖學宗傳》（明）周汝登，《四庫全書存目叢書》，史部，第九八册。
《聖宗集要》（清）費緯祹，《四庫全書存目叢書》，史部，第一二三册。

《四庫全書總目》（清）永瑢等，中華書局，一九八一年七月。
《四明山志》（明）黄宗羲，《黄宗羲全集》，第二册，浙江古籍出版社，二〇〇二年七月。
《斯文正統》（清）刁包，《四庫全書存目叢書補編》，第三四册。
《石鼓書院志》（明）李安仁等，《湖湘文庫》，岳麓書社，二〇〇九年十二月。
《石渠寶笈》（清）英和，《續修四庫全書》，第一〇七七册。
《石頭録》（明）霍韜，《北京圖書館藏年譜叢刊》，第四五册。
《石鐘山志》（清）李成謀，《四庫未收書輯刊》，第一輯，第二八册。
《式古堂書畫彙考》（清）卞永譽，《中國書畫全集》，第六册，上海書畫出版社，一九九四年十月。
《史漢方駕》（明）許相卿，《四庫全書存目叢書》，史部，第一册。
《世廟識餘録》（明）徐學謨，《四庫全書存目叢書》，史部，第四九册。
《書籍名品叢刊》（二二）日本三玄社，二〇〇一年一月。
《書譜》（唐）孫過庭，文物出版社，一九九五年九月。
《松窗夢語》（明）張瀚，《元明史料筆記》，中華書局，一九九七年十一月。
《宋宗忠簡公全集》（宋）宗澤，康熙丙戌刻本。

《隨園詩話》(清)袁枚,《續修四庫全書》,第一七〇一册。
《順治潮州府志》《北京圖書館古籍珍本叢刊》,第四〇册。
《説理彙編》(明)季本,《四庫全書存目叢書》,子部,第九册。
《所見偶抄》(清)朱子棟,《四庫未收書輯刊》,第六輯,第一九册。

T

《太常少卿魏水洲先生文集》(明)魏良弼,《四庫全書存目叢書》,集部,第一四六册。
《太平三書》(清)張萬選,《四庫全書存目叢書》,史部,第二三五册。
《泰山志》(明)汪子卿,嘉靖三十四年刻本。
《泰山志》(清)金棨,嘉慶六年刻本。
《棠陵文集》(明)方豪,《四庫全書存目叢書》,集部,第六四册。
《唐先生文集》(宋)唐庚,《北京圖書館古籍珍本叢刊》,第九〇册。
《唐漁石集》(明)唐龍,《四庫全書存目叢刊》,集部,第六五册。
《唐寅畫册》美國芝加哥大學出版社。
《桃花源志略》(清)唐開韶等,《湖湘文庫》,岳麓書社,二〇〇八年九月。

《天啟贛州府志》《北京圖書館古籍珍本叢刊》，第三二册。
《天啟海鹽縣圖經》《中國方志叢書》，浙江，第五八九册。
《天啟新鐫武經七書評》 明天啟元年刊本，《孫子集成》，第二册。
《天香樓藏帖》 嘉慶五年，上虞王望霖撰集，仁和范聖傳鐫。
《天香樓續刻》 道光十五年，上虞王望霖撰集。
《天一閣藏明代科舉録選刊·鄉試録》 寧波市天一閣博物館整理，寧波出版社，二〇〇九年十二月。
《天一閣藏明代科舉録選刊·會試録》 寧波市天一閣博物館整理，寧波出版社，二〇〇九年十二月。
《聽颿樓書畫記》 （清）潘正煒，《美術叢書》第三册，江蘇古籍出版社，一九九七年十二月。
《聽颿樓續刻書畫記》 （清）潘正煒，《中國書畫全書》，第十一册。
《同治安福縣志》《中國地方志集成》，江西，第六七册。
《同治長興縣志》《中國方志叢書》，浙江，第五八六册。
《同治重修涪州志》《中國地方志集成》，四川，第四六册。

《同治崇仁縣志》,《中國地方志集成》,江西,第四九册。
《同治贛州府志》,《中國地方志集成》,江西,第七三册。
《同治廣信府志》,《中國地方志集成》,江西,第二〇册。
《同治湖口縣志》,《中國地方志集成》,江西,第一三册。
《同治湖州府志》,《中國方志叢書》,浙江,第五四册。
《同治會昌縣志》,《中國地方志集成》,江西,第七九册。
《同治江山縣志》,《中國地方志集成》,浙江,第五九册。
《同治江夏志》(清)王庭楨修,彭崧毓纂,同治八年刻本。
《同治臨江府志》,《中國地方志集成》,江西,第四一册。
《同治平江縣志》同治十年木刻本。
《同治峽江縣志》,《中國地方志集成》,江西,第六七册。
《同治新淦縣志》,《中國地方志集成》,江西,第七二册。
《同治弋陽縣志》,《中國地方志集成》,江西,第二三册。
《同治永豐縣志》,《中國地方志集成》,江西,第六六册。
《退庵筆記》(清)梁章鉅,江蘇廣陵古籍刻印社,一九九七年十二月。

《退庵所藏金石書畫跋尾》　（清）梁章鉅，《中國書畫全集》，第九册。

W

《萬曆會稽志》　（明）張元忭，《中國方志叢書》，浙江，第五五〇册。

《萬曆嘉定縣志》　（明）韓浚、張應武等，《中國史學叢書三編》（四三），臺北學生書局。

《萬曆蘭溪縣志》　《中國地方志叢書》，浙江，第五一七册。

《萬曆龍游縣志》　《中國方志叢書》，浙江，第六〇三册。

《萬曆紹興府志》　《中國方志叢書》，浙江，第五二〇册。

《萬曆秀水縣志》　《中國方志叢書》，浙江，第五七册。

《萬曆野獲編》　（明）沈德符，《元明史料筆記》，中華書局，一九五九年二月。

《萬姓統譜》　（明）凌迪知，《文淵閣四庫全書》，第九五六册。

《汪仁峰先生文集》、《外集》　（明）汪循，《四庫全書存目叢書》，集部，第四七册。

《王畿集》　（明）王畿，《陽明後學文獻叢書》，鳳凰出版社，二〇〇七年三月。

《王陽明先生若耶溪帖墨妙》　日本大阪博文堂影印。

《王陽明先生圖譜》　（明）鄒守益，清抄本，《四部未收書輯刊》，第四輯，第一七册。

《王陽明先生文鈔》（清）張問達輯，《四庫全書存目叢書》，集部，第四九册。
《王陽明先生小像附尺牘》日本天理圖書館藏。
《王陽明先生遺墨》餘姚縣博物館編。
《王門宗旨》（明）周汝登，《四庫全書存目叢書》，子部，第一三册。
《吾學餘編》（明）鄭曉，《續修四庫全書》，第四二五册。
《吴都文粹續集》（明）錢穀，《文淵閣四庫全書》，第一三八五册。
《吴興藝文補》（明）董斯張，《四庫全書存目叢書》，集部，第三七七册。
《梧山先生集》（明）王縝，清乾隆二十九年刻本。
《武進花氏家乘》。
《武威石氏宗譜》。
《伍真人丹道九篇》（明）伍守陽，《藏外道書》，第五册。
《渭厓文集》（明）霍韜，《四庫全書存目叢書》，集部，第六八册。
《文簡集》（明）孫承恩，《文淵閣四庫全書》，第一二七一册。
《汶邑路氏族譜》。

X

《西湖覽勝詩》（清）夏基，《四庫禁燬書叢刊》，史部，第四一册。
《西湖遊覽志》（明）田汝成，《中國方志叢書》，浙江，第四八七册。
《西湖志》（清）李衛，《中國方志叢書》，浙江，第五四三册。
《西湖志纂》（清）沈德潛等，杭州出版社，二〇〇三年一月。
《西園聞見録》（明）張萱，《元明史料叢編》，第二輯。
《薛中離年譜》饒宗頤，《饒宗頤二十世紀學術文集》，第一四册，新文豐出版公司，二〇〇三年十月。
《憲章類編》（明）勞堪，《北京圖書館古籍珍本叢刊》，第四六册。
《仙佛合宗語録》（明）伍守陽，《藏外道書》第五册。
《小山類稿》（明）張岳，福建人民出版社，二〇〇三年九月。
《小長蘆館集帖》光緒二十年，慈溪嚴信厚撰集，吴隱、葉銘摹刻。
《蕭山湘湖志》周易藻，一九二五年排印本。
《象山先生文集》（宋）陸九淵，明正德十六年李茂元刻本，《宋集珍本叢刊》，第六三册。

《性理標題綜要》(明)詹淮,明崇禎五年刻本。

《性命圭旨》《道藏精華録》,浙江古籍出版社,一九八九年九月。

《行海金山志》　釋行海,一九三七年刊本。

《辛丑消夏記》(清)吴榮光,《叢書集成續編》,第九五册。

《新編歷代名臣芳躅》(明)金汝諧,《四庫全書存目叢書》,史部,第一一〇八册。

《新鐫東厓王先生遺集》　(明)王襞,《四庫全書存目叢書》,集部,第一四六册。

《新刊陽明先生文録續編》　上海圖書館藏。

《新刊晦軒林先生類纂古今名家史綱疑辯》　萬曆刻本,《四庫全書存目叢書》,子部,第九六册。

《新修餘姚縣志》《中國方志叢書》,浙江,第五〇一册。

《蟂磯山志》(清)柯顧,《四庫全書存目叢書》,史部,第二三七册。

《徐愛集》(明)徐愛,《陽明後學文獻叢書》,鳳凰出版社,二〇〇七年三月。

《虚静齋惜陰録》(明)顧應祥,《四庫全書存目叢書》,子部,第八四册。

《許氏遺謀四則》(明)許相卿,《續修四庫全書》,第九三八册。

Y

《雅宜山人集》 （明）王寵，《四庫全書存目叢書》，第七九册。
《研幾録》 （明）薛侃，《四庫全書存目叢書》，子部，第九册。
《弇山堂别集》 （明）王世貞，中華書局，二〇〇六年六月。
《弇州山人續稿碑傳》 （明）王世貞，《明代傳記叢刊》，第一五〇册。
《楊一清集》 （明）楊一清，中華書局，二〇〇一年五月。
《楊氏南宫集》 （明）楊儀，《北京圖書館古籍珍本叢刊》，第一〇六册。
《陽明先生文録》 岑莊、岑初、徐學校刻，日本九州大學文學部藏。
《陽明先生與晉溪先生書》 上海圖書館藏。
《葯地炮莊》 （明）方以智，《藏外道書》，第二册。
《姚江歷山張氏宗譜》。
《姚江景嘉橋魯氏宗譜》。
《姚江書院志略》 《中國歷代書院志》，第九册。
《姚江逸詩》 （明）黄宗羲編，《四庫全書存目叢書》，集部，第四〇〇册。

《姚江諸氏宗譜》。
《堯山堂外紀》(明)蔣一葵,《四庫全書存目叢書》,子部,第一四八册。
《一庵王先生遺集》(明)王棟,《四庫全書存目叢書》,集部,第一〇册。
《臆見彙考》(明)游日升,《哈佛善本彙刊》,第三三册。
《掖垣人鑑》(明)蕭彦,《四庫全書存目叢書》,史部,第二五九册。
《潁川陳氏宗譜》。
《陰那山志》(明)李士淳,《嶺南名寺志系列》,中華書局,二〇〇六年九月。
《雍正廣東通志》《文淵閣四庫全書》,第五六四册。
《雍正廣西通志》《文淵閣四庫全書》,第五六八册。
《雍正湖廣通志》《文淵閣四庫全書》,第五三一册。
《雍正山西通志》《文淵閣四庫全書》,第五五〇册。
《庸言》(明)黄佐,《續修四庫全書》,第九三九册。
《尤西川擬學小記》(明)尤時熙,《四庫全書存目叢書》,子部,第九册。
《尤西川擬學小記續録》(明)尤時熙,《四庫全書存目叢書》,子部,第九册。
《虞山書院志》(明)張鼐,萬曆刻本,《中國歷代書院志》,第八册。

《迂言百則》（明）陳遇夫，《叢書集成初編》，第三八一册。
《餘姚柏山胡氏重修宗譜》一九一四年惇裕堂刊本。
《餘姚岑氏章慶堂宗譜》。
《餘姚豐山毛氏族譜》。
《餘姚江南徐氏宗譜》一九一六年刊本。
《餘姚蔣氏宗譜》。
《餘姚蘭風胡氏宗譜》。
《餘姚邑後翁氏宗譜》。
《元明事類鈔》（清）姚之駰，《文淵閣四庫全書》，第八八四册。
《願學編》（明）胡纘宗，《續修四庫全書》，第三八册。
《玉光劍氣集》（明）張怡，《元明史料筆記》，中華書局，二〇〇六年八月。
《玉虹鑒真續帖》乾隆中，曲阜孔繼涑摹勒。
《玉雪齋詩集》（明）虞謙，明宣德刻本。
《玉麈清談》（明）鄭仲夔，《續修四庫全書》，第一二六八册。
《嶽雪樓書畫録》（清）孔廣陶，《續修四庫全書》，第一〇八五册。

《雲居聖水寺志》（清）釋明倫，《叢書集成續編》，第四七册。
《雲門志略》（明）張元忭，《四庫全書存目叢書》，史部，第二三〇册。
《雲村集》（明）許相卿，《文淵閣四庫全書》，第一二七三册。

Z

《詹氏性理小辨》（明）詹景鳳，《四庫全書存目叢書》，子部，第一一二册。
《張文定公紆玉樓集》（明）張邦奇，《續修四庫全書》，第一三三六册。
《浙學宗傳》（明）劉鱗長，《四庫全書存目叢書》，史部，第一一一册。
《正德安慶府志》（明）胡纘宗，《四庫全書存目叢書》，史部，第一八五册。
《正德大名府志》《天一閣明代方志選刊》，第三册。
《正德嘉興志補》（明）于鳳喈、鄒衡，《四庫全書存目叢書》，史部，第一八五册。
《整庵存稿》（明）羅欽順，《文淵閣四庫全書》，第一二六一册。
《真賞齋賦》（明）豐坊，《叢書集成續編》，子部，第八四册。
《支那墨蹟大成》（日）河井荃廬監修，國書刊行會，一九七九年十二月。

《制義叢話》（清）梁章鉅，上海書店出版社，二〇〇一年十二月。
《自怡悦齋書畫録》（清）張大鏞，《歷代書畫録輯刊》，第二册，北京圖書館出版社，二〇〇七年八月。
《中國法書全集》（一三） 文物出版社，二〇〇九年八月。
《中國古籍善本書目》 翁連溪編校，綫裝書局，二〇〇五年五月。
《中國歷代書法大觀》 閻正主編，國際文化出版公司，一九九五年八月。
《中國書法大成》 中國書店出版社，一九九一年十二月。
《中華文物集粹·清翫雅集收藏展》 鴻禧美術館，一九九八年六月。
《宗忠簡公年譜》 宗嘉謨，《北京圖書館藏年譜》，第二一册。
《鄒守益集》（明）鄒守益，《陽明後學文獻叢書》，鳳凰出版社，二〇〇七年三月。
《朱秉器全集》（明）朱孟震，《北京圖書館古籍珍本叢刊》，第七九册。
《昨非庵日纂》（明）鄭瑄，《四庫全書存目叢書》，子部，第一四九册。
《竹橋黄氏宗譜》。
《壯陶閣書畫録》 裴景福，學苑出版社，二〇〇六年四月。

徵引輯佚書目

日蓬累軒編：《姚江雜纂》，日本《陽明學》，第一五八號。
水野實、永富青地：《九大本〈文録〉中的王守仁逸詩文》，日本《汲古》，第三三號，一九九八年六月。
水野實、永富青地：《九大本〈陽明先生文録〉詳考》，日本《陽明學》，第一一號，一九九九年三月。
永富青地：《閭東本〈陽明先生文録〉的價值》，日本《東洋的思想與宗教》，第一六號，一九九九年三月。
水野實、永富青地：《九大本〈陽明先生詩録〉小考》，日本《汲古》，第三五號，一九九九年六月。
永富青地：《關於現存最古的王守仁詩文集——北京·上海兩圖書館藏〈居夷集〉》，日本《東洋的思想與宗教》，第一九號，二〇〇二年三月。
水野實、永富青地：《關於王守仁的佚文》，《陽明學新探》，中國美院出版社，二〇〇二年。
永富青地：《關於王守仁〈良知同然録〉的初步研究》，《明清浙東學術文化研究》，中國社會科學出版社、寧波出版社，二〇〇四年十月。

永富青地：《關於上海圖書館藏〈新刊陽明先生文録續編〉》，日本《東洋的思想與宗教》，第二三號，二〇〇六年三月。
永富青地：《關於上海圖書館藏〈陽明先生與晉溪書〉》，日本《汲古》，第四九號，二〇〇六年六月。
永富青地：《王陽明著作的文獻學研究》，東京汲古書院，二〇〇七年二月。
古愚生：《讀陽明先生真迹》《王學雜誌》第一卷第一號，明治四十年，明善學社刊行。
中國古代書畫鑒定組編：《中國古代書畫圖目》，文物出版社，一九八六年十月。
顧廷龍主編：《中國美術全集》，上海書畫出版社，一九八九年五月。
徐邦達：《古書畫過眼要録》（元明清書法），紫禁城出版社，二〇〇六年二月。
葉樹望：《新發現的王陽明佚文六件》，《文獻》，一九八九年第四期。
謝稚柳主編：《中國歷代書法墨蹟大觀》，上海書店，一九九二年五月。
吴震：《王陽明佚文論考》，《學人》，第一輯，江蘇文藝出版社，一九九二年。
《藝苑掇英》，第七三期，上海人民美術出版社。
吴光等編校：《王陽明全集·補録》，上海古籍出版社，一九九二年十二月。

劉正成主編：《中國書法全集》（明代），榮寶齋，一九九三年五月。
謝伯陽編：《全明散曲》，齊魯書社，一九九三年十二月。
徐定水：《王守仁行書·函札卷》，《文物》，一九九四年第十期。
余懷彦：《王陽明與貴州文化》，貴州教育出版社，一九九六年四月。
計文淵：《王陽明法書集》，西泠印社，一九九六年七月。
王萼華：《王陽明在貴州的一篇佚文》，王曉昕主編《王陽明與貴州》，貴州人民出版社，一九九六年。
張立文主編：《王陽明全集·知行録》，紅旗出版社，一九九六年十一月。
葉樹望：《有關王陽明軍旅石刻考訂》，日本《陽明學》，第九號，一九九七年。
貴州市對外文化交流協會編：《王陽明謫黔遺迹》，貴州人民出版社，一九九九年十月。
錢明：《王陽明全集未收散佚詩文彙編及考釋》，《陽明學的形成與發展》，江蘇古籍出版社，二〇〇二年九月。
吴艷玲：《一代心學大師的思想起點和精神歸宿——解讀陽明全集失收詩二首》，《廣州大學學報》，二〇〇四年四期。
龔篤清：《明代八股文史探》，湖南人民出版社，二〇〇五年九月。

錢明：《王陽明散佚詩文續補考》，《中華傳統文化與貴州地域文化研究論叢》（二），巴蜀書社，二〇〇八年四月。
計文淵：《吉光片羽彌足珍》，《王陽明的世界》，浙江古籍出版社，二〇〇八年十月。
王孫榮：《王陽明散佚詩文九種考釋》，《王陽明的世界》，浙江古籍出版社，二〇〇八年十月。

後記

全面搜輯陽明佚文，予以考定編年，可謂陽明學研究領域中一重大艱巨之「文化工程」，余不自量力，爲之耗時鉅矣。蓋自上世紀八十年代開始搜輯資料，二〇〇〇年進入寫作，二〇〇六年申報爲浙江省社科重點基地規劃項目，二〇〇八年完稿，二〇〇九年修改定稿，二〇一〇復申報爲國家社科基金後期資助項目，卒至二〇一二年出版，其間讀書著述風雨曲折十餘年，終日矻矻，窮年兀兀，唯埋頭於書山文海爬梳剔抉，以寅恪大師「一分材料説一分話」爲座右銘，不敢稍怠疏忽，反覆修改，不斷補正，終成是編，捫心自問，差可自慰矣。然猶懼於是書多有遺漏，考證失誤，尚祈海内通人批評諟正，將來修訂，得成完書，是所願焉。上海古籍出版社查明昊先生等負責本書出版，精心校勘書稿，指出很多錯誤，得以改正，在此特致謝忱。本書得浙江省社科重點基地規劃項目與國家社科基金後期資助項目資助，謹致衷心謝忱！壬辰年閏四月十五日，丹陽景南誌於浙江大學西溪校區宋學研究中心。